Contraste insuffisant

NF Z 43-120-14

J. DE LA VAISSIÈRE S.J.

PSYCHOLOGIE

PÉDAGOGIQUE

PARIS
Gabriel BEAUCHESNE
1916

PSYCHOLOGIE PEDAGOGIQUE

MÊME LIBRAIRIE

DU MÊME AUTEUR

CURSUS PHILOSOPHIAE NATURALIS. De inorganicis. — De vita vegetativa. — De vita sensitiva — De vita intellectuali. — De composito humano. — De mundo universo. 2ᵉ édition. 2 vol. in-8 (xxiv-344 p.; xxiv-400 p.), relié toile grenat souple, coins arrondis. *Net*, 10 fr.; *franco* .... 11 fr. »

ÉLÉMENTS DE PSYCHOLOGIE EXPÉRIMENTALE. Notions. — Méthodes. — Résultats. 3ᵉ édition. 1 vol. in-8 écu (xviii-382 pages), relié toile grenat souple, avec coins arrondis, 5 fr.; *franco* .... 5 fr. 50

(Couronné par l'Académie française.)

PSYCHOLOGIE

PÉDAGOGIQUE

L'ENFANT. — L'ADOLESCENT

LE JEUNE HOMME

PAR

J. DE LA VAISSIÈRE, S. J.

Professeur au Scolasticat de Jersey (Angleterre)

TROISIÈME ÉDITION

PARIS
GABRIEL BEAUCHESNE
117, Rue de Rennes, 117

1916

Nihil Obstat :

Paris, le 13 Juillet 1916,

L. Trégard.

Imprimatur :

Parisiis, die 12ᵉ Julii 1916.

E. Thomas, *vic. gén.*

PRÉFACE

Les questions d'éducation ont été depuis plusieurs années abordées par l'expérience positive; de nombreux et sérieux observateurs ont soumis au contrôle des méthodes scientifiques les aptitudes de l'élève aux différents âges, le rendement de tel ou tel procédé d'instruction et plusieurs autres points de pédagogie pratique. Les résultats relatifs au développement de l'enfant, sujet intéressant entre tous, semblent constituer un ensemble assez compréhensif pour mériter une exposition d'ensemble.

Certes il serait chimérique et absurde de vouloir faire reposer uniquement l'édifice pédagogique sur un fondement aussi étroit que l'expérience scientifique. Cette dernière n'en éclaire pas moins nombre de problèmes obscurs et donne à des conclusions établies par ailleurs une sanction ferme et définitive, en même temps qu'elle précise leur sens et délimite leur portée; par suite elle aide l'éducateur à mieux remplir une œuvre que l'on ne saurait trop parfaire.

L'ouvrage est complété par une bibliographie, qui, sans être complète, est suffisamment abondante pour permettre le contrôle des documents en cause et l'étude personnelle des différentes questions.

C'est à tous les éducateurs, parents et maîtres, que nous dédions ce volume. Puisse-t-il les aider à mieux accomplir leur tâche belle et grande entre toutes! C'est notre plus cher désir.

Jersey, 25 décembre 1915.

JULES DE LA VAISSIÈRE, S. J.

TABLE ANALYTIQUE DES MATIÈRES

INTRODUCTION

PREMIÈRE PARTIE
PÉDAGOGIE GÉNÉRALE
CHAPITRE I
DISPOSITIONS NATURELLES

ARTICLE I

Physionomie générale de l'évolution

ARTICLE II

Évolution des fonctions générales

ARTICLE III

Évolution des fonctions particulières

CHAPITRE II

DISPOSITIONS VOLONTAIRES

DEUXIÈME PARTIE

PÉDAGOGIE PARTICULIÈRE

CHAPITRE I

PÉDAGOGIE PARTICULIÈRE DES NORMAUX

CHAPITRE II

PÉDAGOGIE PARTICULIÈRE DES ANORMAUX

§ 3. — *DIAGNOSTIC DES ANORMAUX*

CONCLUSION

PRINCIPALES REVUES CITÉES

L'année indiquée est celle de la fondation de la revue.

Am. J. Ps. — « American Journal of Psychology » (HALL G. S.) 1887 Worcester Chandler.

An. pd. — « Année pédagogique » (CELLÉRIER, DUGAS) 1912 Paris Alcan.

An. ps. — « Année psychologique » (PIÉRON f. par BINET) 1895 Paris Masson.

Ar. de Ps. — « Archives de Psychologie » (FLOURNOY, CLAPARÈDE) 1902 Genève Kündig.

Ar. f. Pd. — « Archiv für Pädagogik » (se divise en Pd. Frsch. et Pd. Pr.).

Ar. gs. Ps. — « Archiv für die gesamte Psychologie » (MEUMANN, WIRTH) 1902 Leipzig Engelman.

Ar. of Ps. — « Archives of Psychology » (WOODWORTH) 1906 New-York.

Ar. Pd. y C. — « Archivos de Pedagogia y ciencias afines » (MERCANTE) 1906 La Plata.

B. Ps. Au. — « Beiträge zur Psychologie der Aussage » (STERN W.) 1904 Leipzig Barth.

Br. J. Ps. — « British Journal of Psychology » (MYERS C.) 1904 Cambridge.

Bu. S. ps. E. — « Bulletin de la Société pour l'étude psychologique de l'enfant » 1901 Paris Alcan.

Ch. — « The child » (KELYNACH T. N.) 1900 Londres Bale et Danielson.

Ch. St. — « Childstudy » (a succédé au Paid.) 1908 Londres Arnold.

Civ. cat. — « Civiltà cattolica » 1850 Rome.

Com. ens. — « Comment enseigner » 1912 Lyon 6 Place Bellecour.

Ct. ps. R. — « Contributi psicologici del laboratorio di Roma » (S. DE SANCTIS) 1912 Rome.

D. Sch. Pr. — « Deutsche Schulpraxis » (SEYFERT) 1881 Leipzig Wunderlich.

Ec. — « L'Ecole » (AUDOLLENT) 1911 Paris.

Ec. Fam. — « Ecole et famille » 1912 Paris.

Ec. fr. — « Ecole française » 1890 Paris.

Ec. lib. — « L'Ecole Libre » Lyon.

Ed. — « L'Education » (BERTIER, CELLÉRIER) 1909 Paris Alcan.

Ed. m. — « L'Educateur moderne » (COUSINET, f. par COMPAYRÉ) 1906 Paris Prieur.

Enf. an. — « L'Enfance anormale » Lyon.

Ens. chr. — « L'Enseignement chrétien » 1882 Paris rue Cassette.

Et. rel. — « Etudes religieuses » 1855 Paris.

Exp. Pd. — « Die experimentelle Pädagogik » (LAY, MEUMANN) 1905' Leipzig Nemnich (devenu « Zeitschrift für die experimentelle Pädagogik », puis réuni en 1910 à Z. pd. Ps.).

HSch. — « Die Hilfsschule » 1908 Halle Marhold.

Infanc. — « Infancia » (NIEMANN) 1912 Montevideo.

Infanc. an. — « Infancia anormal » (PEREIRA) 1907 Madrid.

Infanz. an. — « Infanzia anormale » (SAFFIOTTI) 1907 Milan.

Int. Ed. — « Intermédiaire des éducateurs » (P. BOVET) 1912 Genève.

J. abn. Ps. — « Journal of abnormal Psychology » (M. PRINCE) 1906 Boston Badger.

J. ed. Ps. — « Journal of educational Psychology »

(BAGLEY, BELL, SEASHORE, WHIPPLE) 1910 Baltimore Warwick et York.

J. exp. Pd. — « Journal of experimental Pedagogy and training College Record » 1911 Londres Longmans Green et C°.

J. Ph. Ps. — « Journal of Philosophy, Psychology and scientific Methods » (WOODBRIDGE, BUSH) 1904 Lancaster et New-York.

J. Ps. — « Journal de Psychologie normale et pathologique » (JANET, DUMAS) 1904 Paris Alcan.

J. rel. Ps. — « Journal of religious Psychology » (S. HALL, CHAMBERLAIN) 1904 (Worcester Mass. Wilson.

KFhl. — « Die Kinderfebler » (remplacé par Z. KFrsch.) 1895 Lagensalza Beyer.

Mind. — « The Mind » (STOUT) 1876 — New series 1892 Londres Macmillan.

Month. — « The Month » 1865 Londres.

Paid. — « The Paidologist » 1898 (remplacé en 1908 par Ch. St.).

Pd. Frsch. — « Pädagogische Forschung » (BRAHN, DÖRING) 1912 Leipzig Brandstetter.

Pd. Jaarb. — « Paedologisch Jaarbœk » (SCHUYTEN) 1900 Anvers.

Pd. Mag. — « Pädagogisches Magazin » (MANN) Langensalza.

Pd. Mongr. — « Pädagogische Monographien » (MEUMANN) 1907 Leipzig Nemnich.

Pd. Pr. — « Pädagogische Praxis » (BRAHN, DÖRING) 1912 Leipzig Brandstetter.

Pd. ps. Arb. — « Pädagogisch-psychologische Arbeiten » (BRAHN) 1910 Leipzig Hahn.

Pd. ps. Frsch. — « Pädagogisch-psychologische Forschungen » (MEUMANN, SCHEIBNER) 1912 Leipzig Quelle et Meyer.

Pd. ps. St. — « Pädagogisch-psychologische Studien » (SEYFERT) 1900 Leipzig.

Pd. Se. — « Pedagogical Seminary » (S. Hall) 1891 Worcester Mass. Chandler.

Phar. — « Pharus » 1910 Donawert Auer.

Ph. Jb. — « Philosophisches Jahrbuch » (Gutberlet) 1888 Fulda.

Ps. Bu. — « Psychological Bulletin » (Pierce) 1904 Princeton N. J.

Ps. Cl. — « Psychological Clinic » (Witmer) 1907 Philadelphie.

Psiche. — « Psiche » (Morselli, de Sanctis, Villa, Assagioli) 1912 Florence.

Ps. Mo. — « Psychological Monographs » (Angell) 1895 Princeton N. J.

Ps. R. — « Psychological Review » (Watson) 1894 Princeton N. J.

R. de Ph. — « Revue de Philosophie » (Peillaube) 1900 Paris Rivière.

Riv. F. Pd. — « Rivista di Filosofia, Pedagogia e Scienze affini » (fondée par Morselli en 1881, est devenue successivement « Rassegna critica, pensiero italiano, Riv. F. Pd. »).

Riv. pd. — « Rivista pedagogica » (Della Valle, fondée par Credaro) 1908 Rome Albrighi et C°.

Riv. Ps. — « Rivista di Psicologia » (Ferrari) 1905 Bologne.

R. pd. — « Revue pédagogique » 1852 Paris Delagrave.

R. Pdtchn. — « Revue de Pédotechnie » (Nyns) 1914 Bruxelles Lamerten.

R. ph. — « Revue philosophique » (Th. Ribot) 1876 Paris Alcan.

R. ps. — « Revue psychologique » (Ioteyko) 1908 Bruxelles Misch et Thron.

R. Q. sc. — « Revue des Questions scientifiques » 1877 Louvain.

R. sc. — « Revue scientifique » 1864 Paris.

R. y F. — « Razón y Fe » 1902 Madrid.

St. ML. — « Stimmen aus Maria-Laach » 1871 Fribourg-en-Brisgau Herder.

Tr. Sch. — « Training School Bulletin » (H. GODDARD) 1904 Vineland N. J.

Wiss. B. Pd. Ps. — « Wissenschaftliche Beiträge zur Pädagogik und Psychologie » (DRUCHLER, KATZ) 1913 Leipzig Quelle et Meyer.

Z. ang. Ps. — « Zeitschrift für angewandte Psychologie und psychologische Sammelforschung » (STERN, LIPMANN) 1907 Leipzig Barth.

Z. KFrsch. — « Zeitschrift für Kinderforschung » (TRÜPER, KOCH, UFER) Langensalza Beyer.

Z. pd. Ps. — « Zeitschrift für pädagogische Psychologie und experimentelle Pädagogik » (MEUMANN, SCHEIBNER) 1900 Leipzig Quelle et Meyer.

Z. Ph. Pd. — « Zeitschrift für Philosophie und Pädagogik » (REIN, FLÜGEL) 1874 Langensalza Beyer.

PRINCIPALES ABRÉVIATIONS

EMPLOYÉES DANS LES INDICATIONS BIBLIOGRAPHIQUES

Les abréviations qui désignent les principales revues ont été signalées ci-dessus.

B22, b374a. — (Renvoie aux articles de la Bibliographie inscrits sous les numéros 22, 374a).

Cf. — « Consulter ».

Cg., Cg. int. — « Congrès, Congrès international ».

C. R., C. R. Ac. — « Comptes rendus, Comptes rendus de l'Académie ».

Did. — « Didactique ».

E. (Ch., K.). — « Enfance, enfant (Child, childhood, Kind, Kindheit) ».

Ec. (Sch.). — « Ecole, écolier (School, Schule) ».

Ed. (Erz.). — « Education (Erziehung) ».

Enq. — « Enquête ».

Et. (St.). — « Etude (Study, Studien) ».

Ev. — « Evolution ».

Exp. — « Expérience, expérimental ».

Int. — « Intérêt ».

J. (Z.). — « Journal (Zeitschrift). »

J. f., j. h. — « Jeune fille, jeune homme ».

L. c., l. s. c. — « Livre cité; livre cité plus haut ».

Méth. — « Méthode ».

Pass. — « Passim ».

Pd., pd. — « Pédagogie, pédagogique ».

Ps., ps. — « Psychologie, psychologique ».

S., 35s. — « Page 35 et suivantes ».

Sc. — « Science ».

Sp. — « Spécialement ».

Tr. fr. — « Traduction française ».

PSYCHOLOGIE PÉDAGOGIQUE

GÉNÉRALITÉS
LE SUJET DE L'ÉDUCATION

INTRODUCTION

DÉFINITIONS — HISTOIRE — MÉTHODES — DIVISIONS

§ 1. — *DÉFINITIONS : ÉDUCATION — PÉDAGOGIE — PSYCHOLOGIE PÉDAGOGIQUE*

1. Education. La *Psychologie pédagogique* est la science positive des phénomènes psychologiques dans leurs relations avec les problèmes pédagogiques.

Les phénomènes psychologiques sont étudiés par la *Psychologie rationnelle* dans leur nature et leurs raisons dernières, par la *Psychologie expérimentale* selon leurs lois positives. Les problèmes pédagogiques sont l'objet d'une autre science, la *Pédagogie* ou science de l'éducation.

Plusieurs préfèrent le terme de *Pédagogique* à celui de *Pédagogie*, ce dernier étant souvent employé dans le sens restreint d'éducation morale [1]. Le mot vient d'Allemagne et s'est accrédité depuis les ouvrages de J. F. HERBART (b73) [2].

1. LITTRÉ, *Dictionnaire*, Art. « Pédagogie, Pédagogique ».
2. Le signe (b73) indique l'ouvrage précédé d'un n° 73 dans la Bibliographie.

Psychologie pédagogique.   I

L'entente est loin d'exister sur la définition de l'éducation. Tous s'accordent néanmoins sur les points suivants :

1° *L'éducation*, selon la définition du Dictionnaire de Littré, est l'action d'élever, de former un enfant. Non seulement dans sa première enfance, mais encore pendant la seconde période décennale de sa vie, l'individu humain ne se suffit pas sans l'aide de ses semblables, sous quelque aspect qu'on le considère, physique, intellectuel, moral, social, religieux.

2° *L'éducation* se distingue de *l'instruction :* celle-ci s'adresse à la seule intelligence, celle-là se rapporte à tout l'homme.

Ces notions sont évidemment insuffisantes à préciser la nature du travail éducatif. Dans la formation de l'enfant, l'agent, étant l'intelligence et la volonté de l'éducateur, ne saurait travailler à façonner une matière donnée selon une forme qu'il ignore. Le physicien soumet le corps à des traitements divers, selon qu'il doit être mû, chauffé, électrisé ; de même le travail de l'éducation variera avec la forme visée. Inutile d'insister : l'éducateur dirige une évolution et un devenir, il doit donc savoir quel est le terme de cette évolution, ce qu'il faut faire de l'enfant. *Un homme*, dira-t-on, mais cette réponse n'en est pas une : pourvu qu'il conserve la vie corporelle, en toute hypothèse l'enfant restera un homme. — Un homme digne de ce nom, un *homme bon et beau*, dont les différentes facultés s'accordent en un équilibre harmonieux : rien de plus juste, cet idéal précisera l'éducation, pourvu cependant que l'on sache ce qui fait l'homme bon et quel est l'idéal de beauté selon lequel on peut juger de l'harmonie de ses facultés. Comme le dit très bien

E. W. Pace : « La nature du travail de l'éducateur est avant tout déterminée par le sens qu'il donne à la vie, à ses destinées et à ses valeurs. L'éducation vise un idéal, et à son tour cet idéal dépend de la conception que l'on se fait de l'homme et de sa fin dernière, de ses relations avec Dieu, avec ses semblables et avec l'univers [1]. »

Comme toute autre science distincte de la Métaphysique, la Pédagogie suppose certains principes constituant un corps d'axiomes et de postulats, dont la justification doit être demandée à une branche supérieure de connaissances. Pour déterminer ce qui fait l'homme beau et bon, il faut s'adresser aux sciences indiquant ce que l'homme doit être, par conséquent à l'*Ethique*, à la *Théologie*. En vain consulterait-on la science de l'évolution, la psychologie, la sociologie : ces sciences disent ce que l'homme *est*, ce qu'il a été, elles pourraient au plus établir les lois du devenir humain spontané, mais, sans postuler un principe non établi, elles n'enseignent pas ce que l'homme *doit être*, elles n'indiquent pas le terme que son activité libre *doit* viser.

On voit combien il est actuellement difficile de s'accorder sur la nature de l'éducation ; il suffit de parcourir les rapports du *Congrès d'éducation morale* tenu à La Haye en 1912 pour constater avec quelle fatalité une divergence de vues morales et religieuses conduit à des conceptions très différentes en cette matière [2].

Sur le terrain très restreint où se place la psychologie pédagogique, les pédagogies différentes se ren-

---

1. Pace, Art. « Education », *Catholic Encycl.*, New-York Appleton, t. 5 295.

2. J. Benrubi, 2ᵉ *Cg. d'éd. morale*, R. ph. 1913 t. 1 71-98.

contrent en bien des points. La science de l'éducation, en conduisant l'enfant vers son idéal, le dirige
d'abord vers certaines fins intermédiaires : que l'idéal
éducatif soit le chrétien, le citoyen, l'homme de son
temps, le serviteur de l'humanité, le produit perfec-
tionné de l'évolution passée, ou simplement l'homme
capable de choisir lui-même l'idéal qu'il veut atteindre, tous, ou moralement tous, déclarent que pour
atteindre le terme, il faut développer l'intelligence de
l'enfant, lui donner un fond de connaissances courantes, former son caractère. La psychologie pédagogique
se contente d'offrir au pédagogue les lois psychologiques utiles à la réalisation de son idéal, et précisément
la catégorie de phénomènes que l'expérience psychologique peut atteindre se rattache presque exclusivement à l'acquisition des connaissances élémentaires,
au développement de l'intelligence et du caractère.

Ce traité ne s'écartera pas du point de vue positif de la psychologie pédagogique. Amenés cependant au début de notre
exposition à définir l'éducation et par suite l'idéal qu'elle se
propose, nous croyons nécessaire de faire notre profession de
foi sur ce point.

De même qu'il n'y a qu'une morale et qu'une théologie, il
n'y a aussi qu'une pédagogie. La théologie et la morale s'accordent à dire que la règle de la bonté et la norme de la beauté
humaine ne peuvent se fixer sans relation avec Dieu qui est
le Bien et le Beau suprême. L'homme créé par Dieu existe pour
Dieu, est «un être religieux par construction [1]» et par suite,
si l'éducation doit former l'homme bon et beau, elle a une fin
religieuse.

Une indétermination persiste encore : on parle de former un
être religieux, mais de quelle religion s'agit-il ? La révélation
répond nettement : une seule religion est bonne et la Chaire

1. J. Grivet, l'Eglise et l'Enfant, Et. rel. 1910 t. 2. Cf. *Lettre collective des évêques de France* 14 Sept. 1909.

de Pierre en a le dépôt et la garde. La solution du problème est dès lors donnée sans aucune ambiguïté. L'éducation consiste à former en l'enfant l'homme bon et beau; l'homme bon et beau est celui qui est conforme à la règle de bonté, à l'idéal de beauté, c'est-à-dire qui est selon Dieu; l'homme selon Dieu est celui qui est semblable au Dieu fait homme, au Christ; un magistère vivant, l'Eglise, est là pour définir ce qui est et ce qui n'est pas selon le Christ.

2. Pédagogie. Ses divisions naturelles. La pédagogie étant la science de l'éducation, la considération des différents facteurs influant sur la transformation de l'enfant et du jeune homme conduit à une division naturelle des problèmes pédagogiques.

Dans toute action dirigée par l'intelligence et la volonté libre ces facteurs sont la personnalité de l'agent, le but qu'il se propose, le sujet soumis à l'action, le milieu physique ou social, enfin l'action elle-même considérée dans son terme, c'est-à-dire les différentes transformations subies par le sujet. Cette division est rationnelle, puisqu'elle conduit à étudier l'action selon ses causes (efficiente, finale, matérielle, formelle) et par suite à en acquérir la science au sens philosophique de ce mot; elle est également complète et sans redondance. Si l'influence du milieu peut se rattacher à la cause efficiente de l'éducation, il importe grandement dans le problème actuel de distinguer l'éducateur, personnalité intelligente, dirigeant le travail selon des buts qu'il se détermine, et les causes agissant sur le sujet sans cette préoccupation intentionnelle du terme, le milieu physique et social.

La pédagogie se divise donc naturellement en 5 parties : *l'éducateur, les fins, l'enfant et le jeune homme, le milieu, les moyens d'éducation ou le travail éducatif.*

1° Pour faire partie de la pédagogie les questions doivent être examinées au point de vue de la transformation éducative de l'enfant. Par exemple les problèmes concernant l'hygiène scolaire ont bien rapport à l'élève et au milieu, mais ils ne sont pédagogiques que dans la mesure où leur solution peut contribuer au problème de l'éducation.

2° Bien que toute pédagogie générale, pour être complète, doive étudier l'éducation selon toutes ses causes, une division rationnelle peut cependant mettre en évidence d'autres lignes de partage, plus importantes pour les temps actuels ou plus intéressantes pour le lecteur. La division selon les causes se montre particulièrement apte à encadrer les différents problèmes de psychologie pédagogique; elle est de plus assez communément usitée; enfin elle se prête à recevoir ce que présentent de commun les pédagogies comprises selon les différentes conceptions de l'éducation.

Après ce coup d'œil d'ensemble sur les divisions de la Pédagogie examinons séparément chacune d'elles.

1° *L'éducateur.* Différents agents peuvent travailler intentionnellement au problème de l'éducation : les parents, l'Eglise, la cité, l'Etat, les associations libres, les maîtres, etc. La Pédagogie recevra de ses deux sciences directrices, la Morale et la Théologie, la réponse à cette première question : quels sont ceux qui ont le droit, quels sont ceux qui ont le devoir de donner l'éducation? Elle examinera ce que doit être le maître dans son esprit, dans son cœur, dans son attitude, pour conduire le mieux possible ses élèves au terme de l'idéal éducatif. Elle étudiera les moyens les plus efficaces de formation des maîtres.

Au point de vue chrétien, l'agent par excellence de l'éducation est Dieu, l'éducateur invisible. Puisqu'il s'agit de former un chrétien, Dieu seul achève l'œuvre en plaçant dans l'âme la grâce sanctifiante et les vertus surnaturelles; c'est encore Dieu qui la prépare et la poursuit par toutes les grâces actuelles et tous les dons qu'il répand dans ce but sur les maîtres et les élèves[1]. Cette action divine n'amoindrit en rien d'ailleurs la part de l'éducateur humain: Dieu veut la libre coopération de la créature raisonnable et l'ordre surnaturel élève l'ordre naturel sans le détruire. Aux yeux du chrétien, le premier des pédagogues visibles est également Dieu, le Verbe incarné, dont l'Eglise continue sur terre la mission éducatrice. Le docte CLÉMENT D'ALEXANDRIE, dans les catéchèses qu'il a réunies sous ce titre le *Pédagogue*, parle ainsi à ses chrétiens: Achille eut Phénix pour précepteur, les fils de Crésus furent instruits par Adraste, Alexandre par Léonide, Philippe par Nausithous... Mais notre pédagogue à nous est le Dieu saint Jésus-Christ, lumière du monde, Verbe du Père; ce Dieu clément et bon est notre pédagogue[2]. »

La pédagogie de l'éducateur chrétien lui apprendra donc au nom d'une science supérieure sa dépendance de Dieu : qu'il enseigne des vérités sublimes ou la pratique d'un métier, qu'il surveille des jeux ou exhorte à la vertu, le maître doit compte de son effort éducateur au Pédagogue suprême qui est Jésus-Christ, et par ailleurs il pourra toujours compter sur le secours du travailleur invisible dont il est l'humble coopérateur.

La morale chrétienne enseigne encore que les parents sont les éducateurs de par la loi naturelle, et donc l'Etat ou toute autre association ne saurait se substituer à la famille pour imposer un système éducatif contraire à la conscience et aux vœux des parents[3]. Tout maître chrétien doit enseigner en représentant du Christ, de l'Eglise, des parents; il ne doit rien épargner pour retracer en lui l'image de celui qui est par excellence le Bon Maître, pour faire revivre aux yeux de ses élèves la personne du Christ[4].

2o *Les fins*. L'idéal, vrai ou faux, visé par l'éducateur, ne peut être atteint que par l'exercice des différentes puissances de l'enfant: volonté, intelligence,

1. SUAREZ, *De divina praedestinatione* L. III c. 7 n° 10. B42 t. 2 De l'autorité et du respect dans l'éd. Mgr BAUNARD, *Le collège chrét.*, Poussielgue 1889 t. 1 16-28.
2. MIGNE, P. g. t. 8 313-5.
3. Mgr D'HULST, *Conférences de Notre-Dame*, 1894, 4e confér.
4. Mgr BAUNARD, l. c. t. 1 68-82.

sens, imagination, tendances naturelles, mouvements et actions extérieures. De plus le sujet de l'éducation n'est pas l'enfant en général, mais tel enfant, membre de telle société familiale, de telle société civile; il naît et se développe à tel rang, dans tel milieu professionnel; il aura, selon toute vraisemblance, à mener une vie fixée dans ses grandes lignes. Autant de fins partielles qui se présentent à l'examen de la pédagogie. Il s'agit de faire de l'enfant un homme intelligent, un homme de caractère, un homme d'action. Suivant que le jeune homme se destine à être un philosophe, un mathématicien, un littérateur, un artiste, un homme habile dans le gouvernement de ses semblables ou dans la gestion des affaires, un artisan ou un commerçant, certains traits particuliers devront être visés dans le perfectionnement de l'intelligence, du caractère, de l'action.

La pédagogie des fins, s'inspirant de la psychologie et de la morale, dressera la liste de ces fins subordonnées, étudiera leur harmonie, leur enchaînement, leur mutuelle dépendance. Elle déterminera les fins particulières à réaliser pour conduire l'élève à telle situation sociale, donnera les principes directeurs des programmes d'éducation pour tel individu déterminé.

A la pédagogie des fins d'étudier le bien fondé des tendances encyclopédiques actuelles; à elle de dirimer la controverse, actuellement si passionnée, de plus ou moins d'étendue de l'éducation supérieure des jeunes filles; à elle encore de nous dire si les langues grecque et latine doivent conserver leur rôle éducatif, de juger s'il convient de donner des notions d'histoire naturelle et de physique à des élèves manifestement destinés aux travaux domestiques, etc.

3° *L'enfant et le jeune homme.* La matière soumise à l'éducation n'est pas inerte, mais vivante et libre; l'élève peut apporter, soit dans sa nature, soit dans sa libre volonté, des dispositions plus ou moins favorables. Il y a donc lieu de distinguer deux parties particulièrement importantes de la pédagogie : l'*évolution spontanée* de l'enfant et du jeune homme, leur *coopération volontaire* à l'influence de l'agent éducateur. La première traitera des lois de l'évolution humaine, soit en général, soit pour chaque faculté particulière; de plus elle devra indiquer le moyen de discerner les différences individuelles présentées par les sujets ainsi que les cas exceptionnels et anormaux s'écartant des lois générales. La seconde partie étudiera l'importance de la coopération volontaire de l'élève et les moyens de l'assurer, les fautes de l'enfant et les remèdes possibles.

4° *Le milieu.* Les milieux peuvent être *donnés* ou *artificiels.* Parmi les premiers on distingue le milieu géographique (influence du climat sur les capacités de l'élève), le milieu social (la famille avec l'action de l'hérédité, la société civile avec l'état de sa civilisation et les exigences de l'autorité). En première ligne des milieux artificiels se trouve le milieu scolaire (externat ou internat, école libre ou institution de l'état, université, école professionnelle, etc.); le milieu des relations (les camarades, etc.) est également artificiel, du moins dans une grande mesure.

5° *Les moyens d'éducation.* Cette partie peut être considérée sous un aspect général : quelle est la hiérarchie, l'importance relative des qualités à faire acquérir d'après la pédagogie des fins? Quels sont les obstacles que le travail éducatif apporte avec lui, la

fatigue intellectuelle par exemple ? Si on se place à un
point de vue de détail, il reste à étudier les meilleures
méthodes pour réaliser les différents points du programme éducatif, soit pour l'enseignement (lecture,
dessin, style, etc.), soit pour la formation morale
(punitions, développement de l'initiative, etc.).

Le tableau suivant présente les divisions naturelles
de la pédagogie générale.

Divisions naturelles de la Pédagogie générale

I. — *Educateur*

1° Quels sont les éducateurs ? Leurs droits et leurs devoirs
mutuels.
2° Qualités de l'éducateur.
3° Formation de l'éducateur.

II. — *Les fins*

1° Quelles sont les fins secondaires de l'éducation ?
2° Enchaînement mutuel des fins.
3° Programmes d'éducation.

III. — *L'enfant et le jeune homme*

1° Dispositions naturelles. Lois d'évolution en général et
pour les facultés particulières.
2° Dispositions libres. Coopération volontaire.
Fautes.

IV. — *Le milieu*

1° Milieu donné. Géographique.
Familial (hérédité, etc.).
Social (civilisation, législation, etc.).
2° Milieu artificiel. Milieu scolaire (externat, internat, uni-
versité, etc.).
Relations, camarades.

V. — *Le travail éducatif*

1° En général. Le corps.

La vie sensitive.

La vie intellectuelle.

2° En particulier. Didactique particulière (lecture, calcul, etc.

Moyens particuliers d'éducation sociale (émulation, récompenses, etc.).

L'établissement des divisions de la pédagogie générale permet de la définir plus explicitement, en mettant en lumière ses éléments constitutifs : *La Pédagogie est la science de diriger conformément à un plan l'évolution de l'enfant et du jeune homme vers l'idéal éducatif, au moyen de l'exercice harmonieux de ses facultés, dans la position sociale qu'il doit occuper*. On retrouve dans cette définition la pédagogie de l'éducateur, la pédagogie des fins, la pédagogie du sujet, celle du milieu et celle du travail éducatif.

3. Pédagogie générale et pédagogie expérimentale. On distingue la *pédagogie générale* et la *pédagogie expérimentale* : la première que l'on pourrait appeler pédagogie rationnelle, établit ses principes en prenant pour point de départ la science religieuse, l'éthique, la psychologie rationnelle ; la seconde est une science positive ayant pour but d'établir les lois pédagogiques positives.

Si on consulte la division de la pédagogie générale, on constate que toute la pédagogie des fins et une partie de la pédagogie de l'éducateur échappent à toute détermination empirique. Les fins ne tombent sous l'expérience, ni en elles-mêmes, ni en grande partie quant à leur réalisation dans les individus. Comme par ailleurs des lois, établies sans viser les fins

éducatives, cessent de ce chef d'être pédagogiques, il
en résulte que la pédagogie ne saurait être uniquement
basée sur l'expérience et ne peut aborder tous ses problèmes par l'observation empirique (b27 55-60).

Plusieurs contemporains ont exprimé à tort la prétention de
réduire toute la pédagogie à la pédagogie expérimentale. Ainsi
l'allemand LAY fait au début de sa *Pédagogique expérimentale*
la déclaration suivante : « Il n'y aura plus désormais une pédagogique expérimentale à côté de la pédagogique générale ; la
pédagogique expérimentale sera toute la pédagogique[1]. » Plusieurs orateurs du Premier Congrès international de pédologie,
tenu à Bruxelles en 1911, ont exprimé la même erreur[2].

Il est inutile d'insister sur l'intérêt, tant pratique
que spéculatif, de l'expérience en pédagogie. Autant
il est impossible de fonder la science de l'éducation
sur la seule expérience, autant il est vrai de dire que,
faute de fondements empiriques, plusieurs parties de
l'édifice pédagogique risquent de porter à faux. Le développement même de ce traité le manifestera pour
bien des points. L'utilité de l'expérience en pédagogie
est donc incontestable.

Quant à son intérêt spéculatif, il suffit d'appliquer à
la matière actuelle les belles paroles de saint THOMAS
D'AQUIN dans son *Commentaire sur le Livre des Météores* d'ARISTOTE : « Il faut considérer que la science
de ce livre, comme toute autre science expérimentale, mérite l'estime de l'homme ; bien plus, mépriser une telle science serait se mépriser soi-même.
Beaucoup prétendent, il est vrai, qu'il faut faire peu
de cas des sciences naturelles, sous prétexte qu'elles

1. B89 éd 1908 13.
2. C. R. Cg. int. Pd., 1012 Bruxelles Misch et Thron t. 1 18-22
23-8.

ne nous font pas contempler les réalités divines qui constituent notre suprême félicité; ils se trompent, car non seulement la science de ce livre, mais toute science naturelle, même quand elle étudie les propriétés d'un être particulier, sert à la connaissance du divin, puisque les choses naturelles et sensibles sont des effets par lesquels nous parvenons à la connaissance de leur cause[1]. » La nature de notre intelligence est telle qu'elle ne peut s'exercer sans avoir l'expérience pour point de départ et pour point d'appui : faire fi d. l'expérience est donc bien, selon l'expression de saint THOMAS, se mépriser soi-même, puisque c'est méconnaître la nature même de notre connaissance intellectuelle. Si le grand docteur scolastique trouve dans l'étude d'un seul météore un aide pour s'élever jusqu'à Dieu, combien la portée de ses remarques s'étend lorsqu'il s'agit d'observer le développement d'une âme d'enfant ou de jeune homme, lorsque cette observation a pour but de coopérer à la formation de l'homme parfait!

4. **Psychologie pédagogique.** La *psychologie pédagogique* est la science positive des phénomènes psychologiques dans leurs relations avec les problèmes pédagogiques.

Elle se distingue donc de la *psychologie expérimentale*, tout en étant en intime connexion avec cette dernière. La psychologie expérimentale est une science spéculative ayant pour objet formel les lois positives des faits de conscience chez l'homme normal; la psychologie pédagogique est une *science normative*, ayant

1. *Commentaire sur le 4ᵉ L. des météores*, 1ᵉ leç., éd. de Parme t. 19 412.

pour objet formel les lois positives des phénomènes psychologiques, *en tant que* ces lois servent de règles directrices à l'œuvre de l'éducateur[1].

La psychologie pédagogique est évidemment une partie de la *pédagogie expérimentale*, mais elle n'en embrasse pas tout le domaine. Avec les phénomènes psychologiques l'enfant présente des phénomènes physiques et végétatifs, qui pourront également se rapporter en plusieurs points au problème éducatif; c'est ainsi que la pédagogie expérimentale traite de l'hygiène éducative. Sans doute on peut prétendre que, vu l'union de l'âme et du corps, il est peu de questions pédagogiques qui n'aient un aspect psychologique, mais la psychologie pédagogique se limite au cas où l'aspect est immédiat.

A plus forte raison y a-t-il une distinction à mettre entre la psychologie pédagogique et la *pédologie*. La pédologie (*Child study* en Angleterre) a pour but de réunir en un tout systématique l'ensemble des connaissances sur la nature et le développement de l'enfant. Cette science diffère donc de la psychologie pédagogique tant par la plus grande étendue de sa matière que par son objet formel[2]. Il y a entre ces deux branches de connaissances des différences analogues à celles qui distinguent l'anthropologie de la médecine; la pédologie est une science spéculative, n'est pas exclusivement normative comme la psychologie pédagogique.

La psychologie pédagogique, science positive des phénomènes psychologiques dans leurs relations avec les problèmes

1. JEANJEAN, Pédagogie nouvelle, R. de Ph. XVI 42-3.
2. Cf. b27 52-5. Consulter par ex. le programme de la *Faculté de pédologie* de Bruxelles, R. ps. 1912 V 279-80.

pédagogiques, n'est donc pas l'*art de l'éducation*, mais la science psychologique orientée vers l'art de l'éducation. Cette remarque a son importance pour éviter de dangereuses confusions. La science, même quand elle a pour but de donner des règles à l'action, demeure spéculative et universelle; par suite le cas concret contient toujours des aspects que la loi scientifique néglige. Si la science du médecin ou de l'ingénieur était appliquée brutalement aux cas concrets sans tenir compte de ce que l'abstraction scientifique a éliminé, les ponts crouleraient et les remèdes tueraient. Un auteur moderne développe fort bien cette pensée : « Le domaine de la science, c'est l'abstraction. Quand elle sort de ce domaine, qu'elle empiète sur l'art, la science expose à de graves déconvenues, c'est alors qu'elle peut faire faillite... Non pas que la matière de l'art, savoir la réalité concrète, échappe aux lois de la science. Non pas que l'art ne reçoive et ne doive recevoir la direction de la science, mais il n'en peut recevoir qu'une direction générale... L'objet de l'art est l'action; celui de la science, la spéculation[1]. »

Ces remarques ne doivent pas être perdues de vue par celui qui s'adonne à la pédagogie scientifique. L'enfant et l'adolescent sont des réalités complexes entre toutes, dont le maniement correct exige le plus grand tact. L'éducateur savant doit avoir pour idéal l'ingénieur habile, qui n'est exclusivement ni un empirique, ni un savant, mais s'efforce de réunir les qualités de l'un et de l'autre.

Examinons quelques-unes des *objections* courantes mettant en question le droit à l'existence de la psychologie pédagogique.

Dans son célèbre ouvrage pédagogique (b77), W. James fait quelques remarques dont beaucoup se sont emparés pour incriminer l'introduction de l'expérience dans l'art de l'éducation : « La psychologie est une science, l'éducation est un art... Les sciences ne font jamais naître les arts directement d'elles-mêmes.

1. Dugas, *Ps. et Pd., ou science et art*, R. de métaph. et de mor. 1909 112.

C'est par le canal d'un esprit ingénieux, mettant en
œuvre son originalité, que se fait l'application de la
science... Il est aussi difficile à l'éducateur qu'au chef
d'armée de savoir ce que veut et ce que pense, ce que
sait et ne sait pas l'ennemi respectif. La divination et
l'intuition sont ici les seuls aides et non pas la pédagogie générale et la science stratégique... Qu'on ne
prêche donc pas comme un devoir impérieux la néces
sité de s'en occuper et qu'on n'aille pas l'imposer
comme une règle à ceux pour lesquels cette étude est
un poids insupportable [1]. »

Ces réflexions du psychologue américain condamnent
ceux qui voudraient réduire toute la science de l'éducation à la pédagogie positive, ou encore ceux qui
émettraient la ridicule prétention d'imposer l'étude
de la psychologie pédagogique à l'ensemble des éducateurs, alors que toute mère, même ignorante, est éducatrice de par la nature. Elles rappellent le lecteur à
une sage prudence au début d'un ouvrage où sont
d'ailleurs exposées des règles de pédagogie scientifique
des plus remarquables et des plus précieuses [2]. Mais
elles ne sont pas un blâme donné à l'expérience
scientifique en éducation, ni même un doute sur la
très grande utilité de cette expérience : personne ne
pensera sérieusement qu'un vigoureux bon sens,
comme celui de JAMES, ait supposé un seul instant que
la science de la guerre ne rendait pas les plus grands
services à un général d'armée. Ce que nous avons dit
sur la différence entre la science et l'art de l'éducation
permet d'interpréter dans leur vrai sens les remarques

---

1. B77 tr. fr. 12-3 15 17.
2. Il suffit pour s'en rendre compte de parcourir les ch. 6-8 13
sur les tendances.

de James. La psychologie positive est une science et donc se tient sur un terrain spéculatif; elle ne saurait donner les qualités nécessaires pour appliquer les lois générales aux cas concrets et vécus, dont la complexité déborde de beaucoup les schèmes simplifiés des phénomènes reliés par les lois. On constate trop souvent la vérité des paroles de M. Dugas : « Le démon de l'abstraction, quand s'y mêle l'orgueil théorique, sabre tout, tranche tout, sème partout le désordre et la ruine[1]. » Incontestablement bien des instituteurs et des éducateurs trouvent dans les recettes empiriques établies par l'expérience vulgaire du passé un guide plus intelligible, plus sûr en conséquence, que dans les lois de la pédagogie scientifique. Les recettes, laissées par ceux qui nous ont précédés, sont extraites de la pratique éducative vécue et il n'en est pas de même de plusieurs lois sorties des laboratoires pédologiques.

Résumons en quelques lignes plusieurs pages de l'article déjà cité de M. Dugas ; elles posent nettement le principe fondamental qui permet de juger à leur vraie valeur les expériences de pédagogie positive.

L'art naît avant la science : on essaie, on use d'expédients et on arrive ainsi à récolter un faisceau de renseignements utiles; c'est ainsi qu'en pédagogie existe un art empirique constitué en grande partie de pratiques traditionnelles et c'est sagesse de se conformer à cette expérience des siècles pour élever les enfants. Mieux vaut leur inculquer l'ensemble des manières en usage dans la société où ils vivent que de les envoyer à quelque école ultramoderne. Mais, si la pédagogie ne doit pas dédaigner cet art empirique, l'empirisme n'en est pas moins destiné à reculer sans cesse devant la science. C'est par la science que l'art prend conscience de lui-même, se rend compte du pourquoi de ses procédés, devient par suite plus facilement transmissible. La science part de l'art

1. L. c. 115.

empirique, non pour le renverser, mais pour l'éclairer et l'étendre au besoin.

Ajoutons que plusieurs parties de la pédagogie traditionnelle ne sont pas uniquement *art empirique*. Bien des programmes d'éducation et d'enseignement avaient été conçus sous l'inspiration des grandes lois fondamentales de l'esprit humain; dans ces parties la pédagogie traditionnelle est scientifique, éternelle aussi comme la vraie science[1]. Même alors la science expérimentale n'en a pas moins son utilité en descendant à certains détails que les généralités philosophiques ne peuvent embrasser, en donnant aux lois qui règlent ces menus phénomènes le caractère d'universelle nécessité que l'expérience vulgaire ne suffit pas par elle seule à conférer.

James d'ailleurs signale dans le même ouvrage certains autres avantages de la psychologie pédagogique : « (Les principes psychologiques) rétrécissent certainement le champ des expériences et des difficultés. C'est ainsi que nous connaîtrons d'avance, si nous sommes psychologues, la défectuosité de certaines méthodes. Notre psychologie nous gardera de certaines erreurs et nous permettra surtout de nous faire une représentation plus exacte du but à atteindre. En outre nous avons une confiance plus grande dans une méthode qui nous semble avoir pour elle la théorie aussi bien que la pratique. Et surtout notre indépendance est fortifiée et notre intérêt rallumé... quand nous sommes capables de nous faire une idée des éléments intérieurs si curieux qui forment le mécanisme mental[2]. »

Gutberlet, après avoir présenté plusieurs objections de Wundt[3], les résume de la manière suivante :

La psychologie pédagogique expose à des généralisations hâtives : on étend les conclusions bien au delà des conditions restreintes dans lesquelles elles ont été obtenues.

Elle expose aussi à des conclusions trop étroites : on s'imagine qu'une question ne peut être envisagée que sous l'angle expérimental.

1. Des pédagogues de talent ont méconnu injustement l'ancienne pédagogie : cf. b13 338-9.
2. L. c. 15-6.
3. W. Wundt, *Ub. reine u. angewandte Ps.*, *Ps. Studien*, 1909, v 48.

Aussi les conclusions des différents expérimentateurs sont-elles souvent contradictoires : « Du moins jusqu'à présent la variété déconcertante des opinions (en pédagogique) n'a pas subi de diminution, mais se trouve plutôt augmentée par l'usage de la méthode expérimentale. Actuellement, la plupart du temps, on n'est d'accord ni sur les méthodes, ni sur les appareils les mieux appropriés, ni sur les résultats et leur interprétation, ni sur l'application des résultats et sur leur utilité pratique [1]. »

Il y a une part de bien fondé dans les critiques de GUTBER-LET. Mais il est facile de répondre que l'usage de l'expérience n'en est pas forcément le mauvais usage. L'Allemagne, dans le domaine de la psychologie expérimentale, s'est longtemps égarée dans la poursuite d'utopiques mensurations ; dans ce pays nombre d'opinions pédagogiques sont manifestement inspirées par des préjugés extrascientifiques n'ayant aucune valeur en l'espèce. On peut ajouter que les expériences ne comptent pas toutes, mais seulement celles dues à des observateurs exercés et consciencieux : une des raisons de l'aspect confus que présente au premier abord la pédagogie expérimentale est bien la surabondance d'observations dénuées de valeur, auxquelles on donne un trop facile accueil dans les périodiques scientifiques.

Pour conclure, disons que, si l'on suit les recommandations des pédagogues prudents, on ne voit pas comment on pourrait recueillir de la pédagogie scientifique autre chose que de sérieux avantages. Résumons les excellents conseils donnés dans la *Pédagogie* de F. Knus S. J. : « Ne pas substituer ce qui est susceptible de mesure au phénomène proprement psychologique inaccessible à toute mesure. — Ne pas remplacer la sollicitude pour l'âme de l'enfant par la passion de l'expérimentation. — Se garder de systématiser trop vite et ne pas perdre de vue les principes fondamentaux de la pédagogie générale. — Eviter les conclusions hâtives. » (B83 260-3).

§ 2. — *ÉTAT ACTUEL DE LA PSYCHOLOGIE PÉDAGOGIQUE*

5. Intensité du mouvement pédagogique. Ses causes. Le vingtième siècle se fait remarquer par une si

1. GUTBERLET, *Exp. pd.*, Ph. Jb. 1910 13.

intense activité au sujet des études pédagogiques
qu'on l'a nommé le *siècle de l'enfant.*

L'idée d'observer exactement, d'expérimenter, d'en-
quêter même pour appuyer sur l'expérience les pratiques éducatives n'est cependant pas née de nos jours.
Il ne faudrait pas non plus s'en rapporter à nombre
d'Histoires de l'éducation et dresser avec elles une liste
de précurseurs de la pédagogie expérimentale dans
laquelle ressortent RABELAIS, MONTAIGNE, LOCKE, ROUS-
SEAU, HERBART. Les idées les plus fécondes au point de
vue de l'empirisme éducatif se retrouvent chez nombre d'autres auteurs. Par exemple, au XIIIᵉ siècle, donné
si communément comme une époque de stagnation
pédagogique[1], RAYMOND LULLE énonce l'un des principes directeurs de la science de l'enfant : l'éducation
doit établir une harmonie entre le développement
qu'elle demande à l'âme de l'enfant et la croissance
corporelle (b94 ch. 91 § 13 254-5). Au XVIᵉ siècle, L. VI-
VÈS, pédagogue d'une foi ardente, donne un plan de
recherches que signeraient les directeurs des instituts
pédologiques contemporains. Pour déterminer la manière d'enseigner chaque branche de connaissance, on
fera des expériences, des enquêtes, et on en conclura
des règles générales; si dans ces recherches on rencontre des cas anormaux, on s'efforcera d'en déterminer la cause, et, si cette cause demeure inconnue, on
notera avec soin le cas : voilà bien les enquêtes nettement recommandées et sagement réglées. En parcou-
rant les écrits de VIVÈS, on constate encore que l'idée
de l'évolution de l'enfant, celle de l'attention à donner aux différences individuelles, le préoccupaient

1. Cf. sur cette grave erreur histor. J. GUIRAUD, *Hist. partiale et
hist. vraie*, 1911 Paris Beauchesne t. 1 328-63.

vivement : « Quatre fois dans l'année les maîtres se réuniront à part, pour s'entretenir du talent de leurs élèves, et se consulter sur le genre d'études auxquelles chacun doit être appliqué d'après ses dispositions[1]. » Dans un de ses chapitres, il parle aussi de l'étonnante variété des esprits et donne les plus sages conseils pour la formation des arriérés et des anormaux[2]. Ailleurs il laisse voir qu'il se rend très bien compte de la grande influence du milieu, social ou géographique[3].

La préparation du mouvement pédagogique actuel n'est pas l'œuvre de quelques-uns ; il est particulièrement peu logique de chercher l'origine du progrès éducatif chez ceux qui se sont écartés avec éclat de la tradition de leur siècle. On peut dire que la pédagogie positive existait en puissance dans tout le corps éducateur et ne demandait pour s'actuer que des circonstances favorables aux expériences précises et collectives. Ces circonstances se sont rencontrées dans la plus grande facilité des communications mutuelles et dans la naissance de la psychologie expérimentale. Cette dernière, selon un mot heureux, est vraiment la mère spirituelle de la pédagogie positive.

Parmi les précurseurs de la pédagogie expérimentale on cite souvent BASEDOW, PESTALOZZI et FRÖBEL[4].

1. « In praeceptis artium multa experimenta colligemus, multorum usus observabimus, ut ex illis fiant universae regulae ; de quibus experimentis si sint quae cum norma non congruant, signanda est causa cur id fiat ; sin ea nesciatur et pauca sint quae non quadrent, annotanda sunt ; sin plura sint quae non congruant, aut par in numero, non statuendum de eo dogma, sed id transmittendum admirationi ceterorum, ut ex admiratione, sicut fieri consuevit, philosophia nascatur. » (b160 l. II c. 4 t. 6 296.) « Quater per singulos annos in locum aliquem secretum magistri conveniant, ubi inter se de ingeniis suorum sermocinentur ac consultent, et si quemque applicent arti cui quemque idoneum videbunt. » (L. II c. 2 278.)

2. L. II c. 3.

3. L. II c. 1.

4. Cf. les Histoires de la Pd., en particulier GUEX (b180 248-56 287-346 476-502).

BASEDOW (1723-1790) a reçu les éloges de KANT. Comme
ROUSSEAU, il croit à la bonté de la nature enfantine, et, pour
mieux s'adapter au naturel de l'enfant, il imagine les leçons
de choses, mettant les objets à la place des mots (b8). Cet
enseignement par l'image avait d'ailleurs été déjà prôné par
COMENIUS au xvıı⁰ siècle (b28-32).

PESTALOZZI, suisse, (1746-1827), mettait sous les yeux des
enfants non plus les images des objets, mais les objets eux-
mêmes; il croyait aussi à la bonté de la nature et poussa la
logique de son système jusqu'à condamner au feu tous ses livres
comme plus nuisibles qu'utiles (b115-6).

FR. FRÖBEL, né en Saxe, (1778-1852), soutenait que l'action
extérieure doit être le principal facteur de l'éducation. Il imagina les jardins d'enfants, des exercices pour former les différents sens, constructions en bois pour former la vue et le tact,
chants pour former l'ouïe, etc. (b60).

Les systèmes de ces éducateurs sont utopiques par leur
exclusivisme, les études récentes l'ont nettement mis en lumière; BASEDOW, PESTALOZZI, FRÖBEL ont néanmoins bien
mérité de la pédagogie par l'ingéniosité de certaines de leurs
méthodes, plus encore par leur dévouement à la cause de l'enfant. Mais pourquoi les choisir pour précurseurs de la pédagogie actuelle à l'exclusion de tant d'autres? Il serait bien
facile de montrer que saint JEAN-BAPTISTE DE LA SALLE n'a pas
moins bien préparé l'éducation populaire des temps présents
que BASEDOW ou PESTALOZZI et les surpasse encore par la grandeur de son dévouement. L'abbé DE L'EPÉE vivait avant FRÖ-
BEL; ses *Principes de l'institution des sourds-muets* sont d'une
psychologie admirable et ont l'immense avantage de n'être
surchargés d'aucune utopie.

6. Mouvement pédagogique dans les différentes na-
tions[1]. La *France* peut prétendre au premier rang

1. Cf. les publications récentes indiquées dans la section II de la
Bibliographie; la *Rev. du mouvem. pd.* de BLUM, R. ph. depuis 1892;
le *Ch. and ed. Ps. number* dans le Ps. Bu.; JEANJEAN, *La Pd. nouvelle*, R. de Ph. XV 516-27; les *Discours d'ouvert. du Cg. int. Pd.*
1912 Bruxelles Misch et Thron.

pour la valeur des expérimentations pédagogiques, grâce au talent d'A. Binet (1857-1911). Citons parmi ses nombreux ouvrages les études sur la suggestibilité (1897) et la fatigue intellectuelle (1898). Nommé président de la *Société libre pour l'étude psychologique de l'enfant* (fondée en 1900), il en dirigea le bulletin jusqu'à sa mort. En 1906 il organisa un petit laboratoire de pédagogie normale, annexé à l'école primaire de la rue Grange-aux-Belles ; c'est dans ce laboratoire qu'ont été étudiés les célèbres tests sur le niveau intellectuel. La plupart de ses mémoires pédagogiques ont paru dans l'*Année psychologique ;* il en a donné un aperçu sommaire dans son livre *Idées modernes sur les enfants* (1910). Les résultats de ses expériences ont une véritable importance pratique et les Allemands eux-mêmes ont reconnu en lui l'initiateur de presque toutes les méthodes empiriques spéciales à la pédagogie [1]. On ne fit que lui rendre justice en le nommant en 1909 président du *Comité international de psychologie pédagogique* ayant pour mission de promouvoir les applications pratiques.

Si l'on met à part Binet et ses collaborateurs, la plupart des pédagogues français s'orientent à peine vers les études expérimentales. Les principales revues, l'*Educateur moderne* (1906) fondée par Compayré (mort en 1911), l'*Education* (1909) dirigée par Bertier et Cellérier, etc. ne se placent que peu au point de vue expérimental. Cependant bien des indices présagent une riche efflorescence d'études positives

1. Cf. le témoignage rendu à Binet par W. Stern au Cg. Ps. de Berlin en 1912 (Stern, *D. ps. Meth. d. Intelligenzprüf.*, 1912 Leipzig Barth 21) et l'éloge enthousiaste de l'américain H. Goddard (An. ps. 1912 XVIII 326).

en éducation. Le grand public commence à s'intéresser aux résultats des enquêtes américaines, dont
COMPAYRÉ s'était fait l'historien averti ; l'*Année pédagogique*, fondée en 1912 par CELLÉRIER et DUGAS, met
les lecteurs français au courant de toutes les publications expérimentales ; la *Société pour l'étude psychologique de l'enfant* suscite de nombreux travaux pratiques ; les chaires de pédagogie et les laboratoires
pédologiques se multiplient.

CLAPARÈDE semble avoir joué en *Suisse* un rôle ana-
logue à celui de BINET en France pour promouvoir
l'expérience pédagogique. Sa revue, les *Archives de
psychologie*, accorde une grande place aux travaux
pédagogiques ; son livre *Psychologie de l'enfant et Pédagogie expérimentale* (b27) a puissamment contribué
à faire comprendre au public de langue française l'intérêt des expériences éducatives. Le 15 octobre 1912,
une *Ecole libre des sciences de l'éducation* a été ouverte
à Genève ; une revue l'*Intermédiaire des éducateurs*
est l'organe de ce mouvement.

En Belgique[1] l'expérience pédagogique a pris naissance à Anvers, Gand, Bruxelles. Un laboratoire pédologique, ayant pour organe de ses travaux le *Pœdolo-
gisch Iaarboek*, fut établi à Anvers par SCHUYTEN en
1900. A Gand parut la revue *Zuid en Noord;* VAN
BIERVLIET y organisa un laboratoire de pédagogie.
Bruxelles institua en 1905 des laboratoires pédologiques dans ses écoles normales, exemple bientôt suivi
par Mons et Charleroi. En 1912, Mlle le Dr IOTEYKO
fonda à Bruxelles une faculté internationale de

---

1. Cf. Disc. d'ouvert. de DECROLY au Cg. int. Pd. 1912 Bruxelles
Misch et Thron ; SCHUYTEN, *Et. act. de la Ps. appl. en Belg.*, R. ps.
1908 I 49-51.

pédologie; la *Revue psychologique*, qu'elle a dirigée depuis 1908, publiait principalement des articles pédologiques. La *Revue des questions scientifiques* (Louvain) a donné d'excellents articles pédagogiques.

L'Allemagne semble avoir droit à une certaine priorité par rapport aux études empiriques de pédagogie. Dès l'année 1787, TIEDEMANN publia une étude sur l'évolution mentale de l'enfant, étude qui fut reprise par SIGISMUND, LÖBISCH, KUSSMAUL, vers le milieu du XIXᵉ siècle, et par PREYER en 1881 dans son célèbre livre sur l'âme de l'enfant [1]. L'éloge donné par KANT aux études pédagogiques [2], plus encore la sollicitude du corps enseignant, orientèrent cette activité expérimentale vers le point de vue plus strictement éducatif. En 1891 DILTHEY présentait à l'Académie des sciences de Berlin un rapport utopique sur le remplacement de l'ancienne pédagogie par une science s'inspirant des méthodes de l'histoire et des sciences naturelles [3]. Puis CHRISMAN lança en 1896 son fameux manifeste pédologique (b233); cette même année parut à Langensalza le périodique *Die Kinderfehler*, consacré à l'étude des enfants anormaux. Citons parmi les revues plus récentes *Die Zeitschrift für pädagogische Psychologie und experimentelle Pädagogik*, dirigée par MEUMANN (m. en 1915), le *Zeitschrift für angewandte Psychologie und psychologische Sammelforschung* fondé par STERN et LIPMANN. Plusieurs associations ont été formées dans le but de favoriser et promouvoir les études expérimentales en éducation : le *Verein für Kinderpsychologie* (Berlin 1899), le *Verband für Schulreform*. Le *Verein für*

1. B281, b274, b257, b255, b268.
2. B79 54.
3. DILTHEY mourut en 1911.

christliche Erziehungswissenschaft comptait en 1911 plus de 900 membres divisés en trois groupes : Autriche, Allemagne du Sud et Suisse allemande, Allemagne du Nord. Ses statuts indiquent le but de se tenir au courant des méthodes expérimentales et de viser à leur application pratique dans les écoles [1].

Les *Etats-Unis* ont rapidement dépassé l'Allemagne dans leur activité pour les recherches pédagogiques [2]. Signalons parmi les promoteurs du mouvement STANLEY HALL à Worcester, EARL BARNES en Californie, J. M. BALDWIN, FR. TRACY, N. OPPENHEIM. S. HALL organisa en 1893 la *National Association for the study of children*, ayant pour but principal de promouvoir les enquêtes pédagogiques. Les principales revues sont le *Pedagogical Seminary* (1891) organe de la *National Association*, le *Journal of educational Psychology* (1910), *Educational Review* (1890), *The training School* (1904), etc. De nombreuses et utiles recherches se font à l'*Institut pédagogique* de *Clark University* dirigé par S. HALL, au *Teachers College* de *Columbia University* (THORNDIKE), à *Cornell University* (WHIPPLE), à *Yale University* (JUDD), etc. GODDARD a depuis peu organisé le *Paidological laboratory* de Vineland (New-Jersey), véritable laboratoire de pédagogie anormale.

En *Grande-Bretagne*, la *British Association for child study* (actuellement *Child study Society*) fut établie en 1894 sous la direction de J. SULLY, l'auteur de *Studies of Childhood* (1895). En 1910 l'*Association anglaise pour l'avancement des sciences* a mis à l'ordre du jour le progrès de la pédologie. L'Angleterre semble se faire une spécialité des travaux d'*Eugénique*, c'est-à-dire de

1. *D. Organis. d. pd. Forsch.*, Z. pd. Ps. 1913 XIV 574-9.
2. B174; J. ed. Ps. 1912 III 229.

l'étude des facteurs qui influent sur les qualités de la race, question évidemment importante pour l'éducation. GALTON a dirigé jusqu'à sa mort (1911) l'*Eugenic Laboratory* de Londres; en 1912 se réunit à Londres le premier congrès international d'Eugénique.

Dès 1879 paraissent en *Italie* plusieurs travaux sur l'évolution de l'enfant (b242 etc.). En 1897 MARRO (mort en 1913) publie son célèbre ouvrage *La Pubertà* et MELZI fonde à Arona un *Cabinet d'Anthropologie pédagogique*. La ville de Milan possède un laboratoire psychologique annexé à l'*école pédagogique* de l'Université. A Rome DE SANCTIS professe des cours de psychologie expérimentale à l'usage des futurs instituteurs. Les principales revues sont la *Rivista pedagogica* (Gênes 1908), la *Rivista di Psicologia* (Bologne 1904), l'*Infanzia anormale* (1911), etc.

En *Russie*, citons SIKORSKI, BECHTEREW, NETSCHAJEFF; ce dernier établit à Pétrograd un institut psychopédagogique.

GHEORGOV a introduit la psychologie pédagogique en *Bulgarie*. Belgrade possédait depuis 1906 une *Société pour la psychologie de l'enfant*.

En *Pologne*, l'*Education familiale et scolaire* a été fondée à Varsovie en 1908, et une autre revue, le *Journal pédagogique*, à Lemberg en 1912.

Dans les *pays de langue espagnole* signalons plusieurs revues : *Archivos de pedag. y ciencias afines* (La Plata, République Argentine, 1906), *Cuba pedagogica* (La Havane 1904), *El Educador contemporáneo* (Valence 1912), etc.

La revue *Psyke* (1906), dirigée par ALRUTZ en *Suède*, publie des articles pédagogiques de valeur.

Le premier *Congrès international de Pédologie* a eu

lieu à Bruxelles en 1911. Un comité exécutif international a été formé en 1909 pour veiller à la convocation
de ces congrès : il se composait de MM. SCHUYTEN, CLA-
PARÈDE, PHILIPPE, etc.

§ 3. — *MÉTHODES DE LA PSYCHOLOGIE PÉDAGOGIQUE*

7. Méthodes de recherche. Dans l'établissement de
toute loi positive il importe de distinguer la *recherche*
et l'*interprétation des résultats :* constater l'allonge-
ment d'une barre de fer sous l'action de la chaleur
n'est pas encore dégager la loi de la dilatation des solides. La complexité des phénomènes psychologiques
rend particulièrement délicate l'interprétation des résultats et pour ce motif nous la traiterons à part.

Dans ses recherches la psychologie pédagogique, ou
bien dirige vers l'étude des problèmes éducatifs les
méthodes de la psychologie expérimentale, ou bien se
sert de méthodes qui lui sont propres, auxquelles on
réserve le nom de *méthodes pédagogiques.*

1° *Méthodes psychologiques.*

Les sciences expérimentales emploient les deux
méthodes d'*observation* et d'*expérimentation.* L'une et
l'autre ont pour but de constater un fait; la différence,
dit CLAUDE BERNARD : « Consiste en ceci que le fait que
doit constater l'expérimentateur ne s'étant pas présenté
naturellement à lui, il a dû le faire apparaître, c'est-
à-dire le provoquer par une raison particulière et dans
un but déterminé. D'où il suit que l'on peut dire :
l'expérience n'est au fond qu'une observation provo-
quée dans un but quelconque [1]. »

La psychologie, science des faits de conscience, dispose d'une méthode qui lui est propre, puisque ces

---

1. *Introduction à la médecine expér.* § 5.

faits peuvent être constatés et examinés du dedans par celui qui les éprouve au moyen de la réflexion et de l'analyse. Elle use donc à la fois de l'observation subjective, ou *introspection,* et de *l'observation objective* portant sur les manifestations extérieures des phénomènes psychologiques, telles que les mouvements, la mimique, les écrits, les dessins, les ouvrages, etc.

Introspection. — De nombreuses objections ont été faites à la méthode introspective, qu'elle soit doublée d'expérimentation, comme dans la *méthode dite de Wurtzbourg,* ou qu'elle se réduise à la simple observation subjective; ces objections ont été, à maintes reprises, victorieusement réfutées[1]. Mais l'application de l'introspection aux questions pédagogiques présente des difficultés particulières, surtout lorsqu'elle s'adresse à des enfants[2].

L'enfant, dit-on, ne saurait rendre compte de ce qu'il éprouve, faute de vocabulaire adapté et de connaissances suffisantes. De plus il est tellement suggestible qu'il parlera dans un sens ou dans l'autre selon la manière dont la question sera posée. Enfin sa réponse sera souvent dictée moins par la réalité des faits en cause que par toute une logique affective : désir de plaire, de se rendre intéressant, de briller, esprit de contradiction, déplaisir, mauvaise humeur, etc.

Pour mieux se rendre compte du bien fondé de ces objections, il est utile de se rappeler les obstacles rencontrés par toute introspection. Ils se groupent sous trois chefs principaux : Le sujet manque de termes pour exprimer ce qu'il éprouve et le traduit d'une

1. Cf. b1020 23-4 264-6.
2. Cf. COMPAYRÉ, Art. *Pédagogie, Grande Encyclopédie.*

façon incorrecte. — Le sujet en vertu de préjugés systématise les résultats de son expérience interne, expose
ce qu'il conçoit à propos de ses phénomènes de conscience plutôt que les faits eux-mêmes. — Le sujet se
laisse guider dans ses réponses par des motifs affectifs,
par la logique des sentiments, soit inconsciemment en
raison de sa suggestibilité par exemple, soit consciemment.

En ce qui concerne le premier chef, l'enfant possède
un vocabulaire très pauvre et exprime difficilement ce
qu'il ressent, mais en revanche ses états de conscience
sont plus simples que ceux de l'adulte, ils sont moins
compliqués de perceptions acquises, de l'influence des
connaissances passées. — Quant à la systématisation,
elle est beaucoup moins à redouter chez lui que chez
l'adulte; il fera peu ou point de suppositions sur le but
de l'expérience et son attention sera prise par les objets
immédiatement en contact avec lui, c'est-à-dire par
l'expérience elle-même, par l'expérimentateur et par
lui-même. — Sans aucun doute la suggestibilité de
l'enfant est très grande; même à 6 ou 7 ans, il répond
encore presque toujours dans le sens de la question
posée [1]. Mais Binet a clairement montré que l'on évite
fort bien cet écueil en interrogeant adroitement; tel
est également l'avis de Meumann (b100 t. 1 43).
L'adulte a bien d'ailleurs lui aussi ses penchants à
l'usage de la logique affective : il se préoccupe beaucoup de l'effet qu'il va produire, une sorte de pudeur
psychologique rend souvent incomplet et inexact
l'exposé de ses impressions. A côté du désir de plaire,
de la propension à montrer de la mauvaise humeur, à

1. A. Binet, *La suggestibilité*, 1900 Paris Schleicher 209-43.

contrarier, l'enfant apporte des qualités maîtresses constatées par ceux qui le prennent pour collaborateur : facilement il se laisse intéresser par l'expérience, faisant son possible pour en assurer le succès, sacrifiant au besoin plus d'un plaisir pour avoir le privilège d'y participer. C'est qu'il possède à un haut degré le désir de savoir, de connaître le pourquoi des choses; l'habileté de l'expérimentateur consistera à faire saillir au premier plan cette noble et pure tendance; par le fait même il refoulera, du moins pour le temps de l'observation, les trop réelles inclinations défectueuses.

Les facteurs rendant plus ou moins facile l'introspection chez l'enfant sont donc complexes. Aussi les psychologues ont-ils répondu dans des sens très différents à cette question posée dans une enquête de la Faculté de pédologie de Bruxelles : « *Psychologie de l'enfant et de l'adulte. — Laquelle des deux est plus difficile à connaître[1]?* » La méthode introspective demande, pour être appliquée à l'enfant, l'habileté et le tact de l'expérimentateur; mais, bien conduite, elle peut donner de bons résultats dès l'âge de 4 ans.

Le professeur de Vienne S. Freud et ses disciples ont préconisé une méthode d'expérimentation introspective, dont l'emploi serait d'après eux fondamental en psychologie pédagogique : la méthode de *psychoanalyse*. Après avoir sommairement indiqué les grandes lignes de la théorie psychoanalytique appliquée à l'éducation, nous expliquerons pourquoi cette méthode est pratiquement inaccessible en pédagogie[2].

1. R. ps. 1913 VI 127-34.
2. Puisque cette méthode ne semble pas pédagogique, la bibliographie ne contient aucune référence qui s'y rapporte. Voici quelques indications : E. Régis et A. Hesnard, *La Psychoanal. d. névroses et d. psychoses*, 1914 Paris Alcan (Riche bibliogr. 357-79); P. Janet, *La Psychoanal.*, J. Ps. 1914 XI 1-36 97-130; '. Maeder, *Sur le*

Théorie psychoanalytique appliquée à l'éducation. 1º La psychoanalyse est un moyen spécial de pénétrer jusqu'aux couches profondes de la vie de l'esprit, c'est-à-dire jusqu'à cet ensemble de désirs et d'ambitions qui tendent sans cesse à s'exprimer et à se satisfaire [1]. Ces dernières assises, sur lesquelles repose la superstructure des tendances apparentes, ont une influence considérable sur toutes les manifestations de l'activité psychologique. Leur connaissance rendrait compte de nombreux détails de la conduite, serait la clef de bien des mystères de la vie; en particulier elle montrerait les motifs vrais pour lesquels un jeune homme choisit telle ou telle carrière [2].

2º La tendance profonde entre toutes est l'instinct sexuel et tout ce qui s'y rapporte. Cet instinct se manifeste de très bonne heure en mille détails et, s'il n'apparaît pas explicitement, il est du moins possible de retrouver dans la première enfance elle-même ses composantes biologiques individuelles, c'est-à-dire les différentes tendances infantiles dont la combinaison constituera plus tard le désir sexuel.

3º La direction première prise par ces tendances profondes et primitives a une haute importance pour la vie future de l'individu, car en réalité cette orientation initiale exerce toujours son influence, puisque toutes les forces mentales dérivent des impulsions premières.

4º Certaines tendances primitives sont incompatibles avec les exigences sociales des temps présents. Les unes sont *sublimées* [3], transformées en des penchants de plus grande valeur sociale; les autres sont refoulées dans le subconscient,

mouvem. psychoanalyt., An. ps. 1912 XVIII 389-418 ; N. KOSTYLEFF, *Freud et le probl. des rêves*, R. ph. 1911 t. 2 492-522; S. FREUD, D. *Traumdeutung*, 3º éd. 1911 Vienne Deuticke ; S. FREUD, *Ub. Psychoanal.*, 2º éd. 1912 Vienne Deuticke ; Articles et ouvrages de JUNG ; Articles de E. JONES dans les périodiques anglais et américains ; Articles de MORSELLI, ASSAGIOLI, FREUD, dans *Psiche* 1912 I 77-149; Revues spéciales *Imago* (depuis 1912 à Vienne), *Zentralbl. f. Psychoanal.* (depuis 1910 à Wiesbaden), *Jahrb. f. psychoan. u. psychopath. Forsch.* (depuis 1909 à Vienne).

1. Cf. E. JONES, *Psychoan. and. Ed.*, J. ed. Ps. 1910 I 498.
2. Cf. F. THALBERG, Z. *Berufswahl, Monatschr. f. Pd. u. Schulpolit.*, Vienne 1912 207-10.
3. E. JONES, *Psychoan. and Ed.*, J. ed. Ps. 1912 III 241-56.

sans perdre pour cela leur puissance pour le bien ou pour le
mal.

5° On neutralise l'influence mauvaise des tendances refoulées en les faisant passer du subconscient dans le conscient.
Pour cela il faut arriver à en prendre connaissance ; on y parvient par l'analyse de certains processus psychologiques, tout
particulièrement des rêves, en se guidant pour cette étude
d'après le principe posé au 2°.

6° La psychoanalyse est donc d'une immense importance
pour la connaissance de l'enfant et la *sublimation des tendances* est la fonction la plus essenti·l'e de l'œuvre éducatrice [1].

*Critique de la théorie psychoanalytique appliquée à l'éduca-
tion.* Dans la critique de la doctrine freudienne il convient de
distinguer entre la spéculation et l'application pratique des
théories.

Spéculativement on peut admettre que toutes les tendances
de la vie sensitive, considérée er. elle-même, sont groupées
sous une même finalité dynamique, la conservation de l'espèce[2],
et que dès lors les inclinations de la vie sensitive, en tant que
telles, ne sont plus ou moins que les sublimations des composantes primitives de ce groupe que P. JANET pose à la base de
sa classification des tendances, la nutrition et la reproduction[3]. Ces points sont solidement établis par une induction
portant sur toute l'échelle animale. Mais l'homme n'est pas
seulement un animal : au-dessus de l'ensemble des tendances
sensitives il possède les tendances intellectuelles qui manifestent des caractères différents et même opposés. Ces tendances
supérieures s'exercent en vertu de jugements, par le moyen des
actes volontaires ; par rapport à elles les tendances sensitives
ne sont pas des composantes, des éléments, mais plutôt des
mécanismes au service de l'activité supérieure, des complexes
« Excitations — Réactions » capables de réaliser les mouvements voulus. Il est donc faux de dire que les tendances ai is-

---

1. E. J ）NES, l. c. BRILL A., *Psychoan. its theor. and. pract. applicat.*, 1912 Philadelphie et Londres Saunders et C°. PFISTER, *Psychoan.
and Childst., School Hyg.* 1911 366-74. C. FURTMÜLLER, *D. ps.
Bedeutung d. Psychoan., Monatschr. f. Pd. u. Schulpolit.*, Vienne
1912 161-6 257-64.

2. Cf. b1020 200-5.

3. P. JANET, *Cours inédit du Coll. de France* 13 janv. 1910.

tiques et les tendances religieuses ne sont qu'un épanouissement
biologique des composantes de l'instinct sexuel ; erreur également de chercher dans ce même bas-fond les vrais motifs qui
dictent le choix d'une carrière. Cette distinction n'est pas établie a priori, mais elle se déduit des plus belles expériences de
la psychologie contemporaine[1].

Pratiquement la psychoanalyse est peu utilisable pour
l'enfant et l'adolescent, si on excepte certains cas exceptionnels et rares. Comme le fait remarquer STERN, ce qui est moyen
de salut pour l'adulte peut être poison pour le jeune homme.
Dans l'adolescent normal ce qui est inconscient doit le rester
jusqu'à l'heure voulue ; il ne faut pas sortir de terre les semen-
ces avant le moment opportun. Ces analyses pressantes sur les
rêves, sur les images et les impressions que la pudeur refoule,
menacent d'infection l'âme entière de l'enfant : les ériger en
moyens d'éducation est un péché pédagogique[2]. Oui, l'adolescent trouvera souvent le salut dans la manifestation des
pensées et des images qui le troublent ; comme nous le verrons,
il a besoin de confidents éclairés en cette matière. Mais manifester ce qu'on éprouve n'est pas mettre au jour ce qui pour
des raisons profondes se dissimule et se tait.

Si la psychoanalyse est débarrassée des préoccupations
sexuelles, elle peut au contraire être une méthode utile entre
les mains d'observateurs habiles et pleins de tact, comme l'ont
fait remarquer plusieurs psychologues de renom, CLAPARÈDE,
FLOURNOY, BOVET, etc.

Ajoutons que, même en dehors du terrain pédagogique, les
théories de FREUD ont rencontré de nombreux contradicteurs
parmi les psychologues[3].

Observation objective. L'observation objective comprend toute une série de phénomènes s'échelon-
nant depuis la simple observation occasionnelle jusqu'à l'expérimentation stricte. Celle-ci observe un

1. B1020 290-301. Cf. JANET, *Automatisme ps.*, 1889 Paris Alcan
473-4.
2. W. STERN, Z. ang. Ps. VIII Heft 1-2.
3. Cf. M. PRINCE, *The mechan. and interpret. of dreams*, J. abn.
Ps. 1910 V 139-95 ; N. VASCHIDE, *Somm. et rêves*, 1911 Paris Flammarion 174-96.

phénomène systématiquement produit dans des conditions parfaitement connues, que l'on peut reproduire et modifier à volonté, tandis que celle-là se contente de noter les phénomènes qui se présentent sans influer en rien sur leur production.

L'*expérimentation stricte* n'a pas dans les recherches pédagogiques la même importance qu'en psychologie expérimentale. Il ne s'agit plus en effet de trouver des lois purement spéculatives, mais des lois normatives indiquant les règles des faits de conscience en tant qu'elles se rapportent aux problèmes de l'éducation. La complexité du milieu éducatif n'est pas le schème du laboratoire et les observations faites dans les circonstances complexes et vécues qui entourent la croissance de l'enfant donneront en général des résultats d'un plus grand prix [1]. Cependant les méthodes de laboratoire peuvent parfois trouver une application utile, en particulier pour l'étude des différences individuelles entre enfants.

L'*observation occasionnelle* présente cet avantage que le sujet est plus lui-même, parce qu'il est observé dans un milieu normal et aussi parce qu'il ne se doute pas qu'il est soumis à une observation. Elle est la seule méthode praticable dans la plupart des cas où l'on veut se rendre compte de l'évolution spontanée de l'enfant (b148 74). En revanche on est aux prises avec toute la complexité de la vie intérieure du sujet, avec ses défauts (pose, exagération, dissimulation, etc.) [2]. Il est évident par exemple que les descriptions d'états d'âme dans les journaux intimes de jeunes gens et de

1. B148 34-5.
2. Cf. BELOT, *Les ét. relat. à la Ps. de l'e.*, Bu. S. ps. E. 1907 130-4.

jeunes filles ne méritent pas un brevet de parfaite
exactitude : en supposant la parfaite sincérité, que
d'illusions possibles! Les lettres écrites par les enfants à leurs parents sont déjà un document d'une
plus grande valeur; elles sont souvent sincères, tra-
duisant bien la nature.

Il ne faut pas confondre ces observations, faites sans
suite et au hasard des circonstances, avec l'*observation
systématique et suivie* d'un enfant. Plusieurs des meilleurs travaux de psychologie scientifique sont les résu-
més d'observations quotidiennes d'enfants [1].

L'*observation méthodique* opère sur une matière déterminée suivant un plan défini : elle a cet avantage
manifeste sur la précédente qu'elle peut être répétée,
reprise par d'autres chercheurs selon des procédés
identiques, d'où possibilité d'études faites en commun
sur une grande échelle. Cette observation peut être
individuelle ou collective.

L'*observation méthodique collective* a une extrême
importance pour la solution d'un grand nombre de
problèmes; c'est ainsi qu'elle s'impose, si l'on veut
soumettre à l'épreuve expérimentale le programme
d'études en usage dans une nation. Elle exige la coopération de plusieurs personnes vivant en différents lieux,
parfois à des époques diverses, coopération qui est le
plus souvent obtenue par une enquête.

Le lien de l'*enquête* est soit une instruction écrite
envoyée aux différents observateurs, soit un groupe
d'enquêteurs qui se transporte aux centres d'observation. L'observation est conduite soit par des question-

---

1. Citons entre autres les travaux de CRAMAUSSEL, MISS SHINN,
MAJOR, NAGY, OPPENHEIM, CL. et W. STERN, SIKORSKI, etc. (b235,
b282-3, b259, b262-3, b265, b278, b275-7, etc.).

naires, soit par des interrogatoires, soit par certaines
épreuves que l'on fait accomplir au sujet pour obtenir
la détermination d'une de ses qualités (tests).

L'*enquête par questionnaire* envoyé à l'éducateur, ou
à l'enfant, est surtout avantageuse, lorsqu'il s'agit d'atteindre des résultats statistiques : quelle est la proportion d'enfants répondant à telle condition? ou autres
problèmes de ce genre. Le questionnaire résume en
quelques demandes les points sur lesquels les renseignements doivent être donnés et on fait connaître ce
document par les journaux, ou mieux par des envois
directs. La mise au point des questions demande une
habileté exceptionnelle : 1° Il faut éviter avec soin
toute forme de question qui inclinerait à répondre dans
un sens ou dans l'autre, en d'autres termes il faut
éviter de suggestionner le sujet. 2° La réponse doit être
facile à donner : facile au point de vue moral et au
point de vue intellectuel. Moralement l'amour propre
du sujet est à ménager et tout doit être disposé de
manière que l'effet produit par la réponse n'entre pas
en ligne de compte. Intellectuellement il est nécessaire
que le sujet puisse répondre sans ambiguïté; aussi le
mieux sera de questionner de manière que la réponse
puisse se donner par oui ou non : si vous faites tel travail, y a-t-il telle circonstance? Si ces précautions
empêchent d'approfondir le problème, il est cependant peu prudent de s'en écarter, lorsqu'on ne s'adresse
pas à un ensemble exceptionnel de sujets.

Le grand inconvénient du questionnaire est l'impossibilité de contrôler la sincérité et la compétence des
correspondants. L'*interrogatoire* oral et direct permet
au contraire de connaître la situation du sujet par
rapport à la normale et par suite de se rendre compte

de la valeur de ses réponses. Mais en revanche cette méthode trouve un écueil dans l'influence considérable du facteur personnel de l'interrogateur : deux observateurs différents obtiendront des réponses diverses en raison d'une légère dissemblance dans l'attitude ou l'intonation. L'interrogatoire est de toutes les méthodes celle qui demande le plus de tact de la part de l'observateur ; il ne faut pas se laisser abuser par son apparente facilité.

Le *test* (épreuve) sert principalement à déterminer le degré auquel un sujet possède un caractère, une qualité. L'observation par le test se rapproche de l'expérimentation stricte ; cependant, pour les expériences pédagogiques, il importe que l'épreuve n'exige ni laboratoire, ni appareils spéciaux, et que son application soit aussi simple que possible. Outre cette condition d'usage pratique, le choix du test visant une qualité donnée doit permettre de classer les sujets par rapport à cette qualité et par suite dans le résultat constaté il faut que l'on apprécie facilement le plus et le moins. Enfin il est clair que le test doit donner des renseignements suffisants sur la qualité en question et ne pas se contenter de l'étudier sous un certain aspect ; cette condition est difficile à réaliser.

Pour mieux nous rendre compte des obstacles que rencontre la réalisation de cette dernière condition, supposons que l'on veuille déterminer le degré de *suggestibilité* de différents sujets, c'est-à-dire les classer suivant le plus ou moins de dispositions à admettre un jugement spéculatif ou pratique pour des motifs dont le sujet n'est pas entièrement conscient [1].

1. Certains auteurs ont donné de la suggestion une définition plus compréhensive, par ex. JANET, *Prob. de la suggest.*, *J. für Ps. u. Neurologie* 1911 XVIII 323-6. Nous empruntons la défin. présente à une étude de FR. GAETANI (DE LA VAISSIÈRE, *Elem. di Ps. sper.*, tr. di FR. GAETANI, 1913 Napoli Federico et Ardia 356).

On trouvera au n° 57 l'indication de plusieurs expériences
pour déterminer la suggestibilité par rapport à l'estimation
des poids, des longueurs de lignes, des sensations calorifiques, à l'existence d'un souvenir. En faisant ces expériences
sur un certain nombre de sujets, on constate que la suggestibilité relative à un point ne les classe pas dans le même
ordre que la suggestibilité par rapport aux autres points. Si
l'on veut déterminer leur suggestibilité en général, c'est donc
l'ensemble des tests qu'il convient de consulter, sous peine de
ne classer ces sujets que selon l'un des aspects de la qualité en
question. Binet, le maître dans l'usage des tests, a insisté sur
cette recommandation : « Un test particulier, isolé de tout le
reste, ne vaut pas grand'chose, il est soumis à des erreurs de
toutes sortes, surtout s'il est rapide et s'il est appliqué à des
enfants d'école; ce qui donne une force démonstrative, c'est un
faisceau de tests, un ensemble dont on conserve la physionomie moyenne. Cela paraît être une vérité si banale que c'est
à peine s'il est besoin de l'exprimer. C'est au contraire une
vérité profonde, et le bon sens suffirait si peu à deviner cette
prétendue banalité que jusqu'ici elle a été complètement mé-
connue. Un test ne signifie rien, répétons-le formellement,
mais cinq ou six tests signifient quelque chose. Et cela est
tellement juste qu'on pourrait presque aller jusqu'à dire : peu
importent les tests pourvu qu'ils soient nombreux[1]. » Si l'on
voulait trouver dans le cas de la suggestibilité la raison profonde de cette nécessité de tests multiples, il faudrait la chercher dans ce fait que le sujet suggestionné adhère au jugement
faux sous l'influence de la volonté, volonté qui s'exerce elle-
même au moyen de jugements de valeur auxquels il est donné
plus ou moins d'attention. Or tel sujet peut avoir sur une
catégorie de faits des jugements de valeur très arrêtés qui
contrebalancent l'influence des facteurs suggestifs.

Certains tests, déterminés et fixés avec soin par les
expérimentateurs, deviennent d'un usage universel[2].
L'*unification des tests* est évidemment très avantageuse, d'autant plus que, comme nous l'avons fait

1. *Mesure du niveau intellect.*, An. ps. 1911 XVII 200-1.
2. Cf. le livre de G. M. Whipple (b165).

remarquer plus haut, il est bien préférable de se passer
de laboratoire en ces matières. Le *Congrès mondial
des Associations internationales*, tenu à Bruxelles en
1910[1], s'est préoccupé de la question connexe d'unification des mesures. Dès 1906 l'*Association psychologique américaine* avait constitué une commission
chargée du contrôle des expérimentations psychologiques. Cette commission, composée de ANGELL, JUDD,
PILLSBURY, SEASHORE, WOODWORTH, nomma des sous-
commissions; celle qui eut la charge des expériences
sur les processus associatifs a publié son rapport en
1911 et elle propose des tests fixes avec des instructions précises à donner aux sujets[2]. TOULOUSE et
PIÉRON avaient déjà fait un effort en ce sens pour la
France et, comme le remarque ce dernier : « Le moment approche sans doute où, après les efforts natio-
naux indépendants, on pourra tenter une systématisation internationale revêtue d'une réelle autorité[3]. »
Une telle œuvre, si elle n'est pas chimérique, rendrait
les plus grands services. Si l'on veut comparer les
résultats obtenus par différents observateurs pour en
déduire des conclusions générales, on ne peut se
passer de ce que les Américains appellent *the standardization of conditions*, c'est-à-dire de la détermination
précise des conditions du test. Lorsque l'instruction
donnée au sujet n'est pas absolument constante dans
les cas soumis à une statistique commune, la valeur
de la comparaison est très minime. WHIPPLE dit fort
bien que l'on n'obtiendra pas des résultats compara-
rables dans l'usage du test des A (Cf. n° 23), si l'on

1. R. ps. 1912 V 44-50.
2. Ps. Mo. 1911 XIII 5.
3. An. ps. 1913 XIX 444.

dit : « Effacez les A, pendant que je regarderai à ma montre le temps employé », ou : « Effacez les A aussi vite que possible ». Cette seconde instruction accentue beaucoup plus l'idée de vitesse.

Dans bien des cas la méthode des tests est inapplicable et on devra se contenter du questionnaire ou de l'interrogatoire. Ainsi, pour chercher l'influence de l'hérédité sur l'évolution de l'enfant, il y aura uniquement à constater si telle qualité coexiste ou non chez les parents et les enfants, en prenant un grand nombre de cas comparables entre eux et en traitant les résultats selon les règles de la statistique [1].

2° *Méthodes pédagogiques.* — Les méthodes strictement pédagogiques étudient la valeur de telle méthode éducative, de tel procédé d'enseignement ; on se base sur le succès obtenu et sur le plus ou moins d'adaptation de ce procédé aux dispositions présentées par les enfants à l'âge où doit être étudiée la matière en question.

Dans l'usage de ces méthodes tout spécialement, la *standardization* des conditions s'impose. Il sera le plus souvent indispensable de dresser des *échelles-types* permettant de trouver aisément la place d'un enfant dans le classement relatif à la qualité étudiée. Supposons que l'on veuille dresser une échelle-type calligraphique, on prendra un millier d'exemplaires d'écritures de personnes de tout milieu. Ces exemplaires seront partagés en dix groupes, contenant chacun des écritures à peu près de même valeur ; puis on conservera un exemplaire caractéristique de chaque groupe, et on aura ainsi une échelle calligraphique de dix de-

---

1. B221 305-13.

grés [1]. Les tests de BINET pour l'intelligence (n° 45)
présentent un excellent exemple d'échelle-type.

8. Mise en valeur et interprétation des résultats.
L'usage des méthodes donnera des résultats bons, médiocres ou mauvais, selon la mise en œuvre et l'interprétation des résultats. Il est impossible d'indiquer
tous les desiderata d'une bonne mise en œuvre, toutes
les qualités requises chez l'observateur, tous les défauts qu'il doit éviter; nous nous bornons à quelques
remarques.

En pédagogie les expériences ont en géné¹ l pour
but de fournir des données à l'établissement de lois
générales, à l'adoption de mesures collectives s'étendant à des programmes généraux, des règles disciplinaires, des procédés plus ou moins universels de formation, etc. L'unification des expériences s'impose
alors et par suite certains *centres* doivent exister pour
être les agents de cette synthèse. Ces centres peuvent
être particuliers à chaque nation, spéciaux pour telle
ou telle branche de la science, différents avec l'idéal
d'éducation que se propose tel ou tel corps enseignant,
mais, s'ils n'existent pas, il faut évidemment renoncer
à déduire les lois des expériences collectives, du moins
en tant qu'elles sont collectives. Or bien des lois relatives à la didactique, à l'évolution générale de l'enfant,
etc., ne peuvent être établies que par des enquêtes collectives. Une Revue pédagogique accueillant les différents mémoires, les comparant, les critiquant, indiquant la marche à suivre dans les observations, peut
réaliser au moins partiellement ce programme [2].

1. E. L. THORNDIKE, *Handwriting, Teachers College Records*, 1910
mars II.
2. Cf. b148 110 s.

Rien n'est plus délicat que le rôle de contrôler les documents et d'interpréter les résultats. Sans mettre en cause la bonne foi des témoins, les documents reçus ne méritent pas tous même créance : l'omission d'un détail a souvent de grandes conséquences et il est si facile de négliger une circonstance influente dans des questions aussi délicates et aussi complexes que les observations psychologiques !

Dans le dressage même de la statistique et dans son interprétation, il faut observer en particulier les points suivants : ne pas prendre trop peu de faits, car la valeur de la statistique repose sur la loi des grands nombres ; ne pas mêler des cas qui ne sont pas du même genre ; ne pas étendre les résultats de l'enquête à ceux qui ne sont pas enquêtés ou ne rentrent pas dans les mêmes conditions ; ne pas interpréter trop vite dans un sens exclusif.

Voici quelques exemples des erreurs auxquelles peut conduire la négligence des règles précédentes.

Dans une ville la criminalité des musulmans fut représentée par 3oo %; c'est que l'unique Turc de la ville avait été arrêté trois fois [1]. Selon une enquête faite par le Dr ROACH relativement aux avantages de l'école en plein air, les élèves travaillant fenêtres ouvertes gagnèrent deux livres de poids en une année, tandis que pour les autres le gain ne fut que d'une livre; mais WHIPPLE remarque que ceux de la classe à fenêtres ouvertes pesaient en moyenne 60 livres 15, les autres 68 livres 41; il est bien naturel dès lors que les seconds aient gagné moins de poids et ce n'est pas de cette expérience que l'on peut déduire les bienfaits de l'aération [2].

Voici une autre erreur provenant du manque de discernement entre des cas qui n'étaient semblables qu'en apparence. Pour étudier l'allure de l'évolution physique chez les enfants,

1. B221 306.
2. Cf. b165 2e éd. t. I 5-13.

on en a pris certaines caractéristiques à 6, 10, 12, 15 ans, etc.,
et, après avoir fait la moyenne de ces caractéristiques pour
chaque âge, on a tracé une courbe représentant l'allure de
l'évolution. Mais les données n'étaient pas du même genre,
car les enfants d'un même âge ne sont pas nécessairement au
même stade relatif de leur développement[1].

Il serait également illogique de conclure qu'il est préférable de constituer des classes d'un petit nombre d'élèves de ce
seul fait que les étudiants des classes nombreuses ont communément des notes moins bonnes aux examens ; le fait peut
tenir à ce que les classes nombreuses sont fréquentées par la
masse et en conséquence beaucoup y assistent sans travailler
et sans dispositions, tandis que les classes peu nombreuses
sont souvent constituées par une élite[2].

9. Le nombre en psychologie pédagogique. Dans
cette question si débattue de l'introduction d'expressions numériques pour caractériser les résultats des
observations, il est de la plus grande importance de se
reporter à ces distinctions, familières aux anciens
philosophes, entre les différentes espèces de nombres.

Autre est le nombre qui doit son origine à ce seul
fait qu'un être n'est pas un autre être ; autre est celui
qui exprime le résultat de la division d'un continu
homogène en parties égales. Lorsque je dis « Cet
homme, ce chien et ce caillou sont trois êtres », j'indique seulement que je considère un être (le chien) qui
n'est pas l'homme, un autre (le caillou) qui n'est ni
l'homme, ni le chien. Si au contraire je dis qu'un
récipient est de trois litres, je signifie qu'il pourrait
être divisé en trois récipients égaux, dont chacun

---

1. THORNDIKE a fait toucher du doigt ce défaut dans la célèbre
enquête de GILBERT (*St. from the Yale laboratory* 40-110), b153 t.
1 105-13.
2. B221 306.

égalerait un litre. J'ai une mesure dans le secon ! cas,
nullement dans le premier[1]. Ce n'est pas dava, age
mesurer un être que d'indiquer par un nombre on
rang, son numéro d'ordre par rapport à d'autr : :
lorsqu'un professeur donne des places au sujet d'un :
composition en mathématiques, il est clair que le rang
de cinquième ne mesure en aucune manière la science
mathématique de l'écolier ainsi classé, mais indique
simplement que quatre de ses condisciples ont manifesté une science supérieure à la sienne. Tout ce qui
ne se réduit pas au continu homogène, une tendance,
une aptitude psychologique, un fait de conscience,
plus généralement parlant toute qualité, sont par leur
essence même incapables d'être mesurés; il faut ne
pas perdre de vue ces principes pour apprécier le sens
des résultats numériques et ne pas leur donner une
portée dont ils ne sont pas susceptibles.

Il n'est pas inutile de donner les principes établissant
rigoureusement l'*impossibilité de mesurer les faits de conscience.*

Selon l'enseignement des mathématiques, qui d'ailleurs en
cela ne font que philosopher, une grandeur d'une certaine
espèce n'est susceptible de mesure que si l'on peut définir
l'égalité et la somme de deux grandeurs de cette espèce. Or,
si l'on peut se rendre compte, approximativement au moins,
de l'égalité de deux douleurs, de deux qualités, il est absolument impossible de définir ce qu'est une douleur somme de
deux douleurs, ou même une couleur somme de deux couleurs.

On n'éviterait pas la difficulté en cherchant à mesurer le
fait de conscience ou la qualité par une grandeur d'une autre
espèce avec laquelle elle serait en relation. En effet, pour

1. Cf. St Thomas d'Aquin, *Comment, sur la Physique d'Aristote* L.
III leç. 12, éd. de Parme t. XVIII 320 col. 2; De la Vaissière, *Philosophia naturalis*, 2ᵉ éd. 1913 Paris Beauchesne t. I 33-4.

mesurer une grandeur à l'aide d'une grandeur d'autre espèce,
il faut que ces deux grandeurs soient en relation de propor-
tionnalité. Or, pour que deux espèces de grandeurs soient
proportionnelles, les mathématiques démontrent avec une
absolue rigueur qu'à deux valeurs égales de la première série
de grandeurs doivent correspondre des valeurs égales de la
seconde série de grandeurs et qu'à une valeur somme de deux
valeurs de la première série doit correspondre une valeur
somme des valeurs correspondantes de la seconde. Cette condition est donc irréalisable puisqu'un fait de conscience,
somme de deux faits de conscience, une qualité, somme de
deux qualités, sont des expressions vides de sens. Sans doute
l'on dit que la température se mesure à l'aide du thermomètre,
mais il faut s'entendre : en réalité le plus ou moins dans la
dilatation du mercure renseigne sur le plus ou moins dans la
variation de température, mais, à parler rigoureusement, la
température n'est pas et ne saurait être mesurée.

Il est bien évident d'ailleurs que plus on se tournera vers
l'aspect quantitatif des phénomènes, plus on se détournera de
leur aspect qualitatif ; il faut se résoudre à ne pas traiter les
sciences qualitatives en sciences mathématiques[1]. Le nombre
ne peut s'appliquer à la matière de la pédagogie, comme telle,
qu'en tant qu'il exprime la distinction et le rang, nullement
comme résultat de la division d'un continu homogène, comme
mesure.

Valeurs numériques représentatives d'une collectivité. Lorsqu'on représente en pédagogie par un nombre le plus ou le
moins d'une qualité psychologique, il importe en général
d'avoir un nombre représentant le plus ou moins de cette
qualité pour un groupe plutôt que pour des individus.
Par exemple, si l'on se propose de déterminer quelle longueur
de leçon sont capables de retenir en un temps donné les élèves d'une classe, il conviendra de déterminer le nombre représentant sous ce rapport la collectivité scolaire. Selon les cas
on prendra la valeur moyenne, la valeur médiane, la valeur
dominante.

La *valeur moyenne* est simplement la moyenne arithmétique

1. Cf. J. TANNERY, *Science et philos.*, 1912 Paris Alcan 128-01. DE LA
VAISSIÈRE, *Psicología positiva, Iberica* 1914 I 4-5 18-9.

des valeurs obtenues pour chaque individu du groupe. Soit n le nombre d'élèves, a, b, c, d.... l, le nombre de mots que chacun peut respectivement retenir dans le temps donné, la valeur représentative sera : $\dfrac{a + b + c + d + \ldots + l}{n}$.

Cette valeur moyenne a dans certains problèmes le désavantage de ne pas s'appliquer au plus grand nombre d'individus du groupe. Un élève très supérieur ou très inférieur à ses camarades influe tellement sur la valeur moyenne que tous les autres écoliers peuvent être au-dessous ou au-dessus d'elle. Dans des cas semblables le groupe sera mieux représenté par la *valeur médiane*. Pour l'obtenir on prend le chiffre du milieu dans la série des chiffres représentatifs des individus rangés par ordre de grandeur. L'inconvénient est en revanche de négliger l'influence des valeurs extrêmes.

La *valeur dominante* (en anglais *the mode*) est la valeur qui apparaît le plus fréquemment dans le groupe. Par exemple on représentera le nombre d'enfants des familles ouvrières par celui qui se rencontre le plus communément. Il est clair que la valeur dominante ne représente pas bien l'ensemble en tant qu'ensemble : une classe, dans laquelle l'ensemble des élèves est bien noté, peut en effet offrir le plus grand désordre, grâce à l'indiscipline de quelques-uns.

Que l'on représente le groupe par la valeur moyenne, la valeur médiane ou la valeur dominante, on n'est pas renseigné sur la manière dont la distribution se fait autour de la valeur représentative, sur le plus ou moins d'homogénéité du groupe, et, dans certains cas, il est important de connaître la tendance que les valeurs individuelles ont à s'écarter de la valeur représentative. Dans ce but on calcule l'écart de chaque valeur individuelle par rapport à la valeur représentative, et on prend, pour caractériser la distance du groupe à l'homogénéité parfaite, soit l'*écart moyen* (moyenne arithmétique de tous les écarts individuels), soit l'*écart médian* (chiffre du milieu dans la série des écarts individuels rangés par ordre de grandeur). S'il importait de manifester l'influence des écarts individuels considérables, on prendrait pour valeur représentative de la déviation la racine carrée de la moyenne arithmétique de la somme des carrés des écarts individuels. En divisant l'écart représentatif obtenu dans une des méthodes précédentes par la valeur représentative du groupe, on obtient un nombre que l'on appelle le *coefficient de variabilité du groupe*.

Pour figurer plus complètement l'allure de variation de la qualité dans le groupe, dans le cas où la représentation par un chiffre est possible, on construit la *courbe de variation*. Supposons que l'on représente le plus ou le moins d'une certaine mémoire chez les écoliers par le nombre de mots appris en un temps déterminé; on a expérimenté sur un millier d'élèves et noté le nombre de mots retenus par chacun d'eux. On portera sur l'axe des X des longueurs proportionnelles au nombre des mots; les ordonnées correspondant aux diverses valeurs de X seront proportionnelles au nombre des élèves ayant retenu un tel nombre de mots.

La courbe ainsi obtenue fournit de précieuses indications. Elle a en général un type particulier, celui de la courbe dite *normale*, ou de GAUSS, ou des probabilités, ou encore *binomiale*; elle présente un maximum dont l'ordonnée correspondante est la valeur dominante et divise la courbe en deux parties symétriques; le point d'inflexion I correspond à l'écart représentatif $\sqrt{\dfrac{S(d^2)}{n}}$.

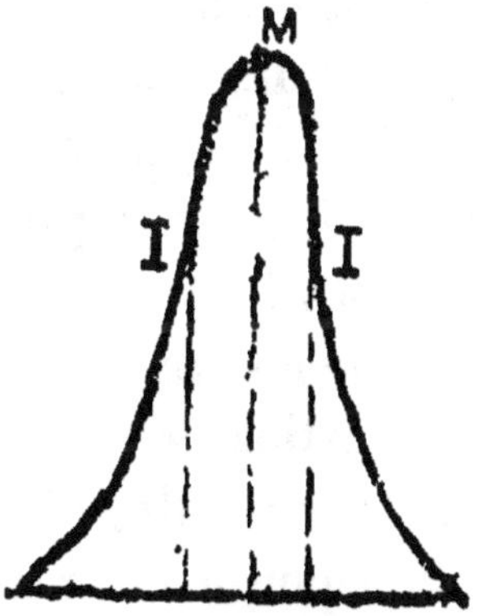

Fig. 1. — *Courbe normale de distribution.*

Dans le cas où la courbe, au lieu d'être normale, présente deux ou plusieurs sommets, on est en droit de conclure à l'intervention de plusieurs facteurs qui influent en sens différents sur la variation de la qualité[1].

1. Pour plus de détails cf. b165 ch. III.

§ 4. —*LIMITES ET DIVISION DU TRAITÉ*

10. Limites et division. Les divisions naturelles d'un traité de psychologie pédagogique sont les mêmes que celles de la pédagogie générale, en se bornant aux parties qui sont abordables par l'expérience et qui se rattachent à la psychologie. Il faut donc éliminer des divisions de la pédagogie générale (n° 2 p. 10) la première partie de la pédagogie de l'éducateur et toute la pédagogie des fins, en observant pour les parties restantes les restrictions indiquées au n° 3.

Pratiquement, il faut également tenir compte de l'état des recherches expérimentales sur chaque question. Or l'expérience n'a pour ainsi dire pas abordé la formation et les qualités de l'éducateur et elle n'a obtenu que des résultats peu précis sur le milieu considéré au point de vue pédagogique. Au contraire la pédagogie du *sujet de l'éducation* et celle du *travail éducatif* ont été l'objet de nombreuses observations utilisables. *La pédagogie du travail éducatif* doit envisager les ressources dont dispose l'action de l'éducateur, ainsi que les limites auxquelles elle se heurte ; à elle aussi d'étudier les différents procédés de discipline et d'enseignement. Le travail expérimental est actuellement intense sur nombre de ces points mais, bien que certaines parties, par exemple celle qui traite de la fatigue intellectuelle, aient été sérieusement approfondies, l'ensemble des résultats est encore peu compréhensif.

Nous nous bornerons donc dans cet ouvrage à grouper les résultats expérimentaux relatifs au *sujet de l'éducation* selon la division suivante :

LE SUJET DE L'ÉDUCATION. L'enfant, l'adolescent, le jeune homme.

Psychologie pédagogique.   4

PREMIÈRE PARTIE. — PÉDAGOGIE GÉNÉRALE

Chapitre I. *Dispositions naturelles*

Physionomie générale de l'évolution de l'enfant et du jeune homme.

Evolution des fonctions générales : intérêts, attention.

Evolution des fonctions particulières : observation, mémoire, imagination, pensée logique, langage, sens esthétique, intelligence générale.

Chapitre II. *Dispositions volontaires*

Sens religieux, sens moral, tendances sensitives, activité volontaire formelle, défauts et fautes de la volonté.

DEUXIÈME PARTIE — PÉDAGOGIE PARTICULIÈRE

Chapitre I. *Pédagogie particulière des normaux.*

Psychographie individuelle, aptitudes, types psychologiques, caractères, aptitudes professionnelles, coéducation.

Chapitre II. *Pédagogie particulière des anormaux.*

Définition de l'anormal scolaire, types d'anormaux scolaires, diagnostic des anormaux scolaires.

CONCLUSION

11. Importance pédagogique de l'étude présente. L'objet de ce volume est donc de résumer les données expérimentales sur les dispositions favorables ou défavorables apportées par l'enfant au travail éducatif ; l'importance de leur connaissance s'impose.

L'enfant est un être qui se développe physiquement et psychologiquement pour devenir homme ; en conséquence son évolution suscite successivement et conduit graduellement à la maturité les diverses fonctions qui seront au service de l'adulte. C'est à l'éducation

qu'il appartient de veiller sur cette croissance corporelle et mentale, d'écarter les influences nuisibles, d'intervenir en favorisant le développement de telle fonction notablement utile pour l'avenir et en corrigeant
les orientations qui menaceraient de faire aboutir l'évolution à une fin différente de l'idéal éducatif. Il est donc
très utile de connaître les stades de cette évolution, puisque l'éducateur ne doit ni demander à son élève ce qui
est au-dessus de ses forces, ni laisser passer les circonstances favorables au développement des aptitudes heureuses et à l'inhibition des tendances mena-
çantes.

Plus encore en un sens que les aptitudes naturelles,
les dispositions volontaires de l'enfant exercent une
immense influence. A partir d'un certain âge, le sujet
de l'éducation dispose de ressources intellectuelles et
d'initiatives volontaires. Il peut par sa mauvaise volonté mettre un obstacle insurmontable aux efforts
les plus ingénieux et les plus persévérants ; il est capable en revanche de prendre en mains lui-même
l'œuvre de son éducation et de se faire l'aide intelligent de ses maîtres. Avoir à sa disposition la parfaite
coopération de l'enfant, c'est pour l'éducateur l'espoir
du maximum de rendement. Que l'on se place au
point de vue religieux, moral, ou même purement
intellectuel, l'influence exercée par la volonté est prépondérante, comme l'ont d'ailleurs confirmé de récentes expériences psychologiques [1]. La moindre donnée
psychologique précise sur la manière d'attirer la coopération volontaire de l'enfant a donc son importance.

1. Cf. MEUMANN, *Intelligenz u. Wille*, Leipzig Quelle u. Meyer.
B1020 135 284-90 206-7.

PREMIÈRE PARTIE

PÉDAGOGIE GÉNÉRALE

CHAPITRE I

DISPOSITIONS NATURELLES

ARTICLE I

Physionomie générale de l'évolution

§ 1. — *DURÉE DE L'ÉVOLUTION*

12. Durée de l'évolution. L'évolution de l'enfant a pour terme la maturité et le plein développement, l'état adulte; elle comprend toutes les phases de la vie pendant lesquelles l'individu humain est successivement désigné sous les noms d'enfant, d'adolescent, de jeune homme.

L'accord est loin d'exister relativement à l'époque précise où s'achève la période évolutive de progrès. Même en se plaçant au point de vue le plus facile à constater, la fin de la *croissance en taille*, tous les âges ont été indiqués entre 19 et 29 ans[1]. D'innombrables observations depuis celles de QUÉTELET, LIHARZIK, ZEISSING, jusqu'aux travaux les plus récents, s'ac-

---

1. Fr. BOAS, *The growth of Toronto ch.*, *U. S. Comm. of Ed.* 1896-97; P. GODIN, *La croissance pend. l'âge scol.*, 1914 Neufchâtel Delachaux et Niestlé; b315 sur l'ensemble des travaux.

cordent néanmoins sur deux points : l'accroissement
de la taille est très lent à partir de 18 ans et devient
presque insensible, sinon nul, à partir de 20 ou 21 ans.

Les statistiques de Fr. Boas portent sur l'accroissement de
la taille, entre 7 ans 1/2 et 18 ans 1/2, de 229 jeunes gens
des écoles de Boston, Saint-Louis, Worcester, Toronto, Mill-
waukee; celles de Hitchcock sur 153 jeunes gens de 18 à 19 ans;
celles de Baxter sur un million de recrues depuis l'âge de l'en-
rôlement jusqu'à la 24ᵉ année. La moyenne des résultats donne
un accroissement d'à peu près 1/100 de 18 à 19 ans et une augmentation excessivement lente jusqu'à 24 ans. Comme il a
été indiqué (nᵒ 8), les moyennes, pour avoir toute leur signification, auraient dû être prises sur des mesures effectuées
aux différents âges d'un même individu, ce qui n'a pas été réalisé. Mais les observations faites par Wiener [1] évitent cette
cause d'erreur et indiquent un accroissement annuel encore
moindre. Certaines statistiques plus récentes donnent 20 ans
comme terme de la croissance pour les sujets normaux des
deux sexes, avec une prolongation exceptionnelle jusqu'à 22
ou 24 ans.

L'ensemble des recherches porte sur des Européens et des
Américains; il ne serait donc pas impossible de trouver dans
d'autres races une limite assez différente pour le terme de la
croissance.

Il est permis de conjecturer un accroissement semblable à celui de la taille pour les parties internes, en
particulier pour le système nerveux. Si la psychologie
rationnelle et la psychologie expérimentale reconnaissent que l'activité intellectuelle et volontaire diffère de
celle du système nerveux, elles établissent nettement
que l'exercice de cette activité dépend dans une certaine mesure du régime des images sensitives et que
ce dernier est intimement lié à l'état du système nerveux. On peut donc s'attendre à trouver pour les dis-

1. *D. Wachst. d. menschl. Körp.*, 1890 Karlsruhe.

positions de l'enfant au travail intellectuel et moral une évolution du même genre.

La comparaison des poids du cerveau aux différents âges semble conduire à fixer avant la vingtième année l'évolution de la croissance de cette partie du système nerveux importante entre toutes. Mais il faut remarquer que les grandes oscillations du poids cérébral tiennent surtout à la variation de sa teneur en eau. De plus au point de vue psychologique la qualité cérébrale a plus d'importance que la quantité; or le cerveau de l'adulte montre une supériorité sous le rapport de la richesse des arborisations.

Le tableau suivant donne le poids du cerveau aux différents âges pour les garçons et pour les filles pendant la durée de l'évolution[1].

AGE	GARÇONS	FILLES	AGE	GARÇONS	FILLES
Naissance...	381 gr.	384 gr.	11 ans......	1360 gr.	1258 gr.
1 an........	995 »	872 »	12 »......	1416 »	1245 »
2 ans.......	1025 »	961 »	13 »......	1487 »	1250 »
3 »........	1108 »	1010 »	14 »......	1289 »	1345 »
4 »........	1330 »	1139 »	15 »......	1490 »	1238 »
5 »........	1263 »	1221 »	16 »......	1435 »	1273 »
6 »........	1359 »	1265 »	17 »......	1409 »	1237 »
7 »........	1348 »	1296 »	18 »......	1421 »	1325 »
8 »........	1377 »	1150 »	19 »......	1397 »	1234 »
9 »........	1425 »	1243 »	20 »......	1445 »	1228 »
10 ».......	1408 »	1284 »	21 »......	1412 »	1320 »

Le cerveau commence en général à diminuer de poids vers 55 ans pour les hommes, vers 45 pour les femmes.

Au point de vue social, la 21e année est celle où le jeune homme prend sa place entière dans la vie civile : vers cette époque il accomplit les obligations du service militaire, se fixe dans le choix d'une profession et bientôt se marie pour devenir éducateur à son tour[2].

1. VIERORDT, *Anat. physiolog. u. phys. Daten u. Tabellen*, 1906 Iéna.
2. Les médecins indiquent 24 à 26 ans comme l'âge de la nubilité parfaite.

Sans doute après la 20e année l'homme peut encore progresser et beaucoup au point de vue psychologique, mais dans ce travail de perfectionnement il sera désormais beaucoup plus actif que passif. Aussi on fixe à 20 ou 21 ans le *terme de la période éducative*. L'usage contemporain s'accorde en cela avec la sagesse antique, comme en témoigne ce célèbre passage d'ARISTOTE : « Il faut diviser l'éducation en deux périodes, dont l'une va de 7 ans à la puberté et l'autre jusqu'à 21 ans... Il faut suivre en effet les divisions indiquées par la nature elle-même, puisque tout art et toute doctrine a pour but de suppléer à ce que la nature ne donne pas [1]. »

13. Conséquences pédagogiques. *L'éducation s'exerce donc sur une période relativement très considérable de la vie humaine.* Ce fait n'est que l'extension d'une loi vérifiée sur l'ensemble de l'échelle animale : le rapport de la durée du développement à la durée totale de la vie est d'autant plus grand que l'animal est plus élevé en organisation [2].

Cette lenteur de l'évolution humaine entraîne une conséquence pédagogique importante : *sans exposer l'enfant aux plus graves inconvénients, on ne peut en général lui faire exercer certaines activités à un âge devançant beaucoup celui de l'exercice normal.* Et cela est tout particulièrement vrai des activités psychologiques. Sans doute aucun dommage n'atteint l'entité spirituelle de l'âme, mais la vie intellectuelle est conditionnée dans son exercice par la vie sensitive et cette

1. *République* L. VII c. XVI 1337.
2. Si l'éléphant est adulte comme l'homme vers 20 ans, sa vie a une durée moyenne au moins double de celle de l'homme ; le cheval qui vit jusqu'à 25 ou 30 ans est adulte à 4 ans.

dernière dépend essentiellement de l'état du système
nerveux. Les extraordinaires ressources de la nature
humaine sembleront parfois justifier les tentatives
contraires et l'enfant manifestera ce que l'on appelle
des dispositions étonnantes pour son âge, mais le
développement normal aura presque toujours été vio-
lenté et, viennent les années, l'enfant prodige ne sera
plus qu'un adolescent médiocre, quand une maladie
cérébrale n'aura pas arrêté pour toujours son évolution
psychologique. Tout ce que l'expérience enseigne sur
la fatigue intellectuelle confirme à l'évidence cette
remarque de Van Biervliet : « Un enfant est essentiellement un être en devenir; il a besoin de toute sa
force vitale pour réaliser son évolution normale [1]. »

Les parents ne doivent pas cependant passer d'une
ambitieuse présomption à une excessive pusillanimité,
en retardant au delà du moment propice l'exercice des
aptitudes de l'enfant : ce serait l'exposer à ne plus être
adapté à son milieu social et lui préparer les plus
pénibles épreuves. L'idéal serait de connaître aussi
parfaitement que possible les lois de l'évolution des
différentes fonctions psychologiques afin de demander
l'effort voulu au temps opportun; à défaut de cette
science, il faut, lorsqu'il ne s'agit pas d'un enfant évidemment anormal ou exceptionnel, avoir le bon sens
de se conformer aux usages reçus qui ont fait leurs
preuves.

Ces remarques sont une occasion d'attirer l'attention sur ce
que Féré appelle les *anomalies de l'amour parental* [2]. L'affec-

---

1. B156 t. 1 278. Cf. Rossolimo, *Enf. de talent et e. retardataires*,
1909 Moscou. Le principe énoncé par Van Biervliet est l'idée dominante du livre de J. Sully b151.
2. *Une anomal. de l'am. parent.*, J. Ps. 1909 VI 18-24 (art. pos-
thume).

tion des parents, en particulier l'amour maternel, est, même chez la bête, une des plus admirables manifestations de la Providence divine. Que dire lorsque l'instinct maternel est dirigé selon des vues chrétiennes par une intelligence droite et éclairée! En revanche rien n'est triste comme de constater les redoutables conséquences de l'affectivité des parents guidée par de fausses lumières. Féré cite le cas d'une mère qui, blessée dans son amour-propre en voyant son second enfant notablement inférieur au premier, ne voulait le laisser approcher par personne; au dix-huitième mois le père inquiet de symptômes singuliers fit appeler un médecin qui diagnostiqua une idiotie amaurotique devenue incurable par manque de soins. P. Janet cite le cas de Jean qu'une bonne accompagne au lycée jusqu'à l'âge de dix-huit ans, de peur qu'il ne se refroidisse ou ne se batte avec ses camarades : Jean devint la risée de tous et tomba dans un état psychasténique grave [1]. « On ne peut pourtant pas ne pas aimer ses enfants comme on les aime », disait une de ces mères dévoyées [2]. Cette maxime est rigoureusement applicable à l'instinct maternel de l'animal; mais les instincts humains sont ceux d'un être raisonnable, et, comme tels, doivent être dirigés par la raison. D'ailleurs l'amour spirituel, qui réside dans la volonté, n'a rien de la fatalité de l'amour sensitif. L'amour des parents pour les enfants ne peut donc les empêcher de les élever conformément à la raison.

§ 2. — CONTENU DE L'ÉVOLUTION

14. Activités comparées de l'enfant et de l'adulte. Pour juger du contenu de l'évolution humaine, nous comparerons l'ensemble des activités de l'enfant avec celles de l'adulte.

1° *L'ensemble de l'évolution* de l'enfant ne présente pas d'autres activités que celles de l'adulte et les présente toutes : mêmes organes corporels des sens, mêmes fonctions physiologiques, mêmes activités

1. *Obsessions et psychasténie*, 1903 Paris Alcan t. I 627.
2. Féré, l. c. 23.

psychologiques. Il n'est pas en particulier une seule fonction psychologique de l'adulte que l'enfant de plus de 7 ans ne puisse exercer à quelque degré [1].

2° Dans tous les domaines de l'activité psychologique l'enfant a une *puissance d'intensité dans le travail inférieure* à celle de l'adulte, bien entendu si les comparaisons se font pour un même individu. La loi suivante exprime sans équivoque cette particularité :
« Dans tous les domaines de l'activité psychologique l'enfant se fatigue plus vite que l'adulte et il se fatigue d'autant plus vite qu'il est plus jeune. »

Certains faits contredisent en apparence cette assertion : par exemple l'enfant semble au premier abord apprendre plus facilement et plus vite des phrases dépourvues de sens. Des expériences précises de MEUMANN montrent que l'enfant est encore inférieur sous ce rapport. L'adulte n'aime pas l'usage de cette mémoire purement mécanique et dès lors s'y applique peu ; mais, dès qu'il s'exerce avec soin pendant quelque temps, il arrive vite à retenir plus que l'écolier à égalité de temps et avec moins de fatigue [2]. Lorsque l'on compare deux activités psychologiques sur lesquelles peut influer l'intérêt et en conséquence la volonté, il faut examiner avec soin si cette influence s'exerce également dans les deux cas.

3° Si les aptitudes manifestées au cours de l'évolution ne diffèrent pas de celles de l'adulte, le *groupement des différentes activités* présente un aspect très différent chez l'enfant et chez l'homme fait. Signalons seulement quelques points ; l'étude de l'évolution des fonctions particulières indiquera le détail de ces diversités.

A. Dans l'*évolution physique* de l'enfant, la grandeur relative de la tête par rapport au corps, de même que

1. B100 t. 1 118.
2. B427.

celle du crâne par rapport à la tête, va en diminuant.
Si on augmentait les dimensions du squelette de
l'enfant de manière qu'il eût la taille de celui de
l'adulte, le crâne serait chez le nouveau-né 7 fois plus
considérable que celui de l'adulte, à 5 ans 6 fois, à
10 ans 5 fois [1]. L'enfant a en même temps le système
nerveux plus fragile. Chez le nouveau-né certaines
portions de la voûte crânienne sont à l'état de mem-
branes (fontanelles), puis s'ossifient ; si cette ossifica-
tion commence trop tôt, le développement s'arrête et
l'enfant est pour la vie un arriéré psychologique (b100
t. 1 69-70). Les mauvais traitements, le manque de
soins, une nourriture malsaine ont sur l'état cérébral
de l'enfant une influence beaucoup plus profonde. La
proportion du poids du cerveau au poids total du corps
est plus considérable chez l'enfant : à 8 ans 6,38 % ; à
12 ans 4,88 ; à 15 ans 3,62 ; à 18 ans 2,64 ; à 20 ans 2,43
(b69 t. 1 106).

Les particularités physiologiques indiquent que les
manifestations émotives seront plus faciles et plus
nombreuses. La fréquence du pouls est plus grande :
de 6 à 14 ans les pulsations par minute varient entre
128 et 56. Le nouveau-né respire 3 fois plus vite que
l'adulte, l'enfant de 6 ans à peu près 2 fois plus vite [2].
Cette rapidité des processus vitaux jointe à la faiblesse
du système nerveux et de la musculature explique
pourquoi l'enfant se fatigue plus vite et en même
temps se remet plus vite de sa fatigue.

B. *L'acuité sensorielle* est en général supérieure chez
l'enfant [3]. En classant les acuités visuelles d'après la

1. B69 t. 1 60-1 ; b100 t. 1 68-9 88 ; b304.
2. VIERORDT, *Physiol. d. Kindesalt.*, 1881 Tubingue.
3. IOTEYKO et KIPIANI, *Bases phys. de l'éd. sensor.*, R. ps. 1910
III 312 ; b100 t. 1 7?.

petitesse de l'angle sous lequel on reconnaît deux points comme distincts, l'enfant aura parfois une note 3 fois plus grande que celle de l'adulte. En revanche tout ce qui dans la perception sensorielle suppose *discernement, interprétation*, est supérieur chez l'adulte : le goût et l'odorat de ce dernier sont plus fins, les différences de place et d'intensité sont mieux appréciées, le temps plus exactement estimé. L'enfant manifeste également une tendance prononcée à confondre sensations et images. Les *mouvements des membres* sont plus rapides, mais moins réguliers et moins accessibles à l'inhibition.

C. Une différence marquée existe entre *la manière dont l'intelligence élabore les données* fournies par les sensations et les images. A l'encontre de l'adulte, l'enfant ne systématise pas à un point de vue objectif : ou bien son attention va d'objet à objet, confisquée par l'impression du moment, ou, s'il synthétise les impressions simultanées et successives, la synthèse est de lui, factice, n'ayant rien d'objectif.

L'adulte verra dans une ville qu'il parcourt pour la première fois l'état florissant du commerce, la facilité des communications, l'aspect militaire ou industriel, etc.; l'enfant sera à tel détail, puis à tel autre, ou, s'il synthétise, il reconstituera dans ce qu'il voit la cité féerique dont il a lu la description. Dans le *travail interne de la pensée* l'enfant élabore plutôt des intuitions que des mots; l'adulte, au contraire.

D. *Les manières d'agir* présentent également des oppositions nettes. Les impulsions de l'enfant vont vers des objets isolés, sans être dirigées par des vues d'ensemble, à moins qu'il ne joue ou n'imite; elles sont déclanchées par l'impression du moment. L'adulte

agit davantage selon des vues d'ensemble, par principes et résolutions; sa vie est dès lors susceptible de
montrer une régularité, une orientation fixe que l'enfant livré à lui-même ne saurait atteindre.

Conséquences pédagogiques. — De la différence entre le contenu psychologique de l'enfant et celui de
l'adulte se déduit la loi suivante : *L'enfant ne doit pas
être traité comme s'il était semblable à l'adulte, mais
comme ayant des lois qui lui sont propres.*

Précisons le sens de cette proposition. Elle ne signifie pas que l'enfant a une nature différente de celle de
l'homme fait; nous avons vu que l'un et l'autre ont les
mêmes activités. Elle veut encore moins dire que l'enfant ne doit pas être élevé comme s'il devait devenir
un homme un jour; tout au contraire dans son évolution tend à l'utilité et à la formation de l'adulte futur.
Mais on ne doit pas élever l'enfant comme s'il était
capable de faire les mêmes exercices que l'adulte avec
une seule différence d'intensité et de perfection. *L'enfant n'est pas un adulte en miniature*, il a sa manière
d'agir à lui, son point de vue à lui pour juger et penser. S'il faut orienter ses activités vers la perfection
de l'âge adulte, ce n'est pas une raison pour le traiter
en petit homme. Pour bien le conduire, il faut partir
de ce qu'il est, entrer dans sa mentalité et l'acheminer
peu à peu selon ses moyens du moment vers la mentalité chrétienne.

On a souvent fait remarquer à ce propos que l'enfant est de
nos jours beaucoup trop mêlé aux adultes. C'est là encore une
des funestes conséquences du petit nombre d'enfants dans les
familles. L'enfant doit être élevé et surveillé de près par les
parents, mais il n'est nullement fait pour partager tous les
détails de leur vie. C'est l'instinct d'imitation, avec l'activité

de jeu, qui est le ressort naturel de l'éducation. Or l'adulte n'est pas le type que l'enfant doive imiter dans sa marche vers l'idéal, le terme n'est pas la voie qui y conduit. On a reproché à l'ancienne éducation de tenir les enfants trop à l'écart; l'abus était certainement moins gros de conséquences funestes que l'usage d'une quasi-camaraderie entre parents et enfants [1].

§ 3. — RYTHME DE L'ÉVOLUTION

15. Oscillations du rythme de l'évolution. L'enfant dans son évolution se rapproche de plus en plus de la physionomie adulte : les proportions du corps tendent vers le type adulte, l'usage des activités suit toujours de plus près les lois que l'on constate chez l'homme fait. Mais ce développement, ce rapprochement du terme, ne marche pas toujours à la même allure : il y a des *périodes de mutations* durant lesquelles des changements notables s'opèrent en peu de temps; il y a des *périodes de variations insensibles*, de lentes modifications.

Il serait d'un grand intérêt de connaître exactement les lois de ces fluctuations afin de mieux adapter l'éducation aux capacités du moment. Aussi d'innombrables travaux ont été faits soit sur le rythme du développement physique, soit sur le rythme du développement psychologique, soit sur les rapports mutuels de l'un et de l'autre [2].

BOAS résumant les observations faites à partir de 1877 (à Boston, Saint-Louis, Milwaukee, Worcester, Toronto, Oakland) dressa en 1901 une statistique portant sur le poids et la taille à différents âges de 45.151 garçons et 43.298 filles [3]. PAGLIANI observa à Turin (1879) le développement aux différents âges

1. B136 t. 2 119.
2. B69 ch. I-II t 1 1-128; b100 t. 1 81-117; b 27 142-66; b153 ch. VI 104-13; b146 62-5.
3. *Anthropol. investig. in sch., J. of the Boston med. Soc.* 1901.

de nombreux enfants d'école de conditions sociales très inégales[1]; plus récemment Rietz fit des observations du même
genre sur le développement relatif des élèves dans les
écoles populaires et les gymnases[2]. Erismann, avec le concours
de deux médecins, mesura de 1886 à 1888 100.000 ouvriers de
fabrique, la plupart très jeunes[3]; son but était d'étudier l'influence des conditions d'existence sur le développement. Axel
Key publia en 1890 les résultats de l'enquête faite par les commissions scolaires suédoise et danoise sur la taille et le poids
de 32.590 garçons et 14.600 filles. En 1894 J. A. Gilbert donne
le résumé d'observations portant sur de nombreux enfants de
6 à 17 ans; il avait examiné aux différents âges le sens musculaire, le discernement des couleurs, le pouvoir moteur
volontaire, la suggestibilité, la fatigue, le temps de réaction,
le temps de discernement et de choix[4]. A partir de 1899 les
observations se multiplient débarrassées en général des vices
de méthode qui diminuaient la valeur des précédentes. Citons
l'enquête de Mac Donald sur les élèves des écoles de Washing-
ton (résultats groupés selon l'âge, la fortune, la position
sociale), celles de T. Porter sur la corrélation entre les phases
du développement physique et celles du développement psychologique, les travaux de P. Godin, les observations de
Binet, Simon, Lalliat, sur les enfants des écoles primaires de
Paris, celles de M⁰ Hösch-Ernst à Zurich, de C. H. Stratz à
La Haye, etc.[5].

De ces nombreuses observations se dégagent plusieurs conclusions importantes relatives à la physionomie générale de l'évolution :

1. *Lo svil. umano per età, sesso, cond. soc.*, etc., 1879 Milan.
2. *D. Wachst. Berlin. K. währ. d. Schuljahr.*, Arch. f. Anthrop.
XXIX.
3. *Unters. üb. d. körp. Entw. d. Fabrikarb. in Zentral Russ.*, Z. f.
Schulgesundh. 1888.
4. Gilbert, *Res. on t. ment. a. phys. dev. of sch. ch.*, St. fr. the Yale
ps. Laborat. 1894 II 40-100. Key, *D. Pubertätsentw.*, Cg. int. Med.
1890.
5. Binet, b13 53-78; Binet et Simon, Art. de l'An. ps. 1900-1911;
Lalliat, *Rech. anthropom. s. l. e. d'éc.*, Bu. S. ps. E. 1907 47-69;
Godin, b304-5.

1° *L'âge n'est pas le seul facteur* du plus ou moins de développement. Si on considère chez différents enfants une même portion de durée entre la naissance et l'état adulte, par exemple la 10e et la 11e année, l'évolution présentera une allure différente suivant le sexe, le tempérament, le milieu héréditaire, le climat, l'éducation[1].

2° Le rythme de l'allure du développement est *oscillatoire*. Considérons le cas très simple de l'accroissement de la taille chez les garçons. Pendant la première année on constate une forte poussée suivie d'un ralentissement; vers 7 ans à une nouvelle poussée rapide succède une période plus calme; de 12 à 15 ans se produit une fluctuation semblable; vers 15 ans une dernière poussée très rapide, suivie d'un ralentissement. Si on met à part les trois premières annees, l'âge de 10 ans constitue à peu près la période de moindre augmentation, celui de 15 ans la phase de plus grand accroissement annuel. Il y a donc quatre vagues de croissance : de la naissance à 7 ans, de 7 à 12 ans, de 12 à 15 ans, de 15 à 20 ans. Ce rythme à quatre oscillations se retrouve chez tous avec des accentuations inégales et sans présenter les maxima et les minima exactement aux mêmes âges; on trouve facilement deux ans de distance pour les fluctuations correspondantes de deux sujets. De même certaines périodes peuvent être plus ou moins longues.

Les filles présentent le même rythme de développement avec une avance de deux ans environ pour le début de chaque poussée.

L'accroissement de poids indique des oscillations

1. B153 t, 1 113.

Les mêmes périodes ont été indiquées par Hippo-
crate dans son traité *Des chairs* et adoptées par
Fleury dans son célèbre *Cours d'hygiène*[1]. Il existe
une certaine confusion autour de leurs dénominations :
la dernière phase en particulier a été parfois désignée
sous le nom de puberté, terme qui d'après les observations récentes la caractérise mal. Le nom de jeune
homme convient au contraire parfaitement à cette
période de 15 à 20 ans : physiquement et psychologiquement, le type adulte se dessine nettement et c'est
alors qu'on trouve vraiment en plus jeune la physionomie de l'homme futur.

Chacune des grandes oscillations du développement se compose elle-même de fluctuations de moindre amplitude.

Il semble qu'il existe un *rythme annuel;* on remarque une
poussée dans la taille et le poids d'octobre à janvier, un ralentissement de mars à avril, une poussée nouvelle de mai à
juillet. De nombreuses expériences ont été faites pour préciser
l'allure de ce rythme; elles ont porté sur les changements dans
la force musculaire, l'énergie vitale, le rayonnement calorifique
du corps, l'augmentation de la taille et du poids[2]. Les travaux
du Dr P. Godin méritent une mention spéciale : il a établi une
trentaine de lois relatives aux alternances des accroissements,
aux proportions relatives, à la puberté, aux asymétries.
Signalons la troisième loi des alternances : « Le semestre
représente la durée moyenne de l'alternance d'un grand
nombre d'accroissements (ainsi un os long grossit pendant
six mois davantage qu'il n'allonge; puis il allonge pendant
les six mois suivants davantage qu'il ne grossit). Les grandes
alternances évoluent autour de la puberté[3]. »

1. Cf. De Varigny, Art. *Age*, Gr. Encycl.
2. Cf. b146 73-4 88 102 113 179; b100 t. 1 126-30; b315; b303-6;
b27 150-5; Binet, *Consommat. du pain pend. une ann. scol.*, An. ps.
1898 IV 337; G. Della Valle, *Périodicité de l'activité psych. dur.
l'année*, Riv. pd. 1098 I 1s.; Lobsien, *Schwank. d. ps. Kapaz.*, 1902
Berlin Reuther et Reichard.
3. B306 135; cf. la première partie de l'ouvrage sp. 119-42.

Malgré l'intérêt évident de ces études, il n'y a pas une relation suffisamment établie entre le développement physique et la capacité de travail pour que l'on puisse conclure à l'adoption de mesures pratiques précises. D'après l'ensemble des expériences, il est cependant très probable que la période la plus favorable au travail intellectuel, du moins pour la concentration de l'attention et l'exercice de la mémoire, est d'octobre à janvier; il y aurait ensuite diminution constante d'aptitude de janvier à juillet.

3° Il y a en un sens *corrélation entre les phases des développements physique et psychologique;* la psychologie rationnelle justifie même l'assertion de MEUMANN : « Il y a parallélisme absolu, pourvu que les parallèles soient bien menées[1]. » L'intelligence est une activité spirituelle; ce n'est donc pas en elle, mais bien dans les activités sensitives, conditions de son exercice, qu'il faut chercher la raison d'être des modifications de l'évolution psychologique. Or tout le domaine sensitif, sensations, images, états affectifs cénesthésiques, etc., est intrinsèquement lié à l'état du système nerveux. Mais nous sommes très éloignés de connaitre avec quelque précision les lois du système nerveux et encore bien moins à même d'indiquer de quelles qualités nerveuses dépend l'exercice des actes sensitifs.

Le développement psychologique est désavantageusement affecté par la croissance en taille; il ne faudrait pas en conclure qu'énergie de croissance et énergie mentale sont en antagonisme immédiat. L'accélération de poids et la nutrition du corps ne vont pas en effet à la même allure que l'accroissement de taille; ceci explique qu'il y ait fatigue, par suite trouble physiologique et psychologique[2].

1. B100 t. 1 101.
2. B27 159-61.

16. L'âge critique. On reconnaît unanimement le grand retentissement sur la vie psychologique du début de la 4ᵉ période de croissance. Déjà vers la fin de la troisième période la psychologie de l'adolescent s'altère profondément[1]. Si d'un côté s'accentue chez lui le sentiment de la personnalité et de l'honneur, si sa manière de juger s'écarte du mode enfantin pour se rapprocher du mode humain, par ailleurs il devient inquiet, peu patient, facilement mécontent de lui-même et d'autrui, sujet à des accès de mélancolie; l'imagination s'exalte, la sensibilité s'affine, la capacité d'attention est en baisse et parfois se manifestent des dispositions aux anomalies mentales, à la criminalité, à la dégénérescence.

Beaucoup attribuent ces troubles à la *puberté :* « De plus en plus nombreux, écrit Duprat, sont les jeunes gens qui à ce moment deviennent bizarres et inquiets, éprouvent le besoin de se faire remarquer, soit par la grossièreté de leurs propos ou de leurs manières, soit par un souci exagéré de leur personne, de leur tenue, de leurs vêtements; versent dans l'obscénité et la violence ou dans le luxe et la vanité sous toutes ses formes, se mettent en quête — ceci est vrai surtout des jeunes filles — de l'extraordinaire, du romanesque et de l'héroïque[2]. » Le Dʳ Paul Garnier constate que jusqu'à la puberté la plupart des futurs criminels paraissent normaux. C'est après cette crise à laquelle ils ne résistent pas que se manifeste en eux l'anesthésie psychique, l'a.noralité impulsive, l'absence de remords

1. B97 23-40; b100 t. 1 110-2,
2. Duprat, *Criminal. d. l'adolescence,* 1909 Paris Alcan 90-1. Cf. b330-2; b69 ch. VI t. 1 411-71; b97 15-52; b307; Marthe Francillon, *La pub. ch. l. femme,* 1906 Paris Alcan.

et la malfaisance instinctive[1]. Pour l'école de Freud en particulier, la puberté est une époque décisive entre toutes, dont l'orientation fixe en grande partie le reste de la vie humaine[2].

Bien des raisons prouvent au contraire que, s'il y a souvent concomitance occasionnelle de la puberté et de la crise d'âge, celle-ci n'est pas causée par celle-là, mais que toutes deux sont les effets d'une même influence plus intime et plus profonde. Comme nous l'avons remarqué en parlant de la méthode de psycho-analyse (n° 7 p. 33), les activités sensitives de l'homme (connaissances et tendances sensibles) ne sont pas ordonnées comme chez la bête à la seule conservation de l'espèce : l'apparition des dispositions prochaines à la reproduction peut incontestablement occasionner des troubles, mais il est faux qu'elle soit la vraie cause des modifications psychologiques profondes de la fin de l'adolescence[3]. Chez plusieurs ces modifications précèdent la puberté, chez d'autres elles lui sont notablement postérieures.

Voici quelques faits précis à l'appui des assertions précédentes.

Des recherches récentes ont établi que chez différents peuples il y a une entière distinction entre la crise d'âge et l'apparition de la puberté. Les affirmations anciennes en sens contraire n'avaient pas tenu un compte suffisant de ce fait que les peuples primitifs ignorent leur âge et beaucoup de statistiques étaient fausses de ce chef; de nos jours, grâce aux registres de baptêmes des missionnaires, on a pu recueillir des renseignements plus exacts. En Mélanésie, la puberté est plus tardive que chez les Européens (17 ans en moyenne pour les

1. DUPRAT, l. c. 57.
2. E. RÉGIS et A. HESNARD, *La psychoan. d. névr. et d. psychoses*, 1914 Paris Alcan 43-8.
3. Cf. b323; b100 t. 1 95-9.

jeunes filles) et son apparition coïncide, non avec une période d'excitation, mais avec une phase de ralentissement dans l'activité du développement. Chez les Japonais le développement se termine plus vite que chez les Européens et la puberté ne commence qu'après la fin de la croissance. Les recherches de M' Hösch-Ernst établissent qu'en Suisse l'évolution se fait régulièrement et paisiblement à l'époque de la puberté.

D'une manière générale il n'y a en aucune façon coïncidence entre la puberté et l'apparition des anomalies morales : « Puisque les instables sont tellement nombreux à 10 ans et même à 8 ans, remarque très justement Binet, nous devons en conclure que chez plusieurs l'instabilité mentale n'est pas produite par la perturbation qu'amène l'approche de la puberté. L'explication tirée de cette cause physiologique, n'est donc pas générale, comme on l'a parfois supposé[1]. »

J. C. Bell, le distingué directeur du *Journal of educational psychology*, résume ainsi son opinion sur l'ensemble des travaux concernant cette matière : « La période de l'adolescence[2] a été signalée comme point critique dans le développement mental et nous possédons une vaste littérature insistant sur le profond changement d'aspect mental caractéristique de cet âge. Les changements brusques dans l'évolution corporelle de l'adolescent ont, assure-t-on, leur contre-partie psychologique dans une complète désorganisation des attitudes et habitudes mentales du passé, dans une augmentation d'intensité du tonus émotionnel, dans l'apparition de nouveaux points de vue pour juger et raisonner. Il est possible que cette manière de voir soit exacte et que l'adolescence soit l'aurore d'une vie nouvelle, mais, en dépit de tout ce qui a été écrit sur ce sujet, il faut admettre que nous n'avons pas une idée exacte de l'état mental de l'adolescent... Les études sur l'état prépubère, pubère, post-pubère, soit chez différents sujets, soit pour le même individu, pendant toute cette période, sont en petit nombre et ne donnent guère l'évidence qu'il y ait à cette époque un cataclysme mental[3]. »

La puberté n'est donc pas une explication suffisante

1. Binet et Simon, *Les e. anorm.*, 1907 Paris Colin 28-9.
2. *Adolescence* signifie ici *puberté*.
3. J. ed. Ps. 1913 IV *Editorials* 177.

des révolutions psychologiques qui signalent souvent
le début de la quatrième période de l'évolution éducative.

Deux causes peuvent être assignées à ces troubles,
l'une probable d'ordre physique, l'autre certaine d'ordre moral et social.

Physiquement, le système nerveux et particulièrement le cerveau subissent à cette époque de profondes
modifications (n° 12 p. 55); bien que ces grandes oscillations du poids cérébral soient dues principalement
à la teneur en eau, il reste cependant que le cerveau a
son maximum de poids pendant la 15ᵉ année et subit
ses plus grandes variations entre 14 et 15 ans. Il est
bien probable que ces changements ont un retentissement profond sur le régime des activités sensitives.
Les modifications physiques et physiologiques de la
puberté et les tendances dont elles sont le point de
départ viennent bien certainement contribuer à augmenter l'influence des modifications nerveuses,
lorsqu'il y a coïncidence de date entre les apparitions
des unes et des autres.

Moralement et socialement, l'âge de 15 ans est celui
où commencent à se poser les grands problèmes de la
vie. L'adolescent pour la première fois se rend compte
de l'importance de certaines questions telles que le
choix d'une carrière, la nécessité d'une situation de
fortune suffisante, etc., et la difficulté de s'adapter à
toutes ces situations qui apparaissent à ses yeux ac-
centuera et mettra en lumière bien des faiblesses psychologiques, intellectuelles ou morales, qui jusqu'alors
étaient restées latentes : « Depuis longtemps, écrit
P. JANET, j'essaye de montrer qu'il ne faut pas tenir
compte uniquement de la puberté physique, mais

qu'il faut aussi tenir compte de la puberté morale qui
se produit un peu plus tard. La perception des sensations nouvelles, leur assimilation à la personnalité,
tous les sentiments qu'elles entraînent, compliquent
singulièrement l'existence morale. Il est un âge, di-
sais-je à ce propos, légèrement variable suivant les
pays et les milieux, où tous les grands problèmes de
la vie se posent simultanément. Le choix d'une carrière et le souci de gagner son pain, tous les problèmes
de l'amour et pour quelques-uns tous les problèmes
religieux : voilà des préoccupations qui envahissent
l'esprit des jeunes gens et qui absorbent complètement leur faible force de pensée. Ces mille influences
manifestent une insuffisance psychologique qui reste
latente pendant des périodes moins difficiles[1]. » Ces
remarques montrent très bien comment il n'y a aucune contradiction entre la thèse que nous exposons
et les faits cités plus haut d'après DUPRAT, Me FRAN-
CILLON et le Dr GARNIER. Bien des troubles de cette
époque peuvent être encore attribués à l'insouciance
de l'éducateur : l'adolescent aurait alors besoin d'une
sollicitude particulière au point de vue moral et cet
appui de conseillers prudents lui fait souvent défaut;
nous reviendrons sur ce point important (n° 59).

17. **Conséquences pédagogiques.** 1° Il faut étendre
la remarque faite au n° 14. De même que l'organisation
psychologique de l'enfant n'est pas celle de l'adulte,
de même *pendant les différentes périodes d'évolution la
nature ne se développe pas de la même manière et par
suite n'est pas apte au même travail*[2]. Il ne faut donc

1. *Obsess. et psychasténie*, 1903 Paris Alcan t. 1 618.
2. B265.

pas traiter l'adolescent comme s'il était simplement l'agrandissement d'un enfant de moins de 10 ans, ni celui qui est au début de l'adolescence comme s'il était un jeune homme en petit ; non seulement les activités ne peuvent s'exercer avec la même intensité pendant les différentes périodes, mais elles sont autres. Sans doute on objectera qu'à ce compte le vivant n'est jamais semblable à lui-même et qu'on est réduit à poursuivre l'idéal chimérique d'avoir une manière d'agir différente pour chaque jour de la vie de l'enfant ; mais cette objection confond les nuances accidentelles, superficielles, avec les différences essentielles et profondes. Chaque phase de l'évolution présente une continuité relative, une certaine constance d'aptitudes : constance et continuité, les deux conditions nécessaires et suffisantes pour que l'homme puisse diriger son activité selon des lois, et dès lors à l'intérieur de ces périodes l'éducateur pourra adopter une attitude déterminée.

Il est vrai que les phases des différentes activités ne se superposent pas exactement, ce qui donne à l'ensemble de l'évolution une complexité parfois déconcertante, mais cependant les périodes de développement de certaines activités particulières sont, comme nous le verrons, assez nettement déterminées. Les données de la psychologie pédagogique ne suppriment pas les difficultés de l'éducation qui est l'art des arts, mais, en précisant bien des points, elles facilitent et assurent d'autant la tâche de l'éducateur.

2° *Il faut tenir compte des périodes de grand travail physique* de l'enfant pour ne pas le fatiguer alors outre mesure par un excès de travail intellectuel. Les deux principales crises de croissance coïncident avec les

époques de la vie, qui, d'après les usages de notre civilisation, sont marquées par un redoublement d'intensité dans la tâche intellectuelle demandée : c'est vers
6 ou 7 ans que l'enfant entre à l'école et pour beaucoup
la 15e année est le début de la préparation aux examens
dont dépend la carrière future [1]. Il ne saurait être question pour les parents de mettre leurs enfants en dehors
des usages sociaux, bien fondés d'ailleurs pour la plupart : un enfant non adapté à son milieu social est par
le fait même exposé à de nombreuses occasions de
fatigues physiques et morales. Ce qu'il faut, c'est veiller spécialement sur la santé de l'enfant à ces époques
critiques ; chaque fois que l'enfant doit s'adapter à de
nouvelles conditions d'existence (école, vie publique,
etc.), les dispositions aux troubles nerveux et aux anomalies mentales rencontrent des conditions particulièrement favorables à leurs manifestations.

Le carnet de santé[2]. Plusieurs médecins et psychologues
recommandent, pour assurer la connaissance de l'évolution,
l'usage du carnet de santé (fiches médicales individuelles, dossier médico-pédagogique). Ce document contiendrait méthodiquement dressée la liste de toutes les particularités utiles
pour se rendre compte de l'état de développement physique
et physiologique du sujet.

Voici le résumé du cadre de dossier pédagogique adopté
autrefois en Belgique par la Province du Hainaut[3] :

*Nom, prénoms, date de naissance, lieu de naissance, langue
maternelle, portrait.*

I *Partie sanitaire* : 1° *Antécédents héréditaires* (famille pater-
nelle et maternelle, frères et sœurs). 2° *Antécédents personnels*

1. B100 t. 1 91-5, b27 164-5.
2. Cf. IOTEYKO, *Le dossier médicopéd.*, R. ps. 1908 I 36-9 ; BINET
et SIMON, *Le carnet sanit. d. écoliers*, R. sc. 1907 t. 1 97-103 ; b306
243-80.
3. R. ps. 1908 I 38-9.

(maladies antérieures, détails sur la croissance et ses particularités). 3° *Soins médicaux reçus, régime alimentaire suivi.*
4° *Scolarité* (écoles fréquentées jusqu'ici). 5° *Examen médical*
(détail complet).

II *Partie anthropométrique :* 1° *Mensurations corporelles*
(poids, taille, mesures thoracique et abdominale à l'expiration
et à l'inspiration).

2° *Céphalométrie.*

III *Partie physiologique :* 1° *Dynamométrie* (pression et traction).

2° *Spirométrie* (volume d'air dans une expiration forcée suc-
cédant à une inspiration profonde et à une expiration normale).

IV *Partie psychologique :* 1° *Organes des sens* (tact, vue,
ouie, odorat, goût). 2° *Aptitudes* (mémoire, raisonnement,
intelligence, attention).

V *Notes pédagogiques des professeurs :* 1° *Etat moral.* 2°
Progrès.

Ce carnet, assure-t-on, re lrait un grand nombre de services.
L'éducateur aurait une connaissance plus parfaite du sujet à
former et pourrait dès lors mieux adapter son action aux capacités de l'enfant; bien des anomalies physiques ou mentales
seraient immédiatement manifestées et pourraient recevoir un
traitement approprié; enfin ces renseignements seraient très
utiles pour diriger dans le choix de la carrière ou de la profession.

Rien de plus juste, mais dans les questions pédagogiques,
si complexes, il ne faut pas perdre de vue les facteurs avec
lesquels elles sont en relations essentielles. L'enfant appartient aux parents et aucune mesure pédagogique n'est justifiée
si elle est de nature à léser ce droit primordial. On voit dès
lors l'impossibilité de faire du dossier pédagogique une obli-
gation universelle : de quel droit imposer aux parents la manifestation des antécédents héréditaires, etc.? On ne pourra
donc jamais compter sur l'exactitude de cette partie du
carnet. Ces renseignements d'ailleurs peuvent-ils être mis
ainsi à la merci d'un instituteur quelconque sans les
plus graves inconvénients? Le dossier fournirait sans doute
des indications précieuses pour dresser des psychogrammes,

mais les enfants ne sont pas confiés par les parents aux instituteurs pour être des sujets d'expérience.

La tenue du carnet se heurte également à des difficultés
d'ordre pratique. Si l'on veut qu'il soit tenu à jour, un médecin scolaire doit de temps à autre examiner les enfants. Or
un calcul très simple fait comprendre l'impossibilité morale
de ces examens dans l'état actuel de notre civilisation [1]. Le
D' Granchet, aidé par plusieurs médecins, eut besoin de 36 heures à peu près pour examiner la seule fonction respiratoire
dans une école primaire de 438 enfants. On voit le temps nécessaire pour dresser le dossier complet dans une école primaire de Paris, c'est-à-dire pour 300 enfants en moyenne! Confier un certain nombre de ces mensurations aux instituteurs
semble chimérique : peu d'entre eux seraient capables d'entou-
rer ces mesures des précautions voulues.

Les pères de famille, qui auront la possibilité de faire dresser ce dossier, pourront en recueillir d'ailleurs tous les avantages indiqués.

ARTICLE II

Evolution des fonctions générales

§ 1. — *FONCTIONS PSYCHOLOGIQUES EN PÉDAGOGIE*

18. Fonctions pédagogiques. La psychologie expérimentale analytique étudie les éléments auxquels se
réduisent les activités psychiques, sensitives ou intellectuelles : sensations, images, états affectifs, tendances instinctives, connaissances intellectuelles, déter-
minations volontaires, sentiments.

Tout autre est l'objet de la psychologie pédagogique. *L'éducateur n'exerce pas son action sur les éléments psychologiques isolés, mais sur certains ensembles de ces éléments, sur des fonctions complexes.* Surveiller, diriger, modifier au besoin l'évolution de ces

---

1. BINET et SIMON, l. c. 97-9 ; IOTEYKO, l. c. 38.

fonctions de manière à conduire l'enfant vers le but,
à le rendre aussi capable que possible de remplir ses
devoirs d'homme fait, telle est la tâche du maître. Il
importe donc de connaître l'état de ces fonctions aux
différents stades de l'évolution.

Une question préalable se pose d'elle-même : quelles
sont ces fonctions pédagogiques? Ce problème est
aussi facile à poser qu'il est difficile à résoudre : les
éléments psychologiques peuvent entrer dans un si
grand nombre de combinaisons, forment de fait des
groupements si divers pour faire face aux innombrables éventualités de la vie, qu'il semble impossible au
premier abord de donner des fonctions pédagogiques
une classification rationnelle.

Il est cependant possible de déterminer les fonctions
pratiquement plus importantes et de les répartir de
manière que toutes les fonctions secondaires trouvent
leur place dans un des groupements.

Prenons pour point de départ la hiérarchie des phénomènes psychologiques, synthèse des belles expériences de PIERRE JANET. Au sommet se place la *fonction du réel*, dont l'activité supérieure est l'action
efficace sur la réalité sociale ou physique, l'action nouvelle avec sentiment d'unité et de liberté. Si l'éducation a formé un sujet capable de faire face à des situations de ce genre par une exacte connaissance de ce
qu'il doit faire et une réalisation aussi parfaite que
possible des prescriptions de la raison, le maître peut
se féliciter d'avoir atteint son but.

Or voir ce qu'il convient de faire dans une situation
nouvelle et complexe suppose : une vue exacte de la
situation et par suite *l'aptitude à l'observation* des
réalités physiques, morales ou sociales; l'examen des

différents moyens de s'adapter à cette situation, d'où l'emploi de l'*imagination créatrice*, cette faculté synthétique qui réunit les images et les connaissances passées dans des ensembles et offre ainsi au jugement les éléments des différents points de vue; par suite aussi l'usage de la *mémoire des ensembles*, qui fait revivre les synthèses autrefois formées; enfin, des *facultés logiques* présidant à l'examen, le jugement et le raisonnement.

Un jugement pratique exact de ce qu'il convient de faire est formé; reste à réaliser son contenu. Pour passer ainsi à l'action, il faut d'abord le *vouloir*. Or l'acte volontaire n'est déterminé que par le bien, honnête, utile ou agréable : en face d'une action à commander, la volonté est sollicitée par différents *intérêts*, les uns dictés par la lumière de la raison et celle de la foi, les autres s'imposant instinctivement et provenant du fond même de la nature humaine. La volonté doit alors commander l'action et pour cela se décider à maintenir d'une façon prédominante dans la conscience le jugement qui déclanchera l'acte extérieur; cette décision implique l'*attention* volontaire et l'inhibition des motifs contraires.

La réalisation extérieure de l'action par les mouvements du corps, par le langage, l'écriture, etc., suppose la présence d'une motricité appropriée au complexe d'images maintenu dans la conscience par l'influence de la volonté, un mécanisme monté d'avance, une *tendance sensible adaptée* à la situation objective actuelle.

Enfin pour que les actions puissent être parfaites dans les moindres détails, pour qu'elles manifestent cette splendeur dans le bien qui constitue la beauté, une fonction devra prendre place parmi celles qui précèdent le jugement pratique, le *sens esthétique*.

Malgré la différence, et souvent la divergence, des points de vue sur l'idéal de l'éducation, il y aura facilement entente suffisante sur ces grandes fonctions pédagogiques : « Le but de l'éducation, dit M. Cellérier, sera toujours le même pour tous les éducateurs. Il consistera à armer l'enfant pour l'accomplissement de la destinée qu'ils jugeront la meilleure, de telle sorte qu'en toute occasion, 1º il soit apte à juger de la conduite à choisir, 2º qu'il soit assez fort pour se conformer à ce jugement et résister aux appels contraires. Celui qui possède cette arme est éduqué ; le but a été atteint ; quelle que soit la destinée qui s'offre comme la meilleure, il saura la réaliser [1]. » Cette remarque est parfaitement juste, si l'on s'en tient à la partie formelle et naturelle des fonctions pédagogiques ; mais il convient d'ajouter que les intérêts présentés à la volonté, facteur qu'on ne saurait surfaire, différeront avec l'idéal visé, et il faut également tenir compte des éléments surnaturels de l'éducation chrétienne.

Parmi les fonctions pédagogiques indiquées, il en est de *générales* sans lesquelles aucune autre ne s'exerce : ce sont les intérêts et l'attention. Tout exercice d'activité psychologique suppose une tendance naturelle ou acquise, un intérêt en ce sens. De la tendance on doit rapprocher l'attention : si la tendance est la raison intrinsèque pour qu'une activité puisse s'exercer, l'attention est la raison pour laquelle cette activité se manifeste de préférence à d'autres. Nous étudierons dans l'article suivant l'évolution des fonctions particulières et traiterons dans les deux derniers paragraphes de l'article actuel l'évolution d'ensemble des intérêts et de l'attention.

1. Cellérier, *Idéal et Ed.*, An. pd. 1911 I 15.

§ 2. — *ÉVOLUTION GÉNÉRALE DES INTÉRÊTS*[1]

19. Intérêts pendant la première enfance. Les *méthodes employées* pour déterminer l'évolution des intérêts pendant la première enfance sont la méthode indirecte et la méthode directe. Dans la première, on considère des groupes d'activités ou de jugements, les jeux, le langage, les lectures, les occupations préférées, les idéaux des enfants, et on en déduit les intérêts dominants à une époque donnée d'après les règles de la statistique; la deuxième suit l'évolution du même enfant en notant ses intérêts aux différents stades de l'évolution. Cette seconde méthode est seule applicable pour les premiers mois de la vie.

NAGY divise la première enfance en deux périodes sous le rapport des intérêts, la période des intérêts sensoriels et celle des intérêts subjectifs. Chacune de ces périodes a été partagée en différents stades caractérisés respectivement par l'activité qui se manifeste davantage à ce moment de l'évolution (b262).

I. PÉRIODE DES INTÉRÊTS SENSORIELS, *jusqu'à 16 mois.*

Cette période de la naissance au 16e mois est caractérisée par des intérêts sensoriels et perceptifs (b27 241; b262 203-4). En mettant à part l'intérêt aux impressions cénesthésiques (la comparaison des trois atlas du corps, cénesthésique, tactile et visuel), l'enfant est principalement occupé à coordonner les étendues visuelle, tactile, motrice, sonore, à percevoir distinctement les objets, à imiter les mouvements et les sons.

1. M. CLAPARÈDE a donné un exposé très intéressant de l'évolution des intérêts b27 234-90.

·1° *Stade du suceur et du regardeur, jusqu'à 3 mois.* Tendances physiologiques (nutrition, sommeil, etc.) avec la conscience en plus. Parmi les tendances motrices, tendance très accentuée à la succion (b27 240); c'est le stade du suceur.

A partir du 25e jour, l'enfant s'intéresse aux objets vus, aux lumières (b277 46s.); stade du regardeur.

2° *Stade de l'attrapeur, de 3 à 5 mois.* L'enfant s'intéresse à la situation et au mouvement des mains, qu'il approche et éloigne des yeux (b236 51; b235 13-4) — à saisir avec précision les objets extérieurs (b236 51; b235 17-9) — en somme à coordonner les espaces tactile et visuel avec les mouvements de sa main (b277 65-73).

Il s'intéresse également aux sons, oscillant la tête, l'inclinant, la soulevant pour mieux entendre (b235 11); d'après Miss Shinn (b272-3), cet intérêt n'est net que vers le 6e ou 7e mois.

On remarque encore la reconnaissance des objets familiers, du biberon, des personnes que l'enfant a l'habitude de voir (b236 52-3)[1], du corps personnel (vers 5 mois). C'est le début de la perception distincte.

3° *Stade du palpeur et de l'imitateur, de 5 à 12 mois.* Vers la fin du 6e mois, intérêt à comparer les couleurs[2]; dès le 4e mois, selon Cramaussel.

Vers la fin du 7e mois, l'enfant entre résolument dans le stade du palpeur. Il s'intéresse aux objets qui sont à sa portée, non seulement comme précédemment pour y adapter le mouvement de sa main en direction et distance, mais pour les froisser, les retourner en tous sens, les faire résonner, les jeter au loin en regardant attentivement le point où ils tombent (b236 54). Cette manipulation des propriétés corporelles l'absorbe tellement qu'il semble avoir perdu le pouvoir de distinguer les couleurs (b100 t. 1 675-6).

Les perceptions deviennent ainsi plus précises et l intérêt pour des objets déjà connus commence à s'accuser nettement : manifestations joyeuses en revoyant une personne (b236 56)[3] désir d'objets déterminés se trahissant par la colère ou la joie, (b236 56).

1. B403 3.
2. B393; b398; b412.
3. B412 3-4.

Les observateurs ne s'accordent pas sur le début de la crainte : KIRKPATRICK la place à la fin de la première année, MAJOR après le 3e mois, Miss SHINN après le 2ᵉ (b254; b259; b272-3). Cette divergence ne s'expliquerait-elle pas d'après le plus ou moins de complexité considérée dans la mimique de la crainte ? A considérer l'ensemble de la vie animale, l'instinct de crainte se manifeste très tôt [1].

Pendant ce stade l'enfant cherche aussi à reproduire les gestes vus, les sons entendus (b235; b236 55)[2].

4° *Stade du trotteur, 12 à 15 mois.* Intérêt accentué à la marche. Vers le 12e mois, l'enfant s'occupe à s'asseoir par terre sans aide — puis progression à quatre pattes — examen de tous les objets rencontrés pendant le voyage, exploration troublée par de nombreux heurts dus à une appréciation défectueuse des distances. Vers le 15e mois l'enfant arrive à se relever sans le secours d'aucun point d'appui et dès lors la marche est assurée. D'après une enquête de C. MEAD, portant sur 25 garçons et 25 filles, la marche commencerait en moyenne un peu plus tôt, vers 13 mois 1/2[3].

Ce stade est donc caractérisé par l'exploration du monde extérieur et par une série d'expériences sur la distance des objets estimée au moyen du déplacement (b236 57-8; b77 tr. fr. 58).

II. PÉRIODE DES INTÉRÊTS SUBJECTIFS, *jusqu'à 7 ans*

Cette phase est caractérisée par l'assemblage de matériaux utiles aux créations intellectuelles, au langage, à la synthèse des images. Le sentiment du « je » se développe ; les rapports du monde extérieur avec le « je » sont étudiés par l'enfant au point de vue utilitaire.

1° *Stade du parlotteur et du constructeur, 16 m. à 3 ans.* Les premiers rudiments du langage ont fait leur apparition dès le 6ᵉ mois ; maintenant l'enfant commence à lier le mot à l'objet

1. B720 207-9.
2. B595 427.
3. B260.

comme signe et à pouvoir articuler. Il semble saisi par une vraie passion glossique (b27 247-51) et ne se lasse pas de répéter et répéter encore les mots qu'il sait (b235 23)[1]. Dès le 17ᵉ mois apparaissent de véritables discours dans un langage, moitié imité, moitié inventé (b235 82). Cet intérêt au nom des choses et au langage se prolongera longtemps, jusque vers la 6ᵉ année.

Puis se montre l'intérêt à la construction matérielle : l'enfant assemble et défait les objets, s'exerçant ainsi à l'activité musculaire coordonnée, enrichissant ses données sur les propriétés des choses (b77 tr. fr. 131).

Même intérêt pour la construction dans le domaine de l'imagination ; l'enfant s'intéresse aux associations de mots et d'images (b235 23), aux synthèses formées spontanément par son imagination créatrice (b235 55-6 ; b259 425), incorpore les connaissances nouvelles dans des ensembles déjà formés (b235 34-5). Il s'intéresse également aux représentations des hommes, des animaux, des objets usuels, tout en interprétant gravures et images selon les données subjectives de son imagination ; il combine des scènes moitié imaginées, moitié vécues, à peu près comme nous forgeons les rêves pendant le sommeil (b235 61-7 73 77). On comprend l'importance pour l'avenir de cette phase : dans le stock de synthèses imaginatives qui s'amasse, l'intelligence puisera les éléments de ses jugements, de ses raisonnements, de ses inventions, de ses conceptions artistiques[2].

L'enfant commence aussi à penser à sa personnalité en dehors de l'affection du moment ; cette vue nouvelle se trahit par une vive sensibilité aux reproches (b235 53-4), par des signes d'orgueil (b236) et de jalousie (b254).

Egalement vers le 27ᵉ mois se manifeste une sympathie véritable, la compassion pour ceux qui souffrent (b259).

L'amour de la propriété accompagne le sentiment de la personnalité ; vers la fin de la seconde année se montre la tendance à collectionner qui augmentera jusqu'à la 10ᵉ année (b254).

2ᵉ *Stade du questionneur, de 3 à 7 ans.* L'intérêt au langage, aux constructions matérielles et imaginatives, persévère.

1. B393 509.
2. B393 426.

Les choses sont conçues bien plus selon les représentations imaginatives que d'après la réalité objective; ainsi, dans les dessins de l'enfant, la maison sera représentée avec les personnes vues à travers les murs, un cavalier sur un cheval de profil aura les deux jambes visibles, les dessins laissés au libre choix de l'enfant seront mieux réussis que les copies (Cf. n° 41). L'objet extérieur que l'on impose à l'attention de l'enfant l'intéresse bien moins que les représentations qu'il se forme à son occasion. A partir de 3 ans, dans les jeux, l'enfant tient à inventer par lui-même (b279 59-61).

La caractéristique du stade est l'intérêt au pourquoi des choses : c'est l'*âge questionneur* si bien décrit par J. SULLY (b279 tr. fr. 251-5). D'ailleurs le *pourquoi* est entendu au sens utilitaire; l'objet est défini par l'enfant d'après l'usage qu'il en retire.

(La langue javanaise a des mots spéciaux pour désigner l'enfant aux différents stades de son évolution : celui qui se couche sur le côté, 2 mois — celui qui est penché en avant, 4 mois — celui qui est couché sur le ventre et se lève au moyen de ses bras, 5 mois — celui qui est assis, 6 mois — celui qui rampe, 7 mois — celui qui se relève et tombe sur le derrière, 9 mois — celui qui crie, 12 mois — celui qui se cramponne à tout en marchant, 13 mois — celui qui marche, 14 mois — le petit roi, c'est-à-dire celui qui manifeste sa volonté, 4 ans — celui qui mange du riz cuit, 4 ans 1/2 — celui qui travaille dans le jardin, 5 ans [1].)

20. Intérêts pendant la seconde enfance. Cette période comprend à peu près l'intervalle de 7 à 12 ans pour les garçons, de 6 à 10 ans pour les filles.

L'interprétation des résultats des observations présente à ce moment une difficulté spéciale. La vie intérieure de l'enfant est devenue plus complexe; l'éducation a déjà marqué une profonde empreinte sous laquelle il est moins aisé de retrouver la nature; enfin le milieu influe beaucoup sur le sujet pendant cette

1. L. VAN RIJCKERVORSEL, *De javaansche kinderopvoeding*, *Berichten uit Ned-Oostendie* 1915 I 63-68 (Niet in den handel).

période. En revanche l'enfant commence à rendre compte par lui-même de ce qu'il sent et de ce qu'il pense, ce qui permet d'employer les méthodes par interrogatoire; la présence des enfants dans les écoles facilite par ailleurs l'entreprise d'enquêtes étendues. Aussi possédons-nous de nombreuses observations sur les idéaux d'enfants, les occupations et les matières préférées dans l'enseignement, les amitiés, les jeux, etc.; la plupart ont précisément recherché chez combien d'enfants de tel âge se rencontre un intérêt donné et à quel âge chaque intérêt atteint sa culmination (b27 265).

Nagy a caractérisé la seconde enfance par le nom de *période des intérêts objectifs* (b262 207-11). C'est qu'en effet à cet âge l'intérêt va principalement à l'action s'exerçant sur la réalité extérieure. Au début de la seconde enfance, l'enfant possède une connaissance déjà compréhensive du milieu qui l'entoure; tous ses sens sont développés et exercés, il sait percevoir correctement les objets, il a recueilli par le travail de son imagination un trésor de synthèses imaginatives auquel il a incorporé les matériaux de son expérience, son cerveau a atteint son développement. Actuellement il travaille à l'adaptation de ces synthèses à la réalité extérieure au moyen de l'action, c'est-à-dire à la formation de ces complexes d'images et de réactions motrices qui sont les tendances sensitives acquises.

La motricité à cette époque est prodigieuse : « Le nombre des mouvements pendant l'enfance, la fréquence de leur répétition, la variété de leurs combinaisons, la somme de leur *quantum cinétique* est stupéfiante, et cela, qu'on considère les mouvements d'ensemble du corps, ou les mouvements fondamentaux des membres, ou les motricités accessoires les plus déliées. Presque toute excitation du dehors est suivie d'une réponse motrice[1]. »

C'est donc en résumé un continuel *travail de réalisation*, d'exécution des complexes imaginés. On s'explique dès lors en particulier la très forte impulsion au bavardage : toute idée qui passe par l'esprit demande à être communiquée[2], à être traduite en action. L'enfant explore sans cesse le milieu pour l'adapter à ses synthèses imaginatives (b124 100) ; il se fait tour à tour pêcheur, chasseur, trappeur, guerrier, sauvage ; facilement il fera des fugues et fréquentera l'école buissonnière (b124 79). Vers la fin de cette période, il aime la nage, le patinage, les jeux où l'on lance, où l'on tire, où l'on lutte, insouciant du danger, qu'il ignore d'ailleurs. Si parfois il trouve quelque intérêt au travail scolaire, c'est, en dehors de la gymnastique pour les garçons et du travail manuel pour les filles, à la lecture, l'écriture, la technique du dessin, la musique, les métiers, le vocabulaire et la prononciation des langues, la manipulation des objets (b97 6-7), en un mot à toutes les matières où la motricité trouve une occasion de s'exercer. Le mot de S. HALL est à retenir : « *The hand is never so near the brain.* Jamais la main n'est si près du cerveau. » (b69 t. 2 452).

La différence entre cette période et la précédente est donc nettement tranchée. A la fin de la première enfance, l'enfant se contentait d'interpréter la réalité selon les caprices de son imagination ; actuellement

1. S. HALL, b69 t. 1 158.
2. A. M. BOUBIER, *Les jeux de l'e. pend. la classe*, Ar. de Ps. 1902 I 45-6.

cette traduction interne ne lui suffit plus; mais il veut la modifier au dehors, la transformer, il joue extérieurement ses rêves fantaisistes, comme le montrent si bien ses jeux nombreux et variés de personnification. Ces modifications du réel sont d'ailleurs faites sans suite, selon l'impulsion du moment (b100 t. 1 382-3); l'avenir et en général les relations de temps intéressent peu le jeune garçon. On voit bien l'enfant spécialiser ses intérêts durant quelques jours, mais cela ne dure pas : tel jeu, tel exercice le passionne, puis est abandonné ou du moins est loin d'exciter une attraction aussi intense.

L'objectivation des intérêts va toujours s'accentuant. A partir de 7 ans l'enfant n'agit plus pour la seule motricité, mais il s'intéresse à la maison qu'il construit sur le sable, en général au succès de ses efforts et même à la valeur pratique des objets. Ce progrès dans l'objectivation est manifeste pour l'intérêt aux collections : le jeune garçon collectionne d'abord pour le plaisir d'amasser, d'ordonner des objets, puis peu à peu il arrive à poursuivre un but bien déterminé et précis.

Un certain nombre de matières d'enseignement attirent peu ou point l'intérêt pendant la seconde enfance. L'enfant n'est pas incapable d'abstraction, mais il ne s'arrêtera pas de lui-même à l'aspect abstrait des manipulations chimiques ou des expériences de physique, aux analogies des choses (b77 tr. fr. 132); le raisonnement et la recherche scientifique ont peu de charmes pour lui (b97 5) ; il est également peu sensible au plaisir esthétique. Il n'a pas mauvais cœur, mais il se met difficilement à la place d'autrui et cette disposition, que les Allemands ont nommée *Einfühlung*, lui est peu familière. Son attention ne se porte ni sur sa vie intérieure, ni sur celle d'autrui : pour lui la nature subjective est le principe de tendances pratiques, et, si elle est également source de joies et de peines, il ne s'y appesantit pas (b100 t. 1 386).

Bientôt la société des parents ne lui suffit plus; il veut des *camarades* pour coopérer à ses jeux. S'il recherche la compagnie des grandes personnes, ce sera celle des pêcheurs, des chasseurs, des militaires, des *sportmen* hardis et adroits qui personnifient à ses yeux l'action sur la réalité extérieure (b97 4-5).

Les recherches sur les idéaux, les lectures et occupations favorites manifestent des *différences entre les intérêts des jeunes garçons et des fillettes*, mais les intérêts des uns et des autres portent toujours le trait caractéristique de cette période : modifier la réalité matérielle selon l'idée interne. Tandis que le garçon recherche les récits d'aventures, la fillette préfère les livres dont les enfants sont les héros. Les dessins spontanés du premier représentent des animaux, des objets en mouvement[1] ; ceux de la fillette, plutôt des fleurs, des meubles et des ustensiles de ménage[2]. A partir de 8 ans, cette dernière met les travaux manuels au-dessus des jeux mouvementés.

Il convient de signaler la merveilleuse *stabilité* manifestée par la vie enfantine de cette période. Il y a une étroite harmonie entre les tendances internes et leur réalisation en actions, entre le subjectif et l'objectif. L'extrême souplesse des membres de l'enfant lui permet de se livrer entièrement à ses jeux, à l'exté-

1. BOUBIER, l. c. 56-8.
2. KATZAROFF, Q. c. q. les e. dessinent ? Ar. de Ps. 1910 IX 125-7.

riorisation motrice de ses systèmes imaginatifs : son peu de souci de l'avenir, son absence ordinaire de réflexions subjectives, ne permettent pas à des influences troublantes de diminuer sa *joie de vivre*.

21. Intérêts pendant l'adolescence et la jeunesse. ARISTOTE a tracé un portrait du jeune homme dont les psychologues de tous les temps ont reconnu l'exactitude (b69 t. 1 522 ; b295 361-3) : « La jeunesse a pour caractère distinctif d'être remplie de désirs et elle est capable de faire tout ce qu'elle vient à désirer. Parmi les désirs et les passions du corps, c'est surtout aux passions de l'amour que les jeunes gens se laissent entraîner... Mobiles dans leurs désirs et prompts à se dégoûter, ils désirent avec une extrême ardeur et se lassent non moins vite. Leurs volontés sont des plus vives, mais sans force et sans durée, comme la soif et la faim des malades. Ils sont colères, d'une vivacité excessive à s'emporter et toujours prêts à suivre l'impulsion qui les domine. Disposant peu de leur cœur qui les aveugle, leur ambition ne leur permet pas de supporter le mépris, et ils se courroucent d'indignation à la moindre idée d'une injustice qu'on leur fait. Ils aiment les distinctions, mais bien plus encore la victoire. Ils préfèrent les honneurs et le triomphe à l'argent; car ils n'attachent pas le moindre prix à la richesse, parce qu'ils n'ont pas encore fait l'épreuve du besoin... Ils n'ont pas le caractère soupçonneux et au contraire ils l'ont facile, parce qu'ils n'ont pas encore eu le temps d'être souvent trompés. Ils se livrent aisément à l'espérance, parce que la jeunesse, comme les gens pris de vin, est naturellement bouillante, et parce qu'aussi ils n'ont pas encore subi de nombreux

échecs. C'est surtout d'espérance qu'ils vivent, parce
que l'espoir a l'avenir pour unique objet, de même que
la mémoire vit du passé écoulé sans retour... C'est ce
qui fait qu'on peut tromper aisément la jeunesse, parce
qu'elle a l'espérance non moins facile. Elle a aussi
plus de courage, parce qu'elle est plus portée à la colère et à l'espoir, l'une faisant qu'on ne craint rien et
l'autre qu'on est plein d'assurance... Les jeunes gens
sont aussi enclins à la honte; car ils ne tiennent pour
beau et honnête que la loi dont ils ont reçu
leur seule éducation. Ils sont magnanimes, parce
que la vie ne les a pas encore rapetissés et qu'ils
ignorent les nécessités du besoin. Se croire digne
des plus grandes choses, c'est de l'élévation
d'âme; et cette bonne opinion de soi n'appartient qu'à
un cœur plein d'espoir. Quand ils ont à agir, ils préfèrent de beaucoup le beau à l'utile; ils vivent plus par
l'instinct et l'habitude que par le calcul; or le calcul
ne pense qu'à l'utile, et la vertu ne regarde qu'à l'honnête et au beau. Cet âge aime plus que tous les autres
à se faire des amis et des camarades, parce qu'il se
plaît à la vie commune, et que, ne jugeant rien encore
à la mesure de l'intérêt, il n'y rapporte pas non plus
ses amitiés. Les jeunes gens poussent toujours leurs
fautes plus loin et les commettent plus violemment
que personne, parce qu'ils font tout avec excès... Ils
croient tout savoir, ils tranchent sur tout, ce qui est
cause de tous les excès où ils se laissent aller. Quand
ils se rendent coupables de fautes graves, c'est plutôt
par insolence que par perversité. Ils sont portés à la
pitié, parce qu'ils croient qu'il n'y a au monde
que des honnêtes gens, et que les hommes sont meilleurs qu'ils ne sont, mesurant autrui à leur propre

innocence, et supposant toujours que les malheurs
dont ils sont témoins ne sont pas mérités. Ils aiment à
rire, et par conséquent à railler, puisque la raillerie
n'est qu'une insolence de bon ton. Tel est le caractère
de la jeunesse[1]. »

Les *observations expérimentales* montrent qu'Aristote a donné exactement la formule caractéristique
de cette période : « La jeunesse est remplie de désirs
et elle est capable de faire tout ce qu'elle vient à désirer. » *L'essai actif en tout sens des forces vitales*, tel est
bien le trait distinctif de l'adolescent.

Ces observations utilisent les mêmes *méthodes* que
pour l'étude du jeune garçon. On peut y ajouter l'étude
des biographies, dont S. Hall a fait un fréquent emploi dans son grand traité *Adolescence;* Lancaster
appuye ses études concernant la jeunesse sur mille
biographies (b323).

La plupart des résultats obtenus se résument dans
cette phrase de Mahro : « Dans le tumulte affectif,
nous remarquons chez le jeune homme un sentiment
plus complexe, plus élevé, de sa propre personnalité
et une plus grande énergie de réaction contre le monde
extérieur. » (b331 607). Tandis que le jeune garçon ré-
pandait son activité sur le monde extérieur, l'adolescent
se replie en quelque sorte sur sa propre personnalité
pour en prendre les forces et les essayer en tout sens,
comme s'il voulait l'affirmer vis-à-vis des personnes et
des choses, en même temps que l'élever à un plan supérieur (b97 212).

Si l'on ne perd pas de vue cette caractéristique, on voit que
les contradictions présentées en apparence par le jeune homme

1. *République* L. II ch. XII, tr. Barthélemy Saint-Hilaire t.
1 266-70 1870 Paris.

se groupent cependant sous une même finalité dynamique ; il ne semble donc pas juste de donner comme note distinctive de sa vie l'instabilité, la fluctuation, la succession alternative de contrastes tranchés (b69 t. 2 75-88). Les 12 antinomies développées complaisamment par S. HALL ne se rencontrent-elles pas plus ou moins à tous les âges? Ainsi, l'alternative entre l'excitation et l'affaissement, l'hyperémie et l'anémie psychiques, l'oscillation entre le plaisir et la peine, etc., constituent bien en un sens le rythme naturel de toute vie psychologique. Si ces antinomies apparaissent plus en évidence dans la jeunesse, n'est-ce pas uniquement parce que les actions s'exercent alors avec plus d'intensité dans des voies qui ne sont pas encore fixées et aussi parce que la nouveauté de beaucoup d'impressions en augmente la vivacité? Il y a une réelle différence entre se contredire et essayer son activité en tout sens.

Détaillons quelques-uns des traits caractéristiques du jeune homme.

1º Dans l'adolescence la prépondérance du champ émotif sur le domaine de la perception extérieure est manifeste. On a déjà fait remarquer (nº 16) que les profondes modifications du système nerveux à cette époque ainsi que la complication des situations morales et sociales en était la raison principale, qu'il était excessif de leur assigner pour cause prépondérante l'approche de la puberté, malgré l'influence incontestable de cette dernière dans un grand nombre de cas. L'homme n'est pas seulement un animal et il est impossible d'enfermer avec vraisemblance l'ensemble des tendances humaines dans la formule de MARRO : « L'origine des émotions qui poussent l'homme dans ses actions se trouve toujours dans les deux instincts qui le poussent à se conserver et à se reproduire... Le pain et l'amour sont les deux roues sur lesquelles avance le monde vivant. » (b331 606). Vraie sans restriction pour les bêtes, cette loi ne l'est que relativement et partiellement pour l'homme. Il faut aussi remarquer que l'époque de l'adolescence est marquée par une intense dilatation vasculaire qui contribue à augmenter les impressions cénesthésiques dues aux émotions. Tous ces facteurs accroissent chez l'adolescent le sentiment de la personnalité; en même temps, se rendant mieux compte des manifestations émotives par ses états affectifs personnels, il accumule des trésors d'expérience qui le mettront à même de mieux comprendre autrui et le rendront accessible à la sympathie et la compassion (b97 201). « La jeunesse, dit S. Hall, aime les états intenses de l'esprit et est passionnée pour l'excitation. Les jeux tranquilles et paisibles ne sont pas son fait. Platon l'a définie une *ivresse spirituelle*. Elle désire vivre et se sentir vivre, a le goût de toutes les excitations. » (b69 t. 2 73-4). Cette passion pour les actions émotives a ses dangers, mais, comme nous venons de l'indiquer, elle n'est pas dépourvue de finalité pour l'ensemble de la vie humaine et tout particulièrement pour les rapports de charité mutuelle.

2° L'intérêt à sa personnalité ne replie pas le jeune homme sur lui-même dans un égoïsme stérile; bien au contraire, on a cru souvent pouvoir caractériser cette période par les *intérêts sociaux* (b332 717; b27 275-80). Le jeune homme devient excessivement sensible aux marques d'intérêt, à l'estime, par suite très accessible au respect humain (b330 tr. fr. 67; b27 276), aux mauvaises influences, en même temps que susceptible de s'enthousiasmer pour tout ce qui peut légitimement le grandir aux yeux d'autrui. La tendance à préférer la société de ses camarades à celle de ses parents s'accentue (b69 t. 2 375); le goût pour la formation des groupes a, d'après les enquêtes, son maximum

entre 13 et 15 ans. Les jeux préférés sont les jeux
d'émulation, demandant la coopération d'autrui.

Pour bien comprendre la nature des intérêts sociaux
chez l'adolescent il faut tenir grand compte de cette
remarque de ROUMA : ces mouvements généreux de
l'enfant sont « associés à une forte dose de *self-exhi-
bition* » (b137 65 144-50). C'est toujours bien la caractéristique de cet âge : se replier sur sa personnalité pour
la poser au dehors.

L'émotivité de l'adolescent, son désir de l'estime et
de la société d'autrui, le rendent particulièrement enclin à l'*amitié* : c'est entre 14 et 18 ans surtout que
prennent naissance ce qu'on appelle les amitiés de
collège, les amitiés d'enfance, et elles se révèlent parfois avec une extraordinaire intensité (b97 55-7).

3° L'adolescent montre un intérêt toujours croissant
pour les *questions morales et religieuses;* nous reviendrons sur ce sujet important. Bon nombre de psychologues ont poussé l'esprit de systématisation jusqu'à
faire du sentiment religieux une conséquence de la
puberté, en particulier MARRO (b330-2). Les enquêtes
indiquent bien une intensité spéciale des émotions
religieuses à 16 ans chez les garçons, à 13 ans chez les
filles; mais, logiquement parlant, il est trop clair
qu'une coïncidence de ce genre ne prouve pas de soi
une relation de cause à effet. Nous établirons dans
l'article consacré à l'évolution du sens religieux une
cause très différente de ces manifestations religieuses.
Signalons seulement ici l'intensité de l'intérêt que
l'adolescent ressent pour la religion et l'impossibilité
de contrecarrer cette tendance sans de très graves
inconvénients; c'est là une donnée expérimentale indiscutable (b69 t. 2 ch. XIV; b100 t. 1 612). Citons à ce

sujet quelques lignes de CLAPARÈDE : « En détruisant brusquement les croyances religieuses d'un adolescent, on risque de produire un trou dans son système mental. Étant donné l'instabilité qui caractérise cette période, il peut s'ensuivre une désorganisation complète. Si cet accident arrive au moment où précisément ce jeune homme avait pris ces croyances religieuses comme support de toutes ses idées, comme point d'appui de sa conduite, cette brusque démolition va entraîner une catastrophe : crise de mélancolie, pessimisme ou suicide. » Et ce même auteur disait un peu avant ce passage : « En réprimant brutalement, au nom de quelque dogme positiviste, des penchants religieux, on peut produire chez le jeune homme et surtout chez la jeune fille, des troubles graves, notamment chez les sujets qui sont de tempérament nerveux ou prédisposés à l'hystérie » (b27 278-9).

4° L'intérêt va également en croissant pour les *connaissances rationnelles* (b77 tr. fr. 132). Avant 14 ans l'adolescent s'intéresse peu aux études abstraites, bien qu'il soit capable de se les assimiler à un certain degré (b100 t. 1 377) ; mais à partir de cet âge il montre un goût prononcé pour *l'exercice de la dialectique.* Son émotivité, son amour-propre, son peu d'expérience, le feront souvent raisonner faux, mais, comme le dit MENDOUSSE : « S'il est moins raisonnable que l'enfant de 12 à 13 ans, il est à coup sûr infiniment plus raisonneur. » (b97 131). Ce trait de caractère avait déjà frappé PLATON [1]. La logique des sentiments sera, il est vrai, l'inspiratrice de bien des thèses avancées par le jeune homme, mais il les développera et les défendra en

---

1. Cf. TAINE. *Essais de critique et d'histoire,* 1855 Paris 163.

appelant à l'aide les plus subtiles arguties (b69 ch. XVI t. 2), s'intéressant dans la dialectique à la lutte pour la lutte. Même quand les sujets de la discussion sont moraux et esthétiques, l'intérêt au côté purement formel de l'argumentation est manifeste.

5° Vers 16 ou 17 ans la jeunesse possède une foi optimiste en la raison humaine et professe pour la pensée un véritable culte, qui se traduit par un grand respect pour la lettre imprimée, pour *le livre*. Le livre fournit en même temps au jeune homme l'expression conceptuelle de ses émotions intérieures, de ses aspirations et rien n'est plus fréquent à cette époque de la vie que l'enthousiasme passionné pour un ouvrage ou pour un auteur(b97 140-1). C'est l'âge auquel les lectures exercent une influence profonde, parfois décisive pour la conduite et l'orientation de l'avenir.

D'après les différents intérêts qui viennent d'être indiqués, on peut s'attendre à trouver le jeune homme accessible au *goût de la beauté esthétique* dans la nature et dans l'art. D'après l'enquête de LANCASTER, sur 200 adolescents : « 120 étaient fous de lectures dans leurs jeunes années; 109 témoignaient d'un grand amour de la nature; 59 faisaient des vers... D'après la même observation, sur 53 poètes dont il a étudié la vie, c'est entre 15 et 21 ans que se place, pour la plupart d'entre eux, la publication de leurs premières poésies. Sur 100 auteurs dramatiques, la moyenne des premiers grands succès qu'ils ont obtenus au théâtre peut être fixée à leur 18e année. » (b295 R. ph. 366; b302; b323). Ce serait entre 13 et 15 ans que prédominerait le sentiment de la nature; vers cette même époque la sympathie pour le style imagé atteint son maximum (b288).

6° Mais la vraie caractéristique de cette époque est

celle qu'a formulée Aristote : l'essai continuel de réalisation des désirs les plus variés, une expérimentation active de toutes les forces vives. L'avenir apparaît au jeune homme comme une immense carrière ouverte à son activité, sa fine sensibilité et la dialectique éveillée de son intelligence l'introduisent dans le monde de la pensée et des arts, l'affection et l'estime de ses semblables lui est encore un autre monde qu'il veut conquérir, il a la *dévotion de tout ce qui est bon, magnifique et vrai* (b69 t. 2 73). Aussi a-t-il un besoin senti de religion : en Dieu sa faiblesse trouve un appui tout puissant, en Dieu son amour de la conquête trouve l'allié fidèle et assuré de la victoire, en Dieu son désir de logique trouve le dernier pourquoi de tout, en Dieu son cœur s'unit au bien qui peut se communiquer sans mesure et son amour du beau rencontre la beauté qu'on ne saurait assez admirer et assez aimer.

Cet intérêt que prend le jeune homme à l'essai actif de ses forces en tout sens, à la conquête du bien et du beau, explique aussi ses *nombreux et dangereux travers*, son inquiétude, son impatience du joug, son apparente incohérence, ses timidités et ses audaces, sa pudeur et son insolence, sa joie expansive et ses périlleuses rêveries, sa jalousie et sa magnanimité.

Tout compte fait, cette période apparaît radieuse des plus belles espérances ; la splendeur conquérante de l'âme humaine l'illumine et on lui a donné à juste titre le nom d'*âge d'or de la vie*.

§ 3. — ÉVOLUTION DE L'ATTENTION

22. Notions. Il est difficile de donner une *définition de l'attention*, bien que tous sachent reconnaître s'ils sont attentifs ou non ¹. Si on analyse la notion vulgaire de l'attention, on a les résultats suivants : l'attention se rapporte formellement à la connaissance, elle est une direction de cette connaissance vers un objet. De plus elle, indique comme une préférence de la connaissance pour tel objet par rapport aux autres objets qui pourraient être simultanément connus. Cette préférence ne consiste pas uniquement en ce que cet objet est connu, alors que les autres ne le sont pas : on peut dans un demi-sommeil entendre uniquement un son sans y être attentif. Mais la préférence est efficace et consiste dans une certaine attitude du connaissant en vertu de laquelle l'objet est mieux connu ou plus exclusivement que si cette attitude n'existait pas. En se servant d'une analogie d'usage courant dans la question, on dira que l'attention est la concentration du regard interne sur un objet qui, sans cette concentration, ne serait pas au foyer de la conscience ².

L'expérience constate que deux facteurs différents interviennent pour placer l'objet au point focal : l'effort volontaire du sujet et ce qu'on pourrait appeler l'attraction de l'objet. Lorsque par exemple je cherche la solution d'un problème mathématique, je m'arrête volontairement à tel ou tel symbole, à une multiplication, à une intégration, à une dérivation, négligeant de parti pris les autres formes qui ne me paraissent pas contenir les éléments de la solution. Au contraire, si pendant cette étude un bruit retentit soudain, malgré moi les signes mathématiques disparaissent du

1. Cf. b1020 130s.
2. Cf. *Vocab. de la Soc. fr. de philos.*, art. *Attention*, 1902 Paris Alcan 229 ; b368 R. Q. sc. 1911 t. 2 151-5.

champ de la conscience comme jetés dehors par la
sensation sonore. Ces deux formes différentes d'attention ont été nommées *attention volontaire* et *attention
spontanée*.

La psychologie rationnelle démontre, conformément aux données de la psychologie expérimentale, que le point d'application de l'effort volontaire est le maintien d'un jugement dans la conscience.
Ce maintien est effectué par la volonté en vertu de
jugements de valeur, portant sur les intérêts que présente la conservation ou le rejet du fait de conscience [1].
Ce maintien volontaire de jugements suivant des
intérêts présentés par l'intelligence est précisément
l'*exercice de l'attention volontaire*.

L'*attention spontanée* se manifeste de deux manières. Certains excitants éveillent l'attention par eux-
mêmes, quel que soit le contenu actuel de la conscience ou son passé psychologique : si subitement je
ressens une vive douleur, ou si j'entends un grand
bruit, mon attention est irrésistiblement conquise.
C'est l'*attention primitive* ; elle n'est d'ailleurs pas attirée par la seule intensité de la sensation, mais aussi par
sa relation avec l'espèce de l'animal connaissant : l'attention primitive du chien par exemple est mise en jeu
par des excitants qui laisseraient celle de l'homme
totalement indifférente. Le second genre d'attention
spontanée est l'*attention aperceptive* ou médiate : elle
se fait en vertu des images et des synthèses d'images
qui représentent les connaissances sensitives passées.
L'attention du chien est bien différente selon que son
sens olfactif est mis en action par l'odeur de son

1. B1020 296-7·

maitre ou par celle d'un étranger; ainsi encore sur le chemin l'attention du géologue sera spontanément attirée par des pierres qui seront comme inaperçues par l'homme d'affaires ou le philosophe.

23. Méthodes.

L'attention est par sa nature même un phénomène des plus complexes; aussi, lorsqu'on parle d'une attention plus ou moins grande, est-il difficile de préciser ce que l'on entend par *le plus ou le moins*.

On peut en effet considérer à ce point de vue des problèmes bien divers : Combien d'objets peuvent-ils être simultanément au foyer de la conscience? Sur quelle portion de l'espace l'attention sensorielle peut-elle se distribuer, pour qu'un objet apparaissant à l'improviste soit nettement perçu ? Quel effort d'attention un sujet peut-il donner? Sous quelle forme visuelle, auditive, etc., l'élève peut-il donner la plus grande somme d'attention ? Dans chacun de ces problèmes le résultat dépendra de deux points : le régime et l'organisation des images passées pour les éléments d'attention aperceptive, les jugements de valeur pour les éléments d'attention volontaire. Or précisément ces deux facteurs sont à peu près inaccessibles à l'observation précise.

Pour juger de l'attention durant la première enfance la question se simplifie. Il s'agira uniquement en effet de noter à quelle époque se manifestent pour la première fois l'attention primitive et l'attention aperceptive ; l'observation de l'enfant donnera assez facilement la solution.

Pour la seconde enfance et les périodes suivantes, les méthodes pédagogiques étudient le plus ou moins d'intensité dans l'attention d'après la correction et la rapidité d'exécution d'un travail donné.

I. — LE TEST DES A.

Le *test des A* consiste à barrer tous les A d'un texte contenant 100 fois la lettre A et 16 fois chacune des 25 autres lettres.

```
OYKFIUDBHTAGDAACDIXAMRPAGQZTAACVAOWLYX
WABBTHJJANEEFAAMEAACBSVSKALLPHANRNPKAZF
YRQAQEAXJUDFOIMWZSAUCGVAOABMAYDYAAZJDAL
JACINEVBGAOFAHRPVEJCTQZAPJLEIQWNAHRBUIAS
SNZMWAAAWHACAXHXQAXTDPUTYGSKGVKVLGKIM
FUOFAAKYFGTMBLYZIJAAVAUAACXDGVDACJSIUFMO
TXWAMQEAKHAOPXZWCAIRBRZNSOQAQLMDGUSGB
AKNAAPLPAAAHYOAEKLNVFARJAEHNPWIBAYAQRK
UPDSHAAQGGHTAMZAQGMTPNURKNXIJEOWYCREJD
UOLJCCAKSZAXAFERFAWAFZAWXBAAABHAMBATAD
KVSTBNAPLILAOXYSJUOVYIVPAAPSDNLKRQAAOJLE
GAAQYEMPAZNTIBXGAIMRUSAWZAZWXAMXBDXAJZ
ECNABAHGDVSVFTCLAYKUKCWAFRWHTQYAFAAAOH
```

On donne aux élèves l'instruction suivante, après avoir mis devant chacun d'eux un exemplaire du test, la feuille retournée à l'envers : « Prenez votre crayon. — Lorsque je dirai « Allez », vous retournerez la feuille de papier qui est devant vous et marquerez tous les A comme ceci (on leur montre une feuille sur laquelle les A sont barrés par un trait ¡//). — Allez aussi vite que possible, mais effacez bien tous les A. »

Dans une expérience préalable on a déterminé le temps nécessaire pour le mouvement de la main barrant les A. Dans ce but on dispose 100 A en colonnes et on dit à l'élève de les effacer le plus vite possible en donnant une instruction préalable semblable à la précédente. On trouve en moyenne 3 sec. pour chaque A.

Pour *classer* les élèves selon le plus ou moins d'attention, on peut utiliser le procédé de SIMPSON[1]. On prend en secondes le temps mis par le sujet pour le travail total et on ajoute

1. B893 13.

5 secondes par lettre omise; pratiquement il n'y a pas d'autres erreurs que des omissions.

On peut dans une seconde épreuve faire exécuter le même travail pendant que l'élève écoute une lecture dont il devra rendre compte. On atteindrait ainsi la dispersion de l'attention[1].

Selon le principe posé dans la méthodologie (n° 7), un seul test ne prouve guère; nous indiquons en conséquence plusieurs autres tests proposés pour l'appréciation de l'attention en intensité.

II. — EFFACER DEUX LETTRES.

Il s'agit de barrer deux lettres, par exemple les *a* et les *t*, d'un texte imprimé dans une langue inconnue de l'élève. L'instruction à donner est la même que pour le test des A.

Pour classer on peut procéder de la manière suivante. Supposons que le texte contienne environ 260 *a* et *t*, on donne deux minutes et on compte ensuite les lettres non barrées. Il sera bon en général de faire une autre expérience avec un second texte; on ne donnera alors qu'une minute 1/2, en supposant qu'il renferme le même nombre de lettres *a* et *t*.

III. — TEST D'ATTENTION AUDITIVE.

VAN BIERVLIET recommande le test suivant (b368 99-101) :

Le maître lit d'une voix régulière et monotone un texte donné. Les élèves reçoivent pour consigne de marquer sur une feuille de papier un trait au crayon chaque fois que l'on prononcera la lettre *t* par exemple; on peut encore demander de compter mentalement, le nombre des *t* entendus. Le classement se fait très simplement d'après le nombre des omissions.

On trouvera un grand nombre d'autres tests indiqués dans le livre de WHIPPLE (b165 2ᵉ éd. t. 1 ch. VII sp. 305-48). MISS SHARP propose un test pour mettre en évidence les grandes puissances d'attention : on fait lire un texte, écrit au besoin de bas en haut et de gauche à droite, dans lequel ne sont indiqués ni les intervalles entre les mots, ni les capitales, ni la ponctuation (b367).

1. B896370-2.

24. Résultats. L'*attention primitive* est manifeste vers le 5e mois (b235 36); jusqu'à 6 mois, elle apparaît gauche, lente, dirigée vers un seul objet (b235 37). Encore à un an, si l'enfant tient un objet de la main droite et si on en place un autre dans la main gauche, il laisse tomber le premier, incapable de partager son attention entre ces deux efforts.

L'*attention aperceptive* se révèle à partir du 16e mois, d'abord dans les jeux, puis dans les dessins et les interprétations des choses. L'enfant se montre alors extraordinairement absorbé par ses jeux; mais on aurait tort de conclure à une grande intensité d'attention. Le jeu dérive à lui toute l'énergie disponible de l'enfant, qui est trop faible pour détourner son attention.

Quant à la *matière de l'attention*, elle est déterminée par les différents intérêts. La difficulté de fixer longtemps l'attention sur un même objet, le besoin de changement psychologique, est manifeste et se montre d'autant plus grand que l'enfant est plus jeune (b235 76). Lorsque l'enfant n'est pas à ses jeux, qui sont le grand intérêt du moment, la distractivité est très intense et l'attention est très facile à détourner (b100 2e éd. t. 1 179-81).

Les tests indiqués au numéro précédent ont servi à se rendre compte du plus ou moins d'attention des sujets à partir de 6 ans. Il est clair que ces tests exigent à un haut degré l'intervention de l'*attention volontaire*.

A partir de 6 ans l'attention grandit sans cesse. Tandis que l'enfant ne peut embrasser dans un même champ d'attention que 2 ou 3 points placés à côté les uns des autres, le jeune garçon de 11 à 12 ans en

remarque jusqu'à 4 sans difficulté. Pour le test des
A, C. R. Squire a noté la graduation suivante dans
le nombre d'erreurs commises en un même temps
donné : 5,5 à 6 ans; 4,5 à 7 ans; 2,1 à 8 ans et ce
chiffre se maintient à peu près le même jusqu'à
11 ans. A 12 ans il n'y a plus qu'une moyenne de
0,25 faute (b896 371).

Durant les années suivantes les expériences constatent un progrès constant. Mais avec le cours des ans
la psychologie de l'individu se complique et, lorsque
l'on compare l'intensité d'attention de deux sujets, il
ne faut pas trop vite conclure d'une supériorité dans
la réussite du test à une capacité plus grande d'attention. On peut seulement dire que l'attention a été plus
grande au moment de l'expérience chez celui qui a le
mieux réussi. Il importe de donner des tests difficiles pour observer l'intensité d'attention chez l'adolescent et le jeune homme.

ARTICLE III

Evolution des fonctions particulières

25. Division de l'article. Les fonctions pédagogiques
particulières sont déterminées d'après les principes
posés au n° 18. Nous grouperons les observations
dont elles ont été l'objet sous les titres suivants :
*Observation, Mémoire, Imagination créatrice, Pensée
logique, Langage, Sens esthétique.* Un dernier paragraphe indiquera les tests relatifs à l'*Intelligence générale*, c'est-à-dire à cette disposition qui fait communément attribuer à celui qui la possède l'épithète d'intelligent.

Ce choix a été justifié plus haut (n° 18) ; on ne saurait nier cependant qu'il ne soit en partie arbitraire à considérer uniquement le plus ou moins de droits à l'existence de telle ou telle fonction. Mais, en se plaçant au point de vue du traité actuel, ces fonctions sont précisément celles qui ont été soumises à l'expérience ; si l'on ajoute les fonctions dont il sera question au chapitre des dispositions volontaires, l'ensemble des données expérimentales se trouve réuni d'une manière satisfaisante sous les titres des différents paragraphes.

Il ne faut pas d'ailleurs perdre de vue l'immense différence entre les fonctions psychologiques et les fonctions pédagogiques. Donnons un exemple. L'aptitude à l'observation est la disposition à se rendre compte d'une situation tombant sous les sens, des traits caractéristiques d'un objet, du signalement d'une personne, etc. Si on analyse les fonctions psychologiques incluses dans un acte d'observation, on les constatera nombreuses et souvent irréductibles les unes aux autres : fonctions sensorielles et perceptives, attention, intérêts et jugements de valeur qui influent sur la volonté, activité volontaire, mémoire, pensée logique, etc., et, si on ajoute les fonctions exigées pour répondre aux interrogatoires, il faut encore nommer le langage, le plus ou moins de résistance à la suggestion, etc. Pédagogiquement parlant, la fonction de l'observation n'en est pas moins une et bien déterminée. A tel âge que remarque l'enfant dans les situations, les objets, les personnes, avec lesquels il est en relations ? Que remarque-t-il spontanément ? Que remarque-t-il avec l'aide du maître ?

§ 1. — ÉVOLUTION DE L'OBSERVATION

26. Méthodes. L'aptitude à l'observation est la disposition montrée par l'enfant à se rendre compte d'une situation tombant sous les sens, à indiquer les propriétés d'un objet, le signalement d'une personne, etc.

1° *Méthode d'interprétation des images.* Elle a été pratiquée de plusieurs manières :

A. *Séries schématiques* [1].

On interroge l'enfant sur une suite de représentations schématiques de plus en plus complètes du même objet : par exemple, une maison indiquée simplement par le contour — puis par le contour et les fenêtres — puis par le contour, les fenêtres et le toit (fig. 2). Van der Torrfn observa par cette méthode plus de 180 enfants de 4 à 12 ans au moyen de 103 feuilles contenant des représentations plus ou moins complètes de 17 objets différents. Les objets schématisés moins complètement étaient présentés une première fois pendant 20 secondes ; on demandait à l'enfant : « Qu'est-ce que cela ? Que vois-tu ? » Puis 9 jours après l'objet était représenté muni de son premier complément : « Qu'est-ce que cela ? Qu'y a-t-il de nouveau ? » et ainsi de suite (B409).

B. *Images coordonnées.*

Les images coordonnées sont des dessins ayant une ressemblance générique, par exemple un chien, un chat et un tigre. On demande à l'enfant d'indiquer ce que les images ont de semblable et de différent. (B404).

---

1. Heilbronner, *Z. klin. ps. Untersuchungstechn., Monatschr. f. Ps. u. Neurol.* XII. Cf. b100 2ᵉ éd. t. 1 281-9 ; b409.

I

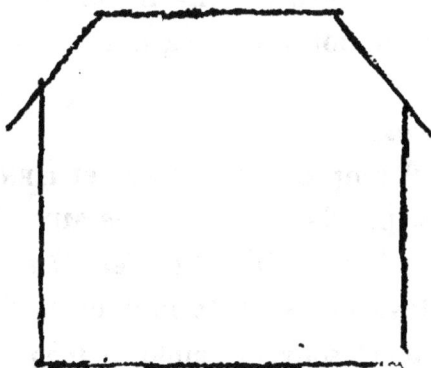

II

III

Fig. 2. — Séries schématiques.

C. *Images produites.*

On fait le dessin devant l'enfant, en lui demandant d'avertir dès qu'il commencera à reconnaître l'objet représenté.

D. *Images présentées.*

Ce procédé fut employé par BINET et HENRI dès 1893. Ils présentaient pendant 2 minutes aux élèves d'une classe le tableau de Neuville, *Les dernières cartouches*, et les enfants devaient ensuite le décrire de mémoire.

Cette méthode a été souvent employée (b395 ; b402 ; etc.) ; citons comme exemple de son application les observations de C. R. SQUIRE sur 8 groupes de 10 enfants de 6 à 13 ans, recrutés dans les écoles relevant de l'Université de Chicago (b896 372-6).

Les sujets avaient été sélectionnés de manière qu'il y eût concordance entre les âges chronologique, physiologique, psychologique et pédagogique, c'est-à-dire entre le temps écoulé depuis la naissance, la capacité mentale générale et la classe suivie (cf. n° 45 II). Cinq reproductions de tableaux artistiques leur furent présentés : *En disgrâce* de Sigsbeekar ; un enfant boude dans un coin, la tête tournée vers le mur, un chien tout honteux est tapi derrière lui. *En été* de Van der Veer ; 6 jeunes filles hollandaises tricotent, assises sur l'herbe. *Les enfants de la Presse* de Thompson ; un jour d'hiver, dans une rue populeuse, des enfants pauvres reçoivent les journaux pour la distribution quotidienne. *La gardeuse d'oies* de Millet. *Les cendres* de Eastman Johnson ; un vieillard est assis devant un foyer dont le feu se meurt lentement. On demandait d'abord aux sujets de désigner par un titre l'ensemble du tableau ; puis, dans une seconde épreuve, ils devaient poser une question dans le but d'obtenir un renseignement utile à la solution du même problème.

Dans les expériences de BINET sur la suggestibilité, le premier et le deuxième interrogatoire sur les objets fixés au carton constituent des tests du même genre (cf. n° 57).

2° *Méthode du compte rendu d'une série d'actions.*
BAADE et LIPMANN utilisèrent ainsi cette méthode. Ils

firent des expériences de physique, telles que la liqué-
faction de l'acide carbonique, etc., devant des jeunes
filles de 12 à 13 ans des écoles de Breslau, puis leur
demandèrent un compte rendu des actions de l'opéra-
teur. Au bout de quelques jours, ils recommencèrent
les expériences et demandèrent un nouveau compte
rendu (b372).

3° *Méthode du signalement.* Les expériences précédentes ont l'inconvénient de mettre le sujet qui observe
dans un milieu factice. Dans la méthode du signalement ou du témoignage, on fait assister l'enfant à une
scène vécue, disposée d'avance sans qu'il puisse s'en
douter ; puis, la scène terminée, on demande un rapport de l'événement, un signalement des personnes.
On peut encore faire rendre compte des endroits fré-
quentés, faire décrire les personnes connues [1].

4° *Méthode déductive.* On peut enfin se proposer de
déduire les stades d'évolution de l'observation, en prenant pour point de départ les données de la psychologie expérimentale et de la psychologie rationnelle.
Cette méthode ne donnera évidemment que les grandes
lignes de l'évolution. Il est certain par exemple d'après
les lois psychologiques que l'enfant doit distinguer les
objets entre eux avant de connaître leurs activités
mutuelles et leurs relations spatiales ; il commencera
donc par observer dans une scène les objets comme
distincts (stade substances) avant d'examiner les actions
des personnages (stade actions) ; on conçoit également
que, la perception d'un objet se faisant par la synthèse
des sensations présentes avec les images associées,
l'enfant, novice en observation, commencera par

1. Cf. le très ingénieux dispositif d'une expérience de signalement
combinée par CLAPARÈDE, Ar. de Ps. 1906 V 375-85.

attribuer à l'objet qu'il voit les représentations les plus
disparates. Mais ces déductions n'ont pas, comme les
observations directes, l'avantage, considérable au point
de vue pédagogique, de préciser les époques d'apparition des différents stades.

27. Résultats. Les remarques faites sur l'évolution
des intérêts (nº 19-21) permettent de prévoir que
l'observation de l'enfant aura un *caractère subjectif et
affectif* plutôt qu'objectif et spéculatif ; les choses
seront comme fondues dans la vie et les actions plutôt
qu'observées pour elles-mêmes. Ce déficit dans
l'observation se manifeste en effet et d'autant plus
accentué que l'enfant est plus jeune.

1º Jusqu'au 13ᵉ mois environ, les images et les objets
ne sont pas interprétés par l'enfant, mais il objective
une représentation suscitée à leur occasion. Ainsi,
d'après les études de Stern, un crâne humain sera
= mon oncle, un chameau = une oie, une chouette =
un petit minet.

2ᵉ A partir de 13 mois ou 13 mois 1/2 (b272-3, b403-4,
b408), l'enfant reconnaît parfois la personne ou la
situation, mais là encore il dit ce qu'il imagine à l'occasion de l'objet, plutôt qu'il ne le décrit tel qu'il est.
Meumann a signalé un point d'apparence paradoxale
(b100 t. 1 282-5) : l'enfant très jeune reconnaît mieux
parfois une image imparfaite de l'objet et peu lui
importe que cette image soit droite, inclinée, ou à
l'envers. C'est que l'expérience passée ne fournit alors
que peu de représentations et dès lors une reproduction très imparfaite a chance de susciter le souvenir
d'un objet familier ; au contraire, lorsque le contenu
de la vie psychologique s'est enrichi, la même image

n'est plus reconnue parce qu'elle s'écarte trop de l'objet perçu.

Les remarques précédentes expliquent certaines contradictions apparentes dans les expériences sur l'observation des enfants; certains reconnaissent assez bien, d'autres pas du tout. Voici quelques réponses des enfants des écoles maternelles sur un timbre poste français représentant *La Semeuse* : « C'est la Sainte Vierge. — C'est une bonne femme, elle va faire son ménage, elle a une toilette sous son bras. — Elle veut marcher pour avoir à manger, je la vois, elle porte un filet, elle va chercher de la viande, du bifteck. — Je vois un monsieur, il a une bouteille. — Il y a une dame qui a une bassine, elle marche cette dame, elle va bassiner avec son linge. — Elle a une boîte de faux-cols sous son bras. — Elle écarte ses bras pour attraper un petit enfant; elle a un paquet de chiffons. — Ça c'est rigolo un peu. Il y a une dame, elle achète du mouron, elle a un sac, elle va jeter des graines aux petits oiseaux, ma maman leur jette du pain. » Très compréhensive est la réflexion par laquelle le Dr SIMON résume ces observations : « L'enfant voit les choses à travers sa petite expérience de la vie. Les réponses que nous venons de citer, c'est le petit horizon dans lequel se meut l'enfant de 3 à 4 ans qu'elles nous décèlent et qu'elles délimitent. » (b402 210).

3° A la phase supérieure de l'évolution, l'image est réellement interprétée, bien que l'on constate encore de grossières erreurs sur les points qui n'ont pas été atteints par l'expérience passée. A 6 ans 1/2, Charlot, en observant le timbre (b402), interprète ainsi l'œuvre de Roty : « Elle a un bras par derrière; de cette main elle dit « je veux pas », de l'autre elle tient un ballon. » Ces erreurs se retrouvent même chez l'adolescent : MEUMANN et SCHRÖBLER ont montré à des garçons et à des filles de 13 à 14 ans un tableau représentant une femme dominant sur une hauteur un paysage étendu; 7 ont reconnu la hauteur, 13 ont affirmé qu'il n'y en avait aucune.

Les stades de STERN. — 4 stades se distinguent nettement dans l'évolution de la fonction d'observation. STERN les a nommés le stade-substances, le stade-actions, le stade-relations, le stade-qualités.

Dans le *stade-substances*, les objets sont énumérés en une série non coordonnée. Ce mode d'observation prédomine jusque vers la 8ᵉ année; COHN et DIEFFEN-BACHER ont constaté que par instants l'enfant dès 5 ans et 5 mois peut s'élever au-dessus de ce stade (b294 95).

Dans le *stade-actions*, l'enfant signale les activités exercées.

Dans le *stade-relations*, qui commence vers 9 ou 10 ans, il y a énumération des relations spatiales, causales, temporelles.

Dans le *stade-qualités*, l'enfant commence à faire l'analyse des propriétés des objets.

On pourrait ajouter un degré supérieur d'observation, celui dans lequel l'ensemble de la situation observée serait vu dans une *synthèse intelligente*.

Ainsi STERN présente un tableau, *La chambre des paysans*. Voici le compte rendu d'une fillette de 7 ans : un homme, une femme, un berceau, un lit, une croix, un tire-botte, une clef, un tableau; — c'est le stade-substances. Un garçon de 14 ans : au milieu de la chambre une table, autour de laquelle sont assis un homme et son fils, l'homme sur une chaise, le fils sur un banc; — c'est le stade-relations. Un sujet plus âgé : je vois une chambre; sur la muraille est un tableau avec un cadre doré, qui représente de petites maisons et des arbres; sur l'autre tableau est un paysage avec un ruisseau; la chambre a une fenêtre avec un store qui n'est pas entièrement tiré, le store pend de travers; — c'est le stade-qualités.

Les expériences de C. R. SQUIRE, citées au n° 26, vérifient très exactement les stades de STERN. Les enfants de 6 ans ne comprennent pas la situation représentée par la peinture et se contentent d'énumérer les objets. A 7 ans ils s'occupent

davantage de l'aspect des objets. A 8 ans l'interprétation est
en actions, par exemple pour le tableau *Les cendres :* l'homme
se chauffe. A 9 et 10 ans il y a eu chez quelques-uns intelligence du premier tableau : l'enfant est en pénitence; cette
précocité d'interprétation est due à la familiarité pour les examinés de la situation représentée. A 11 et 12 ans, le système
de donner un titre par l'énumération des objets cesse presque entièrement. Vers 13 ans il y a un quart de cas de compréhension parfaite; c'est ainsi que pour *Les cendres* un des enfants
a donné ce titre suggestif : la fin.

Les questions posées par les enfants suggèrent les mêmes
remarques. Au sujet du tableau *Les enfants de la Presse :*
— à 6 ans : qu'y a-t-il d'écrit là? (Le nom de l'auteur) — à
7 ans : les enfants vont-ils en classe? — à 8 ans : quels journaux vend-on? — à 12 et 13 ans : pourquoi les enfants ven-
dent-ils des journaux? Est-ce pour aider leurs parents?

Une question se pose d'elle-même au sujet de ces
expériences. Nombre de facteurs exerçant une influence
incontestable sur le compte rendu de l'observation
sont le produit de l'éducation, par exemple le vocabulaire employé; les stades de STERN sont-ils bien dès
lors un produit de l'évolution naturelle? Ne seraient-ils
pas simplement le résultat d'une éducation scolaire à
peu près identique chez tous?

Les faits suivants permettent de conclure que les
stades sont bien des *phases naturelles de l'évolution :*

1° Les expériences de MEUMANN et SCHRÖBLER ont bien
montré que l'enfant observe spontanément, sans méthode aucune. Si on interrompt son compte rendu par
une question adroite, souvent on déclanchera toute
une suite de réflexions. Mais pourtant à un certain
âge, même aidé, il ne dépassera pas une limite fixe, et,
en tout cas, laissé à lui-même, il suivra les phases des
stades.

2° Les expériences sur l'éducabilité de l'observation

sont encore plus concluantes. Mlle Borst (b377) essaya plusieurs procédés pour perfectionner la fonction d'observation chez les élèves des écoles de Zurich. Elle donna d'abord une direction générale, expliquant les différents points de vue auxquels on peut considérer une image; puis elle fit un véritable cours sur les couleurs, l'éclairement, les relations de grandeur et de distance, sur le vocabulaire utile pour rendre compte de tous ces éléments; enfin elle fit appel à l'intérêt de l'enfant, au sentiment de sa responsabilité, à son désir de faire plaisir, d'être utile. Le troisième procédé donna de beaucoup les meilleurs résultats; le premier produisit plutôt un recul dans l'exercice de l'observation, il exigeait de l'enfant un travail trop compliqué pour lui. Mais, ce qui est à noter, dans tous les cas, le progrès élevant l'enfant au-dessus du stade de son âge n'a pas duré : livré à lui-même l'écolier est revenu à sa phase chronologique (b100 2ᵉ éd. t. 1 316).

L'influence de l'intérêt sur le plus ou moins de perfection de l'observation est manifeste. Ainsi dans les expériences de C. R. Squire, les élèves ont montré une supériorité marquée pour interpréter le tableau *En disgrâce*, dont le sujet les touchait de plus près. Les expériences de Baade et Lipmann ont également établi que la répétition des mêmes observations n'était pas toujours accompagnée d'un progrès dans l'exactitude des comptes rendus. C'est que la répétition des expériences de physique diminue beaucoup l'intérêt qu'elles présentent. Tant que l'enfant n'est pas arrivé au stade d'une observation méthodique, il examine comme au hasard et ce qu'il remarque dépend en partie de sa capacité, en partie aussi de l'intérêt.

L'apparition du début des stades est plus précoce

chez les *garçons* que chez les *filles*. Les garçons font de rapides progrès à partir de 7 à 10 ans, tandis que les dernières n'accusent un réel perfectionnement qu'à partir de 11 ans. Il y a cependant une exception à faire pour les expériences de signalement; jusqu'à 14 ans les filles font des rapports plus exacts, les garçons reprennent ensuite l'avantage. Cette anomalie apparente trouve une explication dans la différence des intérêts : les filles donnent une attention volontaire plus grande à tout ce qui concerne la toilette et l'extérieur des personnes.

§ 2. — *ÉVOLUTION DE LA MÉMOIRE*

28. Notions. La fonction mémorielle renferme trois *fonctions élémentaires* : la fixation, la reproduction, l'association ou mieux assimilation.

La fixation est une fonction en vertu de laquelle la connaissance d'un objet laisse une disposition qui fait influer cette connaissance sur les réactions, conscientes ou non, du sujet : parce que le chien a été frappé par le fouet, la vue de cet instrument déterminera chez lui des réactions spéciales.

La reproduction est une fonction en vertu de laquelle un objet autrefois connu est de nouveau représenté.

L'assimilation est une fonction en vertu de laquelle une connaissance est incorporée à l'ensemble des autres faits de conscience. Dans la perception d'un fait, la sensation n'intervient pas seule, mais aussi les images, les jugements, les états affectifs suscités à cette occasion; de même aussi le souvenir d'un fait est mêlé à bien des circonstances auxquelles ce fait s'est

trouvé psychologiquement associé, il fait par suite
partie d'ensembles psychologiques jouant un rôle
plus ou moins important dans nôtre vie consciente, il
est plus ou moins assimilé. On pressent déjà le rôle
qu'exercent à l'égard de cette fonction les processus
supérieurs, synthèses intellectuelles et jugements
de valeur, et l'on doit s'étonner que l'influence de ces
éléments ait été presque entièrement négligée dans
les innombrables expériences sur la mémoire [1].

L'évolution de la fonction mémorielle peut être étudiée sous plusieurs aspects :

I. On peut distinguer différentes mémoires *selon les
objets,* par exemple selon les différentes modalités de
sensations (mémoire visuelle, auditive, motrice, etc.).
Il y a la mémoire des relations spatiales et temporelles
(mémoire des lieux, mémoire des dates), la mémoire
des événements, la mémoire des signes abstraits (des
noms, des chiffres), des faits extérieurs ou des phénomènes intérieurs. L'expérience constate facilement
que ces mémoires ne vont pas à la même allure chez
un même individu et qu'elles ne, sont pas également
distribuées entre les hommes : pratiquement il n'y a
pas une mémoire, mais plusieurs mémoires. Les belles observations de BINET sur les joueurs d'échecs et
les grands calculateurs ont brillamment établi que des
personnes douées par exemple d'une mémoire visuelle
étonnante ont une mémoire auditive ou motrice des
plus médiocres [2]. Il arrive même dans les cas patholo-
logiques qu'une mémoire déterminée disparaisse sans
que les autres soient perdues (agraphie, aphasie motrice).

1. B1020 117-45.
2. *Ps. des gr. calculat. et joueurs d'échecs,* 1895 Paris Hachette.

II. On peut encore diviser la mémoire *selon les différentes directions que vise l'attention mémorielle.* On peut chercher à fixer une impression sensible telle quelle ou à la retenir en tant qu'elle a un sens. Autre chose est pouvoir reproduire le timbre et les nuances de la voix qui déclame une pièce de vers, autre chose en redire la suite des idées, autre chose encore réciter les vers.

III. Une distinction importante est à faire entre la *mémoire immédiate* et *l'aptitude à retenir d'une manière durable.* L'observation obvie signale la séparation de ces deux fonctions : c'est ainsi que l'on écoute une question, non pour s'en souvenir dans la suite, mais pour y répondre immédiatement ; au contraire on apprend une leçon pour la réciter une heure plus tard. La mémoire immédiate n'est pour ainsi dire que la continuation de l'impression sensorielle ; elle est avec la perception dans le rapport de l'image consécutive positive avec la sensation ; dans l'exercice de cette fonction, on entend encore la voix qui a parlé, on distingue son timbre et son rythme. Elle dure peu, s'évanouit brusquement si l'attention est subitement distraite, n'existe que si l'impression excitante a eu une intensité suffisante. Certains individus ont une bonne mémoire immédiate et peu d'aptitude à retenir ; dans les cas pathologiques ces deux fonctions sont parfois entièrement séparées (b427 ; b100 2ᵉ éd. t. 1 414-8).

IV. La capacité d'*apprendre* se distingue également de celle de *retenir;* c'est un proverbe courant : ce qui est vite appris est vite oublié, ce qui est appris lentement est longtemps retenu.

Il s'agit de pédagogie ; par suite le mot *retenir* est à prendre au sens usuel, non au point de vue strictement théorique. La question n'est pas de savoir si l'objet présenté par la sensation peut toujours être représenté d'une façon quelconque par l'image, mais d'étudier si l'on peut retenir d'une manière utilisable un fait complexe, un ensemble de mots, etc.

29. Mémoire dans la première enfance. Deux méthodes ont été employées : *la rétrospection, l'observation directe.*

Dans la *méthode rétrospective*, des adultes cherchent à retrouver leurs souvenirs d'enfance : il y a chance pour que les mieux retenus soient ceux qui ont fait la plus forte impression et par suite on peut tirer certaines conclusions sur la manière dont doit être présenté à l'enfant ce qu'on veut lui faire retenir pour toujours. V. et C. Henri, Dugas, C. et W. Stern ont fait ainsi des études sur leurs souvenirs personnels (b437, b424); Schmutz a recherché sur 250 adultes la mémoire qu'ils avaient des faits antérieurs à leur 4e année (b482).

Quelques sujets ont retenu des faits de leur première année, mais ces cas sont très rares et par suite on conclut que les impressions de la première année sont très faibles. Un plus grand nombre de souvenirs sont cités pour la 2e année, mais en moyenne on ne peut compter sur une mémoire durable qu'à partir de la 3e ou 4e année. Les faits retenus semblent être ceux qui, en raison d'une nuance émotive plus intense, s'incorporent le plus à l'ensemble de la vie psychologique : Dom Bosco n'avait que deux ans lorsqu'il perdit son père et cependant il garda très nettement pendant toute sa vie le souvenir de ces paroles de sa mère : « Pauvre enfant, tu n'as plus de père [1]. »

1. Habrich, *Gedächtn.*, b136 t. 2 169.

Certaines objections se présentent spontanément
contre la légitimité de cette méthode : l'enfant a pu
entendre vers 4 ou 5 ans le récit des faits dont il a été
témoin à deux ans, comment savoir si l'expérience
atteint le souvenir du fait ou celui du récit ? Puis la
durée du souvenir peut tenir à ce que pour une raison
ou pour une autre l'enfant s'est souvent rappelé le fait
au début de sa vie, sans que cet événement ait produit une forte impression mnésique.

La *méthode d'observation directe* signale les degrés
suivants :

1° Le nouveau-né n'a pas de mémoire ; on ne remarque aucun signe certain de mémoire pendant les deux
premiers mois.

2° Vers le 3ᵉ mois on remarque une mémoire qui
semble n'être que la manifestation de l'individualisation des tendances (cf. n° 52) : mouvements de la
bouche à la vue de la bouteille de lait et du tablier
blanc de la nourrice, maniement des objets.

3° Dans la période suivante l'enfant reconnaît les
objets et les personnes, même après un certain laps
de temps. Pendant la première année cette reconnaissance est encore mal assurée et, si les parents sont
absents trop longtemps, ils ne sont plus reconnus à
leur retour. A un an 3/4 l'enfant est capable, non seulement de reconnaître, mais encore d'exprimer tant
bien que mal des faits de souvenir ; après deux ans il
se rappelle les détails des événements (b403 8-27 42-67
pass.).

4° Avant l'âge de 3 ans la reconnaissance est à très
brève échéance. Si l'enfant a moins de deux ans, les
parents ne sont en général plus reconnus après
quelques jours d'absence. Pendant la troisième année

la reconnaissance a lieu même après quelques semaines; pendant la quatrième, après quelques mois; à partir du commencement de la cinquième, il y a reconnaissance d'événements datant d'une année.

5° La reconnaissance existe plus tôt que le souvenir spontané et ce dernier plus tôt que le souvenir provoqué par interrogations. MAJON constate que l'enfant commence vers deux ans 1/2 à chercher les mots oubliés (b259).

30. **Types de mémoire.** D'après l'ensemble des observations, ceux qui ont eu leurs sens intacts pendant la première enfance se servent de toutes les modalités d'images (visuelles, auditives, motrices, tactiles, etc.); mais les nécessités de l'action, l'éducation et d'autres facteurs introduisent chez la plupart des sujets une prédominance pour telle ou telle modalité. Les expériences faites pour déterminer ces *types de reproduction* sont innombrables; en mettant à part le grand nombre de celles qui ont peu de valeur, on arrive à cette conclusion que ces types n'existent pas d'une manière exclusive: « Les éléments visuels font place dans diverses circonstances, lorsque le sujet est fatigué, souffrant, distrait, dérangé, lorsque le rythme de la lecture est très rapide, aux éléments auditifs ou moteurs. Bien plus, sous l'influence de l'exercice, un type même accentué peut subir une transformation complète et d'auditif par exemple devenir visuel[1]. »

VAN BIERVLIET indique un procédé assez grossier, mais rapide et commode, pour déterminer la modalité selon laquelle un enfant retient un ensemble de syllabes dépourvues de sens

1. VON SYBEL, *Coopération des mém. partielles*, Z. Ps. 1909 257s.

(b156 t. 1 298). 25 lettres sont disposées en colonnes sur
5 lignes égales :

B K H N R
F M P Y X
N P C Q G
R E K H L
G H M B P

Le sujet a pour consigne d'apprendre les lettres dans l'ordre
horizontal. On lui fait ensuite réciter le tableau d'abord selon
l'ordre indiqué, puis à rebours, puis suivant les lignes verticales ascendantes ou descendantes, puis selon les diagonales.
Le type visuel aura dans tous ces exercices une supériorité
manifeste. On mettrait en évidence les autres types en faisant
apprendre le tableau par la lecture des yeux, puis par une
lecture à haute voix faite par le maître, puis en faisant articuler les lettres avec ou sans mouvement des lèvres. Les comparaisons des résultats obtenus donneront des éléments d'information sur le type de mémoire de l'enfant (b489).

SEGAL et SEASHORE proposent les tests suivants : une liste
de 3o mots exprimant des objets connaissables par différents
sens est présentée à l'enfant et on lui demande de rendre
compte de ce qu'il s'imagine, soit à l'occasion du mot, soit à
l'occasion de l'objet[1]. On choisira des mots bien connus,
comme chien, vagues, bifteck, piano, etc. Cette expérience renseigne, moins sur la manière dont l'enfant apprend, que sur
son type d'imagerie en général.

Cette détermination du type de mémoire présente
son intérêt. Comme le prouvent les expériences de BI-
NET et VANEY, les types ne sont pas établis d'une manière fixe avant la fin de l'adolescence (b13 207-8). Si
donc un enfant a une tendance à user trop exclusivement d'un type de mémoire, il est possible, en l'exerçant à se servir des autres, de le rapprocher du type
indifférent, qui représente l'harmonieux équilibre
entre les différentes mémoires imaginatives (b469 217).

1. SEASHORE, Element. exper. in Ps., 1909 New-York Holt 114-5.

31. Mémoire immédiate chez les enfants d'école.
Nous résumons quelques-unes des expériences sur la mémoire immédiate chez les enfants d'école(6 à 14 ans).

1° BINET et HENRI observèrent la mémoire immédiate chez plusieurs centaines d'enfants appartenant aux 4 classes des écoles primaires de Paris.

7 séries de 7 mots n'ayant aucune connexion entre eux étaient préparées avec soin; on lisait une série aux élèves, qui immédiatement après devaient écrire les mots retenus (b418 13).

La mémoire des phrases était étudiée au moyen de textes dont les mots étaient divisés par groupes, le nombre des mots variant de 11 à 86.

Voici par exemple le texte de 20 mots divisés en 8 groupes : « Le petit Emile — a obtenu — de sa mère — un joli — cheval mécanique — en récompense — de sa bonne conduite — à l'école. »

Le test de 60 mots en 19 groupes était le suivant : « Une vieille paysanne — âgée de 64 ans, — la veuve Mouillet — qui habitait une petite maison — sur la route déserte — des Récollets, — avait conduit — son troupeau — dans les champs. — Pendant qu'elle faisait de l'herbe pour ses animaux, — une vipère — cachée derrière les fagots — s'élança sur elle — et la mordit — à plusieurs reprises — au poignet. — La pauvre — femme — en est morte » (B419 24-7).

2° SCHUYTEN recommande des tests portant sur des suites de nombres de 2 chiffres (b484).

3° C. R. SQUIRE emploie la méthode de BINET modifiée par WHIPPLE. Des phrases de 2 à 42 syllabes sont écoutées par l'enfant, le dos tourné à l'expérimentateur.

SQUIRE imagina un autre test intéressant pour l'enfant et rendant en conséquence plus négligeable l'influence relative de l'intérêt. Une carte de 20 cm. sur 15 représente des objets sans aucune connexion : une tête de jeune fille, une poule, un chien aboyant, une bobine de fil, un marteau, un automobile, un fauteuil, un garçon sur un traineau, une main, deux chameaux, etc. La carte est exposée pendant 30 sec., puis les enfants doivent écrire immédiatement les objets dont ils se souviennent (b896 376-80.)

4° Nɛtɜchaɜbɛff montre aux écoliers 13 objets différents
pendant 12 sec., puis les objets sont couverts et les écoliers
écrivent les noms des objets retenus. Il expérimente également avec 12 sons exécutés par différents instruments — avec
12 nombres de 2 chiffres — avec des groupes de mots de 3 syllabes — avec 12 mots représentant des objets surtout visuels,
ou surtout acoustiques, ou surtout tactiles (chaud, dur, etc.) —
avec 12 mots exprimant des sentiments (tristesse, joie,
gai, etc). — avec 12 mots abstraits (cause, qualité, quantité, etc.). Les 687 sujets étaient des écoliers de 9 à 18 ans, appartenant aussi bien aux lycées qu'aux écoles populaires
(b464-5).

Lobsiɛn refit les mêmes expériences sur un milieu plus homogène, en réduisant à 9 le nombre des mots présentés
(b451-3).

5° Dɛcroly et Dɛgand dans une école frœbélienne, fréquen-
tée par des enfants de 5 à 10 ans, se servaient de petites cartes sur lesquelles étaient écrits en rouge des mots ou de courtes
phrases. Dans d'autres expériences ils montraient 9 lettres,
ou 9 figures géométriques, ou 9 images; il fallait les retrouver
ensuite parmi 25 autres.

Pour estimer et comparer les résultats, les expérimentateurs anglais comptent en général 3 points pour une syllabe
exacte à sa place, 2 pour une syllabe déplacée d'un rang,
1 pour une syllabe exacte déplacée de plus d'un rang. Comme
il est chimérique de prétendre à une mesure exacte, il semble
préférable d'aller au plus simple et de compter les erreurs :
par exemple 1 pour l'omission d'une syllabe et, en supposant
qu'il y ait 12 syllabes, 1/12 pour une erreur d'un rang, 2/12
pour une erreur de deux rangs, etc.

Conclusions. Voici les principales conclusions que
l'on peut tirer de ces expériences :

1° La mémoire immédiate grandit pendant toute la
durée de l'éducation primaire et est moins bonne
qu'à l'âge adulte. Par exemple pour reconnaître une
petite ligne précédemment montrée au milieu des lignes de longueurs différentes (b13 170-3), les enfants

de 6 à 9 ans commettent 73 erreurs sur cent observations; ceux du cours moyen (9 à 11 ans), 69%; ceux
du cours supérieur (11 à 13 ans), 50%. A la fin des études primaires, cette mémoire n'a pas atteint son maximum, elle augmente jusqu'à 22 et 25 ans.

2° L'accélération de l'augmentation n'est pas constante. Dans tous les genres de mémoires on distingue
des périodes d'accroissement rapide, des périodes de
repos, parfois même des périodes de recul. D'après les
expériences de MEUMANN, le développement de la mémoire immédiate est dans son ensemble très lent jusqu'à 13 ans, présente un accroissement rapide de 13 à
16 ans, puis augmente presque insensiblement jusqu'à
son maximum qui a lieu entre 22 et 25 ans.

3° La rapidité de l'évolution n'est pas la même pour
les différentes mémoires immédiates. Il y a une loi de
classement, à peu près toujours vérifiée, différente
d'ailleurs chez les garçons et chez les filles. Chez les
garçons l'ordre moyen croissant est le suivant : objets
— mots à contenu visuel — mots à contenu acoustique — sons et tons — représentations tactiles et
musculaires — nombres et concepts abstraits — sentiments ; cette dernière mémoire ne se manifeste nettement qu'à partir de l'adolescence. Chez les filles :
mots à contenu visuel — objets — sons — nombres et
concepts abstraits, sur ce point il y a parallélisme
chronologique avec les garçons — mots à contenu
acoustique — représentations tactiles et musculaires
— sentiments.

Cet ordre dans l'évolution des différentes mémoires
est-il naturel ou a-t-il sa source dans la manière dont se
donne l'enseignement? MEUMANN conclut de ses expériences qu'il a sa raison d'être dans le développement

naturel de l'enfant : la manière, soit visuelle, soit acoustique, dont est présenté l'enseignement, n'influe pas en effet sur l'ordre de succession chronologique indiqué, tandis que les relations de cette succession à l'évolution naturelle des intérêts sont frappantes.

4° L'influence de l'intérêt sur le plus ou moins d'intensité relative de tel type de mémoire est manifeste (b1018 tr. fr. 384-5; b1020 129-30); cependant cet intérêt n'explique pas tout.

32. Mémoire médiate. Dans la mémoire médiate on distingue la faculté d'apprendre et celle de retenir.

Les différents observateurs ont envisagé le problème à des points de vue très divers.

1° Le but d'EBBINGHAUS était d'atteindre les deux facultés de la mémoire médiate, en les séparant des autres facteurs qui peuvent influer sur leur exercice. Ces facteurs sont d'après lui le rythme de la lecture des mots, la longueur des mots, les associations qu'ils éveillent. De plus, préoccupé de l'exactitude quantitative des résultats, il s'est efforcé d'apporter comme matière d'observation des complexes de syllabes homogènes : il recourait à des syllabes dépourvues de sens et formées d'après une règle fixe, par exemple consonne-voyelle-consonne, comme *cop*, *dif*, etc. Ce procédé, malgré son apparence rigoureuse, n'élimine pas l'influence des facteurs subconscients, tels que l'intérêt, la bonne ou mauvaise humeur du sujet, etc., influence bien plus considérable que celle du plus ou moins d'homogénéité des syllabes. Il y a dans cette méthode une préoccupation excessive de se mettre en rapport avec des éléments quantitatifs; or en saine psychologie expérimentale c'est l'élément qualitatif qu'il est essentiel d'atteindre.

2° BINET fait remarquer avec raison qu'il ne s'agit nullement d'atteindre le plus ou moins de mémoire considérée à l'état abstrait, mais de la juger dans l'exercice même de son fonctionnement. Aussi prend-il pour texte dans ses expériences une leçon ordinaire, une pièce de vers par exemple. Ses réflexions à ce propos mettent bien en lumière la distinction entre les fonctions pédagogiques et psychologiques (cf. n° 18) : « Au point de vue de la psychologie pure, cette expérience serait sujette à critique; dès qu'il s'agit d'apprendre le mot à mot d'un texte, et d'un texte qui intéresse médiocrement l'enfant, ce n'est pas seulement sa mémoire qui entre en jeu, c'est aussi sa force d'attention... Si l'on voulait à toute force éliminer l'attention, il faudrait raconter à des enfants quelque histoire extrêmement attachante, qu'ils écouteraient sans effort; il faudrait ensuite leur demander le récit de l'histoire sans exiger le mot à mot. Bref, en excitant l'intérêt, on supprimerait l'effort d'attention et il ne resterait plus que de la mémoire. Est-il nécessaire de faire ici une telle analyse? Nullement et, si on la faisait, ce serait une erreur; car nous nous préoccupons de juger la capacité d'apprendre à l'école, c'est-à-dire cette sorte de mémoire que l'on peut appeler scolaire; or cette mémoire porte sur des choses qui sont généralement peu attrayantes pour l'écolier et qui ne s'assimilent qu'à coups d'attention. » (B13 178-80).

Pour distinguer la capacité d'apprendre et celle de retenir, on peut procéder comme il suit. On donne un temps déterminé pour apprendre et on compte soit le nombre de fautes commises dans la récitation, soit encore le nombre de répétitions à mi-voix nécessaires à chaque enfant pour savoir parfaitement la pièce de vers. On fait réciter le morceau au bout de 8 jours par exemple et on compte le nombre de fautes, ou encore le nombre de répétitions à mi-voix dont l'élève a eu besoin pour apprendre de nouveau parfaitement le morceau.

3° Citons aussi les expériences de N. Norsworthy (b468), dont Thorndike prépara le matériel. Pendant 5 jours des étudiants des cours supérieurs apprenaient les mots d'un dictionnaire anglais-allemand de 1200 mots; puis sur une liste, où se trouvaient des mots anglais, l'étudiant (de langue anglaise) écrivait les mots allemands dont il avait gardé le souvenir : au bout de 30 jours on faisait le même exercice pour atteindre la capacité de retenir.

Les *principaux résultats* obtenus sont les suivants : 1° Jusqu'à la 14ᵉ année inclusivement la capacité d'apprendre est moindre que chez les adultes, du moins dans le milieu observé, c'est-à-dire pour les classes populaires. Bien entendu il faut d'abord donner un certain temps d'exercice à l'adulte, qui a pris l'habitude d'user plutôt de la mémoire logique, de retenir le sens et non la lettre.

2° Le résultat est en apparence inverse pour la faculté de retenir. L'enfant des écoles primaires oublie moins vite que l'adulte et a besoin de moins de répétitions pour rapprendre. Cette contradiction apparente s'explique : l'enfant a répété plus souvent et plus longtemps, les impressions sont donc plus profondément fixées ; des expériences précises ont confirmé cette interprétation.

Citons entre autres les expériences de PIÉRON. Il donnait à 6 sujets la consigne d'apprendre par lectures répétées un tableau de 18 syllabes et de le rapprendre une semaine après. Le tableau suivant résume les résultats obtenus (b474 186).

Acquisition	Nombre de lectures pour apprendre	Economie de réacquisition
Rapide	6,5	52,3
Moyenne	10,5	79,8
Lente	15	90,1

2° La comparaison des facilités de mémoire médiate chez les enfants d'école aux différents âges conduit à des conclusions semblables : plus l'enfant est jeune, plus il a besoin de temps et de nombreuses répétitions pour apprendre ; mais, par le fait même de ce long travail, il oublie moins vite et a besoin de moins de répétitions pour rapprendre.

3° La capacité pour apprendre suit la même allure ascendante que la mémoire immédiate (b13 171-2). A partir de 25 ans, il y aurait diminution très lente jusqu'à la vieillesse, diminution d'autant plus lente qu'on continue davantage à exercer sa mémoire.

En règle générale, les filles ont meilleure mémoire pour retenir jusqu'à 13 ou 14 ans.

A égalité de degré d'évolution et du nombre d'exercices pour apprendre, celui qui a plus grande capacité pour apprendre a aussi plus grande capacité pour retenir. Le proverbe : « Mémoire rapide n'est pas tenace » a donc besoin d'interprétation. Celui qui apprend vite un texte a par là même moins imprimé en sa mémoire la matière du texte, mais, s'il prend soin de l'imprimer par le nombre de répétitions dont s'est servi un autre sujet de mémoire plus lente, il retiendra mieux que lui.

4° Lorsqu'on reprend après une interruption de quelque durée l'exercice d'une mémoire particulière, les progrès sont plus rapides. On peut assigner deux causes à ce fait : l'intérêt est plus grand par suite de la nouveauté relative et donc l'attention volontaire est plus intense ; la loi de dissociation par variation des concomitants (b1018328) élimine les petites habitudes défectueuses de la technique mémorielle pour ne laisser subsister que les habitudes plus utiles et on s'y prend mieux pour étudier.

Cette influence de l'interruption est très notable. EBBINGHAUS a constaté que, pour apprendre une série de 12 syllabes, 68 répétitions immédiates profitent moins que 38 distribuées entre trois jours (Cf. b487).

5° A considérer l'ensemble de l'humanité, la mémoire est certainement en corrélation directe avec l'intelligence (b13 162-3) ; mais il y a de très notables exceptions, surtout lorsqu'il est question de certaines mémoires très spécialisées, comme celle des calculateurs prodiges ou des joueurs d'échecs.

Psychologie pédagogique.   9

L'inégalité dans le degré d'intelligence générale entraine presque toujours une différence dans la manière d'apprendre. Le mieux doué apprend la matière de la leçon comme un tout ; le moins bien doué l'apprend par fragments qu'il ne synthétise pas entre eux (b100 2ᵉ éd. t. 1 470-2 ; b13 163-70). Cette faculté de retenir les choses en synthèses est toujours signe d'une bonne intelligence. Quant aux autres procédés de technique mémorielle qui conduisent à une mémoire plus ou moins brillante, on souscrira volontiers à la conclusion de BINET : « Il n'est pas juste de décrier la mémoire ; il n'est pas juste d'en dire trop de bien. Son mérite dépend de l'usage qu'on en fait » (b13 170).

§ 3. — ÉVOLUTION DE L'IMAGINATION CRÉATRICE

33. Notions et méthodes. La fonction de l'*imagination créatrice* s'exerce chaque fois que l'objet imaginé n'a pas été connu comme tel par les sens ; c'est elle par exemple qui présente une montagne d'or : nous avons vu une montagne et de l'or, mais jamais le complexe des deux.

On comprend dès lors son *importance* et son *universalité*. Toutes les illusions sensibles sans doute, mais aussi toutes les œuvres d'art, toutes les inventions sont en partie ses produits ; en s'appuyant sur la psychologie rationnelle aussi bien que sur l'expérience, on établit même que tout jugement nouveau implique plus ou moins son intervention, puisqu'il est nécessaire alors de faire entrer les éléments sensibles, concomitants nécessaires de toute opération intellectuelle, dans une combinaison toujours nouvelle au moins par quelque endroit.

Cette intime union de l'imagination créatrice avec

tout l'ensemble de la vie intellectuelle explique pourquoi les tests destinés à renseigner sur l'intelligence générale portent toujours partiellement sur le plus ou moins de puissance imaginative. Ainsi parmi les tests de BINET (n° 45), les tests 21 28 34 46 48 55 56 57 58 s'appliquent principalement à cette fonction.

La difficulté croissante des tests de BINET, que nous venons d'indiquer, dessinerait déjà l'allure de développement de l'imagination créatrice pendant la durée de l'évolution éducative ; nous signalerons certaines méthodes dirigées plus exclusivement vers l'étude de cette activité.

1° *Observation des inventions spontanées.* L'imagination créatrice se manifeste dans les produits des jeunes artistes : dessins, essais littéraires, langues secrètes, variantes des jeux, etc. Elle entre également en action dans leurs productions oniriques, dans les *rêves*.

D'après des expériences récentes, l'enfant combine des rêves à 3 ans ; mais il n'en garde pas la mémoire à cet âge, tandis qu'à 3 ans 1/2 il se les rappelle. Cette possibilité du souvenir marque un progrès dans l'exercice de l'imagination créatrice : la mémoire d'un fait complexe passé suppose en effet la systématisation en un seul ensemble, assimilé à la vie personnelle, des éléments expérimentés autrefois. D'après les enquêtes de DE SANCTIS sur les rêves de 65 enfants de 6 à 13 ans, les rêves sont d'autant moins nombreux que le sujet est plus jeune (b522 ch. IV).

2° *Tests d'invention mécanique.* On peut utiliser les jeux de patience les plus élémentaires, par exemple le test de BINET, refaire un rectangle coupé suivant la diagonale (n° 45 test 21).

TERMAN propose le test suivant (b523) : reproduire
la figure 3 sans repasser deux fois sur une même ligne,
ni lever le crayon (fig. 3).

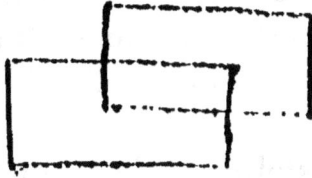

Fig. 3. — TEST DE TERMAN.

Voici une autre épreuve proposée par TERMAN et
CHILDS (b846 202-5). Sur un terrain circulaire gazonné
une balle a été perdue ; il s'agit de battre la pelouse
de manière qu'aucune partie n'échappe au regard,
tout en faisant le moins de chemin possible. On suppose que l'œil ne peut apercevoir la balle à une distance supérieure à celle de l'ouverture donnant accès
sur le terrain.

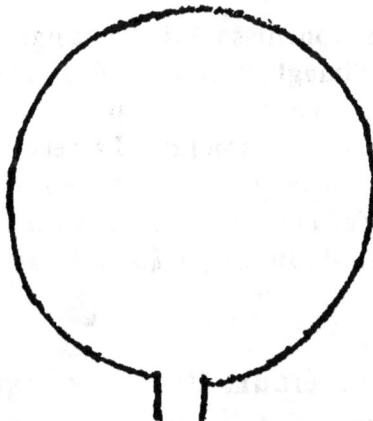

Fig. 4. — TEST BALL AND FIELD.

3° *Tests d'invention intellectuelle*. L'enfant doit ré
soudre un problème simple pratique (b511 497-500),

par exemple le problème de l'épouvantail : un paysan veut protéger ses cerises contre les oiseaux, sans être toujours près de ses cerisiers, comment fera-t-il ?

L'enfant peut encore avoir à compléter le début d'une histoire : une mère vient un matin dans la chambre de ses enfants et trouve le lit vide, que s'est-il passé ?

On raconte une histoire dont le dénouement déplaise à l'enfant, ce qui arrivera toujours si la vertu n'est pas récompensée, et on lui demande comment elle aurait dû se terminer.

On montre un objet ou on prononce un mot; l'enfant doit écrire de suite et rapidement ce qui lui vient à l'esprit à cette occasion [1].

Ces tests supposent manifestement l'exercice de l'intelligence, mais la psychologie rationnelle reconnaît pleinement que l'imagination *créatrice* ne s'exerce que sous l'influence de l'activité intellectuelle.

Les tests indiqués fournissent des renseignements précieux sur la puissance de l'imagination créatrice aux différents âges; ils ne conviendraient guère néanmoins pour classer d'une manière précise les sujets examinés. La réaction de celui qui doit fournir le test est trop complexe pour que l'estimation du résultat soit aisée. Pour un classement il serait préférable de recourir aux tests de BINET (n° 45, tests 21 28 34 46 48 55 56 57 58).

34. Résultats généraux. RIBOT distingue trois *formes d'imagination créatrice* (b520 264-5). 1° *La forme ébauchée :* le rêve, la rêverie dans laquelle les impressions du monde extérieur sont exclues sous l'influence partielle de la volonté. 2° *La forme fixée :* les créations

1. A. LECLÈRE, *Descript. d'un objet*, An. ps. 1898 IV 379-89.

esthéthiques, les hypothèses philosophiques et scientifiques, toutes les créations dans lesquelles la fiction
est posée pour elle-même comme si elle était réelle
(romans, peintures, etc.). 3º *La forme objectivée :* les
créations imaginatives se concrètent dans des inventions pratiques, mécaniques, industrielles, commer-
ciales, sociales, politiques (Cf. b100 2ᵉ éd. t. 1 522-4).

Ce serait une erreur de considérer ces formes
comme des stades progressifs de l'évolution. L'enfant
rêve, mais il combine aussi dans ses jeux des créations
mythiques et réalise ses combinaisons imaginatives
dans des constructions matérielles (tas de sable, etc.).
Ce qui le caractérise est la manifestation, dans chacune de ces formes, de faiblesse, de pauvreté, d'automatisme, de manque de systématisation et de critique, défauts d'autant plus accentués qu'il est plus
jeune. La psychologie expérimentale, tout comme la
psychologie rationnelle, signale dans l'organisation
des images deux forces présentant en bien des points
des tendances opposées. L'une synthétise, dirige,
adapte, censure, contrôle, inhibe, dirige et règle le
cours des images selon des fins déterminées par des
jugements, parfois indépendantes du temps et de
l'espace ; l'autre au contraire présente un aspect de
continuel changement, de désagrégation, d'émiettement, d'incohérence rationnelle, se rattache à l'état
des sensations du sujet, à sa cénesthésie, à son *tonus*
émotionnel. Chez l'enfant *l'automatisme déborde l'activité synthétique* sans cependant l'exclure[1].

On a parfois appelé la période éducative l'*âge ,de*

<hr/>

1. Cf. b1020 135-6 ; BINET, *Intellig. d. imbéciles,* An. ps. 1909 XV
368-70 ; JANET, *Automat. ps.,* 1889 Paris Alcan 479-88 ; DROMARD,
Plasticité d. l'associat. d. idées, R. ph. 1907 t. 2 518.

l'imagination (b360 130s.); un examen superficiel donnerait facilement à l'enfant plus de richesse d'imagination qu'à l'adulte. Mais, comme le fait remarquer très justement MEUMANN, cette apparente abondance de la production imaginative chez l'enfant est due à l'insubordination de l'imagination par rapport aux forces de contrôle. Par suite de la faiblesse du pouvoir inhibiteur, chaque image s'externe en manifestations motrices ; ces réactions extérieures sont assurément un signe de l'existence de la fonction des images, mais leur impulsivité et leur abondance trahissent la despotique influence de l'impression sensible.

Cette *infériorité vis-à-vis de l'adulte* au point de vue de la force de systématisation est frappante dans tous les domaines de l'imagination créatrice. L'enfant rêve comme l'adulte, mais ses rêves n'ont ni la même cohérence, ni la même ampleur; la rêverie ne vient qu'avec l'aurore de l'adolescence, plus tard encore se forment les projets sérieux d'avenir. On a bien pu établir une similitude entre l'attitude de l'adulte vis-à-vis des romans, des pièces de théâtre, des œuvres d'art, et celle de l'enfant aux prises avec ses jeux; mais celui-ci réalise beaucoup plus ses drames que celui-là et s'identifie tellement avec eux que ses fictions imaginaires suscitent des réactions émotives, des états violents, avec la même intensité que les événements les plus objectifs. Pour les mêmes causes le jeune enfant racontera des faits imaginaires avec la même conviction et la même sincérité que s'il s'agissait de faits vécus, comme nous le montrerons en parlant de la véracité (n° 60).

L'enfant d'ailleurs combine en un sens plus de fictions que l'adulte; l'étude de l'évolution des intérêts a montré que l'activité exercée en tous sens par rapport à la synthèse des images était caractéristique de certaines périodes du développement. Mais chacune de ces fictions a peu d'ampleur en étendue et en durée, elle est personnelle à son auteur, n'a pas ce caractère, fréquent dans celles de l'adulte, de pouvoir être objet de fiction pour les autres hommes. Quelle distance entre les productions spontanées de l'enfant et celles de l'inventeur qui fait converger vers une même finalité harmonique les mille détails d'une machine compliquée, ou celles du savant choisissant dans le barème si complexe des formes mathématiques celles qui revêtiront les entités en cause et les mettront à même de figurer dans une démonstration compréhensive! Toutes les expériences concourent à établir l'existence d'un progrès constant de l'imagination créatrice pendant toute la durée de la période éducative.

35. Inventaire psychologique de l'enfant. La faiblesse du pouvoir de systématisation, l'impuissance du contrôle inhibiteur, ne sont pas les seules causes de la faiblesse et de la pauvreté des synthèses de l'enfant.

Ses combinaisons et ses systèmes ne sont construits qu'avec les matériaux fournis par la connaissance sensible; or son expérience sensorielle est courte et dès lors ses constructions ne sauraient révéler cette grandeur et cette vigueur des vastes ensembles édifiés avec le secours de nombreux éléments.

De multiples enquêtes sur l'inventaire psychologique des enfants au moment de l'entrée à l'école primaire, vers 6 ans, ont mis en évidence une extraordinaire pénurie dans l'acquis de l'écolier débutant.

La plupart des expériences anciennes ont été viciées par des erreurs de méthode. Signalons cependant l'enquête de

S. HALL en 1880 sur les enfants des écoles de Boston : HALL conclut que le maître ne peut compter sur aucune connaissance intuitionnelle déterminée chez un enfant normal de 6 ans.

En 1904 NETSCHAJEFF observa 60 enfants de 6 à 7 ans, appartenant à des familles d'artisans et d'ouvriers de fabrique de Petrograd. On nommait un objet, par exemple une souris, et on posait successivement ces questions : « Connais-tu une souris? — Comment est-elle? — L'as-tu vue? — Où l'as-tu vue? » Les objets étaient au nombre de 25 : souris, veau, porc, lièvres,... sapin, rose,... pluie, arc-en-ciel,... lever de soleil, inondation, orage, grêle (b533). Des élèves de 12 ans appartenant à l'Ecole des cadets de Petrograd furent également soumis à ces expériences (b534).

Les observations de Mlle ALLÉORET portèrent sur 136 élèves de 8 à 12 ans appartenant à une école primaire de Paris. Les mots choisis furent : corbeau, pintade, chauve-souris, libellule, bouleau, saule, pied de vigne, genêt en fleurs, bêche, charrue, vagues et ruines. Le mot était dit devant l'enfant et on lui posait les 3 questions suivantes : Avez-vous vu...? — Si oui, où l'avez-vous vu? — Qu'avez-vous remarqué de particulièrement frappant dans ...? (B528).

Citons encore les expériences de POHLMANN sur des garçons et des filles de 5 à 14 ans, habitant les uns la ville, les autres la campagne. Le but était principalement de chercher le rapport entre l'expression verbale et son contenu logique, c'est-à-dire entre le mot et ce que l'enfant entend par le mot. Il y avait dix groupes de mots connus des enfants par leur vie quotidienne ou l'enseignement de l'école : 1° Objets concrets : porte, journal, image, barrière, soleil. — 2° Propriétés sensibles : blanc, sombre, rouge, salé, amer, doux, etc. — 3° Qualités tactiles : rond, mou, froid, rude, etc. — 4° Outils et instruments : marteau, thermomètre, etc. — 5° Matières diverses : fer, or, soie, métal, bois, gaz, etc. — 6° Concepts scientifiques : mammifère, oiseau, poisson, fruit, sapin, etc. — 7° Parents : mère, tante, beau-frère, etc. — 8° Concepts religieux : péché, Dieu, salut, foi, mort, Ciel, résurrection, etc. — 10° Concepts complexes : table à écrire, boucle de cheveux, sonnerie électrique, etc. (b535).

Résultats. — 1º L'inventaire psychologique de l'enfant est *extraordinairement pauvre*. Parmi les enfants de 5 à 7 ans observés par NETSCHAJEFF, 16 % ne savent ce qu'est une souris, même ignorance chez 24 % pour le nuage, chez 38 % pour la rose, chez 78 % pour l'inondation, chez 20 % pour l'orage. Les enfants de 8 à 12 ans des écoles primaires de Paris ne se montrent guère plus avancés : « Une enfant de 11 ans, d'ailleurs très intelligente et très développée, des 12 êtres ou objets proposés, n'en connaît qu'un seul, la vague. » (B528 15).

2º Il y a une très grande inégalité entre les enfants dans une même classe. Mais chez tous *les représentations correspondant aux mots sont très inexactes*, manifestent un grand décousu. Le jeune enfant a une tendance très accentuée à se servir de mots sans en comprendre le sens, à classer paresseusement le nouveau sous une analogie quelconque sans souci de l'exactitude. Ses réponses bizarres, pleines de pléonasmes et de tournures ampoulées, de mots vides et sonores, montrent à l'évidence combien chez lui l'expression verbale est en arrière de la connaissance (b535).

3º Les mots relatifs aux *relations de temps* sont peu ou point connus des jeunes enfants, remarque dont il y a lieu de tenir compte pour l'enseignement de l'histoire.

4º Jusqu'à 15 ans les représentations de la vie interne sont rares. L'enfant devrait rendre un compte plus fidèle des phénomènes intérieurs que l'adolescent, à considérer la simplicité beaucoup plus grande de sa vie sentimentale, mais à l'inverse de celui-ci il n'y prête qu'une attention très minime.

On tire des considérations précédentes plusieurs *conclusions pédagogiques* importantes :

1° L'éducateur doit se préoccuper d'*enrichir de données exactes le vocabulaire* de l'enfant. L'intelligence ne s'exerce pas avec quelque étendue sans l'intervention très active de l'imagination créatrice et cette dernière requiert des matériaux pour construire ses synthèses. Or c'est principalement le mot qui est utile pour ces constructions. Pauvreté de vocabulaire n'est pas seulement absence de style, mais aussi quasi-impossibilité d'inventer, de voir les choses et les situations sous un aspect compréhensif.

2° Tout prouve que le développement du régime des images abandonné à lui-même se fait comme au hasard ; l'éducateur doit donc intervenir pour en *diriger l'évolution* vers le but de l'éducation.

3° C'est un *inconvénient d'user de métaphores* et d'images trop concrètes dans l'enseignement des jeunes : on risque de n'être aucunement compris. L'intelligence des métaphores suppose une connaissance déjà assez parfaite du vocabulaire.

§ 4. — *EVOLUTION DE LA PENSÉE LOGIQUE*

36. Méthodes. *La fonction de la pensée logique* atteint les abstractions, comme les négations et les nombres, voit les relations logiques des jugements, les analogies, se rend compte de la valeur d'un raisonnement.

Les *méthodes employées* pour l'étudier sont multiples, parfois d'un emploi très difficile si l'on se proposait de classer exactement les sujets.

L'observation de l'enfant est la seule méthode applicable jusqu'à la 3ᵉ année. Indiquons quelques points sur lesquels toutes les expériences s'accordent. L'idée de manque, d'absence, de non-existence, ne se manifeste pas avant le 14ᵉ mois (b546 416; b268); au 19ᵉ mois certains enfants perdant trois balles avec lesquelles ils jouent les cherchent jusqu'à ce qu'ils les aient toutes trouvées (b546 417). La véritable notion de nombre n'apparaît pas avant deux ans accomplis (b546, b373, b235, b238, b552, b268). Vers la fin de la deuxième année, on trouve la notion de « un et encore un », mais pas de deux (b546 418). Avant 3 ans la plupart des enfants ont la notion du nombre trois (b546 424). Avant 4 ans on remarque l'intelligence du nombre quatre, avant 5 ans celle du nombre cinq. La plupart des enfants de 6 ans manifestent la notion des nombres jusqu'à douze ou treize, du moins en comptant des objets. Les tests d'intelligence de BINET donnent pour 3 ans répéter 2 chiffres, pour 4 ans redire 3 chiffres, pour 5 ans compter 4 sous, pour 6 ans compter 13 sous, pour 7 ans compter 9 pièces d'un et deux sous et dire combien cela fait, pour 8 ans compter de 20 à 0 en descendant l'échelle des nombres (nᵒ 45, tests 9 15 20 25 30 33).

Méthode des 3 mots. Le sujet examiné reçoit deux ou trois mots, quelquefois plus, avec lesquels il doit faire une phrase. Les mots sont choisis de manière à pouvoir être mis en phrase de bien des façons, mais à ne présenter qu'un seul lien logique véritablement acceptable; par exemple : soldat-patrie, soleil-midi, sapin-hiver. « Le soldat va dans sa patrie. » est une mauvaise réponse. — « Le soldat est prêt à mourir pour sa patrie. — Le soldat doit défendre sa patrie. » sont de bonnes réponses. Cette méthode classe les sujets selon les degrés suivants : 1ᵒ La liaison donnée n'a aucun sens, par exemple : « La patrie est un soldat. » — 2ᵒ La phrase, à prendre le sens verbal, est absurde, mais indique une idée juste chez l'enfant : « La montagne est une vallée » peut vouloir dire : « Partout où il y a une montagne, il y a une vallée ». On s'assure si tel est le cas en interrogeant. — 3ᵒ L'idée est juste, mais mal exprimée, par exemple pour les mots — pierres, poutres, chaux — : « Les pierres, les poutres et la chaux sont tirées des maisons. » — 4ᵒ La liaison des idées est juste, mais pèche par excès de généralité, par exemple pour les mots — soleil, midi — : « Le soleil est levé quand il est midi. » —

5° La liaison des idées est juste et exprime ce qui tombe sous les sens : « Dans une maison on voit des pierres, des poutres et de la chaux. » — 6° La liaison des idées est juste en vertu d'un point de vue logique qui ne tombe pas sous les sens : « Pour faire une maison on se sert de pierres, de poutres et de chaux. »

Méthode des combinaisons. Meumann dicte les mots saillants d'une histoire et l'enfant doit compléter; les mots sont autant que possible choisis de manière qu'il n'y ait qu'un seul lien logique acceptable pour l'histoire. Par exemple on dicte : « La maison brûle — Enfant seul — Singe intelligent — Parents reconnaissants — Récompense. » On distingue comme dans la méthode précédente plusieurs degrés de perfection : 1° Aucune solution n'est donnée, les mots dictés sont simplement transcrits. — 2° Il y a des phrases séparées sans aucune intention de former un tout. — 3° L'intention de former un tout cohérent est manifeste, mais elle n'a pas abouti. — 4° Le récit forme un tout cohérent, mais ce qui d'après les données devrait être en saillie joue un rôle secondaire. — 5° L'ensemble est compris, mais l'idée ne ressort pas, est noyée dans une surabondance de mots et d'images. — 6° L'ensemble est compris, l'idée du récit est bien mise en lumière, mais le tout sèchement et sans images. — 7° L'ensemble est compris, l'idée principale est bien en évidence, le récit est vivant et imagé.

Les tests de Binet pour l'âge intellectuel (n° 45, tests 32 41 44 45 46 48 56) diffèrent notablement 'des' précédents. Ils sont moins compliqués et classent très simplement par succès ou insuccès. En revanche la méthode analyse moins la capacité de chaque individu.

37. Résultats principaux. 1° L'intelligence de l'enfant dans l'usage de la pensée logique *procède des concepts universels les plus généraux aux moins généraux.* Citons les paroles de Meumann, qui d'ailleurs semblent méconnaître en ce point la doctrine d'Aristote et des grands scolastiques du moyen âge : « Au cours des siècles la psychologie admettait comme allant de soi que l'évolution de la pensée marche des concepts les moins généraux aux plus universels. Nous savons maintenant que l'esprit de l'enfant ne fait qu'un pas des représentations concrètes aux concepts les plus généraux et redescend ensuite aux catégories de concepts plus spécifiques. Il commence par employer les concepts transcendantaux, comme chose — quelque chose — et d'autres semblables. De là avec le progrès de l'évolution il redescend à l'emploi des concepts de genre, puis aux concepts d'espèce et de sous-espèce. » (b100 2ᵉ éd. t. 1 694-5).

Un passage de SAINT THOMAS D'AQUIN montrera combien la doctrine scolastique de la connaissance était en ce point de plein accord avec l'expérience : « Dans l'exercice de notre activité intellectuelle il y a lieu de distinguer deux choses. D'abord notre connaissance intellectuelle a en un sens son origine dans la connaissance sensible. Et parce que l'objet du sens est le singulier et celui de l'intelligence l'universel, l'homme connaît le singulier avant l'universel. Mais de plus notre intelligence se développe en passant de la puissance à l'acte. Or tout ce qui passe de la puissance à l'acte passe d'abord par les états intermédiaires avant d'atteindre l'acte parfait. Pour l'intelligence l'acte parfait est la science complète qui connaît les choses d'une manière distincte et déterminée; les états intermédiaires correspondent à la science imparfaite qui ne connaît les choses que sous une certaine généralité... Aussi ARISTOTE enseigne-t-il que *les choses sont d'abord connues avec certitude sous l'aspect le plus universel[1].* » La théorie péripatéticienne de l'évolution du connaître place le début de toute connaissance humaine dans une intuition sensible; tandis que le sens et l'imagination atteignent l'objet sous des notes matérielles et individuantes, l'intelligence atteint le même objet sous des notes universelles. Les notes ainsi acquises par l'abstraction sont d'abord les plus universelles, les notes transcendantales : être, chose, quelque chose, etc. Puis peu à peu l'intelligence descend de ces notes

1. Somme *théologique* 1ʳᵉ partie question 85 article 3.

suprêmes aux notes génériques et spécifiques, comme si, enrichie par ses connaissances précédentes, elle devenait capable d'acquérir une science plus précise de son objet. On peut constater la vérification du même processus dans les stades d'observation (n° 27). Les expériences de POHLMANN (n° 35) ont établi avec toute la rigueur possible les différentes étapes indiquées par la philosophie aristotélicienne. Les observations sur l'évolution du langage nous conduiront aux mêmes conclusions (n° 38-39).

2° Dans l'acquisition des notions numériques l'enfant suit les étapes qui conduisent à l'établissement philosophique du nombre. HÉMON en déduit avec raison, en justifiant d'ailleurs ses conclusions par l'expérience, qu'il est plus facile qu'on ne le croit communément d'expliquer à l'enfant la logique et la raison d'être des opérations arithmétiques élémentaires (b552 367).

Là encore la coïncidence entre les constatations expérimentales contemporaines et les conclusions de la philosophie péripatéticienne est si rigoureuse que spéculation et observation semblent s'être mutuellement copiées. Nous citons encore SAINT THOMAS D'AQUIN : « Ce que l'intelligence saisit d'abord, c'est l'être, puis que cet être-ci n'est pas cet être-là, d'où l'idée de distinction; puis vient l'idée d'un. En quatrième lieu se forme l'idée de multitude, ou de ce qui est composé de un et de un et de un... Enfin, lorsque s'est formée l'idée d'une multitude en général, vient l'idée de nombre. [1] » On croirait lire le résumé des observations de DECROLY et DEGAND (b546).

3° Pour l'évolution de la pensée dans *la manière de définir*, SZYC distingue les stades suivants (b561), qu'on pourrait également déduire de l'échelle des âges intellectuels dressée par BINET (n° 45, tests 8 10 14 23 38 50).

1. *Somme théologique* première partie question 11, article 2; *Commentaire sur les Sentences* Livre I Distinction 24 question 1.

I. L'objet est simplement distingué : « Qu'est-ce que le plafond? Le plafond est là (indiqué avec le doigt). » L'objet est vu dans son ensemble, mais n'est pas analysé. — II. L'objet est défini par l'usage ou par une qualité de détail, surtout par l'usage de 4 à 7 ans et par une qualité de 7 à 9 : « La maison, c'est pour mettre les enfants, c'est pour dormir. — La maison, c'est fait avec des briques et du bois. » — III. L'objet est comparé avec d'autres. — IV. L'objet est classé dans ses relations avec les autres.

Là encore on remarque la parfaite coïncidence de l'expérience avec la doctrine péripatéticienne sur l'évolution des connaissances.

§ 5. — ÉVOLUTION DU LANGAGE

38. Notions et résultats. L'étude du développement du langage est en intime connexion avec celle de l'évolution de la pensée logique. C'est que le langage n'est pas seulement le révélateur par excellence de la pensée humaine, il est la condition, la plus importante en un sens, des progrès intellectuels. Si la pensée est distincte des images, elle ne s'exerce cependant pas sans leur concours; or l'image verbale est de toutes la plus utilisable, la seule qui s'adapte aisément aux objets immatériels, comme la justice, la vérité, etc. On a constaté par exemple que les aveugles-sourdes-muettes ne font de progrès intellectuels rapides qu'à partir du moment où elles ont appris un langage par signes (b911).

D'ailleurs, si l'enfant a besoin du secours de ses semblables pour que son corps puisse vivre et grandir, il ne saurait davantage se passer d'éducateur pour son intelligence; or, sans l'usage du langage par le maître et sa compréhension par l'enfant, toute formation intellectuelle serait impossible.

Nous nous bornerons à étudier l'évolution du *langage articulé;* le langage des gestes, de la mimique émotive joue bien aussi un rôle important dans les relations humaines, mais les études expérimentales ne fournissent pas sur ce point des renseignements assez abondants.

Stades de l'évolution du langage. Durant la première année il n'y a pas en général de langage articulé. Cette période préliminaire peut se subdiviser en trois.

1º Pendant le premier trimestre on a le *cri* et le *balbutiement;* il n'est pas rare de voir ce stade coupé en deux par un intervalle dans lequel cesse tout essai de parole. Au début le cri n'est probablement qu'un réflexe causé par l'entrée subite de l'air dans les poumons, mais très vite il devient la manifestation d'une douleur : « Ces cris inarticulés de douleur deviennent avec le temps très variés et répondent à différentes sensations de douleur et de malaise chez l'enfant, de sorte qu'une mère attentive apprend bien vite à distinguer les significations de ces cris. » (b575 209). Le balbutiement est au contraire plutôt une expression du bien-être de l'enfant; il consiste en sons inarticulés accompagnés souvent de sourire et de rire (b575 210).

2º Le second stade est caractérisé par *l'imitation* des paroles de l'adulte et marque le début du langage articulé. Il n'y a langage que matériellement, car l'enfant ne relie pas encore le mot à la chose signifiée, mais ce stade n'en a pas moins une grande importance pour l'avenir. Citons encore GHEORGOV, un de ceux qui ont le plus approfondi les secrets de la parole enfantine : « De cette manière l'enfant exerce ses organes vocaux à produire toutes sortes de sons, qui se retrouvent plus tard dans la langue, ainsi qu'il aiguise son ouïe à saisir les sons produits par lui-même. Ce babillage, quand même il est exercé par l'enfant comme un jeu involontaire, est donc extrêmement opportun pour le développement postérieur de la langue... L'enfant prononce dans cette période de babillage, avec facilité même, des sons articulés qu'il ne peut point prononcer ou qu'il prononce très difficilement, quand il a déjà un peu acquis la langue. » (b575 210).

3° Le dernier stade de cette période se manifeste par le début de *l'emploi des mots*. On n'est pas entièrement d'accord sur le moment où l'enfant commence à comprendre les mots, les époques indiquées varient entre le 5e mois et le 12e (b575 212 ; b237 ; b603 154 ; b540 36); si à un an 1/2 un enfant n'a pas commencé à parler, il est arriéré pour le langage.

On s'est demandé si de lui-même, sans éducation, l'enfant arriverait au langage articulé. Les faits donnent raison à AMENT (b540 36-9) et STUMPF (b605) contre WUNDT (b614) : le langage de l'enfant est comme la résultante d'un langage qu'il invente et de celui qu'il imite.

Après la période d'initiation se déroulent les phases de développement des formes du langage, de la phrase et du style. Dans des circonstances particulièrement heureuses un enfant peut arriver vers la fin de la 4e année à bien se servir des formes du langage, mais chez beaucoup il faut attendre jusqu'à la fin de la 6e et de la 7e année. Quant au perfectionnement du style, il peut se manifester pendant toute la durée de l'éducation et même pendant toute une partie de la vie.

Malgré les différences notables dans la rapidité du développement selon les milieux, l'évolution parcourt certains stades réguliers : 1° La *phrase-mot* : l'enfant exprime par un seul mot tout ce que l'adulte enferme dans une proposition. Au début les mots sont des *mots-désirs* exprimant un besoin, une inclination relative à l'objet nommé, plutôt qu'ils ne désignent cet objet; c'est une phase *affective volitionnelle* (b575 215). Puis bientôt l'objet extérieur est désigné ; d'après GHEORGOV, ce n'est que vers 16 mois 1/2 que *papa* et *maman* sont des désignations purement objectives. Ce pas de *la désignation objective* est important et suivi de progrès très rapides. —2° *La phrase à plusieurs mots* fait en général son apparition vers le milieu de la seconde année; ce sont des substantifs juxtaposés répondant souvent à plusieurs phrases consécutives. Ainsi « jardin, cerises, pierre, ruisseau, Anna » veut dire : « Nous avons été au jardin ; nous avons cueilli des cerises ; nous avons jeté une pierre dans le ruisseau ; Anna est venue nous chercher. » (b610 467). — 3° *Le verbe* fait en général son apparition vers la fin de la seconde année et en peu de temps se développe *la phrase proprement dite* : affirmative, négative ou interrogative. — 4° Vers la fin de la troisième année, l'enfant commence à se servir de *phrases incidentes* exprimant des relations logiques et en particulier le lien causal (b100 2e éd. t. 1 554-60).

Dans cette évolution de la phrase et du style *l'influence de la pensée logique* est manifeste. Une des caractéristiques du développement de la pensée est le passage de l'intuition sensible aux idées les plus universelles et la descente par degrés aux concepts génériques et spécifiques (n° 37) ; il y a parallélisme entre cette évolution et celle de la phrase. Ainsi les défauts du langage chez les écoliers de 6 à 12 ans sont l'emploi d'un terme trop général et la confusion entre des termes également généraux comprenant dans leur compréhension des parties communes. L'enfant dira : « Voici l'homme » au lieu de : « Voici le menuisier » qui vient réparer la table. — « Papa a tué un lièvre. » au lieu de « Papa a tiré un lièvre. » L'usage des fausses métaphores est fréquent et n'est d'ailleurs qu'une conséquence des défauts précédents.

Vers la 13ᵉ année le vocabulaire s'augmente, le sens des mots devient plus compréhensif et l'on remarque chez un assez grand nombre une véritable démangeaison du style oral et écrit. La parole devient assurée lorsqu'elle est au service d'une idée chère. Mais le grand amour de la phraséologie expose l'adolescent au danger de confondre *idée juste* avec *expression heureuse* et de donner au signe plus d'importance qu'à la chose signifiée (b69 t. 1 318 ; b97 137).

Ceux qui reçoivent plus tard l'éducation du langage passent par les mêmes stades que l'enfant : tel fut le cas pour H. KELLER, mais elle ne mit que 7 mois au lieu de 2 ans à parcourir les stades (b604).

La richesse du vocabulaire enfantin varie-t-elle avec la nationalité du sujet? D'après les observations faites jusqu'en 1912, les enfants américains pourraient connaître 100 mots à deux ans, les allemands 53, et les slaves 43 (b575 217); les cas observés ne sont pas assez nombreux pour permettre de conclure.

Les filles montrent au début plus de facilité pour le langage, tant pour l'articulation des mots (b591) que pour la richesse du vocabulaire (b575 217).

39. Conséquences pédagogiques. 1° *La mère est le modèle* que l'enfant imite dans l'acquisition du

langage. Si on considère les différents instincts en
jeu dans l'exercice de la parole, on trouve la tendance à
l'expression extérieure, le besoin de se manifester
au dehors, l'instinct d'imitation, le besoin de sympathie, d'aide pour les maux et les nécessités de la vie,
le désir d'approbation pour les jugements personnels.
C'est surtout par la mère que l'enfant trouve à satisfaire tous ces instincts et c'est tout particulièrement
par le langage qu'il entre en communication avec elle.
L'enfant écoute la voix de sa mère qui lui donne la
certitude de sa présence, qui lui est un moyen de
l'avoir à lui; ses essais incertains de parole vont à
elle pour lui dire ses désirs, ses peines et ses joies;
par sympathie pour elle il imite ses chants, ses discours, son rire. La langue de l'enfant est la *langue maternelle.* La mère ne doit donc pas oublier que pendant
la première période d'acquisition du langage, elle est
l'idéal que l'enfant imite avec beaucoup d'efforts ; elle
aurait entièrement tort, sous prétexte de mieux se faire à
son enfant, d'imiter le langage imparfait et hésitant du
bébé. Celui-ci a besoin de trouver en sa mère un modèle de parole et n'est nullement fait pour être imité;
d'ailleurs il n'y tient pas, car s'il a au plus haut degré
l'instinct d'imitation, il n'a pas la tendance à poser
(b595 512).

2* En rapprochant des règles de l'évolution du langage celles du développement de la pensée logique
(n° 37), on conclut *qu'il est contraire à l'évolution
naturelle de l'enfant de lui faire connaître systématiquement les mots spécifiques avant les termes les plus
universels,* par exemple une poule avant un oiseau.
Toute une didactique pratique a été fondée sur
un principe diamétralement opposé par suite d'une

méconnaissance des lois fondamentales de l'évolution
de la pensée logique. L'enfant comprend ce qu'est une
poule en unissant à l'intuition sensible d'un individu
de cette espèce les notes universelles ; or ces notes
universelles se commandent les unes les autres de
telle sorte que les notes spécifiques supposent la connaissance des notes génériques, les notes génériques
la connaissance des notes plus universelles, et ainsi
de suite jusqu'aux notes transcendantales. Sans doute
ce résultat pourrait être établi a priori, mais en
tout cas il est solidement posé par l'expérience.

3° Il faut éga'ement protester contre la maxime
pédagogique suivante : n'apprendre aucun mot à l'enfant avant qu'il n'en ait parfaitement compris le sens.
D'abord ce serait ne pas profiter de l'intérêt au langage manifesté pendant le stade du parlotteur (n° 19),
par suite méconnaître la 3e et la 4e loi du développement des tendances (n° 52) qui dominent tout le processus naturel de l'évolution. Puis, si l'idée de l'enfant
ne trouve pas dans son petit trésor de mots un signe
pour exprimer un objet, il emploiera infailliblement le
signe trop général ou le signe réservé à un autre objet
plus ou moins semblable au premier (n° 38). Rien ne
serait plus fait pour maintenir le langage de l'enfant
dans l'imprécision et l'inexactitude. Mieux vaut encore
qu'il adopte à tort un signe pour la désignation exclusive d'un objet : il y aura simple erreur de mot facile à
rectifier, mais on n'aura pas à compter avec le défaut
beaucoup plus grave de l'imprécision de la pensée.

4° Il est important, lorsque l'enfant arrive à l'adolescence, de veiller sur l'exactitude de son style, tout
en encourageant ses essais littéraires. Le peu de souci
du vrai, la négligence du fond pour l'apparence, sont

en effet fautes familières à cet âge et facilement elles entameraient le fond de l'âme : l'enfant devenu homme sera un utopiste d'autant plus dangereux qu'il aura plus de talent.

§ 6. — *ÉVOLUTION DU SENS ESTHÉTIQUE ET DU DESSIN*

40. Notions. La nature du *sens esthétique* a été l'objet de nombreuses controverses : tous s'accordent à reconnaître que ce sentiment est fait de la complaisance prise dans le beau; mais qu'est-ce que le beau et de quelle complaisance s'agit-il ?

La *complaisance esthétique* résulte d'un accord entre une œuvre réalisée, naturelle ou artificielle, et un idéal de la même œuvre conçu par l'esprit de l'homme : cet élément entre dans presque toutes les théories si diverses que l'on a proposées pour le sens esthétique. L'homme dira d'un cheval peint ou réel : « C'est un beau cheval », parce qu'il verra mise extérieurement en pleine lumière l'idée qu'il s'est faite d'un cheval. Il y a de plus dans le sens esthétique un côté affectif : non seulement un beau cheval répond exactement à mon idée d'un cheval, mais mon idée y resplendit avec un éclat particulier qui éveille dans l'âme une impression de joie, *la jouissance esthétique*. Le sens esthétique n'est donc pas seulement la science de l'habileté d'un artiste, de l'exactitude d'une peinture ; il est également plus que l'impression agréable ou désagréable éprouvée à l'occasion d'un spectacle de la nature, d'un tableau, d'une symphonie musicale. Il suppose la perception de l'objet dont on saisit la beauté, il est accompagné d'une impression subjective qui est comme extériorisée sur l'objet. Sans examiner si ces éléments constituent ou non l'essence du sens esthétique, lorsque nous les rencontrerons chez un enfant en face d'un spectacle de l'art ou de la nature, nous dirons qu'il possède ce sens à un certain degré.

Nous avons rapproché l'évolution du *dessin* de celle du sens esthétique ; ce n'est pas qu'elles se confondent. Un enfant peut dessiner correctement sans avoir le sens du beau et il n'est pas rare de rencontrer des personnes incapables de bien dessiner, très accessibles cependant au sentiment de la beauté dans la nature et dans l'art. Mais beaucoup d'expériences portent simultanément sur l'évolution du dessin et celle du sens esthétique ; il est de plus certain que la perfection du dessin d'art ne saurait exister sans un profond sentiment du beau.

Le sens esthétique aussi bien que le dessin demande la *mise en œuvre d'un grand nombre de fonctions psychologiques.* Pour porter par exemple un jugement sur la beauté d'une peinture, il faut savoir observer, il faut encore de la mémoire, de l'imagination créatrice, un certain degré d'affectivité consciente. De plus ces différentes fonctions doivent avoir atteint un développement assez élevé : l'observation par exemple doit avoir dépassé le stade-actions et le stade-relations ; or l'enfant n'entre dans ce dernier stade que vers 10 ans. Et s'il ne s'agit plus seulement de juger de la beauté esthétique, mais de la réaliser dans une peinture, que de qualités nouvelles sont requises ! (Cf. b704 354).

Vu la multiplicité des fonctions requises pour son exercice, le sens esthétique ne se manifestera qu'à une *époque tardive de l'évolution;* plusieurs même ne le posséderont jamais. Comme on l'a fait remarquer : « L'admiration esthétique n'est pas du tout chez les hommes un sentiment naturel : ce qui en tient lieu, c'est en général la satisfaction immédiate que donne à l'esprit la sensation de choses avec lesquelles il se sent de plain-pied : le frisson du mélodrame qui ne demande aucun effort à la pensée, le comique du vaudeville, l'image

grossièrement coloriée, la mélodie facile dont les phrases
banales se prévoient avant d'être entendues. » (b647 440-1).

41. Expériences et résultats. Les principales *méthodes* employées pour étudier l'évolution du dessin
sont celles des collections, des enquêtes, de l'observation directe.

Dans la méthode des collections de nombreux dessins
d'enfants sont recueillis et classés suivant les âges, le
milieu, etc., puis étudiés à différents points de vue.
Ainsi Ricci et J. Sully ont établi leurs remarques
d'après des dessins recueillis dans les écoles (b721,
b279); Schuyten et Lobsien ont mesuré avec soin les
éléments de nombreux dessins dans le but d'examiner
leurs différences avec le canon d'art (b735, b695);
E. Lamprecht a collectionné des dessins de tous pays
pour étudier l'évolution du dessin dans la race humaine
(b690).

Dans la *méthode des enquêtes* une instruction précise les conditions dans lesquelles les dessins doivent
être exécutés. E. Barnes en 1893 fit illustrer une fable
par plus de 6.000 enfants de 6 à 15 ans; Stern, Levinstein, Partridge, etc. employèrent un procédé du même
genre (b620-4; b693; b711; b737). Kerschensteiner
recueillit près de 500.000 dessins; 250.000 furent exécutés par les enfants de Munich selon ses instructions
sous la surveillance du personnel enseignant (b684).

Donnons comme exemple de l'usage de cette méthode le
plan d'expériences dressé par Claparède et Guex : « Distribuer aux élèves une feuille de papier blanc écolier, non réglé,
plier par le milieu de façon à ce qu'ils aient chacun 4 pages à
leur disposition. Chacune des quatre pages servira pour une
des quatre épreuves ci-dessous.

1re épreuve. (Dessin copié). Placer sur le pupitre du maître une chaise ou un tabouret et faire dessiner ce siège aux élèves.

2* épreuve. (Dessin de mémoire). Dessiner un chat.

3* épreuve. (Dessin d'illustration). Dessiner la *fable du Corbeau et du Renard*. (Relire et expliquer la fable si c'est nécessaire).

4* épreuve. (Dessin de choix libre). Dire aux enfants qu'ils doivent dessiner ce qu'ils voudront et comme ils le vou-dront. » (b677 103).

L'expérience est faite au début d'une leçon. Chaque épreuve dure 5 minutes seulement; les quatre épreuves sont faites consécutivement.

Les deux méthodes précédentes ne sont pas sans offrir des inconvénients. Les collaborateurs sont nombreux et plusieurs n'ont pas les qualités nécessaires pour diriger ce genre d'expériences. Les dessins d'enfants sont difficiles à interpréter sans les explications de leurs auteurs. Parmi les élèves du même âge, certains sont habitués à dessiner, d'autres non. Ces particularités individuelles ne sont pas toujours faciles à atteindre dans une enquête (b725).

La méthode de l'observation directe consiste à faire exécuter les dessins par l'enfant sous les yeux de l'expérimentateur. Rouma de 1900 à 1901 suivit une série de 8 enfants pendant deux heures chaque semaine; de 1900 à 1903 il dirigea des expériences de dessin libre dans une classe de 40 enfants de 6 à 8 ans; enfin de 1904 à 1905 il fit les mêmes observations sur 30 enfants arriérés de 9 à 11 ans (b725 19-21). Beaucoup de psychologues ont observé méthodiquement les dessins de leurs propres enfants (b540 157-61 ; b625-6; b699-700; b736; etc.).

Les méthodes précédentes fournissent des renseignements sur l'évolution du sens esthétique ; mais on

étudie principalement ce sentiment par *la méthode
d'appréciation des images.*

ALBIEN, sous l'inspiration de MEUMANN, réalisa les
expériences suivantes à Kœnigsberg. Deux images,
l'une représentant une scène émotive, l'autre un incident plus ordinaire, étaient soumises au jugement
d'enfants de 7 à 18 ans : « Quelle peinture préférez-
vous et pourquoi ? » SCHMIDT faisait apprécier deux
gravures, l'une d'impression triste, l'autre d'impression gaie (b729); F. MÜLLER présentait deux photogra-
phies, l'une très artistique, l'autre sans aucune valeur
esthétique (b707); Mᵉ HÖSCH-ERNST fit deux séries
d'expériences, l'une dans une école anglaise, l'autre en
Amérique, en présentant 7 à 8 images très différentes
et très inégales au point de vue esthétique (b674-5).

Résumons les expériences de HASSBRODT (b671). Elles avaient
pour but de chercher à la suite de F. MÜLLER et DEHNING (b707;
b651) les moyens de perfectionner le sens esthétique.

Les expériences furent faites sur des jeunes filles de 13 à
14 ans. On leur présentait la reproduction de la composition
de Müller-Wachsmuth, *Le postillon.* La scène représente un
pays montagneux éclairé par la lune, une chaise de poste
passe au grand trot devant un cimetière, le postillon souffle
dans sa trompe; l'ensemble exécuté avec art est l'interprétation d'une poésie connue de la plupart des élèves. Le tableau
était suspendu aux murs de la classe depuis plusieurs mois.

Voici les différentes phases de l'expérience:

1ᵉ *Jugement spontané* sur l'image. « Écrivez quelque chose
sur cette image. » (1/4 d'h. à 1/2 h.).

2ᵉ *Explication de l'image* par le maître. Il décrivait les différents objets représentés, expliquait la valeur artistique au
point de vue de la place des différents objets, des moyens
d'expression pour rendre les personnes et les choses (par
exemple la poussière soulevée pour indiquer la rapidité de
course des chevaux), indiquait comment l'artiste avait fait valoir les personnes et les circonstances les plus notables, quels

procédés il avait pris pour accorder les nuances et les clartés, pour harmoniser et fondre les contours.

3° *Jugement sur une image-contrôle.* On choisissait une composition se rapprochant assez de la précédente pour que les élèves pussent appliquer les données de l'enseignement : *Aurore éclaire-moi pour la mort prochaine* de Haug. Les élèves devaient de nouveau écrire ce qu'ils pensaient du tableau.

4° *Leçon d'exécution.* Le maître reprenait le tableau *Le postillon,* expliquait la manière de faire l'esquisse, puis la méthode pour ombrer. Il avait soin de faire des teintes tantôt trop claires, tantôt trop sombres, et interrogeait alors les élèves, demandant si l'effet était bien rendu. Il indiquait également les procédés pour obtenir les effets de contraste.

5° *Exécution* au fusain par les élèves d'une nouvelle image-contrôle : *Clair de lune* par Strich-Chapell.

Résultats.

1° *Le sens esthétique* ne se manifeste presque jamais nettement avant la 10ᵉ année. Dans les expériences de HASSENODT, une seule jeune fille donna une appréciation ayant quelque apparence esthétique pour l'expérience de jugement spontané. Même dans le jugement sur l'image-contrôle, presque toutes les appréciations étaient exclusivement intellectuelles : aucune manifestation de joie allant à l'art comme tel. En somme le jugement de l'enfant est objectif, il va au sujet de l'image, non à sa beauté. Pendant les années de l'école primaire (6 à 13 ans), on ne remarque pas de progrès sensible à ce point de vue. Les enfants donnent bien à l'image des épithètes comme effrayante, triste, sauvage, etc., mais on se rend compte aisément qu'ils expriment ainsi l'effet que leur produit le sujet de la scène indépendamment de son exécution (b100 2ᵉ éd. t. 1 592-4). Il faut bien entendu mettre à part certains individus exceptionnels (b631 317-21).

A partir de 13 ans en moyenne, l'adolescent est

susceptible d'éducation esthétique (b651). L'explication du maître éveille fortement chez lui l'intérêt artistique; ces explications et plus encore des leçons de reproduction peuvent développer en lui le sens esthétique (b671).

2° *L'évolution du dessin* passe par des stades déterminés chez les enfants de tous les pays.

A. *Stade du griffonnage.* L'enfant commence par tracer des lignes pour en tracer; c'est une simple réaction motrice. Ce stade peut commencer un peu avant deux ans; il a sa grande utilité pour l'avenir en habituant l'enfant à faire avec les mains les mouvements appropriés et à les coordonner avec les données visuelles. Il n'y a encore aucune intelligence de la relation entre le trait graphique et l'objet signifié (Cf. fig. 5).

Fig. 5. — STADE DU GRIFFONNAGE.
Premier dessin de Béatrice, 3 ans 4 mois.
Portrait de sa maman.
(*Observation de H. de M.*)

Puis vient une période dans laquelle l'enfant trace des traits pour imiter les adultes : ce sont des lignes

Fig. 6. — STADES TÉTARD ET DE TRANSITION.
Premiers dessins libres de Myriam, 5 ans 5 mois.
(Observation de H. de M.)

I. Portrait de sa maman. — II. Une table. — III. Un petit lapin. (Voici l'idée exprimée par Myriam : « Un petit lapin, c'est très noir au milieu avec 4 pattes. ») — IV. Un lit. — V. Second portrait de sa maman.

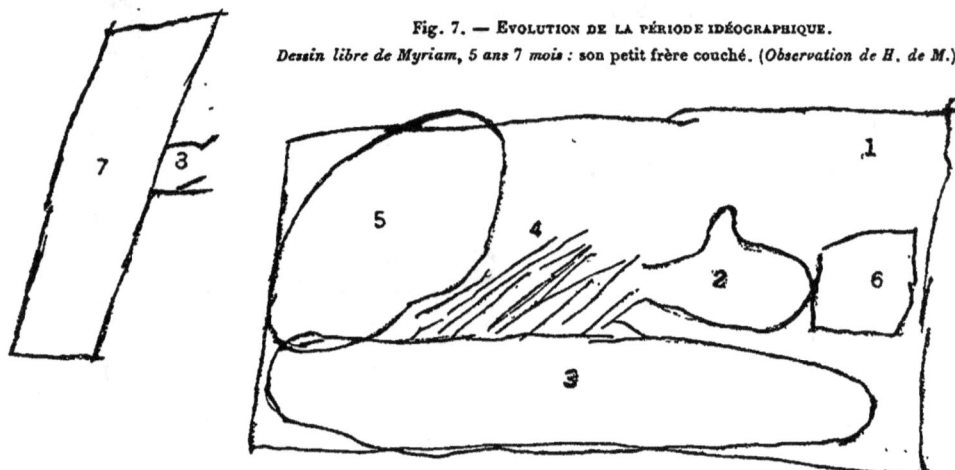

Fig. 7. — EVOLUTION DE LA PÉRIODE IDÉOGRAPHIQUE.

Dessin libre de Myriam, 5 ans 7 mois : son petit frère couché. (*Observation de H. de M.*)

1. Lit. — 2. Tête (remarquer le nez). — 3. Matelas. — 4. Couvertures : elles sont assez élevées parce que le petit frère veut toujours prendre son cheval, lequel est imaginé sous les couvertures. — 5. Edredon. — 6. Oreiller. — 7. Porte. — 8. Clef, bouton de la porte.

entrecroisées, le plus souvent courbes. Si on lui demande ce qu'il représente, il répond n'importe quoi ; le même gribouillis représentera tour à tour un homme ou un chien.

Bientôt l'enfant commence à remarquer dans les objets extérieurs des ressemblances avec les personnes ; vers 3 ou 4 ans il interprète les images, toujours d'ailleurs moins d'après leur réelle ressemblance que d'après ce qu'il pense à leur occasion (cf. n°27 1° et 2° ; b725 26-8 ; b237 ; b268). Dans les traits incohérents qu'il trace il trouvera parfois une ressemblance avec une personne ou un objet, sujet de grande joie et encouragement pour les travaux futurs.

B. *Stade têtard ou stade cellule* (Cf. b725 ch. II 30 s.). L'enfant arrive d'abord à représenter assez bien la direction générale de l'objet dans un certain nombre de cas ; puis il passe à la reproduction des personnes. Pendant le *stade têtard* l'homme est représenté par un rond ou un triangle (la tête) avec une ou deux lignes (les jambes). Le dessin porte quelquefois l'indication des yeux, de la bouche, du nez, mais presque toujours ces parties seront mal placées ; on trouve aussi çà et là des traits désignant les pieds, les bras. Ce stade se parcourt en moyenne entre 3 ans 1/2 et 5 ans.

C. *Stade de transition.* Le bonhomme est représenté de face avec une tête et un corps nettement différenciés. D'après les statistiques de PARTRIDGE (b711 ; b725 35-6) cette différenciation existe chez 92% à 6 ans, chez 98% à 8 ans. Il y a une évolution jusqu'à la représentation complète du bonhomme vu de face (Cf. fig. 6).

D. *Stade du profil.* L'enfant ne parvient que péniblement à représenter de profil la personne humaine ; il y arrive par une série de dessins de transition (b725

50s.). Au début de cette phase l'enfant garde sa tendance à noter ce qu'il sait, non ce qui se voit : ainsi une figure de profil aura ses deux yeux, un cavalier de profil aura les deux jambes visibles, etc.

On note des stades analogues pour la représentation du mouvement, de l'orientation, de *la perspective*. Au début le dessin ne révèle aucun souci des lois de cette dernière. L'enfant fera ensuite un premier progrès en séparant les différents plans, mais il les représentera isolés les uns des autres, en général superposés, chacun formant un tout. Puis il indiquera par des lignes de raccord ou d'autres procédés une relation entre ces plans. Enfin viendra un essai réel d'observation des lois de la perspective, mais ce point sera rarement atteint avant 13 ans.

Ces premiers stades sont nettement *idéographiques;* l'enfant ne copie ni la nature, ni les objets, ni les modèles, mais il signifie par des traits ce qu'il sait sur les objets (b689 383). En particulier pour l'imitation des modèles schématiques, il ne fait que transposer sur le papier tant bien que mal ce qu'il imagine à l'occasion de l'objet présenté (cf. fig. 8). Dans ses débuts le dessin est un *dessin-langage*, nullement un *dessin-copie*.

E. *Stade physiographique.* Ce stade ne commence que rarement avant la 8e année et débute en général beaucoup plus tard : l'enfant devient capable d'imiter les objets eux-mêmes d'après ce qu'il en voit et non plus seulement d'après ce qu'il en sait. Il faut d'ailleurs bien remarquer que, même s'il est capable de copier, le petit dessinateur de 8 à 13 ans a un goût beaucoup plus prononcé pour le dessin libre. Vers 10 ans l'enfant est susceptible de profiter de leçons

Psychologie pédagogique.   11

simples sur la perspective; ce n'est que deux ou trois ans plus tard qu'il comprendra bien les explications sur les effets d'ombre et de lumière (cf. b71 t. 2 547 s.).

Il y a sous certains rapports *parallélisme* entre les stades d'évolution du dessin et ceux de l'observation, du langage, de l'imagination créatrice, de la pensée logique.

Ainsi le stade griffonnage présente des degrés d'évolution correspondant au balbutiement, à l'imitation des paroles. Dans les stades suivants on remarque aisément le parallélisme avec la phrase-mot, la phrase à plusieurs mots, la phrase correcte, le style (cf. n° 38).

Dans l'évolution de la pensée logique l'expérimentation, d'accord avec la philosophie péripatéticienne, établit que la connaissance intellectuelle procède des concepts universels les plus généraux aux moins généraux, par suite de ceux qui s'appliquent au plus grand nombre d'objets à ceux qui conviennent à un nombre plus restreint, ou pour parler la langue philosophique, nous marchons d'idées ayant beaucoup d'extension et peu de compréhension à des idées moins extensives et plus compréhensives (cf. n° 37). Les premières démarches du dessin enfantin vont également à des représentations indifférentes, désignant un homme aussi bien qu'un chien, faites de traits courbes sans caractéristiques individuelles. Peu à peu l'enfant représente l'homme et l'animal autrement que les objets inanimés, l'homme autrement que l'animal et enfin tel homme autrement que tel autre (b540 159).

42. Conséquences pédagogiques. 1° Le dessin libre est un des meilleurs moyens d'atteindre la mentalité enfantine. Sans doute le langage est par excellence l'expression naturelle de la pensée humaine, mais le dessin a sur un point une supériorité de manifestation : il exprime en un instant et avec tous les détails ce qui est vu dans une scène (b540 157). Pour l'enfant en particulier, le grand nombre de fonctions psychologiques dont le dessin suppose la mise en jeu (cf. n° 40) donne à ce produit de l'activité enfantine

Fig. 8.

Premiers dessins copiés de Myriam, 5 ans 5 mois. (Observation de H. de M.)

I. Fleur, modèle et copie. — II. Coq, modèle et copie.

la valeur d'un signe d'ensemble sur la mentalité,
tout particulièrement sur la logique de la pensée
(b689 390). Cette valeur informatrice du dessin pour
ce qui concerne la mentalité a été remarquée et utilisée par les psychiatres (b725 155s.; b684). Toutes les
observations montrent le bien fondé de cette remarque de ROUMA : « Les indications fournies par le dessin spontané, surtout dans les classes inférieures et
dans les classes d'anormaux, là où le dessin est avant
tout une représentation d'idées, un mode de langage,
sont donc extrêmement précieuses. » (Cf. b725 157.)

2° Dans l'enseignement du dessin l'éducateur doit
tout spécialement s'adapter à la nature de l'enfant. Il
ne s'agit pas d'une application des principes erronés
de J. J. ROUSSEAU, mais d'une loi naturelle de l'évolution. Pour la manière de dessiner, l'enfant ne peut
suivre que la méthode en accord avec les intérêts de
son âge ; quant à la matière des dessins, elle dépendra
beaucoup du milieu, mais en tout cas l'enfant ne des-
sinera pendant la plus grande partie de son évolution
que ce dont il aura une représentation mentale bien
établie. (Cf. b71 t. 2 548-54; b647 54-9.)

A. *A l'âge du griffonnage* il faut encourager les tra-
cés de lignes courbes et irrégulières : elles n'ont pas
de but immédiat, mais servent à fixer des corrélations
habituelles entre la vue et les mouvements de la
main.

B. *Avant l'âge de 6 ans* l'enfant n'use que du dessin-
langage; ce n'est pas le moment de lui faire copier des
objets. Ce qui est à stimuler en lui c'est l'observation
des objets et des images à un point de vue objectif
(b677 98-100).

C. *Au-dessus de 6 ans* on peut inspirer à l'enfant la

pensée de reproduire par le dessin ce qu'il a vu ou ce dont il a entendu parler; même avant 6 ans, il se prêtera parfois à illustrer les fables qu'il sait. On conseille de ne pas faire commencer le dessin-copie avant la huitième année, bien entendu sans que la troisième dimension intervienne.

D. *A partir de 10 ans* l'enfant est capable de comprendre des leçons systématiques simples et l'exposé des premières règles de perspective. Il importerait cependant encore de le pousser surtout à faire du dessin libre surveillé par le maître.

3° *A partir de l'adolescence* les élèves saisissent en général la beauté esthétique, lorsqu'elle leur est signalée. Mais les différences entre individus sont très grandes et donner une mesure commune à tous ne semble pas pour le plus grand bien. A partir de 13 ans, *l'enseignement du dessin artistique* devrait aller presque exclusivement à ceux qui montrent des dispositions; mais *l'enseignement artistique* devrait être pour tous (b671). Il est donc très utile d'orner les bâtiments scolaires de gravures et d'images esthétiques; pour porter leur fruit les éléments artistiques de ces tableaux demandent à être mis en lumière par les explications du maître. D'après les expériences faites jusqu'ici, ces explications d'images artistiques semblent le moyen le plus fructueux de développer le sens esthétique (b671).

La plupart des conséquences pédagogiques précédentes relatives à l'enseignement du dessin ont été brillamment développées par le pédagogue américain S. HALL (b71 t. 2 548-54; cf. b647).

43. Notions. *L'intelligence générale* est considérée
ici à un point de vue concret, comme fonction pédagogique, non au point de vue purement psychologique. Il
s'agit de cet ensemble de qualités qui fait dire de celui qui le possède : « Il est intelligent. »

Cette intelligence est distincte de la *mémoire mécanique.* Elle n'est pas l'aptitude à reproduire des connaissances acquises ; mais elle se manifeste dans l'application de notre pensée à une situation nouvelle au
moins sous quelque rapport.

Elle n'est pas non plus l'aptitude à un travail particulier de la pensée : cette capacité serait plutôt l'élément du *talent.*

Encore moins l'intelligence générale est-elle *l'ensemble des connaissances acquises* sous l'influence de
l'éducation, du milieu familial et scolaire ; des enfants
ignorants peuvent être manifestement intelligents.

Cette intelligence n'est pas encore *l'ensemble des pro-
messes d'avenir* que donne le jeune homme ou l'enfant :
un élève peut être jugé intelligent par ses maîtres et
n'arriver jamais à rien. Ce que l'enfant donnera plus
tard dans la vie dépend encore plus des qualités
de la volonté que de celles de l'intelligence ; être
intelligent n'est pas avoir de l'énergie.

Enfin il y a lieu de distinguer l'intelligence de ses
moyens d'expression et de ses *conditions d'exercice.*

Quels sont les *criteriums* de l'intelligence générale ?

L'appréciation des parents et des maîtres est un criterium d'une valeur incontestable : de la fréquentation
d'un individu résulte une impression d'ensemble qui
trompera rarement un esprit droit. Mais, si cette

source d'information est abondante lorsque l'enfant
est doué de qualités brillantes, il n'en est plus de même
dans les cas où par suite d'inertie, de timidité etc.,
l'intelligence se dissimule plutôt qu'elle ne se manifeste. Puis tous les parents et tous les maîtres ne sont
pas des juges éclairés. Citons BINET: « Les maîtres sont
parfois embarrassés, et parfois aussi ils commettent des
erreurs certaines dont j'ai été témoin. J'en dirai autant
des parents. S'ils sont intelligents et éclairés, ils sau-
ront admirablement se rendre compte de l'intelligence
de leurs enfants; mais le plus souvent les termes de
comparaison leur manquent; ils ont une tendance à
considérer comme exceptionnel un phénomène quelconque d'intelligence qui est normal. De plus, ils sont
extrêmement optimistes; ils se laissent prendre à ces
mots d'enfants terribles, ces mots qui quelquefois sont
charmants, qui quelquefois aussi ne sont que des échos,
qui souvent, trop souvent, n'expriment qu'une chose,
une franchise déplacée, un manque de jugement. Plus
encore que les instituteurs, les parents ont besoin
qu'on leur apprenne à estimer l'intelligence enfantine ». (b13 112.)

Le rang scolaire de l'élève est également un moyen
obvie d'information. Les maîtres savent bien toutefois
qu'il n'est pas un criterium infaillible de l'intelligence. Globalement, en moyenne, les élèves classés
dans les premiers sont les plus intelligents : si on consulte ce que certains collèges nomment *les places
d'excellence*, c'est-à-dire le classement des élèves
d'après la moyenne de leurs places dans les différentes
matières, la liste de ces places donnera à peu près
l'ordre suivant le plus ou le moins d'intelligence générale; mais il y aura des exceptions. La volonté peut

en effet ne pas dicter l'effort d'une attention suffisamment soutenue et d'un travail constant ; le système sensitif peut être incliné aux émotions et par là même le sujet sera plus ou moins paralysé quand il s'agira de faire une composition d'où dépend à quelque degré sa réputation. Les moyens d'expression peuvent être défectueux (langage, mimique, écriture, orthographe, aspect extérieur des écrits, etc.) et donner une impression défavorable. De Sanctis remarque également très justement que les correcteurs ne distinguent pas entre les fautes par ignorance et les fautes par incapacité mentale (b891 154) ; elles ont évidemment des sens très différents dans la question présente. On voit que dans les jugements portés sur l'intelligence en vertu des travaux scolaires il y a danger de juger incapable un élève qui ne réussit pas, soit faute de bonne volonté, soit manque d'intérêt aux matières enseignées.

44. Méthodes expérimentales. Deux méthodes principales ont été proposées pour déterminer expérimentalement le plus ou moins d'intelligence générale : la méthode des corrélations et celle de Binet et Simon.

I. Méthode des corrélations. — Cette méthode a été l'objet de nombreuses études (b862 ; b895 ; b148-279-317). Voici comment elle peut s'appliquer au problème actuel conformément aux vues de Spearman.

Supposons que les élèves d'une classe aient été soumis à des tests communs pour différentes matières telles que l'attention, l'observation, l'acuité visuelle, etc., et aient été classés d'après les résultats constatés. Si pour deux de ces matières on trouve les élèves classés dans le même ordre, il y a corrélation entière entre ces deux aptitudes ; si ce classement, sans être

identique, manifeste une similitude, il y a corrélation
de degré proportionnel à cette ressemblance; nous
n'insistons pas actuellement sur ce concept, ces
notions assez vagues suffisent à notre sujet (Cf. n° 65).

Selon SPEARMAN, la similitude entre les deux classements est l'indice d'une influence commune agissant
sur les deux aptitudes et *l'intelligence générale* est le
facteur de cette influence. On se rendra compte du
degré de cette intelligence générale en prenant un
certain nombre de tests relatifs aux matières en corrélation.

La légitimité du principe de cette méthode a été révoquée
en doute par nombre de psychologues, entre autres par
THORNDIKE (bi53 t. I 5) : pour lui, l'esprit humain ne peut
s'étudier que par l'étude séparée de chacune de ses activités.

L'activité dont l'exercice établit la similitude entre les deux
classements peut en effet ne pas être l'intelligence générale,
du moins dans certains cas particuliers : « Il existe une faculté,
remarque BINET, qui agit en sens inverse des aptitudes, c'est
l'application générale au travail. Tandis que les aptitudes
donnent des succès partiels, l'application générale au travail
exerce une action niveleuse et assure un succès dans toutes
les branches qui sont abordées. Il en résulte que l'effet des
aptitudes se voit moins lorsqu'on a affaire à un groupe d'élèves
très studieux ; ils remplacent la vocation par de l'effort, et les
calculs que font les théoriciens à la recherche des corrélations
s'en trouvent obscurcis. » (bi3 243.)

En revanche, comme nous le verrons (n° 65), la recherche
des corrélations est utile dans les problèmes de pédagogie individuelle, en particulier dans la détermination des types.

II. *Méthode de* BINET *et* SIMON. — La méthode de
BINET et SIMON est le travail le plus important et le plus
pratiquement utilisable qu'ait produit jusqu'à ce jour
la pédagogie expérimentale ; elle sera en conséquence
exposée avec plus de détails.

Notion de l'intelligence générale : « Compréhension, invention, direction et censure, l'intelligence tient dans ces quatre mots » (b13 118). On n'a peut-être pas assez admiré le coup d'œil de BINET dans cette conception qu'il s'est faite par les données de ses observations expérimentales. Il est parfaitement légitime de définir l'intelligence comme la faculté de concevoir et de raisonner ; c'est là sa notion philosophique et traditionnelle, elle suffit pour établir ses différentes propriétés métaphysiques. Mais il s'agit de définir l'intelligence générale comme fonction pédagogique, par suite en tant qu'elle peut s'appliquer aux situations concrètes de la vie (cf. n° 18). En se plaçant à ce point de vue on constate que l'expérience et la métaphysique justifient pleinement la conception de BINET.

Comprendre, concevoir et raisonner juste, est manifestement requis pour qu'il y ait exercice correct de l'intelligence ; mais la compréhension, condition nécessaire, n'est pas suffisante. Dans la vie concrète ce à quoi l'intelligence doit s'appliquer est toujours nouveau par quelque endroit : « Il n'y a pas d'acte absolument, qui ne renferme une petite partie de nouveauté. Se lever aujourd'hui de sa chaise n'est pas tout à fait la même chose que se lever hier[1]. » Cet acte nouveau requiert une synthèse nouvelle d'images ; en d'autres termes, l'intelligence ne s'exerce pas pratiquement sans inventer à quelque degré. Toutes les expériences sur les cas normaux ou anormaux ont également très bien mis en évidence la nécessité, pour l'exercice correct de l'intelligence, d'un pouvoir de direction et de censure ; il faut en effet que le cours des pensées soit dirigé vers l'action à faire et que les pensées étrangères soient éliminées. *Compréhension, invention, direction, censure,* sont quatre éléments qui interviennent toujours dans l'exercice pratique de l'activité intellectuelle[2]. Ces éléments suffisent

1. JANET, *État ment. d. hystériques,* 1911 Paris Alcan 125.
2. Cf b1029.

d'ailleurs; l'individu, qui sait les mettre en action, mis en face d'un problème intellectuel, aura tout ce qu'il faut pour en déterminer la solution. Aussi les psychologues, qui ont essayé de se faire par l'observation une idée de l'intelligence générale, s'accordent-ils dans l'ensemble sur cette conception. Que l'on considère par exemple le phénomème psychologique placé par JANET au sommet de sa hiérarchie : « Action efficace sur la réalité sociale physique — Action nouvelle avec sentiment de liberté et d'unité » [1], en mettant à part les facteurs d'exécution, on retombe sur la conception de BINET.

Si l'on se place à un point de vue, que BINET n'a certainement pas adopté, à celui de la métaphysique, on retrouve comme nécessaires et suffisants pour l'exercice de l'activité intellectuelle les facteurs *compréhension, direction, invention, censure*. Nous aurons une occasion nouvelle de signaler l'accord parfait entre la philosophie péripatéticienne et les résultats des plus belles expériences contemporaines.

La vie intellectuelle ne s'exerce au dehors que par l'intermédiaire de la vie sensitive ; elle exige pour se traduire en une action sensible un mécanisme formé d'images et de réactions motrices, capable de déclancher l'action (Cf. b 1020 294s).

Le cours de la vie intellectuelle dans une direction déterminée suppose l'influence de l'activité volontaire. Cette dernière a le pouvoir de maintenir tel ou tel jugement, par suite de faire un triage parmi tous les éléments qui défilent devant le regard de la conscience.

En définitive, dans l'exercice de la vie intellectuelle, il y a lieu de distinguer :

1º L'exercice de la pensée purement logique, y compris l'influence de la volonté pour la maintenir dans une direction donnée : *compréhension, direction, censure.*

2º L'existence du mécanisme sensitif (complexe d'images et de réactions motrices) permettant l'expression extérieure de la pensée.

3º L'influence de la pensée sur le cours des images afin de procurer la synthèse particulière d'images, toujours nouvelle en quelque point, d'où dépend cette expression extérieure. Les anciens scolastiques attribuaient ce pouvoir à la *cogitative*, ou

1. JANET, *Obsess. et psychast.*, 1903 Paris Alcan t. 1.

ratio particularis, que les modernes appellent *imagination créatrice* [1]. Nous avons *l'invention* de BINET.

Quant au mécanisme sensitif, il ne fait pas partie de l'intelligence : l'exercice véritable de cette dernière se réduit à l'activité interne de la pensée dans une direction donnée et à la formation de la synthèse d'images nécessaire pour commander le mécanisme d'expression. Les expériences ne peuvent éliminer entièrement ce mécanisme sensitif, mais les tests doivent être choisis de manière qu'il intervienne dans la plus petite mesure possible.

L'intelligence ainsi comprise sous ces 4 chefs *compréhension, direction, invention, censure*, BINET devait choisir une *méthode* mettant en évidence le plus ou moins de cette fonction dans les différents individus : « L'idée directrice de cette mesure a été la suivante : imaginer un grand nombre d'épreuves, à la fois rapides et précises et présentant une difficulté croissante ; essayer ces épreuves sur un grand nombre d'enfants d'âge différent ; noter les résultats ; chercher quelles sont les épreuves qui réussissent pour un âge donné, et que les enfants plus jeunes, ne serait-ce que d'un an, sont incapables en moyenne de réussir ; constituer ainsi une échelle métrique de l'intelligence, qui permet de déterminer si un sujet donné a l'intelligence de son âge, ou bien est en retard ou en avance, et à combien de mois se monte ce retard ou cette avance. » (b13 125.)

On voit au premier coup d'œil quelques-uns des avantages de l'idée directrice de BINET : les tests seront établis par l'expérience sans postuler autre chose que le progrès avec l'âge de l'expression intellectuelle, ce que personne n'a jamais mis en doute pour la

1. DE LA VAISSIÈRE S. J., *Philosoph. naturalis*, 2e éd. 1913 Paris Beauchesne t. 2 155-8.

période éducative ; ils serviront à connaître si tel élève
est en avance ou en retard par suite de ses dispositions naturelles et pourront manifester parfois un retard tel que l'enfant devra être classé parmi les anormaux. Au point de vue social, l'application des tests à
un grand nombre des élèves d'un pays indiquera la
prospérité scolaire de cette nation (b100 2ᵉ éd. t. 2
125-6).

Reste à choisir *les tests*. Ils devront faire intervenir
le moins possible les facteurs étrangers à l'exercice formel de l'intelligence générale. Binet a choisi des épreuves qui se réduisent presque de la part des examinés à
dire un oui ou un non ; s'il s'agit de donner une expression plus compliquée, comme un dessin, l'observateur
devra s'attacher au sens du dessin effectué, non à la
perfection de l'exécution. De plus les épreuves doivent
pouvoir se faire assez rapidement pour être pratiquement réalisées, elles ne doivent pas nécesssiter l'emploi
d'appareils de précision, qui d'ailleurs d'après le but
même des expériences n'ont aucun titre à intervenir.

Quant à *l'exécution du travail*, citons quelques lignes de Binet ; elles sont bien modestes si on étudie
de près le labeur immense et patient, la sagacité toujours en éveil, la probité scientifique, dont il a fait
preuve dans cette branche de son œuvre : « Nous avons
élaboré, avec l'aide de notre collaborateur si dévoué,
le Dʳ Simon, une méthode de mesure de l'intelligence
à laquelle nous donnons le nom d'*échelle métrique*.
Elle a été construite lentement, à l'aide d'études faites
non seulement dans les écoles primaires et les écoles
maternelles sur des enfants de tout âge, depuis
trois ans jusqu'à seize, mais encore dans les hôpitaux
et hospices, sur les idiots, les imbéciles et les débiles,

et enfin dans toutes sortes de milieux, et même au
régiment, sur des adultes lettrés et illettrés. Après
des centaines de vérifications et d'améliorations, mon
opinion mûrie et devenue définitive n'est pas que la
méthode est parfaite; mais c'est bien la méthode qu'il
fallait employer; et si après nous d'autres la perfec-
tionnent comme nous l'espérons bien, ils ne la per-
fectionneront qu'en employant nos propres procédés
et en tirant parti de notre expérience. » (b13 124-5;
cf. b756-63.) BINET et SIMON ont en particulier constaté
que les épreuves répondant à un âge donné étaient
subies avec succès par 75 % des enfants de cet âge
chronologique, les autres individus du même âge
se montrent supérieurs ou inférieurs; ROBERTAG,
GODDARD, SCHREUDER ont aussi vérifié que la loi de
QUÉTELET, dite loi de la courbe binomiale, si importante en statistique, était observée : il y a à peu près
autant d'enfants d'un âge donné au-dessous et au-
dessus de la normale (b769 282-4; b798 289-90; b837).

Ce nom d'*échelle métrique*, ainsi que l'expression
mesurer l'intelligence, ne doivent pas être faussement
interprétés : il ne s'agit pas d'une mesure au sens
strict, rigoureusement impossible, lorsqu'il s'agit
d'une qualité (cf. no 9), mais de cette mesure au sens
large et impropre selon laquelle on classe des individus d'après leur plus ou moins de dispositions pour
telle ou telle matière.

Les tests de BINET ont été soumis à une vérification mondiale dans tout l'univers civilisé. Aux Etats-Unis d'Amérique,
GODDARD et HUEY ont constaté qu'ils s'appliquaient parfaitement au diagnostic des anormaux dans les deux écoles pour
arriérés de Vineland (New-Jersey) et de Lincoln (Illinois);
l'état de New-Jersey a même décrété leur emploi officiel pour

le diagnostic des anormaux et en conséquence les tribunaux de New-York les utilisent pour déterminer le niveau mental des jeunes criminels. GODDARD a également étudié plus de deux mille enfants normaux d'après les tests de BINET; citons encore en Amérique les travaux étendus de TERMAN, WALLIN, KUHLMANN, etc. En Angleterre, Miss JOHNSTON appliqua les tests à 218 jeunes filles, riches et pauvres, des écoles de Sheffield; le Dr SULLIVAN s'en servit pour étudier le niveau mental des jeunes criminelles de la prison de Holloway à Londres. En Allemagne, BOBERTAG observa les enfants des écoles de Breslau; le Dr BLOCH et Mlle PREISS ceux de Kattwitz. DECROLY et Mlle DEGAND examinèrent les enfants d'une école de Bruxelles (milieu aisé); Mlle DESCOEUDRES, guidée par les conseils de CLAPARÈDE, a étudié plusieurs élèves des écoles de Genève, dont on avait soigneusement déterminé la valeur intellectuelle par d'autres procédés. Mlle SCHUBERT et le Dr PORSTOWSCKJ ont observé plusieurs centaines d'enfants russes de 3 à 19 ans; DE SANCTIS et JERONUTTI à Rome, TRÈVES et SAFFIOTTI à Milan ont essayé ces tests. A Paris, citons à côté des expériences personnelles de BINET et SIMON, celles de M. JEANJEAN, de M. THÉVENOT, de Mlle GIROUD, etc., sur des enfants de différents milieux et à différents points de vue. Il faudrait citer à peu près tous les auteurs indiqués dans notre bibliographie au sujet de ces tests (b749-869).

A part quelques critiques dont nous parlerons après avoir indiqué les tests, critiques en général relatives et modérées, l'éloge est unanime, même chez les psychologues étrangers. Pour l'américain H. GODDARD, qui entre tous en a fait un heureux emploi : « Ces travaux de MM. BINET et SIMON marquent une époque dans le développement de l'éducation du pays et du monde. Le jour viendra où il ne paraîtra pas exagéré d'avancer que l'échelle métrique de l'intelligence prendra sa place à côté de la théorie de l'évolution de DARWIN et la loi d'hérédité de MENDEL. » (b798 326). Pour le pédagogue allemand MEUMANN, c'est l'impulsion géniale de Binet qui en ce point a orienté la pédagogie dans la vraie direction et telle est également la pensée exprimée par STERN au Congrès allemand de psychologie expérimentale en 1912. Ceux mêmes, qui croient devoir critiquer en certains points ces travaux de BINET, comme S. DE SANCTIS, reconnaissent qu'ils se sont imposés à l'attention de tous les psychologues (b889 915).

45. Tests de Binet et Simon (T. B-S).

I. Enumération des tests (1911).

3 mois.
1 Suivre de l'œil une allumette enflammée, c'est-à-dire avoir un regard ayant une apparence volontaire.

9 mois.
2 Attention donnée au son. (On fait tinter une sonnette derrière la tête de l'enfant.) 3 Saisir un objet après contact ou vision. (On peut se servir d'un petit cube de bois blanc facile à manier. Le cube est placé entre les doigts de l'enfant ou agité devant lui; si l'expérience réussit, l'objet est tenu et en général porté à la bouche.)

1 an.
4 Discerner les aliments. (Par exemple, si on met à la portée de l'enfant un morceau de bois et un morceau de chocolat de mêmes dimensions, le second sera de préférence porté à la bouche.)

2 ans.
5 Marcher. 6 Exécuter une commission facile. (Par exemple aller chercher une balle.) 7 Indiquer les besoins naturels.

3 ans.
8 Montrer le nez, les yeux, la bouche. 9 Répéter deux chiffres. 10 Enumérer les objets d'une image. (Les objets représentés doivent être familiers à l'enfant.) 11 Dire le nom de famille. (Comme dans toutes les autres épreuves, il faut savoir interroger l'enfant, en se mettant à sa portée sans toutefois suggérer la réponse : « Comment t'appelles-tu? — L'enfant répondra probablement par le nom de baptême. — Et encore? — ou : Gustave qui? » Cette interrogation semble porter sur des notions acquises par le milieu; on répond à cette objection qu'à part des cas exceptionnels très rares un enfant de cet âge sait son nom, et par conséquent le test porte sur la compréhension de la question.) 12 Répéter

6 syllabes. (Comme pour le test 9, il s'agit de mémoire immédiate; cette mémoire immédiate intervient dans l'exercice
purement intellectuel pour maintenir dans la conscience le
jugement et les synthèses d'images.) Les 6 syllabes sont disposées de manière à constituer une phrase : « Il fait froid —
j'ai bien faim. »

4 ans.

13 Donner son sexe. (Es-tu un petit garçon ou une petite
fille?) 14 Nommer une clef, un couteau, un sou. (On montre
l'objet : « Comment cela s'appelle-t-il? Qu'est-ce que cela? »)
15. Redire trois chiffres prononcés par l'enquêteur. (Par
exemple 7 — 4 — 6; éviter que les chiffres se suivent.)
16 Comparer les longueurs de deux lignes. (On met deux lignes
dans la continuation l'une de l'autre sur les six pages consécutives d'un cahier. Les lignes ont 4 et 5 cm. — 5 et 6 cm.
— 6 et 7 cm. — Les trois derniers couples ont des lignes
toutes égales à 7 cm. — Conserver l'écart des lignes indiquées
par la fig. 9.)

5 ans.

17 Comparer les poids de deux boîtes. (On prend des boîtes
de même aspect, par exemple des boîtes d'allumettes suédoises,
en lestant l'une de manière qu'elle pèse 4 fois plus que l'autre
environ 3 gr. et 12 gr. La difficulté du test n'est pas de se rendre compte de la différence de poids, un enfant de deux ans la
saisirait, mais de comprendre la question posée : « Quelle est
la plus lourde? ») 18 Copier un carré. (On fait un carré à l'en-
cre sur une feuille de papier ou on en présente un fait d'avance,
et on demande à l'enfant de le reproduire. Il ne s'agit pas de
l'exactitude du dessin, mais de la compréhension de la question, de l'action à faire; si par sa manière de faire l'enfant
montre qu'il a compris, l'épreuve doit être estimée satisfaisante.) 19 Redire une phrase de dix syllabes, par exemple :
« Je m'appelle Gustave; ô le méchant chien! ». 20 Compter
quatre sous simples. 21 Refaire un rectangle coupé selon la
diagonale. (On prend un petit rectangle de carton et les deux
parties d'un rectangle identique coupé selon la diagonale
— fig. 10 —, en plaçant les deux morceaux de manière que les
grands côtés égaux des deux triangles soient perpendiculaires

4 cm.   5 cm.

5 cm.   6 cm.

6 cm.   7 cm.

7 cm.   7 cm.

7 cm.   7 cm.

7 cm.   7 cm.

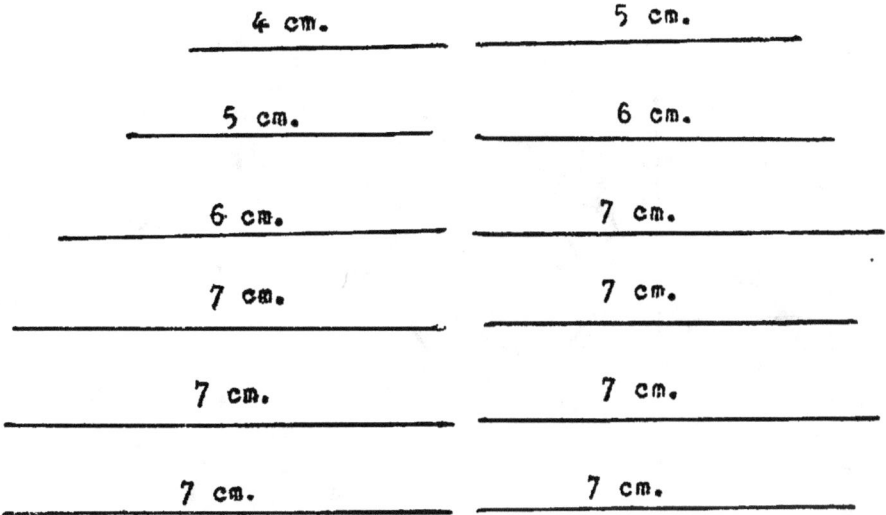

Fig. 9. — Test B-S 16.

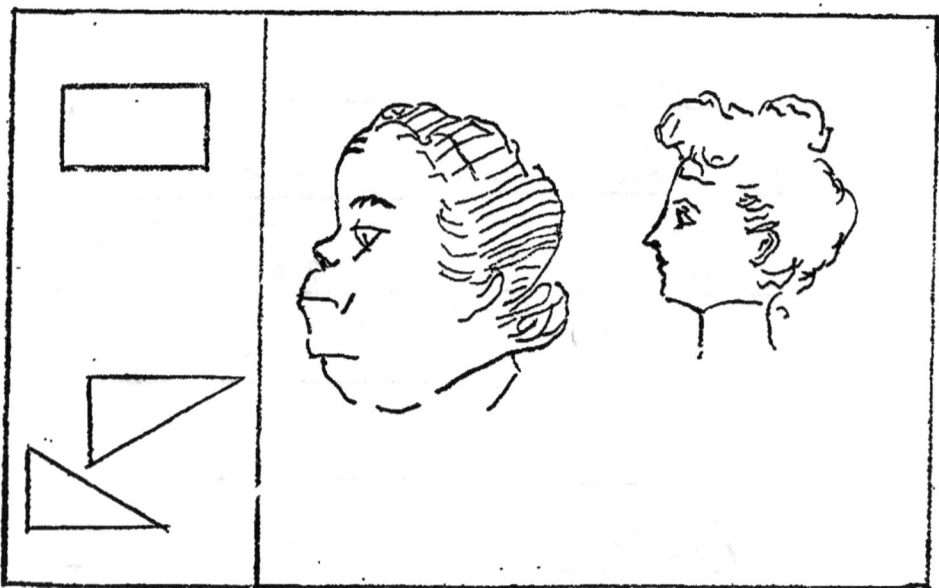

Fig. 10. — Tests B-S 21 26.

l'un sur l'autre. On dit à l'enfant : « En rapprochant ces deux
parties comme il faut, vous pouvez reproduire le carton que
voici (le rectangle entier); comment allez-vous faire? » L'enfant ne doit pas voir les préparatifs. Ce test intimide beaucoup
l'enfant; il faut donc le présenter d'une manière très encoura-
geante, attitude nécessaire d'ailleurs pour tous les tests présentés
aux enfants de moins de 6 ans ; après 6 ans, surtout s'ils ont
été à l'école, ils ne montrent pas en général la même timidité.)

6 ans.

22. Distinguer le matin et le soir. 23 Définir des objets familiers, une chaise, une table, une fourchette, une maman. (A cet
âge l'enfant définit par l'usage — no 37 — : « Une fourchette,
c'est pour manger. — Une maman c'est pour les enfants. »)
24 Copier un losange. (Procéder comme pour le test 18.)
25 Compter 13 sous simples. 26 Comparer deux figures sous le
rapport esthétique. (Fig. 10; on demande : « Laquelle vous
plaît le plus? Quelle est la plus jolie? »)

7 ans.

27 Indiquer la main droite, l'oreille gauche. 28 Décrire une
gravure en disant ce que font les personnages : « Tu vois cette
image; dis-moi ce que font les personnes. » (Il faut naturellement que les actions représentées soient simples, comme
manger, préparer le repas, prier, etc. Insister pour que l'enfant ne se contente pas d'énumérer les objets, ce que peut faire
un enfant de trois ans (test 10; cf. no 27); il doit indiquer les
actions représentées.) 29 Faire simultanément trois commissions simples, par exemple : « Mettez cet objet sur la table,
puis vous irez fermer la porte, et ensuite vous m'apporterez la
boîte qui est sur la table. » 3o Compter 9 pièces d'un et
deux sous : dire combien cela fait. 31 Nommer quatre couleurs.

8 ans.

32 Comparer de mémoire deux objets, par exemple : mou-
che-papillon, verre-bois, papier-carton. « Vous avez déjà vu
des mouches? — Et des papillons? — Est-ce pareil? Quelle
différence y a-t-il? » (S'assurer que l'enfant a bien vu autrefois les objets.) 33 Compter de 20 à zéro en descendant l'échelle
des nombres. (On peut commencer par faire l'exercice devant

l'enfant pour qu'il se rende compte de ce qu'on lui demande.)
34 Indiquer ce qui manque dans une figure dessinée (fig. 11).

Fig. 11. — Tést B-S 34.

35 Dire la date complète du jour : le jour? le mois? l'année?
le quantième du mois? 36 Répéter cinq chiffres : 3 — 8 — 6
— 10 — 7.

9 ans.

37 Rendre la monnaie d'un franc pour quatre sous : « Vous
êtes commerçant et vous vendez des boîtes; je vous achète
une boîte de quatre sous; voici un franc, rendez-moi la monnaie. » 38 Demander la définition d'un objet usuel autrement

que par l'usage : « Une table, comment est-ce fait? — Une fourchette? — Un couteau? — etc. » 39 Reconnaître les 9 pièces de monnaie. 40 Énumérer les mois. 41 Répondre à une question facile : « Que faites-vous quand vous avez envie de dormir? — Que faire si on a froid? — Que faire s'il pleut quand vous allez à l'école? — Que faire si vous êtes frappé par un camarade qui ne l'a pas fait exprès? — Que faire si vous cassez un objet qui ne vous appartient pas? » (Toute réponse ayant du bon sens doit être considérée comme bonne.)

10 ans.

42 Classer en grandeur cinq poids de même grandeur et de même volume. (Procéder comme pour le test 17; la seule différence est qu'il y a plus de boîtes. Les poids respectifs seront à peu près de 3 gr., 6 gr., 12 gr., 18 gr., 18 gr.). 43 Copier de mémoire 1 dessin simple vu pendant environ 8 sec. (Fig. 12;

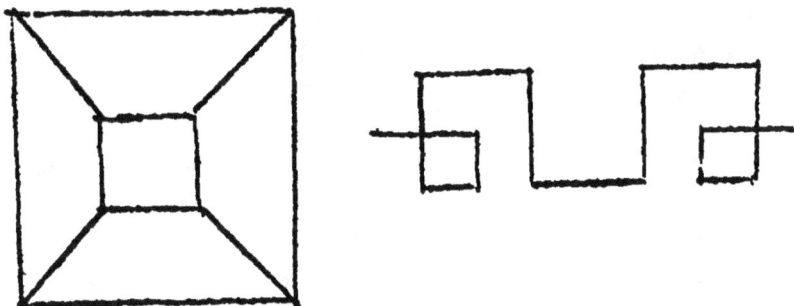

Fig. 12. — Test B-S 43.

même remarque que pour le test 18.) 44 Dire une phrase absurde et demander à l'enfant ce qu'il en pense : « J'ai trois frères : Pierre, Paul et moi. — Un malheureux cycliste, en faisant une chute, s'est fracassé la tête et est mort sur le coup. On l'a reporté chez lui et on craint qu'il ne puisse guérir. » 45 Réponse à des questions difficiles : « Pourquoi faut-il juger les autres par leurs actes plutôt que par leurs paroles? — Que faut-il faire avant de commencer une action importante? — Pourquoi pardonne-t-on plus facilement une action faite dans la colère qu'une action faite avec calme? » (Même remarque que pour le test 41.) 46 Faire deux phrases contenant trois

mots donnés : Paris, fortune, ruisseau. Si on modifie les mots,
il faut conserver leur difficulté relative : un nom de lieu très
connu de l'enfant, un mot abstrait, un nom d'objet concret.
(Le test est à plus forte raison réussi quand le sujet met les
trois mots en une seule phrase; les phrases incidentes
comptent pour une phrase.)

12 ans.

47 Résister à une suggestion sur la grandeur de deux lignes.
Par exemple on prend les lignes du test 16 et après la seconde
comparaison on dit : « Et celles-ci? ». L'enfant aura tendance
à dire que les lignes sont égales ou à renverser le sens de leur
inégalité. Ou bien encore on présente les deux feuilles sur
lesquelles les lignes sont égales et une troisième à lignes
encore égales, en disant : « Et cette fois? ». 48 Faire une seule
phrase contenant trois mots donnés, comme dans le test 46.
(Il faudra bien entendu expliquer à l'enfant sur un autre exemple ce qu'on entend par une phrase ou deux phrases. La
réponse : « A Paris il y a des ruisseaux et de grandes fortu-
nes » est mauvaise, car elle équivaut à deux phrases; la réponse : « A Paris on ne trouve pas une fortune dans le ruisseau » est bonne. 49 Dire des mots différents le plus vite
possible : l'enfant ne doit pas mettre plus de trois minutes à
en dire 60. (Le test n'est pas un examen sur le nombre des
mots connus de l'enfant; les enfants de trois ans connaissent
déjà plus de 60 mots (cf. n° 38). Il porte sur la direction, l'invention et la censure.) 50 Définir des mots abstraits : charité,
justice, bonté, etc. (Voici de bonnes réponses : « La charité,
c'est quand on partage ses bonbons. — La justice, c'est quand
on fait les choses comme cela doit être. » Il suffit que la
réponse définisse un aspect présenté par le mot.) 51 Refaire
une phrase intervertie :

Sommes la pour	Un défend	De prié devoir
de bonne heure nous	chien bon son	mon j'ai maître
campagne partis.	maître courageusement.	corriger mon.

15 ans.

52 Redire 7 chiffres. 53 Trouver trois rimes en *ance*. (Expliquer d'abord ce qu'est une rime.) 54 Redire de mémoire une
phrase de 26 syllabes : « Le marronnier du jardin projette

sur le sol l'ombre encore légère de ses feuilles nouvelles. »
55 Interpréter le symbolisme d'une gravure. 56 Résoudre un
problème de faits divers : « Un prêtre, un notaire, un médecin, sont venus aujourd'hui chez mon voisin. Que se passe-
t-il ? — Une personne qui se promenait dans la forêt s'est
arrêtée tout à coup très effrayée et a couru chez le commis-
saire lui dire qu'elle venait de voir à une branche d'arbre...
Un quoi ? ».

Adultes.

57 Après avoir plié un papier en quatre on coupe un frag-
ment triangulaire ayant sa base au milieu du bord qui ne
présente extérieurement qu'un pli et son sommet au-dessous
à peu près au milieu de la hauteur. On donne au sujet une
feuille de papier de même grandeur que la feuille dépliée et
on lui demande de dessiner la reproduction de l'aspect présenté par la feuille dépliée après la coupure (fig. 13). 58 Don-

Fig. 13. — Test B-S 57.

ner des différences abstraites : « Quelle différence y a-t-il entre
la paresse et l'oisiveté ? — Entre un événement et un avène-
ment ? — Entre une évolution et une révolution ? ». 59 La
question du président : « Indiquer les trois différences principales entre un roi et un président de république. » (Royauté
héréditaire, — à vie, — ayant des pouvoirs plus étendus.)
60 Résumer un passage. L'enquêteur lit le texte suivant : « On
a porté des jugements bien différents sur la valeur de la vie.
Les uns la proclament bonne, d'autres la proclament mauvaise. Il serait plus juste de dire qu'elle est médiocre; car

d'une part elle nous apporte toujours un bonheur inférieur à celui que nous avons souhaité et, d'autre part, les malheurs qu'elle nous inflige sont toujours inférieurs à ceux que d'autres auraient souhaités pour nous. C'est cette médiocrité de la vie qui la rend équitable ou plutôt qui l'empêche d'être radicalement injuste. » (Avant de lire on avertit le sujet qu'il aura à rendre compte du sens de ce morceau. Il est clair que l'enquêteur a tous les droits de faire ses réflexions sur les erreurs contenues dans cette pensée, pourvu qu'il ne les ajoute qu'après la réponse donnée.)

II. Indication des résultats. On s'informe de *l'âge chronologique* de l'enfant. Lorsqu'il ne s'agit pas d'un sujet de quelques mois seulement, il est inutile de déterminer cet âge avec une entière précision. Une mesure généralement adoptée est de donner par exemple 9 ans 1/2 à tous ceux qui sont dans leur dixième année; de cette manière l'âge chronologique est toujours déterminé à une demi-année près.

Pour déterminer *l'âge intellectuel*, on cherche l'âge dont l'enfant réussit tous les tests, puis on établit combien il réussit de tests des âges supérieurs; chaque test réussi donne 1/5 d'année en plus. Si par exemple un enfant de 7 ans réussit tous les tests de 6 ans, 3 tests de 7 ans, 1 test de 8 ans, il a pour âge intellectuel 6 ans 4/5.

Si l'enquêteur connaît l'enquêté, il indique son *appréciation personnelle* par une des trois notes : bon, moyen, médiocre. L'enfant est *bon*, s'il est au-dessus de la moyenne des enfants de son âge dans le milieu où se fait l'enquête; *moyen*, s'il est dans la moyenne; *médiocre*, s'il est au-dessous. Cette appréciation est immédiate, grâce aux places et aux notes, si l'enfant fréquente une classe d'élèves normaux de la région.

Pour *indiquer le résultat* de chaque épreuve, l'enquêteur marque + si elle est réussie tant bien que mal, — si elle est manquée. Lorsque l'enfant a bien compris la question, il n'y a guère à hésiter sur le succès ou l'insuccès. Pourtant, comme le contrôle se fait souvent à distance, il serait bon que l'enquêteur voulût bien donner un ou deux cas qui l'auraient embarrassé et la solution qu'il a choisie; cela permettrait de voir s'il a été relativement sévère ou indulgent dans ses appréciations.

Les observations recueillies dans des circonstances excep-
tionnelles peuvent être très utiles en cette matière; les missionnaires en particulier fournissent des renseignements précieux en appliquant ces tests à des enfants de *civilisations
différentes.*

Le R . P. MERLEAU, missionnaire à Itakaro-mission (Feira,
Rhodesia Nord), a. eu l'obligeance d'essayer les tests B-S sur les
enfants noirs de son école (fig. 14). Le cas a ceci de particuliè-

Fig. 14. — ENFANTS DE L'ÉCOLE D'ITAKARO.

rement intéressant que ces petits Noirs n'ont pas eu de contact avec la civilisation européenne. Voici quelques-uns des
renseignements qu'il nous a communiqués : « Les questions
faites supposent un milieu civilisé : à Boroma (partie portu-
gaise du cours du Zambèze), où j'étais jadis, c'eût été possible,
parce que les enfants avaient grandi à côté de nous et étaient
plus au courant des choses européennes : il n'y aurait rien eu
à changer au questionnaire. — Ici c'est tout autre : j'ai essayé
de faire des questions analogues, mais l'insuccès a été tel, et
les changements apportés au questionnaire sont si grands
que vous n'y connaîtriez rien. — Les résultats n'ont plus aucune valeur puisque les données sont toutes différentes. Par
exemple j'ai pris un *boy* de 9 ans: il ne sait rien du n° 37,
n'ayant pas eu de sous ou de monnaie entre les mains, rien

de même du 39, rien de 40 (les mois n'existent pas ici). Donc sur cinq questions, trois à changer, et ainsi du reste. — Un *boy* de neuf ans pouvait facilement répondre à quatre des questions pour 10 ans ; il ne le pouvait pas aux cinq pour neuf ans, celles indiquées pour neuf ans supposant connaissance des choses européennes et celles pour dix ans (quatre du moins) ne supposant qu'un certain bon sens. » (Févr. 1914).

Les réflexions du missionnaire d'Itakaro font toucher du doigt une des difficultés de l'application des tests B-S aux enfants dont le milieu est très différent de celui de notre civilisation. Nombre de tests doivent être modifiés ; or, lorsque la civilisation des examinés ne permet pas de trouver une épreuve à peu près semblable au test correspondant de B-S, cette modification n'est pas un travail aisé : il ne faut jamais perdre de vue que la valeur des tests B-S est basée sur les résultats expérimentaux qu'ils ont donnés. Remarquons qu'au témoignage de l'enquêteur, les questions indépendantes de la civilisation ambiante sont adaptées à l'intelligence des Négrillons d'Itakaro selon l'âge de chacun.

Ces observations concordent avec les observations de Miss STRONG (b842) sur l'âge intellectuel relatif des Blancs et des Noirs dans les écoles de Colombie : jusqu'à dix et douze ans les enfants nègres sont presque aussi avancés que les Blancs, ce qui ne doit pas conduire à leur attribuer des dispositions égales, mais uniquement une maturité plus précoce.

Le R. P. JEANNIÈRE S.J. et deux professeurs, l'un européen et l'autre chinois, ont examiné d'après les tests B-S un certain nombre d'élèves du collège de Zikawei près Shang-haï ; ils se sont strictement conformés aux détails du dispositif, en modifiant les questions dont la teneur ne s'associe pas avec les données de la civilisation chinoise (C'est ainsi que l'énumération des mois a été remplacée par celle des grandes solennités de l'année chrétienne). Ces observations ont donné des résultats semblables à ceux que l'on obtient pour les Européens, à une importante exception près : les tests qui impliquent l'usage du raisonnement abstrait, comme le test 44, en général n'ont pas été réussis.

Ce serait trop se hâter que de conclure à une infériorité *foncière* de la race chinoise pour tout ce qui est raisonnement abstrait, pas plus qu'il n'aurait été logique de déduire des observations de Miss Strong que les Noirs sont égaux aux Blancs pour les aptitudes d'intelligence générale. Les tests B-S ne peuvent être employés qu'avec une grande prudence pour la comparaison d'enfants de races très différentes : certaines races à âge chronologique égal sont au début de la vie physiologiquement plus avancés et c'est le cas de plusieurs races noires par rapport aux Blancs; on conçoit également que, suivant le génie de la langue d'un peuple, le stock des images utilisables pour les concepts abstraits est plus ou moins considérable et facile à utiliser, et qu'en conséquence l'exercice de raisonnement abstrait est plus ou moins facile.

III. — Critiques.

1º Certaines critiques ont été faites *a priori* contre les tests B-S : comment un enfant de tel âge aurait-il les notions supposées par le test? Ou au contraire : tel test est beaucoup trop facile. Il n'y a évidemment aucun compte à tenir de telles critiques, du moins pour l'application de la méthode aux Blancs européens et américains, puisque les tests ont été établis sur expériences statistiques. Mais plusieurs expérimentateurs prétendent avoir établi par des enquêtes que tel test était trop facile pour tel âge, tel autre trop difficile. Ces objections ne méritent l'attention que si elles émanent d'observateurs capables: il ne faut pas supposer que le premier venu appliquera et interprétera correctement les tests B-S : « Le microscope, la méthode graphique, remarque Binet, sont des méthodes admirables de précision; mais que d'intelligence, de circonspection, d'érudition et d'art sont impliqués par la pratique de ces méthodes ! — Il faut donc abandonner cette idée qu'un procédé d'investigation puisse devenir assez précis pour permettre de le confier au premier venu; tout procédé scientifique n'est qu'un instrument qui a besoin d'être dirigé par une main intelligente. » (b13 137). Il serait d'ailleurs puéril de soutenir que les tests ne sont pas susceptibles de perfectionnement : l'échelle métrique de 1911, dont nous avons donné le détail, diffère en plusieurs points de celle que Binet et Simon avaient dressée en 1908 et il est certainement possible de trouver des épreuves encore plus caractéristiques d'un âge donné.

2° Il ne faut pas demander aux tests ce qu'ils n'ont pas la prétention de donner. On dit par exemple : « La manière de compter un point par test suppose que toutes les épreuves ont la même valeur manifestative. » (b769 274) — Et encore : « Si l'échelle était parfaite, un enfant devrait avancer de 5 points chaque année. » (b798 308s.). Ces objections porteraient s'il s'agissait soit de mesurer l'intelligence générale de chaque enfant, soit de se rendre compte des avancements annuels de cette fonction ; mais classer les enfants selon le plus ou moins de l'intelligence générale, voir si un enfant de 13 ans a la moyenne intellectuelle de ceux de son âge, est un tout autre problème et c'est celui que visent les tests B-S.

Remarquons aussi que la méthode ne fournit pas un classement par individus, mais seulement par groupes : elle sépare parmi les enfants de 10 ans ceux qui sont réguliers (*at age*), ceux qui sont avancés (*above age*), ceux qui sont arriérés (*below age*). Elle n'est pas cependant sans fournir des renseignements sur les différences individuelles : « Il est impossible de trouver une seule épreuve qui soit telle que, lorsqu'on l'a franchie, toutes les précédentes soient franchies et toutes les autres ratées. — A quoi tiennent ces différences individuelles dans les résultats expérimentaux ? Nous n'en savons rien au juste, mais nous pouvons supposer avec une grande apparence de raison que les facultés mentales intéressées par des épreuves différentes sont elles-mêmes différentes et inégalement développées selon les enfants. » (b13 139).

Comme le remarque BOBERTAG, la méthode laisse de côté *la différenciation des facultés partielles* (b769 273). Rien de plus juste, mais elle n'a pas cette distinction pour but. BINET cherchait le moyen de distinguer dans l'intelligence générale *la maturité* et *la rectitude* ; il n'était pas encore parvenu à un criterium suffisant.

3° Comme nous l'avons déjà fait remarquer en parlant de l'indication des résultats, les tests ne sont pas applicables tels quels à tous les peuples : ils demandent à être modifiés selon les usages de chaque nation. Il est en effet impossible de faire la moindre observation en ce genre sur un individu âgé de plus de quelques mois, sans que, soit dans l'interrogation, soit dans les réactions demandées, n'intervienne un certain

acquis social. Les tests doivent alors être modifiés de manière
à ne supposer que les connaissances familières dans le pays à
un enfant normal de tel âge. S'il s'agit de comparer entre eux
des enfants de races très différentes, le plus ou moins de précocité de la maturité physiologique, la nature de la langue,
sont, comme nous l'avons fait remarquer, des facteurs importants dont les tests ne tiennent pas compte.

4° DE SANCTIS proteste contre l'application de ces tests au
diagnostic des anormaux ; il propose pour la solution de ce
problème d'autres tests dont nous parlerons plus loin (n° 78).

IV. Modifications.

La plupart des modifications proposées pour améliorer les
tests B-S n'ont pas été suffisamment éprouvées pour être
définitivement acceptées ; il faut vérifier si les tests conviennent
aux enfants de tel âge et encore s'ils atteignent le même aspect
de l'intelligence que les épreuves à remplacer.

TERMAN et CHILDS présentent des tests susceptibles d'être
réalisés avec plus ou moins de perfection selon le progrès de
l'intelligence (b846) :

1° Rendre compte de la morale d'une fable (*La laitière et le
pot au lait. Le corbeau et le renard*, etc.) — à partir de
10 ans.

2° Remplir les lacunes d'un texte (test d'EBBINGHAUS). Voici
le texte que BINET avait choisi, les mots entre parenthèse sont
ceux qui manquent : « Il fait (beau), le ciel est (bleu). Le soleil
a vite séché le linge que les blanchisseuses ont étendu sur la
corde. La toile d'un blanc de neige brille à fatiguer les (yeux).
Les ouvrières ramassent les grands draps ; ils sont raides,
comme s'ils avaient été (amidonnés) Elles les secouent en les
tenant par les quatre (coins) ; elles en frappent l'air qui claque
avec (bruit). Pendant ce temps la maîtresse de ménage re-
passe le linge fin. Elle a des fers qu'elle prend et repose l'un
après l'autre sur le (poêle). La petite Marie, qui soigne sa pou-
pée, aurait bien envie, elle aussi, de faire du (repassage),
mais elle n'a pas reçu la permission de toucher aux fers. »

3° Question de vocabulaire. Sur 100 mots d'un texte savoir
le sens de 12 à 6 ans, de 14 à 7 ans, de 18 à 8 ans, etc., de 36 à
10 ans, etc., de 42 à 13.

4ᵉ *Ball and Field*. Ce test a déjà été indiqué à propos de l'imagination créatrice (n° 33 fig. 4).

5° L'inversion des aiguilles d'une montre. Il est 6 h. 20 ; quelle heure serait-il si on intervertissait les aiguilles ?

Ces tests de TERMAN et CHILDS n'ont pas été suffisamment éprouvés pour qu'on puisse porter un jugement définitif sur leur valeur. Au point de vue pratique, la première épreuve présente une grande difficulté pour l'appréciation du résultat. Les quatre premières épreuves demandent beaucoup de temps pour leur exécution ; c'est là un inconvénient notable. La longueur du temps de l'épreuve crée, à côté des difficultés matérielles, une difficulté spéculative : un travail d'une certaine durée exige un degré assez intense d'attention volontaire. Or, si l'on veut apprécier ce qui revient uniquement à l'exercice de l'activité intellectuelle, la volonté doit intervenir le moins possible quant à sa force. Un des avantages des tests de B-S, en cas de succès pour l'examiné, est d'indiquer que, si l'élève est faible dans sa classe, cela tient au manque d'acquis ou à la mauvaise volonté, non à un déficit mental.

CHAPITRE II

DISPOSITIONS VOLONTAIRES

46. Division du chapitre. La psychologie expérimentale, d'accord avec la psychologie rationnelle, établit
les points suivants (b1020 196-213 284 s. 291-6) :

1° Les images sensibles et les sensations ont une
motricité spécifique : telle connaissance sensible étant
donnée, on peut conclure que tel mouvement se pro-
duira s'il n'est pas inhibé par un autre processus moteur. Le lien déterminé qui existe dans chaque espèce
animale entre l'excitation sensitive et les réactions
motrices correspond à une *tendance naturelle*, un
instinct, de cette espèce. L'homme a lui aussi ses instincts et nous en avons déjà signalé un grand nombre
en étudiant l'évolution des intérêts.

2° A côté des tendances naturelles l'homme possède
des *tendances acquises* qui se forment selon les lois
de rédintégration des processus psychologiques passés.

3° L'expérience signale également des réactions
très différentes se produisant *en vertu de jugements :*
la réaction n'est plus celle qui est spécifique par
rapport aux sensations et images de l'état psychologique actuel, mais celle qui est exprimée par le sens du
jugement; telle action est accomplie à tel moment
parce que j'ai jugé bon de la faire dans telle circonstance. Ce genre nouveau de réactions m'apparaît

souvent se produire avec liberté. Cet ensemble constitue l'exercice extérieur de *l'activité volontaire*.

L'étude expérimentale de l'exercice de cette activité
conduit aux conclusions suivantes :

1° La volonté ne peut exercer son action sur les
muscles, sur les organes du mouvement et de la parole,
que par l'intermédiaire d'images ayant une motricité
innée ou acquise; en d'autres termes, l'efficacité de
l'activité volontaire suppose l'existence d'un mécanisme *connaissance sensitive réaction*, d'une tendance
sensitive capable de réaliser le mouvement.

2° La volonté n'applique pas directement son effort
aux images appropriées, mais elle le fait en maintenant la présence dominante d'un jugement pratique
sur l'action à faire : les images utiles sont ainsi con-
servées, les images inutiles inhibées, par suite le mouvement se fait. Cette intervention de la volonté a lieu
en vertu de *jugements de valeur* : si l'on considère
comme bon de s'occuper de telle étude, il se fait
comme un triage entre les éléments psychologiques
qui défilent dans la conscience, et tandis que ce qui
est *ad rem* est accueilli et introduit, le reste demeure
exclu. Ces résultats sont établis par de nombreuses
expériences sur l'activité volontaire, en particulier
par les nombreuses observations de JANET sur les
psychasténiques et les hystériques, par les fines analyses de JAMES sur les types d'actes volontaires normaux et anormaux (b1018 tr. fr. 572-606), par les
expériences de ACH, DÜRR, etc. (b1028-31 ; b359. Cf.
b1020 290-8).

L'étude de l'évolution de la volonté dépend donc
de la connaissance de plusieurs facteurs :

1° Les jugements de valeur, les intérêts, jouent un

rôle directeur prépondérant. En traitant la question de l'évolution des intérêts aux différents âges, nous avons à peine indiqué les intérêts moraux et religieux plus intimement liés à la question présente.

2° L'étendue de la sphère de l'activité volontaire dépend en partie de la richesse en images et des automatismes innés ou acquis adaptés à ces images.

3° L'activité volontaire maintient tel jugement pratique et par là même inhibe certains éléments psychologiques. C'est dans ce maintien et cette inhibition que consiste l'exercice formel de la volonté, l'effort volontaire (b77 tr. fr. 147-54). A cet exercice formel s'opposent certains défauts naturels et aussi certaines fautes.

Nous diviserons en conséquence le chapitre de la manière suivante :

1° Évolution du sens religieux.

2° Évolution du sens moral.

3° Évolution des tendances sensitives dans leur rapport avec la volonté.

4° Activité formelle de la volonté.

5° Défauts de la volonté.

6° Fautes volontaires.

§ 1. — *ÉVOLUTION DU SENS RELIGIEUX*

47. Position du problème. Les expérimentateurs ont compris dans trois sens principaux le mot *religion*. Il est nécessaire d'avoir ces distinctions présentes à l'esprit pour concilier les conclusions en apparence contradictoires d'observations d'ailleurs bien conduites.

1° Selon Höffding : « On trouve à tous les degrés

comme essence de la religion un besoin et une volonté de maintenir les valeurs de la vie au delà de la
limite dans laquelle la volonté humaine peut agir à
leur égard ». *Une valeur :* « Est tout ce qui satisfait un
besoin, et par suite tout ce qui provoque un sentiment
de plaisir et fait disparaître un sentiment de déplaisir
a de la valeur [1]. » La religion ainsi comprise suppose
une foi dans la durée, la continuité, la possibilité
de réalisation des valeurs, aussi bien que dans certaines puissances ayant le pouvoir d'assurer aux valeurs
tous ces avantages [2].

2° Dans un grand nombre d'expériences, spécialement dans celles qui portent sur les doutes religieux,
religion est pris au sens strict, comme adhésion à un
Credo défini et comme pratique d'un culte déterminé.
On voit l'immense différence entre cette conception
et la précédente. Dans la religion chrétienne : I. Ce n'est
pas le maintien des valeurs qui est au premier plan,
mais la volonté de celui qui tient le sort des valeurs
en sa puissance, volonté qui d'ailleurs veut le plus grand
bien de nos valeurs. II. La puissance maîtresse du sort
des valeurs est un Dieu en trois personnes, qui s'est ré-
vélé à nous par l'intermédiaire des Saintes Ecritures ; la
seconde personne s'est incarnée pour racheter les hommes. III. Dans la religion catholique Dieu a établi
sur terre un principe d'autorité qui est l'Église, en
sorte que le catholicisme est nettement une religion
d'autorité, tant pour l'enseignement des vérités révé-
lées que pour la dispensation des sacrements.

3° Dans les expériences sur la présence du divin et

---

1. *Pensée humaine*, tr. fr. 1911 Paris Alcan 376 n° 157, 240
n° 101.
2. L. c. 374 n° 156.

sur le phénomène que les Américains appellent *conversion*, il s'agit d'une sorte d'expérience immédiate at-
teignant intuitivement certaines vérités que les procédés ordinaires de connaissance n'abordent que par
des voies différentes, expérience accompagnée d'un
sentiment de réalité qui est d'ordinaire le privilège
des objets sensibles [1]. A ce sens se rattachent les formes de connaissance religieuse rejetées par l'*Encycli-
que Pascendi*. Il est clair que la religion au sens strict
n'est pas nécessairement accompagnée de ce sentiment
de présence et qu'un homme religieux au premier
ou au second sens peut ne pas l'être au troisième.

Nous ne parlons pas d'une autre conception de la religion.
La religion serait la tendance mystique qui doit, sous quelque
forme qu'elle se présente, non seulement être atteinte par
d'autres facultés que l'intelligence, comme le veut JAMES, mais
rester en dehors de la logique rationnelle (b155 62-4). Les
expériences ne constatant aucune attitude de ce genre pendant la période éducative, un traité de pédagogie expérimentale n'a pas à en tenir compte.

48. **Principales expériences.** Presque toutes les
observations sont d'origine anglaise, américaine ou
allemande. L'attitude intolérante, qui a longtemps
régné en France vis-à-vis de la religion, a entravé toute
enquête expérimentale sérieuse en cette matière, et
ainsi cette question d'importance pédagogique hors
de pair a été systématiquement écartée par des sociétés appliquant par ailleurs avec zèle les méthodes
d'observation [2].

1. W. JAMES, *Expérience religieuse*, tr. fr. 1906 Paris Alcan
40-51 56-61.
2. Un des statuts de la *Société pour l'étude psychologique de l'enfant* interdit toute discussion religieuse. JORDAN et LABANCA font
également remarquer qu'il est impossible d'étudier la psychologie
religieuse dans les universités italiennes (b938).

1° *Méthode des souvenirs d'enfance.* STARBUCK fit une enquête portant sur les souvenirs d'enfance de 192 adultes, la plupart de religion méthodiste, puis il l'étendit à 1265 cas de conversion. D'après JAMES et les psychologues anglo-saxons voici le sens du mot *conversion :* dans une vie morale plus ou moins désagrégée la pensée religieuse vient tout rassembler dans son unité; la conversion suppose donc une crise plus ou moins aiguë déterminant le passage de cette désagrégation morale à l'unité dans une vie religieuse.

Le questionnaire portait sur les points suivants : époque de la conversion, époque de la croissance la plus rapide, époque de la puberté, état de santé pendant — avant — après la conversion, circonstances du début de la crise, durée de son influence, rechutes, sexe, confession religieuse, profession, nationalité (b953-4). Signalons quelques résultats. Pendant les premières années d'école, l'influence religieuse des parents et des éducateurs est sensible. Vers la sortie de l'école primaire (13 ou 14 ans) commence en général une crise religieuse; des doutes existent rarement avant onze ans. Pour les jeunes filles, l'intensité des sentiments religieux augmente jusqu'à dix ans, manifeste une ascension très rapide jusqu'à treize ans, descend ensuite pour remonter jusqu'à seize ans, époque de son maximum, redescend lentement jusqu'à dix-neuf ans et rapidement jusqu'à vingt. En somme, on constaterait une période de réceptivité religieuse accentuée, située entre l'âge naïf de l'enfant et la mentalité ferme de l'adulte, période qui coïnciderait souvent avec la crise de la puberté. Les motifs donnés pour la conversion ont été par ordre de fréquence : les convenances et le bien social 20 %, la tendance vers un idéal moral 15 %,

le remords et la conscience du mal 15 %, la crainte
14 %, l'exemple 14 %, l'enseignement reçu 11 %, l'espérance et autres motifs de ce genre 5 %, des motifs
altruistes 4 %, l'amour désintéressé de Dieu 2 %. Nous
dirons plus loin ce qu'il faut penser de ces conclusions.

L'enquête de GULICK procéda par interrogatoire de 590 adultes : « A quel âge avez-vous profondément senti l'influence
du sentiment religieux? » (b930.) 59 indiquèrent la première
enfance, 5 = 6 ans, 7 = 7 ans, 20 = 8 ans, 45 = 10 ans, 14 =
11 ans, 69 = 12 ans, 46 = 13 ans, 66 = 14 ans, 50 = 15 ans,
44 = 16 ans, 45 = 17 ans, 31 = 18 ans, 23 = 19 ans, 13 =
20 ans, 11 = 21 ans. Les résultats ne concordent donc pas
exactement avec ceux de l'enquête précédente.

Les observations de S. HALL, COE, LANCASTER (b933 ; b921-2 ;
b323), s'accordent à placer le maximum des impressions religieuses entre 12 et 20 ans, à 16 ans d'après HALL.

Certains *souvenirs d'enfance individuels* donnent des
renseignements précieux, entre autres les témoignages rendus par des *sourds-muets* sur leur état d'âme
avant qu'ils n'aient reçu aucune instruction. PORTER
rapporte [1] que Ballard avant d'aller à l'école des sourds-
muets se demandait sans cesse comment le monde
était arrivé à l'existence ; c'est à 9 ans que cette question se posa nettement à son esprit. La régularité du
cours des astres lui faisait révérer le pouvoir qui les
gouverne et son intelligence fut immédiatement pénétrée lorsqu'on lui enseigna Dieu : « Quand je vis se
dissiper les ténèbres de l'origine de l'Univers, je fus
comme transporté dans un monde de lumière et je me
sentis devenir un être nouveau. A cette révélation tout
me sembla grandi et le monde se revêtit d'une dignité
nouvelle. »

1. PORTER (S.), *Is thought possible without lang.*, Princeton Rev.
LVII 102-28.

Le sujet observé par W. James, d'Estrella (b936), était arrivé par lui-même à se convaincre que le soleil, la lune et les étoiles étaient sous la domination d'un grand homme résidant derrière les montagnes. (Cf. b947 211-3.)

2° *Observation directe de l'enfant — Journal quotidien.* Huffert et Wilde ont constaté que les enfants élevés dans un milieu religieux aiment à ramener tout à Dieu dès qu'ils ont l'âge de raison (b958).

Just résume ainsi ses observations (b939) : « Tandis que le sentiment esthétique se manifeste très tard, le sens religieux apparaît de bonne heure chez l'enfant. Il germe pour ainsi dire des sentiments de dépendance, d'affection et de confiance pour les parents, comme de la conscience intime du besoin d'assistance que l'enfant ressent très vivement. »

Miss Shinn (b272-3) : « L'enfant par ses *pourquoi* vous fait suivre la chaîne des causes jusqu'à ce que vous ayez atteint la première, et cela dès l'âge de 4 à 5 ans. »

Les observations recueillies par Barnes sur les enfants californiens signalent qu'ils voient surtout en Dieu l'Omniscient, le Tout-Puissant, et qu'ils fondent leur croyance sur l'autorité. Ils expriment leur foi dans des images très vives : « Dieu est un homme ayant une plume à la main et écrivant tout ce que font les enfants. » (b912.)

Bergen (b914) raconte l'évolution religieuse d'un enfant que les parents avaient soustrait avec le plus grand soin à toute influence susceptible d'éveiller en lui une idée religieuse. A 7 ans il demanda : « Père, comment sont venues les premières grenouilles ? — D'œufs. — Mais non, je demande comment est venue la première grenouille avant qu'il y en eût une autre pour pondre des œufs. » A 15 ans il alla trouver sa mère et lui dit : « Il doit y avoir un pouvoir dirigeant le monde matériel et les vivants, je ne peux dire ce qu'il est, je me le représente comme un homme supérieur et bienfaisant. Il m'est impossible de n'y pas penser et je vais passer toute ma vie à poursuivre cette idée. »

Très intéressantes sous ce rapport sont les observations sur les *sourdes-muettes-aveugles*. H. KELLER avant 10 ans demandait dès qu'elle sut écrire : « D'où puis-je venir ? Où irai-je après ma mort ? » Elle était arrivée d'elle-même à comprendre qu'un pouvoir supérieur avait fait le Ciel et la Terre ; elle avait même placé sur son pupitre à écrire une interrogation demandant qu'on voulût bien lui indiquer le nom de ce pouvoir supérieur. Sa joie fut immense lorsqu'on lui enseigna pour la première fois ce qu'était Dieu (b940). Laura BRIDGMANN, instruite par le Dr HOWE imbu des idées de ROUSSEAU, n'avait reçu d'autre élément d'instruction religieuse que la connaissance du principe de causalité, mais elle conclut d'elle-même à l'existence d'une force surhumaine et pressa son maître de questions jusqu'à ce qu'il lui eût appris l'existence de la Cause première (b911 248) ; elle se montra ensuite pleinement satisfaite de cette explication. Marie Heurtin et Marthe Obrecht (b911 13-4 234) ne semblent pas avoir d'elles-mêmes atteint nettement la connaissance de Dieu, mais leur joie débordante, en apprenant l'existence d'un Créateur plus grand que tous et Père de tous, montre à quel point leurs éléments de connaissance s'harmonisaient dans la possession de cette vérité : « Impossible de décrire l'impression produite chez M. Obrecht par la connaissance de cette première vérité d'un ordre supérieur. L'immensité de Dieu l'a aussi beaucoup frappée. La pensée que ce Dieu souverain voit tout, même nos plus secrètes pensées, l'a beaucoup émue. Et maintenant, quand on veut arrêter chez elle quelque petite saillie d'humeur, il suffit de lui dire que le bon Dieu la voit. » (b911 234.)

3° *Expérimentation.*

I. *Enquêtes.*

La récente enquête de Pohlmann sur le cercle d'idées religieuses chez les enfants de 6 à 7 ans à l'entrée à l'école (b100 2° éd. t. 1 372-4) a inspiré à son auteur des conclusions qui dépassent les faits. Les concepts purement dogmatiques seraient inaccessibles aux enfants de cet âge : la foi, c'est ce que la mère a dit ; la Rédemption (en allemand *Erlösung*), c'est enlever les chaines d'un prisonnier. Les représentations témoignent d'un complet anthropomorphisme : le Ciel, c'est l'air ; là sont le Bon Dieu et les anges. La religion est acceptée en grande partie d'autorité : les analogies pour exprimer les choses religieusessont fournies par la parole et l'exemple des éducateurs.

Les enquêtes sur les idéals d'enfants sont une source de renseignements sur leur mentalité religieuse. Citons celles de Barnes sur 2100 enfants de 8 à 13 ans dans les écoles publiques de Londres en 1900 (b913), de Richter sur 3560 enfants des écoles primaires de Saxe, de Goddard en Prusse (b336). La question posée dans toutes ces enquêtes était la même : « A quelle personne aimeriez-vous mieux ressembler parmi celles que vous avez vues, ou dont vous avez entendu parler, ou dont traitaient vos lectures ? » Beaucoup de choix portent sur une personnalité religieuse. Dans ces enquêtes c'est la personne du Christ qui a été choisie le plus souvent

L'enquête de VARENDONCK (b349) sur 745 enfants belges du
pays gantois montre bien la difficulté des observations en cette
matière. Elle est faite en Belgique dans un milieu où certains
enfants sont religieux et cependant les idéals ne sont jamais
choisis parmi des personnages religieux. Au risque de paraître
subtil, nous dirons qu'il y a une nuance importante entre la
question posée dans cette enquête et les précédentes. VAREN-
DONCK demandait : « A quelle personne que vous connaissez
par vos études ou par la conversation voudriez-vous ressembler? » (b349 365.) Cette question met l'accent sur le mot « connaissez » et l'enfant pensera aux personnes avec lesquelles il
est en relations quotidiennes.

Lorsque l'enquête est scolaire, les enfants répondent beaucoup d'après la mentalité de l'enseignement donné à l'école.
La même interrogation posée par VARENDONCK a été faite à des
enfants très peu religieux d'une école de Volenbeeck près
Bruxelles. Sur 19 garçons de 7 à 10 ans, 4 choisirent des saints
et donnèrent des motifs de vertus pour les autres idéals choisis ; sur 18 garçons de 11 à 15 ans, 9 choisirent des saints. L'enseignement de cette école était ouvertement religieux (b950).

SCHÄFER fit en 1912 à Berlin une enquête sur les motifs de
moralité auprès de 1250 enfants, garçons et filles, de 12 à
17 ans. La question posée était la suivante : « Pourquoi le vol
est-il défendu? » Les motifs furent divisés en 3 catégories :
motifs religieux (crainte du feu de l'enfer ou de la perte de
l'âme, respect de la loi divine, etc.), motifs non religieux personnels (châtiment, honte devant les autres, honte à ses propres yeux), motifs familiaux (déshonneur et douleur des parents), motifs sociaux (tort fait au prochain, sentiment de la
justice, respect de l'autorité et des lois). Le tableau suivant
résume les principales conclusions :

MOTIFS	12 ANS	13 ANS	14 ANS	15 ANS	16 ANS	17 ANS
Religieux	48,4 %	46 %	36 %	16 %	17,8 %	11,1 %
Personnels	12,6 %	18,5 %	20 %	28 %	29 %	27,1 %
Familiaux.......	1,6 %	1,3 %	0	9	9	1,2 %
Sociaux.........	37,4 %	34,2 %	44 %	56 %	53,2 %	60,5 %

Cette enquête portait sur des sujets en majorité protestants; elle témoigne d'une descente particulièrement rapide pour l'estime de l'idéal religieux entre 14 et 15 ans; or c'est précisément dans l'Église évangélique l'époque où se donne l'enseignement pour la Confirmation. Schäfer insinue que parmi les enquêtés il y avait des catholiques pour qui l'allure de la variation présentait un autre aspect (Cf. b952).

On peut rapprocher de cette enquête celle de Lévy-Suhl. Soixante et onze jeunes criminels du ressort de la Justice de Berlin eurent à répondre à cette question: « Pourquoi ne faut-il pas voler? » Le motif religieux est très rarement mis en avant (b943). La forme de la question suggérait facilement la réponse difficile à interpréter: « Parce que c'est défendu »; aussi Schäfer modifia l'interrogation.

II. *Compositions ou interrogations sur des sujets religieux.*

· Le R. P. Lindworsky S. J. soutient avec raison que la meilleure méthode pour connaître les sentiments religieux de l'enfant est d'étudier ses compositions libres sur des sujets religieux. L'enfant est en général très ignorant, la question posée, même claire et simple, est souvent mal comprise; de plus la vie religieuse est faite surtout de démarches intimes venant du cœur et on est plus certain de l'atteindre dans son fond en laissant l'enfant s'exprimer sans contrainte (b944).

Les expériences d'Henseling se rapprochent de cette méthode. Il raconte aux enfants un trait miraculeux de l'Ancien ou du Nouveau Testament ; ils font ensuite leurs remarques spontanées sur le récit. Les observations portent sur des enfants de 6 à 10 ans (b934-5). Voici les conclusions: « Les enfants ne sont ni naïvement crédules, ni sceptiquement critiques; mais ils développent toujours de plus en plus chez eux le sens du réel, ce qui n'empêche pas que le miracle (juste-

ment en tant que miracle) est accepté par eux, encore
tard et très tard, sans le moindre sentiment d'opposition. » (b934 45.)

Les compositions proposées par BARNES à des enfants
californiens de 6 à 20 ans portaient sur les doutes religieux, le début de leur apparition, l'âge où ils se manifestent avec le plus d'intensité (b912-3). Selon cet
auteur, l'enfant de 10 ans commence à vouloir se rendre compte, mais n'est-ce pas là autre chose qu'un
doute ? Citons quelques réflexions des enfants de cet
âge données bien facilement comme l'expression de
doutes : « Si Dieu savait qu'Adam et Ève devaient manger du fruit, pourquoi ne les a-t-il pas empêchés de le
faire ? — On dit que l'air est plein d'esprits, mais pourquoi ne se heurtent-ils pas ? — Je ne vois pas comment
on pourra toujours vivre au Ciel sans rien faire, mais
probablement nous serons dans un état différent.
— Je ne peux croire qu'au Ciel les mères puissent
être contentes de voir leurs enfants en enfer. » Tous
ceux, qui ont donné l'instruction religieuse aux enfants, ont provoqué ces difficultés et ils savent bien
que *difficulté n'est pas doute ;* tel enfant qui pose les
objections les plus sérieuses n'a pas l'ombre d'un doute
sur sa foi, il constate des mystères et c'est tout.

49. Critique des expériences et conclusions. On peut
distinguer dans les études précédentes plusieurs
points de vue : 1° L'enfant peut-il par ses seuls
moyens, en dehors de l'éducation, arriver à la connaissance de Dieu ? 2° Sous quelles formes se manifeste
le sens religieux aux différents âges ? 3° Y a-t-il nécessairement une crise, une conversion ?

1° A la première question les expériences citées

permettent de répondre affirmativement; les exemples de Ballard, d'Estrella, H. Keller, L. Bridgman, etc., le montrent avec évidence. Un point plus manifeste encore est *l'extraordinaire facilité de l'enfant pour atteindre Dieu au sens philosophique du mot*, comme Cause première, Sagesse infinie, rémunérateur et vengeur; il n'y a d'ailleurs rien là qui ne soit de plein accord avec l'évolution de la pensée logique (cf. n° 37).

On a souvent objecté que l'enfant comprend seulement les formes inférieures de la religion, que son culte est tout extérieur et superficiel (b265); mais on confond l'essence de la religion avec sa pratique et ses conséquences. L'enfant a de Dieu le concept qu'en avait Aristote, celui d'une cause première, d'un premier moteur des astres. On objecte qu'il se représente Dieu sous une forme matérielle, mais l'enfant ne pense-t-il pas en même temps que cette grossière représentation est bien loin de montrer Dieu tel qu'il est? Il faut d'ailleurs accorder que, si l'éducation ne précise pas la connaissance des réalités spirituelles, l'homme cédera bien souvent à la tendance de tout matérialiser. Quoi qu'il en soit, le concept fondamental que l'enfant se forme de Dieu est juste.

Les expériences montrent également que l'on ne trouve pas chez l'enfant le sentiment religieux à l'état d'intuition affective dépouillée presque entièrement d'éléments intellectuels.

Il est de toute évidence que l'enfant de très bonne heure est *très apte à recevoir un enseignement religieux exact et précis*.

2° Il est difficile de tirer des observations citées quelques conclusions précises certaines sur l'évolution du sens religieux. Malgré tout le talent des enquêteurs

une généralisation de leurs conclusions échoue devant
les objections suivantes :

I. La distinction entre motifs altruistes et motifs religieux est dans l'ensemble plus factice que vraie. Sans
doute agir pour autrui ne suppose pas toujours un motif
religieux, mais on peut agir pour le prochain, par
exemple par affection pour les parents, à un point de
vue religieux, puisque la religion commande le respect
des parents et l'amour du prochain. Il reste donc un
doute sur l'intention profonde de l'enfant et on ne
saurait, sans plus ample informé, conclure de l'enquête de Schäfer que les motifs religieux ont à partir
de 12 ans une influence de moins en moins grande sur
la conduite.

II. Dans les enquêtes sur les idéals d'enfants, le sens
du mot *aimer* est loin d'être assez précisé dans cette
question : « A quelle personne aimeriez-vous le mieux
ressembler? » L'amour senti n'est pas l'amour d'estime : on peut ressentir plus vivement l'attrait pour
telle occupation ou pour telle personne et cependant
avoir pour telle autre une grande affection d'estime :
c'est ainsi que des attractions puissantes sont sacri-
fiées au devoir, que telle affection est négligée pour ne
pas mécontenter un père envers lequel on ne ressent
pas une tendresse aussi vive; c'est ainsi dans un autre
sens que par faiblesse on agit contre la raison et le
devoir. Dans quel sens les sujets ont-ils pris le mot
aimer? La proportion des réponses donnant un idéal
religieux aurait été probablement bien plus forte, si
la question avait été ainsi formulée : « A quelle personne voudriez-vous ressembler pour mériter votre
propre estime? »

III. Toutes les observations aboutissent à constater

la grande influence du milieu sur l'évolution du sentiment religieux et presque toutes ont été faites dans des
milieux principalement protestants. Or la mentalité
donnée par le protestantisme n'est pas celle qu'inspire
le catholicisme. Höffding a fait justement remarquer
que le premier conduit à l'individualisme et le second
au respect de l'autorité : rien de plus juste, si on ne
pense pas, comme le philosophe de Copenhague, que
ce respect communique à la pensée catholique une
attitude antiscientifique. Le protestant, quand il grandit, a sur bien des points à se faire lui-même sa religion ; le catholique au contraire fonde sa croyance sur
une autorité toujours vivante et il en résulte que,
comme catholique, il ne trouvera pas matière à doutes
dans les dogmes, tant que l'autorité sera entière
à ses yeux. Si donc sa foi à l'autorité de l'Église est
affermie par les circonstances, l'attachement de l'esprit
de l'enfant à l'ensemble de la doctrine religieuse sera
grandi du même coup. Tous ceux qui ont suivi de près
de jeunes catholiques élevés dans des écoles catholiques ont pu constater que pour l'ensemble le sentiment religieux n'était pas en baisse de 13 à 18 ans. Si
entre 18 et 21 ans ce sentiment se manifeste moins
dans les paroles courantes, il n'est pas difficile dans des
conversations sérieuses de toucher une foi convain-
cue, capable même de s'affirmer par des sacrifices
héroïques. Mais en revanche il est bien certain que le
catholique, mis entre 6 et 13 ans dans une école où on
ne lui parle pas de religion, sera soumis à une épreuve
redoutable. L'autorité des parents lui a transmis un
enseignement, l'autorité du maître semble ignorer
toutes ces vérités qui lui ont été présentées comme
fondamentales ; l'enfant, fait pour être enseigné, très

logique au fond quand il s'agit des conséquences de ce
qu'il tient pour vrai, conciliera difficilement ces deux
faits. Or pour le catholique la diminution de l'autorité
enseignante est particulièrement éprouvante.

On peut rapprocher des réflexions précédentes l'enquête
faite en 1904 par SCHILLER, le célèbre humaniste d'Oxford, sur
les fondements de la croyance religieuse parmi les protestants
anglais adultes. L'immense majorité des réponses donne l'autorité pour motif de croyance. Les expériences que nous avons
citées établissent a fortiori cette thèse pour les enfants et les
jeunes gens. Nous ne pensons pas que la vérité d'une religion
puisse être établie par des expériences de ce genre; elles
manifestent cependant que le catholicisme s'harmonise tout
spécialement avec les conceptions religieuses de l'enfant et du
jeune homme.

3° D'après S. HALL, la *conversion* au sens indiqué
plus haut serait un phénomène normal, universel,
nécessaire, accompagné en général à ses débuts d'une
crise de doutes. Les doutes commenceraient vers
11 ans et l'activité critique augmenterait jusqu'à 12 ou
14 ans pour s'affaiblir vers 15 ans. Cette diminution
d'activité critique aurait son explication dans ce fait
obvie que les premières recherches de l'enfant abou-
tiraient à le convaincre de l'impossibilité d'atteindre
le pourquoi de bien des points; par suite il s'abstien-
drait de chercher davantage. STARBUCK indique chez
les 2/3 des sujets une crise de doutes à l'époque de
l'adolescence (b954 ch. VIII); HALL remarque que sur
plus de 700 jeunes gens protestants enquêtés très peu
avaient échappé à des doutes sérieux (b69 t. 2 318).
Pour les raisons indiquées précédemment ces conclusions ne sauraient s'étendre aux jeunes gens et enfants
catholiques élevés dans un milieu catholique et

l'expérience obvie constate en effet que dans l'ensemble il en est pour eux tout autrement.

4° Les expériences d'ensemble n'ont pas jusqu'ici cherché à atteindre le *surnaturel* dans l'âme de l'enfant. S'il est impossible de faire tomber directement le surnaturel sous des expériences collectives, il est un point qui n'échappe pas à l'observation, c'est son action visible sur la conduite de ceux qui affirment en vivre, sans parler de ce que peut rapporter l'expérience introspective personnelle des enfants et des jeunes gens. Un point semble assez facilement accessible à l'enquête, ce sont les modifications survenues dans la conduite des enfants à l'occasion de *la réception des sacrements*. Aucun de ceux qui ont suivi de près l'enfant ne mettra en doute l'immense influence sur sa conduite des sacrements reçus avec piété, du moins dans la religion catholique. Il est cependant certain que les observations strictement scientifiques sur une telle matière présentent les plus graves et les plus délicates difficultés : cette question dépasse d'ailleurs et de beaucoup les limites restreintes d'un traité de psychologie pédagogique et se rapporterait à l'étude de l'action sur l'élève de celui qui est l'éducateur par excellence, de Dieu (Cf. n° 2 1° L'éducateur).

§ 2. — *ÉVOLUTION DU SENS MORAL*

50. Expériences et résultats. Les expériences sur le sens moral ont porté sur le sentiment du devoir, du juste et de l'injuste, l'estime des qualités morales. Il faut ajouter à ces observations les recherches sur le sens de l'honneur, qui se rapporte presque toujours à l'estime d'autrui pour nos qualités morales.

Les méthodes employées ont été les mêmes que pour l'étude du sens religieux.

On ne peut demander à l'enfant une *conscience morale* qui ne le trompe pas et les moralistes savent bien que les hommes peuvent errer sur les conclusions lointaines des principes de la loi naturelle. Mlle DESCOEUDRES demanda à 14 adultes cultivés de ranger 6 mensonges par ordre de gravité; les 14 classements furent tous différents. SHARP posa à 140 étudiants de l'Université de Wisconsin plusieurs cas de conscience : « Un médecin peut-il empoisonner un cancéreux sur le désir du malade? — Que doit faire un homme placé dans l'alternative de sauver son enfant ou un train de voyageurs qui déraille? » Les réponses furent très différentes (b998). Au début l'enfant identifie pratiquement dans leur application les notions du bien et du mal avec ce qui est ordonné ou permis et défendu (b985) et en cela il n'a pas si grand tort : le mal est pour lui ce qui est défendu par la loi dont le code vivant est son père et sa mère. OSBORNE fit à de nombreux enfants de 9 à 11 ans la question suivante : « Que doit faire un enfant pour être bon ou mauvais? »; plus de la moitié donnèrent l'*obéissance* comme criterium (b990).

L'enfant révèle nettement qu'il possède *le sens du juste et de l'injuste*. Déjà dans ses premières années il a l'instinct de la propriété personnelle et ne supporte pas même qu'on touche à ce qui lui appartient. Dès avant la troisième année, il réagit très différemment vis-à-vis d'une punition juste ou injuste; de même il accueille volontiers les compliments mérités et manifeste une gêne visible à l'occasion de ceux qui ne le sont pas. Mais ce n'est que plus tard qu'il ressent l'injustice envers autrui; ce résultat pouvait être prévu d'après ce qui a été dit de l'évolution générale des intérêts (n° 21 p. 88). Si on réunit les documents fournis par l'enquête de Kline sur 2384 enfants de 8 à 18 ans et par celle de Mlle Ioteyko sur 158 élèves belges de 15 à 19 ans, on constate qu'au début le juste et l'injuste sont plutôt estimés par des motifs émotionnels et qu'avec le progrès de l'âge les appréciations deviennent plus impersonnelles et plus objectives. Les questions posées par Mlle Ioteyko étaient très bien choisies pour le but de l'enquête : « Avez-vous été déjà puni sans l'avoir mérité? — Quelle est la plus grande injustice dont vous avez été témoin? Décrivez-la. — Qu'auriez-vous voulu faire pour l'empêcher de se produire? — Que considérez-vous comme le plus injuste? » (B978; b975.)

Les observations manifestent une profonde influence des préjugés sociaux sur le *sens de l'honneur*. D'après l'enquête de Tanner sur 615 enfants américains, garçons et filles, de 11 à 15 ans, 17 % mentiraient pour protéger un compagnon de jeux, 71 % ne voudraient pas tricher au jeu, 30 % ne dénonceraient pas celui qui tricherait dans un concours, selon l'enquête d'E. Barnes (b1001-2 ; b960). Dans nombre d'établissements d'éducation il y a un code d'honneur traditionnel, parfois écrit. Ce sens de l'honneur manifeste une grande vivacité à partir de l'adolescence.

Les expérimentations sur *l'appréciation des qualités morales* donnent des résultats plus nets, et cela probablement parce que l'enfant est moins limité à un ou deux points de vue pour la réponse à la question; comme le sens religieux (n° 48 p. 203), le sens moral sera beaucoup mieux mis en lumière par des compositions libres.

Roussel a recueilli 3.643 réponses d'écoliers, âgés de 8 à 13 ans, à cette question : « Quelle est la plus belle action dont vous avez été témoin ? » 498 réponses étaient inclassables, par exemple la suivante : « J'ai vu un homme jouer au billard avec son pied. » 1535 indiquaient des actes de dévouement, comme sauver un noyé, etc ; 608 des actes de charité. On a vivement critiqué cette enquête; certaines réponses montrent le désir de paraître, de produire une impression favorable, ou même sont des mensonges. Mais l'enquête n'en prouve pas moins que, d'après ces enfants, l'action la plus digne d'être estimée était le dévouement envers le prochain (b996). Au Japon Lafcadio Hearn demanda de même à 70 garçons japonais « Qu'aimeriez-vous mieux le plus au monde ? » Neuf répondirent : « Mourir pour la personne sacrée de notre empereur. » (B71 t. 1 213.)

L'estime pratique des qualités morales subit une gradation ascendante avec l'âge, comme on le voit par l'enquête sur les amitiés d'écoliers faite par Monroe dans les écoles du Massachussets (enfants de 6 à 16 ans). La question était ainsi posée : « Quel genre de camarades préférez-vous et pourquoi ? » La valeur morale des motifs donnés augmente manifestement avec l'âge : aimable, gai, doux, droit, fidèle, désintéressé. Toutes les expériences concordent d'ailleurs pour établir qu'il faut un certain acquis de points de vue moraux pour avoir un jugement ferme sur la valeur morale des personnes et des actions (b988); ainsi dans l'enquête de Schäfer (n° 48 p. 202), le tant pour cent des motifs religieux et moraux est de 71 % à 15 ans pour les normaux et de 25 % seulement au même âge pour les débiles mentaux.

En définitive le moyen par excellence de connaître le sens moral de l'enfant est l'*observation de sa vie journalière*. Elle montre très nettement que si l'enfant est en général incapable, sans l'aide de l'éducateur, d'unifier sa vie dans la pratique des vertus morales, il peut pratiquer passagèrement des actions héroïques en parfaite connaissance de cause (b962). On constate également de notables inégalités sous le rapport du sens moral. Aidé par ses parents et par ses maîtres, l'enfant se montre souvent capable d'une pratique soutenue des plus belles vertus morales. Il y aurait encore à cette occasion lieu de signaler l'influence prépondérante en cette matière des éléments religieux surnaturels, tels que la réception des sacrements. Nous ne connaissons pas d'enquêtes faites en ce sens selon les règles scientifiques de la méthode expérimentale ; elles ne pourraient d'ailleurs porter que sur la conduite extérieure de ceux qui usent de ces moyens surnaturels et n'atteindront jamais tout, car il leur faudrait toucher aux secrets les plus intimes et les plus légitimes, mais tous les observateurs de bonne foi ont constaté que la prière et l'usage des sacrements étaient des facteurs moralisateurs absolument hors de pair.

§ 3.—*EVOLUTION DES TENDANCES SENSITIVES DANS LEUR RAPPORT A LA VOLONTÉ*

51. Notions. La question de l'évolution des tendances suppose la connaissance de certains enseignements de la psychologie (b1017-8 ; b1020).

La *tendance psychologique* est la disposition à répondre à une excitation psychologique déterminée par des réactions déterminées.

La *tendance sensitive* est donc la disposition à répondre à des excitations sensitives déterminées par des réactions déterminées. Ces excitations sensitives sont les différentes sensations de la vue, de l'ouïe, du toucher externe et interne, du goût, de l'odorat, les sensations musculaires, calorifiques, toutes les modifications affectives de plaisir et de douleur qui revêtent ces différentes sensations ; il faut encore ajouter les images qui reproduisent les diverses modalités de sensations.

Loi de la motricité spécifique : « Chaque connaissance sensible a un effet moteur spécifique. » Le lien qui existe entre une connaissance sensible et sa réaction motrice spécifique est précisément la tendance sensible (b1020 185s).

On distingue parmi les tendances sensitives les *instincts* et les *habitudes*.

L'instinct est une tendance sensitive innée, c'est-à-dire indépendante de l'éducation et des efforts volontaires de l'individu; elle est également spécifique, commune à tous les sujets d'une même espèce animale, dans le cas qui nous occupe à tous les hommes. Les différents paragraphes de l'article II du chapitre I ont signalé un grand nombre d'instincts chez l'enfant.

Les *habitudes* ou tendances acquises se forment en vertu des lois de reviviscence des états psychologiques: « Les états psychologiques passés ont une tendance à se reproduire; ils se reproduisent de fait dans la mesure où cette tendance à la reviviscence se compose avec les tendances qui répondent à l'état de conscience du moment [1]. » Une connaissance sensible peut

1. P. JANET, *Cours du Collège de France sur les tendances* (inédit) 1909-10.

par l'influence de l'éducateur ou la volonté de l'enfant être associée à telle ou telle réaction motrice ; ce complexe connaissance-réaction aura par suite une tendance à revivre, tendance d'autant plus forte que l'association de la réaction motrice à la sensation aura été plus souvent répétée et avec une liaison plus énergique. Ces habitudes acquises sont innombrables chez l'homme ; il est vraiment, après quelques années de vie, un faisceau d'habitudes : « Le quatre-vingt-dix-neuf pour cent de notre activité est purement automatique et habituel, de notre lever à notre coucher. La façon dont nous mettons nos habits et les ôtons, dont nous mangeons et buvons, nos salutations, nos adieux, nos coups de chapeau, nos actes de politesse et même les formes de notre langage ordinaire, sont des faits tellement fixés par la répétition qu'on pourrait presque les appeler des actions réflexes. » (b77 tr. fr. 62.) A la fin du premier tiers de la vie normale, l'homme a entre les mains tout un système de réponses aux influences du milieu.

L'importance de l'acquisition des habitudes est immense. La tendance acquise rend l'exécution des actes plus rapide, plus facile, plus précise, plus parfaite, mais le principal de ses avantages est de rendre l'acte comme spontané et automatique ; l'attention volontaire est libérée d'autant et peut se porter vers d'autres objets. Donc : « Le devoir du pédagogue est de pourvoir ses élèves d'un ensemble d'habitudes extrêmement utiles dans leur vie. L'éducation a pour but de former la conduite ; les habitudes sont l'étoffe même de cette dernière. » (b77 tr. fr. 63.)

Il y a donc grave erreur en cette matière de la part de KANT et de ROUSSEAU : « Plus un homme a d'habitudes, lit-on dans la

Pédagogie, moins il est libre et indépendant. Il en est des hommes comme des animaux; ils conservent plus tard un certain penchant pour ce à quoi on les a de bonne heure accoutumés. Il faut donc empêcher les enfants de s'habituer à quelque chose et ne laisser naître en eux aucune habitude. » (b79 tr. fr. 70.) Voici la doctrine de *l'Emile*: « La seule habitude qu'on doit laisser prendre à l'enfant est de n'en contracter aucune; qu'on ne le porte pas plus sur un bras que sur l'autre; qu'on ne l'accoutume pas à présenter une main plutôt que, l'autre, à s'en servir plus souvent, à vouloir manger, dormir agir aux mêmes heures, à ne pouvoir rester seul ni nuit, ni jour. Préparez de loin le règne de sa liberté et l'usage de ses forces, en laissant à son corps l'habitude naturelle, en le mettant en état d'être toujours maître de lui-même, et de faire en toutes choses sa volonté sitôt qu'il en aura une [1]. » Si l'on suivait cette recommandation, la volonté serait obligée d'intervenir pour la réalisation des moindres détails de la vie quotidienne; loin d'acquérir à ce jeu de l'indépendance, elle y gagnerait d'être constamment asservie aux occupations matérielles. La vérité est dans la thèse soutenue par JAMES : « La grande affaire, en éducation, est de faire de notre système nerveux un allié et non un ennemi; c'est de capitaliser nos acquisitions et de vivre à l'aise avec leurs intérêts. Pour cela nous devons rendre automatiques et habituelles, aussitôt que nous le pouvons, autant d'actions utiles que possible, et nous garder avec grand soin de tout ce qui pourrait devenir des habitudes nuisibles. Plus nous confierons de détails de notre vie journalière à la garde de l'automatisme, d'où tout effort a disparu, plus aussi les pouvoirs supérieurs de l'esprit seront libres d'accomplir leur tâche. Parmi les humains, il n'en est pas de plus misérable que celui qui n'a d'autre habitude que l'indécision, et pour qui chaque cigare qu'il allume, chaque verre qu'il vide, l'heure où il se lève et où il se couche chaque jour, le commencement enfin du moindre petit travail, sont l'objet d'une délibération et d'une volition expresses... Celui chez qui telle de ses opérations quotidiennes n'est pas encore imprimée par l'habitude ne doit pas perdre une minute pour réparer ce désordre. » (b77 tr. fr. 63-4.)

1. Ed. Didot 1857 41.

52. Lois des tendances instinctives. 1° *Lois de spécialisation.* — « Tout instinct qui s'est une fois satisfait dans un objet est exposé à s'y complaire exclusivement et à perdre ses impulsions naturelles vers les
objets de même nature.

« Si un objet est susceptible d'éveiller deux tendances contraires, le fait de développer l'une entraînera
le fait d'inhiber l'autre qui sera par rapport à cet objet
comme un instinct mort-né. » (b1018 tr. fr. 531-4.)

Ces deux lois sont en somme un corollaire des lois
de la reviviscence des états psychologiques : elles
sont d'ailleurs vérifiées par une induction portant
sur tous les membres de la série animale depuis la pa-
telle jusqu'à l'homme. Elles ont d'importantes conséquences pédagogiques :

I. La facilité de spécialisation des instincts au moment de leur apparition exige une *surveillance très
attentive* sur les objets que rencontre l'enfant au moment où ses tendances s'éveillent; sinon cette orientation des instincts se fera au hasard, souvent dans
une direction dangereuse. HERBART dit avec raison :
« C'est dans les premières années, où la surveillance
est encore facile et où toute influence s'exerce plus
sûrement sur le sentiment, que doit être posée la base
de l'éducation; à cette époque, lorsque c'est possible,
les familles doivent avoir le plus possible leurs enfants sous les yeux. » (b74 § 317.) Il s'agit d'entraver
l'organisation des tendances mauvaises et de mettre à
la portée des bonnes les objets dont elles ont besoin
pour s'exercer. Des mercenaires, même dévoués, rempliront rarement bien ce rôle : il ne demande pas
moins que la dépense des trésors de sollicitude qui
sont la richesse du cœur maternel. C'est là un grand

assujettissement pour la mère, mais c'est le bien de son enfant et c'est aussi sa dignité maternelle qui la constitue providence du tout petit.

II. La surveillance doit en particulier éviter que les tendances n'aient une issue affective. Le plaisir et la douleur sensibles ne sont pas le terme naturel des tendances de l'enfant, mais une modalité de ses opérations psychologiques qui tend à renforcer celles qui sont utiles, à inhiber celles qui sont nuisibles. S. HALL recommande en particulier de veiller avec soin sur la manière dont les enfants sont touchés ; d'après toutes les observations, ces contacts exercent sur eux une influence profonde qui peut avoir d'importantes et fâcheuses conséquences (b71 t. 1 246).

2° *Lois d'évolution*. — « Nombre d'instincts se déve‧ loppent à un certain âge, puis disparaissent.

« Si l'instinct a pu fonctionner à l'époque de son énergie maxima, il s'est doublé d'une habitude qui lui survit et prolonge ses réactions. » (b1018 tr. fr. 535.)

Il faut donc surveiller l'apparition des tendances utiles, leur fournir une application, faire fonctionner au moment de leur maximum celles qui seront dans l'avenir profitables à l'enfant.

3° *Loi d'inhibition*. — « Une tendance instinctive, avant la période de caducité, est uniquement neutralisée par la tendance contraire. »

Le pouvoir inhibiteur par excellence des tendances est l'activité volontaire dont nous parlerons bientôt, mais on peut se proposer de placer au sein même de la vie sensitive un mécanisme inhibiteur de telle inclination : « Il ne s'agit plus de détruire l'application de la tendance à un objet déterminé, mais de développer en soi une tendance inhibitrice de la première, s'éveillant avec elle et neutralisant son action ; c'est donc pour ainsi dire dans la tendance même qu'il faut placer l'obstacle auquel elle se heurtera. BAIN conseille l'association du plaisir et de la peine avec les instincts selon qu'on veut les encourager ou les réprimer, et en effet la tendance réclamant son exercice suscite en vertu de la loi de rédintégration l'image du châtiment corporel qui l'a accompagnée autrefois, image qui réveille la réaction répulsive dont la sensation douloureuse a été suivie. Toute image inhibitrice associée à l'image excitatrice de la réaction nuisible contribuera à enrayer son exercice ; c'est ainsi que la crainte du gendarme inhibe un grand nombre de mauvaises tendances dans l'humanité. La pensée de Dieu et de sa justice, la mortification corporelle, peuvent arriver à paralyser entièrement les tendances perverses. » (b1020 216.)

Signalons deux *conséquences pédagogiques* de cette loi d'inhibition :

I. La surveillance de l'enfant doit écarter de lui ce qui est dangereux, soit pour sa vie présente, soit pour son avenir; elle ne doit nullement prendre pour but de supprimer tout ce qui peut le faire souffrir. Il n'y a en un sens que des avantages à ce que l'enfant sente vivement les conséquences funestes immédiates de ses actes défectueux; lorsque la douleur vient saisir l'exercice même de l'action nuisible, elle pose dans la vie psychologique une source d'inhibition relative à l'action même (b124 169). *Il ne faut donc pas exagérer la peur du risque;* rien ne remplacera pour l'enfant l'expérience vécue de la douleur (Cf. no 13 p. 58).

II. En vertu de cette même loi d'inhibition on ne

peut qu'approuver la sage et ferme remarque de
S. HALL : « Des pénalités doivent être appliquées immédiatement à chaque acte mauvais, car les conséquences lointaines de la mauvaise conduite sont trop
éloignées pour que l'œil myope de la jeunesse puisse
les apprécier. » (b71 t. 1 247.) Les conséquences lointaines peuvent être un excellent motif pour l'intervention de la volonté inhibitrice, mais le petit enfant est
peu capable de faire mouvoir sa volonté par le ressort
de telles excitations beaucoup trop abstraites pour lui ;
d'ailleurs cette intervention de la volonté sera peut-
être capable d'arrêter la tendance défectueuse, mais
elle ne la détruira pas, comme le proclame la loi d'inhibition. Cette loi justifie donc pleinement l'usage des
châtiments corporels employés avec discrétion pour
le plus grand bien de l'enfant.

III. Tout spécialement les parents doivent *immédiatement réprimer et punir ce qui est mépris de leur
autorité ;* sans doute ces châtiments doivent être donnés de manière que l'enfant comprenne que les parents
veulent son bien et l'aiment, mais ils ne doivent pas
être omis : « La parole des parents est loi ; elle est
un ordre que l'enfant doit bien accueillir et se réjouir
d'accomplir dans la mesure où il les respecte et les
aime. » (b 71 t. 1 247.) Tout ce qui est révolte contre
l'autorité légitime doit être rigoureusement châtié :
il faut bien se dire que les sentiments de respect et
d'amour pour les parents sont transposés vers Dieu,
et, si les parents n'ont pas eu la science de se faire
absolument respecter, il y a peu d'espoir que l'enfant
respecte l'autorité et la loi de Dieu.

§ 4. — ÉVOLUTION
DE L'ACTIVITÉ VOLONTAIRE FORMELLE

53. Notions. D'après ce qui a été exposé au n° 46, les expériences sur l'exercice de l'activité volontaire conduisent à placer son point d'application immédiat dans le *maintien au sein de la conscience d'un jugement de valeur*.

Je vais à mes affaires par une matinée d'hiver; un pauvre est là sur ma route qui demande l'aumône. Cette pensée se lève dans ma conscience: il convient de secourir ce malheureux. La volonté peut laisser le courant de la vie psychologique entraîner ce jugement charitable, elle peut au contraire l'arrêter au passage, l'adopter, le faire sien — et c'est là précisément le point d'application immédiate de son exercice. Sans doute ce n'est pas au jugement de valeur que la volonté s'attache, mais au bien qu'il présente, au secours du pauvre; cependant, comme les expériences l'ont établi, l'effet de cette affection est tout d'abord le maintien dans la conscience du jugement de valeur qui a présenté le bien.

La volonté exerce d'ailleurs cette mainmise de plusieurs manières. Elle se contente d'une simple complaisance dans la beauté de l'aumône; le seul effet sera le maintien plus ou moins durable du jugement de valeur, la conduite extérieure n'en sera pas immédiatement modifiée. La volonté peut faire plus, elle projette l'exécution: il serait bien de faire l'aumône à ce pauvre. C'est comme un projet d'exécution, une *velléité*; le mécanisme sensitif aura par contre-coup une impulsion initiale à se mettre en branle pour réaliser les actions nécessaires à l'exercice de la charité. Enfin, troisième hypothèse, la volonté maintient dans la conscience le jugement suivant : il faut prendre mon porte-monnaie, l'ouvrir, choisir telle pièce de monnaie, aller à ce pauvre, lui mettre cet argent dans la main en disant telle bonne parole. C'est la *volonté efficace*. Si ce jugement est maintenu dans la conscience, je mettrai la main à la poche, je prendrai mon porte-monnaie, l'ouvrirai, prendrai la pièce, mes jambes se mettront en mouvement, ma main se dirigera vers celle du pauvre pour déposer mon aumône, ma langue articulera les paroles projetées, car j'ai des mécanismes sensitifs tout formés, instincts ou tendances acquises, pour exécuter ces diverses réactions.

Le processus de l'activité volontaire est en réalité beaucoup plus complexe que l'aperçu présenté par ce schéma ; les excitations internes et externes, les images du passé, se pressent et se heurtent dans le champ de la conscience, suscitant bien des jugements de valeur qui sont souvent de sens différents.

Multiples étaient les motifs capables de dicter cette pensée : il est bon de faire l'aumône. Il y a l'intérêt de la popularité, le désir de ne pas paraître égoïste, la sympathie naturelle pour le prochain qui souffre, l'esprit de solidarité, l'amour et le respect du pauvre qui représente la personne de Jésus-Christ, bien d'autres encore. Mais nombreux aussi se présentent les motifs opposés : il fait froid, ce serait gênant de prendre le porte-monnaie et de l'ouvrir ; je suis pressé par l'heure et, si je m'arrête, il faudra me hâter ; je ne sais si ce pauvre est digne d'intérêt ; s'il fallait faire l'aumône à tous les pauvres, je serais bientôt obligé de tendre moi-même la main.

Pour que je fasse l'aumône, il est absolument

nécessaire que je ne laisse pas ces jugements en sens contraire prendre pied dans ma conscience; ils ne commandent aucune tendance sensible qui aboutisse à me faire ouvrir ma bourse. Il y aura donc lieu d'arrêter à la porte ces jugements, de les empêcher d'envahir, de les inhiber. *Pouvoir de maintien, pouvoir d'inhibition.* Et cette seconde puissance est manifestement subordonnée à la première : la volonté n'est mise en acte que par la vue du bien, elle n'inhibera qu'en maintenant un jugement manifestant le bien fondé de cette inhibition.

En un sens tout se réduit donc dans l'activité volontaire à établir la prépondérance de certains jugements au détriment de certains autres, à maintenir et à inhiber pour maintenir (b1018 19).

Dans cette lutte des motifs pour l'existence la volonté a deux attitudes bien différentes. *Pour accepter* un bien présenté, elle n'a pour ainsi dire qu'à *se laisser faire*, qu'à consentir à l'inclination qui la pousse vers ce bien ; mais pour refuser d'accepter un bien présenté, *pour inhiber*, il en va tout autrement. La volonté doit résister à la sollicitation qui l'attire, elle doit résolument regarder ailleurs, s'armer au besoin de puissants motifs pour entrer en lutte avec l'envahisseur, elle doit *faire effort*.

C'est ce qui arrive sans cesse dans la lutte entre la voix du devoir et les attraits des sens, l'amour-propre. Si on excepte quelques volontés qui, par des efforts vigoureux et constants, se sont acquis comme une seconde nature dont le devoir est l'âme, la pensée vertueuse ne se présente pas toujours et surtout ne se maintient pas d'elle-même dans la conscience, tandis que le corps ne cesse de réclamer ses aises et ses

plaisirs, tandis que l'amour-propre prétend toujours à
ce qui peut, légitimement ou non, le grandir aux yeux
d'autrui, réclamations et prétentions souvent opposées
aux exigences du devoir. Restons neutres, laissons ces
motifs contraires se livrer bataille, il n'est que trop
facile de prédire l'issue de la lutte ; mais la volonté est
là, par l'effort elle peut maintenir la parole au devoir,
inhiber les protestations contraires. Aussi c'est dans
l'effort, dans la lutte, que la volonté affirme sa puissance. Le savant E. Morselli a exprimé cette conclusion des études expérimentales sur la volonté en une
phrase vigoureuse : « Toute notre vie mentale est contraste entre l'inhibition et l'impulsion ; tout ce qui est
vraiment noble et grand est d'origine inhibitrice[1]. »

Les maîtres de la vie spirituelle ont placé à la base de l'ascétisme *la mort à soi-même* ; leur pensée est qu'il faut savoir
immoler au devoir, à la volonté divine, les inclinations des
sens et de l'amour-propre, non que l'on doit détruire l'activité,
l'initiative personnelle. C'est bien *l'effort volontaire actif* que
Saint Ignace de Loyola recommande dans sa célèbre maxime
agere contra : « Agir contre la sensualité, l'amour charnel et
l'amour du monde[2]. »

Lorsque la volonté est habituellement capable de
suivre la ligne de résistance, elle est forte, celui qui la
possède a du *caractère*. Avoir du caractère, selon
Kant : « C'est posséder cette propriété de la volonté
par laquelle le sujet s'attache à des principes pratiques
déterminés qu'il s'est invariablement posés[3]. » Notion
exacte, pourvu que l'on admette que rompre avec une

1. *Limiti della coscienza*, Riv. di filos. sept.-oct. 1913 (Gênes For-
miggini 20).
2. *Exercices spirituels*, *Règne de J. C.*
3. *Anthropologie* 2ᵉ p., tr. Tissot 277.

ligne de conduite longtemps suivie pour se diriger d'après des principes supérieurs est encore montrer du caractère.

L'habitude ne se contente pas de régir les tendances de la vie sensitive : elle joue aussi un rôle, et des plus importants, dans la sphère volontaire ; il y a des *habitudes de volonté*. Chaque fois que la volonté se conforme à un jugement de valeur, il y a par ce fait même une tendance à s'y attacher de nouveau ; si cette conformité de la volonté se produit souvent par rapport au même objet, une habitude d'acquiescement volontaire est formée. Je suis soldat, la sonnerie du clairon sera en général suivie d'une adhésion simple de ma volonté à me rendre à l'exercice désigné.

Il est beaucoup plus facile d'acquérir des habitudes selon les lignes d'impulsion que suivant celles d'inhibition et de résistance ; si par exemple je cède volontairement à une impulsion sensitive, une double habitude peut commencer à se former, l'une sensitive, l'autre volontaire. La première fera que le motif sensible sera présenté avec plus de force à la prochaine occasion, et ainsi pour deux raisons la volonté sera plus fortement inclinée vers l'acquiescement. Au contraire le seul fait d'inhiber une tendance sensitive ne la diminue pas (n° 52 p. 218).

Cette loi de l'habitude, avec ses inéluctables conséquences pour l'avenir, est bien faite pour attirer la constante attention de l'éducateur : « Si seulement les jeunes gens pouvaient comprendre, dit W. JAMES, combien vite ils deviendront de simples paquets ambulants d'habitudes, ils feraient plus attention à leur conduite pendant que leur caractère est encore plastique. Nous filons nous-mêmes le fil de notre destinée, bon ou mauvais, et qui jamais ne sera défait. La moindre parcelle

de vice ou de vertu laisse une cicatrice qui n'est jamais imper-
ceptible. Dans la comédie de Jefferson, l'ivrogne Rip van Winkle
se pardonne à lui-même chaque fois qu'il se laisse aller de
nouveau à sa passion, en disant : « Cette fois-ci ne comptera
pas. » Peut-être que lui ne la compte pas et que la miséricorde
du Ciel ne la compte pas non plus; mais elle n'en est pas moins
comptée quelque part. Au fond de ses cellules et de ses fibres
nerveuses, les molécules sont en train de la compter, de l'ins-
crire, de l'emmaganiser, pour s'en servir contre lui à l'heure
de la prochaine tentation. A parler d'une manière strictement
scientifique, jamais rien de ce que nous faisons ne peut être
effacé. » (b77 tr. fr. 72). Rien de plus exact, pourvu que l'on
ajoute la possibilité de paralyser une habitude par une autre
et qu'on n'oublie pas à côté de la trace sensitive la débilitation
laissée dans la volonté par sa concession. Les jeunes gens,
comme dit James, ne le comprennent pas toujours, les enfants
n'y pensent même pas, mais l'éducateur lui doit comprendre
et veiller toujours.

54. Résultats expérimentaux. I. *Inégalité de l'activité volontaire formelle.* Les expériences sur l'attention
(n° 24 p. 104) ont signalé une croissance avec l'âge de
la puissance d'attention volontaire; mais elles n'attei-
gnaient la force de la volonté que dans une matière
déterminée, relativement à une catégorie d'objets. Les
expériences de HILLGRUBER, exécutées en 1912 sous la
direction de Ach, ont essayé de déterminer le plus ou
moins d'activité volontaire *formelle*. L'idée fondamen-
tale de la méthode employée est la suivante : l'exécution d'une plus ou moins grande quantité d'un même
travail pendant un même laps de temps indique le plus
ou moins d'influence de la volonté, à condition que les
autres facteurs interviennent également. On donnait
des suites de mots de 5 syllabes dépourvues de sens :
le sujet devait lire à haute voix chaque mot, puis
échanger la première consonne avec la dernière et

prononcer le nouveau mot ainsi formé. On allait à 3 vitesses différentes : avec la première le temps était surabondant, avec la seconde il n'y avait que le temps indispensable, la troisième était intermédiaire. Les sujets travaillèrent dix minutes chaque jour pendant dix jours consécutifs. Les recherches ont montré que le degré d'influence de la volonté varie avec les sujets et dépend d'une constante individuelle ; la manière de réagir est également très distincte selon les différents tempéraments. Le sujet travaille notablement mieux avec la vitesse rapide qu'avec la lente ; c'est une confirmation de cette loi : « La tension active de la volonté croît avec la difficulté. » (b1029 253). Non seulement le travail est fait plus vite, mais il y a moins de fautes et plus d'uniformité dans l'exécution : l'idée directrice maintenue avec plus d'énergie laisse par là même moins d'entrée aux influences distrayantes (b1031 ; b1038).

II. *Influence de la volonté sur le travail intellectuel.*

Rien n'est plus manifeste : « *Faites donc attention* » est le mot continuel des maîtres, parce que sans attention volontaire les élèves ne comprennent pas et encore moins retiennent-ils. Cela est si vrai que les motifs agissant sur la volonté ont parfois plus d'influence sur le travail que les leçons les plus lucides. Rappelons à ce propos les expériences précises de Mlle Borst (n° 27) : des explications ingénieuses et très méthodiques sur la manière de bien observer les objets donnèrent moins de résultats que l'appel à l'intérêt, au sentiment de la responsabilité, au désir de faire plaisir. Les maîtres, qui suivent de près les élèves, savent quels merveilleux progrès peut faire un enfant désireux de

faire plaisir à ses parents en leur offrant de bonnes
notes et des places brillantes. D'ailleurs pas de travail
intellectuel sans direction du cours des phénomènes
psychologiques qui traversent la conscience; or c'est
la volonté seule qui oriente ce cours vers un but
déterminé.

III. Y a-t-il *transfert des habitudes volontaires?*
« L'enfant contracte des habitudes d'attention, des
habitudes de volonté, des habitudes de persévérance,
etc. — En conséquence une question se pose : une
habitude d'activité volontaire, acquise dans un
domaine, peut-elle se reporter sur d'autres domaines,
sur d'autres activités ? » (b1010 28). Les expériences
de Acu permettent de conclure à l'affirmative; l'observation courante le confirme, il est des hommes
d'énergie dont la volonté suit avec une facilité relative la ligne de résistance. L'effort sur un point facilite l'effort sur un autre point : la raison profonde en
est dans l'universalité des motifs qui ont commandé
la mise en acte de l'énergie volontaire. Si je m'abstiens
de tel acte répréhensible par amour de Dieu, je m'attache par le fait volontairement à l'amour de Dieu;
par suite il y aura dans la volonté une facilité nouvelle
à agir ou à s'abstenir dans toutes les circonstances où
l'amour de Dieu sera en cause.

55. Conséquences pédagogiques. 1° Un des principaux
devoirs des parents et des maîtres est d'inculquer profondément dans l'esprit de l'enfant un *ensemble de
principes directeurs* suffisamment compréhensif pour
que le jeune homme et l'adulte y trouvent des jugements de valeur susceptibles de guider l'action volontaire dans les cas particuliers. Il ne suffit pas de dire:

« Il faut travailler. — il faut réfléchir. — Il faut être modeste », mais il faut peu à peu exposer à l'enfant les motifs variés pour lesquels il faut travailler, réfléchir, être modeste, etc.; il faut les lui faire comprendre, l'en pénétrer par tous les moyens possibles, exemples, lectures, conversations, enseignement public, bien entendu d'une manière proportionnée à la capacité que lui donne le degré de son évolution. La volonté n'agit pas sans motifs; il n'y a pas de caractère possible sans un ensemble de principes directeurs auxquels cette volonté puisse s'attacher.

Cette première conséquence a des corollaires d'une haute importance :

I. C'est une grave erreur pédagogique de dire : « *Je ne donne pas de principes arrêtés à mon élève;* il se les formera lui-même librement et en connaissance de cause ». Et d'abord pourquoi ne pas le faire profiter du trésor de vérités qui est l'acquis du genre humain ? — Mais le mal de cette erreur va plus au fond. L'enfant, l'adolescent, le jeune homme lui-même, ne sont pas capables de se faire un ensemble cohérent de principes; si on ne leur en présente pas un, ils n'en auront aucun. Dès lors la volonté est à la merci du premier motif venu; l'enfant ne saurait que bien difficilement développer en lui l'habitude de l'effort et en tout cas il est absolument impossible qu'il ait du caractère, qu'il travaille à se faire du caractère, puisque le caractère prend nécessairement son point d'appui dans un ensemble déterminé de principes. Cette fausse maxime pédagogique renferme une contradiction implicite : se former librement un ensemble de principes arrêtés pour y être fidèle suppose déjà du caractère; or l'enfant, l'adolescent, le jeune homme, élevés sans avoir reçu un ensemble de principes, n'ont pas de caractère.

II. *Le respect des croyances religieuses* s'impose à l'éducateur. Nous avons déjà cité les graves paroles prononcées par M. CLAPARÈDE au seul nom de le science expérimentale (n° 21 p. 96) : « Détruire les croyances religieuses de l'adolescent risque de produire un trou dans son système mental. — Il peut s'ensuivre une désorganisation complète, une catastrophe. » Et en effet la croyance religieuse présente manifestement un système de principes directeurs de la conduite et met à la disposition de l'effort volontaire des motifs contre les impulsions. Le respect de la présence divine, la crainte de la justice de Dieu, l'amour du Père qui est aux Cieux, peuvent se présenter en toutes les circonstances, motiver l'exercice des actions les plus secrètes : en restant toujours sur le seul terrain expérimental, combien d'enfants, aidés par leurs éducateurs, ont admirablement synthétisé les premières années de leur vie autour de leur croyance religieuse ! Si on leur avait enlevé cette foi, ils auraient peut-être obéi à l'œil du maître, mais leur vie intime aurait été livrée sans résistance à toutes les impulsions et aurait pu subir bientôt la tyrannie des plus dégradantes habitudes.

III. *L'éloignement des mauvais livres, des compagnies dangereuses, s'impose.* — L'enfant et l'adolescent ne sont pas capables de voir le fort et le faible d'une doctrine : pour ce dernier, la logique des sentiments a une grande influence (n° 21 p. 93). L'ensemble des principes directeurs sur lesquels la volonté prend un point d'appui pour faire effort sera facilement entamé par ces contacts, et alors c'est le laisser aller, le gaspillage

des forces vives de l'âme avec toutes ses conséquences.

Prétendre qu'il faut donner à l'enfant et au jeune homme
des motifs comme points d'appui pour sa volonté n'est pas
dire qu'il faille le traiter en homme et lui rendre compte de
tout ce qu'on lui commande. La parole des parents et des
maîtres, lorsqu'elle ne contredit pas une loi supérieure, est
loi pour l'élève; la parole qui exprime cette loi a donc son
autorité de ce seul chef et n'a pas besoin d'explication (b71
t. 2 247); le maître peut parfois donner les motifs de ses
ordres, mais il doit habituer à l'obéissance sans comptes rendus. En revanche, il ne doit rien épargner pour faire aimer
l'autorité, pour montrer combien elle a droit au respect de
l'enfant dont elle est la providence.

2º L'éducateur doit *tenir compte des lois d'acquisition des habitudes*[1]. — Ces lois énoncées par A. BAIN et
W. JAMES avec une remarquable netteté sont une conséquence de la nature des tendances sensitives et volontaires, tout aussi bien que des expériences faites dans
ces deux domaines.

I. *La formation d'une habitude nouvelle dans le sens
des lignes de résistance sera d'autant plus facile que
l'initiative première aura été plus forte et plus décidée.*
— Prenons, dit BAIN, l'habitude de nous lever de
bonne heure. Ce n'est pas le cas ici d'employer les
moyens doux et gradués. Je ne tiens pas compte de la
méthode qui consiste à se fixer une heure ordinaire
pour se lever, puis à avancer peu à peu d'un quart
d'heure son lever[2]. Il faut bien entendu cependant
tenir compte du trouble notable que des modifications
trop brusques apporteraient dans l'organisme.

1. A. BAIN, *L. émotions et la volonté*, tr. fr. 1885 Paris Alcan
ch. IX. W. JAMES, b77 64-7.
2. BAIN, l. c. 430; b77 64.

II. *Ne souffrez pas qu'une seule exception se produise avant que l'habitude soit sûrement enracinée dans votre vie.* — « A chaque chute, c'est l'histoire du peloton de ficelle qu'on enroule soigneusement ; en une fois qu'on le laisse échapper, il s'en défait plus qu'on n'en peut enrouler en un grand nombre de tours. » (B77 tr. fr. 65).

III. *Saisissez au plus tôt la première occasion possible d'agir conformément à chaque résolution que vous formez.* — Une tendance à agir ne s'imprime effectivement en nous que pour autant que les actions de cette sorte se produisent réellement. » (B77 tr. fr. 66).

IV. *Ne sermonnez pas trop vos élèves. Attendez plutôt l'occasion offerte par la vie pratique ; saisissez-la au passage et ainsi d'un seul coup amenez vos élèves à sentir et à agir.* — (B77 tr. fr. 67).

3° *Il faut développer dans les enfants l'habitude de l'effort volontaire*, puisqu'elle peut s'acquérir. Il ne devrait pas s'écouler un jour sans qu'ils fassent quelque sacrifice volontaire ; qu'on ne prenne pas pour but de les amuser, mais d'en faire des hommes capables de résister à leurs passions et d'exécuter de nobles résolutions.

Habituer les enfants à l'effort n'est pas conduire leur éducation de manière à leur laisser une impression pénible et fastidieuse : faire effort n'est pas faire effort pour l'ennui de l'effort. Il faut bien au contraire habituer les enfants à se servir pour accepter l'effort de tous les motifs capables de les aider. ARISTOTE a finement remarqué que la volonté n'a pas sur les passions le pouvoir despotique, mais le pouvoir politique. La volonté doit savoir en bon chef d'Etat concentrer toutes les influences pour réaliser ce qui est le bien de la nation.

Impossible de ne pas être frappé de l'accord de la psychologie contemporaine avec l'ascétisme chrétien sur la nécessité

de l'effort volontaire. Par simple esprit chrétien, pour pratti-
tier la maxime « Vince te ipsum — Se vaincre soi-même »,
l'enfant tiendra souvent à noter chaque jour quelque victoire
remportée sur lui-même. Voici ce que les psychologues demandent au nom de l'expérience : « Déployez par principe et sans
but un peu d'héroïsme, faites tous les deux jours quelque
chose sans autre raison sinon que vous préféreriez ne pas le
faire, de sorte que lorsque surviendra l'heure terrible de la
détresse, elle ne vous trouve pas sans énergie et sans préparation pour l'épreuve. Un tel ascétisme est comme la taxe
d'assurance qu'on paie sur sa maison ou sur ses biens. Cette
taxe ne rapporte rien sur le moment, ni peut-être jamais.
Mais si l'incendie arrive, cette dépense épargne la ruine de
celui qui l'a faite. » (b77 tr. fr. 70). L'enfant chrétien qui marque ses sacrifices par amour de Dieu suit cependant mieux les
lois psychologiques de la volonté que celui qui apprend l'effort
à l'école de W. James : il fait effort pour un motif supérieur
qu'il peut toujours mettre au-dessus de tous les autres, au lieu
que celui qui fait effort par la raison qu'il préférerait ne pas le
faire, même en doublant ce motif un peu illusoire du désir de
devenir un homme énergique, appuie sa discipline de l'effort
sur un fondement peu large, sur un intérêt bien capable de
s'effacer à ces heures de détresse dont le psychologue américain
signale le danger.

4° La devise d'un travail intellectuel peu compréhensif doit être : *vite et bien*.

Cette conclusion résulte des expériences de HILLGRU-
BER (n° 54 p. 226); évidemment il ne faudrait pas
l'étendre au travail intellectuel demandant de l'analyse
et de la réflexion. Dans le cas du travail intellectuel
immédiat non seulement procéder vite améliore le
rendement du travail, mais encore les qualités volontaires formelles en sont probablement développées.

56. Notions. Sollicitée par des motifs d'agir la volonté ou cède à leur impulsion et maintient les jugements nécessaires à l'accomplissement de l'acte, ou bien elle les inhibe en leur refusant l'accès de la conscience. Il y a donc théoriquement deux sources de défauts pour la volonté ; James les appelle *l'explosion* et *l'obstruction*.

Dans les cas d'explosion il y a excès d'impulsion ou, si l'on veut, incapacité d'inhibition. Le motif déclanche l'action extérieure avant que la volonté ait eu la possibilité d'intervenir : c'est le cas du fou maniaque qui n'a pas le temps d'arrêter les associations de ses images trop rapides et encore moins d'inhiber leurs décharges motrices ; c'est encore le cas de l'ivrogne d'habitude pris comme de vertige devant une invitation d'entrer au cabaret.

Dans les cas d'obstruction il y a excès d'inhibition ou défaut d'impulsion, les motifs contraires à l'action sont présents dans la conscience, ne peuvent être mis dehors, ou, ce qui revient au même, les motifs d'action ne sont pas maintenus d'une manière absolue, inconditionnée, sous forme de jugements *pratico-pratiques*, selon la terminologie de l'école ; il y a comme un défaut d'énergie suffisante pour former la synthèse d'images nécessaire à toute action volontaire (cf. n° 44 p. 171).

Ces défauts de la volonté orientent plus ou moins le sujet vers l'une des deux névroses *hystérie* ou *psychasténie* ; les données expérimentales sur les caractéristiques de ces défauts seront mieux placées dans l'étude des anormaux scolaires (n° 75). Ce paragraphe traitera seulement de deux défauts qui se rencontrent à l'état normal et ont été étudiés par les méthodes scientifiques d'observation : *la paresse* et *la suggestibilité*.

La paresse. — Il serait absolument injuste d'appeler paresseux tout élève qui travaille moins que ses camarades (b13 298 s.), à moins de distinguer deux paresses, la *paresse-faute* et la *paresse-défaut*.

La paresse-faute est : « L'opposition volontaire à tout travail intellectuel ou corporel qui est un devoir » (b1070 1240). Cette paresse n'existe que trop souvent et cela se conçoit aisément, puisque le travail exigé par le devoir est en bien des cas dirigé selon les lignes de résistance et requiert l'effort de la volonté. Les principes directeurs des actes scolaires de l'élève paresseux ne sont pas : « Il faut obéir à l'autorité. — Il faut accomplir son devoir. — Il faut faire la volonté de Dieu. » Mais au contraire, s'il est habituellement enclin à la paresse-faute, il existe des motifs habituellement acceptés, principes directeurs de sa négligence. La connaissance de ces motifs inhibiteurs du travail chez l'écolier coupable de paresse est très importante. On ne saurait trop le redire, la volonté n'agit que selon les motifs présentés par l'intelligence : en vertu de sa liberté elle peut les accepter ou les rejeter, mais elle ne peut s'en passer, ni éviter qu'ils exercent leur influence. Réfuter un des motifs de paresse, montrer au paresseux son insuffisance, est certainement faciliter la victoire du travail.

M. Gromolard a recherché les causes de la paresse chez les membres des colonies pénitentiaires, en particulier à Eysses (Lot-et-Garonne) où sont réunis les incorrigibles des autres

établissements. Beaucoup étaient réfractaires au travail intellectuel par crainte de l'effort, mais aussi en vertu de ce principe : « J'en saurai toujours assez pour ce que je veux faire. »
Il est sûr que tous ces jugements: « Je ne peux rien faire. —
Ce n'est pas intéressant. — C'est inutile, etc. » sont au plus
haut degré inhibiteurs du travail et favorisent la paresse.
(B1068).

La paresse-défaut provient d'un des déficits de
l'activité volontaire formelle signalés au numéro précédent. L'enfant ne peut fixer son attention, soit par
excès d'impulsion, soit par impossibilité de faire les
efforts nécessaires à la formation des synthèses d'images exigées par le travail.

Pour distinguer entre paresseux malades et coupables, BINET propose le test suivant (b13 301-2) : « Prenons cinq enfants de la même classe, faisons-les
asseoir autour de la même grande table, donnons-leur
la consigne de barrer les lettres pendant 5 minutes [1],
et restons-là à les surveiller ; ensuite, quand les cinq
minutes seront écoulées, faisons un petit signe sur
leur feuille pour savoir quelle est la quantité de travail
produite ; puis nous les abandonnons à eux-mêmes,
après leur avoir recommandé de continuer leur travail,
comme si nous étions là. Aussitôt quelques-uns des
élèves, les plus faciles à distraire, profitent de notre
absence, pour causer, gêner ou taquiner leurs voisins.
Après cinq minutes écoulées, nous n'avons qu'à regarder le travail fait pour nous rendre compte de ce qui
s'est passé. Afin d'arriver à une appréciation exacte,
on compare l'élève à lui-même ; on recherche si son
travail non surveillé est égal ou inférieur à son travail
surveillé. » (b13 301). Il est clair que, pour arriver à une

1. Il s'agit du test des A (n° 22 p. 102) ou d'un test semblable.

certitude sur les dispositions habituelles de l'enfant, il faudrait user de plusieurs tests en différentes circonstances.

Le paresseux par incapacité est plus ou moins un anormal scolaire : les caractéristiques du diagnostic des anormaux s'appliqueront donc au moins partiellement à lui (n° 76). Mais en cette matière il ne faut pas juger trop vite : si on ne remarquait pas un anormal dans un élève paresseux et si cependant on notait une incapacité réelle pour le travail exigé, on aurait très probablement affaire à un système mental spécialisé dans un tout autre sens que celui des études actuelles (cf. n° 67 p. 280).

Il importe encore de distinguer la *paresse accidentelle* et la *paresse chronique* : la première est le résultat d'une circonstance passagère, physique ou morale, qui inhibe l'effort du travail.

Toutes distinctions faites, on s'est demandé si en général il y a dans la population scolaire beaucoup de paresseux au sens péjoratif du mot, c'est-à-dire de paresseux coupables et chroniques. Une enquête a été faite dans les écoles de Paris : on a pris tous les élèves qui étaient dans le dernier cinquième au classement général et on a cherché ceux dont l'insuccès ne s'expliquait pas par la maladie ou une circonstance passagère (bl3 302-3); le résultat donne seulement 2 % des élèves.

Malgré les résultats de cette enquête, il reste que la *paresse-faute* est un des grands ennemis de l'éducation. Sans doute le nombre des paresseux de métier est restreint, mais que d'intermédiaires entre ce cas extrême et l'amour pratique, constant, du travail demandé par le maître!

57. La suggestibilité. *La suggestibilité* est la disposition à suivre une suggestion. Accepter une suggestion : « C'est admettre un jugement spéculatif ou pratique pour des motifs dont le sujet n'est pas parfaitement conscient. »[1]

La suggestibilité implique donc un défaut de la volonté. Le jugement n'est pas admis parce que la vérité est connue, démontrée ou affirmée par une autorité digne de foi, mais parce que pour un motif, insuffisant au point de vue rationnel, l'intelligence est inclinée par la volonté à y donner son adhésion.

Le degré de facilité avec lequel un sujet cède à la suggestion est indiqué par la fréquence et la rapidité d'acceptation.

La suggestibilité a été étudiée dans le cas de la suggestion d'une idée directrice, suscitée par la seule mise en scène de l'expérience, et dans celui de la suggestion par l'influence personnelle de l'expérimentateur.

Les tests 47 et 16 pour l'intelligence générale (p. 183) peuvent servir à observer *la suggestibilité par idée directrice.*

Pour expérimenter *la suggestion par influence personnelle,* l'observateur suggère une réponse fausse.

Dans les observations de BINET, six objets étaient collés sur un carton : un sou à l'effigie de Napoléon III détérioré à droite, une étiquette verte du Bon Marché traversée par une épingle, un bouton brun foncé avec des marbrures brun clair, la photographie (buste) d'un homme ayant la bouche entr'ouverte, une gravure de journal illustré représentant une scène de la grève des facteurs, un timbre français de 2 centimes non oblitéré. Le carton était présenté pendant 29 secondes, puis les

[1]. F. GAETANI S. J., *Ps. Sperim.*, Append. II, 1913 Napoli Ardia 360.

élèves étaient interrogés : « Le timbre portait-il le cachet de la poste ? (Suggestion faible). — Le monsieur a-t-il la jambe droite croisée sur la jambe gauche ou la jambe gauche croisée sur la jambe droite ? (Suggestion forte). » (b1057).

Mlle Giroud opérait de la manière suivante : « Nous présentons à l'enfant des couleurs différentes. Nous nous assurons qu'il connaît le nom de chacune d'elles et au moment où, sur notre demande, il va écrire l'un de ces noms sur une feuille de papier, nous lui suggérons, en le lui nommant, un autre nom de couleur. » (b1067 364).

Certaines expériences mélangent l'influence de l'idée directrice à celle de l'expérimentateur, comme celles faites par G. Guidi au moyen de l'ingénieux suggestimètre de de Sanctis (b1069 ; b1063).

Les expériences de Binet et Giroud, faites sur des enfants de 6 à 12 ans, indiquent une décroissance constante de la suggestibilité avec l'âge. Ce défaut ne disparaît cependant pas complètement chez la plupart des individus. Cette grande suggestibilité de l'enfant a en un sens sa raison d'être, son utilité : « Une très forte suggestibilité est naturelle à l'enfant, elle fait partie de sa psychologie normale... Le développement régulier des fonctions intellectuelles et morales diminue progressivement cette suggestibilité enfantine, sans qu'il soit le plus souvent nécessaire d'aider l'œuvre de la nature. Du reste la suggestibilité est pour l'enfant qui ne sait rien encore et qui est incapable de raisonner une des formes de la confiance, et sans la confiance de l'élève, sans l'autorité du maître, il n'y a pas d'éducation possible. » (b1057 390).

§ 6. -- FAUTES VOLONTAIRES

58. Criminalité dans l'enfance et l'adolescence.
Fautes volontaires désigne ici les actes commis contre l'ordre moral volontairement et en connaissance de

cause : *actes* a son sens le plus large : pensées, paroles, etc.

Les fautes se distinguent des défauts et des anomalies; cependant ces trois déficits de la volonté ne sont pas sans étroites relations. Les fautes, surtout chez l'enfant, se commettent bien souvent par suite d'un défaut de la volonté; les anomalies pour la plupart sont des défauts poussés à l'extrême (cf. n° 73).

Dans la *criminalité* il faut distinguer avec Duprat la matière de la criminalité et l'état d'esprit criminel.

La matière de la criminalité est : « L'ensemble des méfaits punissables aux termes de la loi » (b1094 4). Ces méfaits ont dans chaque pays une hiérarchie déterminée par l'échelle des peines que fixe le code pénal. *L'état d'esprit criminel* est cette disposition mentale en vertu de laquelle un individu est porté à commettre des crimes sciemment et volontairement. L'état d'esprit criminel peut se considérer dans une collectivité, une nation : il consiste en ce cas dans l'ensemble des tendances collectives, funestes à la moralité, exerçant sur les volontés individuelles une pression dans le sens du crime.

Les *statistiques criminelles* permettent de constater la criminalité matérielle. On a fait à l'emploi de ce mode d'information plusieurs objections de valeur. Bien souvent la statistique officielle constate le nombre des délits sans distinguer leur nature ; or, comme le fait remarquer S. Hall, le nombre des petits délits classés augmente, la police est mieux faite, et donc augmentation du total officiel n'indique pas forcément accroissement de la criminalité (b71 t. 1 235). Encore bien moins faudrait-il chercher dans la variation des chiffres statistiques la preuve immédiate du plus ou moins d'esprit criminel d'une nation : « La statistique permet de négliger le facteur personnel, par conséquent la qualité des méfaits. » (b1094 33-4). Cependant, malgré ces difficultés et d'autres encore, il faut reconnaître que pour les crimes plus considérables il y a depuis un siècle accroissement de la criminalité matérielle. Rien n'est frappant par exemple comme l'accroissement des suicides dans les différentes nations.

Voici par exemple le nombre moyen de suicides annuels pendant les cinq dernières périodes décennales du 19ᵉ siècle (b1154 99) :

NATIONS	1851-60	1861-70	1871-80	1881-90	1891-1900
Suède...............	232	328	381	502	729
Angleterre....	—	1401	1697	2110	2126
Ecosse	—	—	142	215	260
Belgique	272	265	435	658	799
France	3820	4825	5763	7812	9211
Espagne............	—	—	—	415	328
Empire allemand....	—	—	—	9796	10849
Italie...............	--	—	1044	1440	1878

Bien que le suicide ne soit pas ce qu'on appelle communément le crime, les statistiques montrent que le plus souvent il y a corrélation entre l'augmentation des suicides et celle des crimes.

Les adolescents et les jeunes gens subissent d'une manière plus accentuée cet accroissement de poussée vers le crime. Pour les suicides de cette catégorie on trouve une moyenne annuelle de 19 entre 1830 et 1840, de 60 entre 1901 et 1905, de 80 entre 1906 et 1910. Les meurtres, assassinats, parricides commis avant 20 ans sont dans la proportion de 620 à 513 pour les années 1905 et 1896.

Psychologie pédagogique.   16

La précocité du criminel s'accentue également d'une manière notable : on trouve un nombre de plus en plus grand de crimes graves commis par des mineurs. Sur 100.000 jeunes gens de 16 à 20 ans on compte 4 homicides, sur le même nombre d'adultes 2,2 seulement. D'après Pollitz (b71 t. 1 336), sur 100.000 sujets la criminalité va en croissant de 220 à 816 entre 13 et 16 ans, puis décroît jusqu'à 23 ans de 816 à 448, pour augmenter jusque vers 35 ans, où elle atteint le maximum de 1050.

On a proposé plusieurs *explications de la précocité du crime*.

1° *L'hérédité*. Lombroso et son école adoptent la théorie du *criminel-né*. Les germes de la criminalité se trouvent dans l'homme dès la naissance et l'enfant possède la plupart des tendances malfaisantes caractéristiques du criminel. Chez l'homme normal l'évolution transforme peu à peu ces dispositions, mais par atavisme plusieurs possèdent des anomalies qui s'opposent à ce changement; ces stigmates héréditaires s'accumulent dans les générations successives et par suite la criminalité augmente fatalement (b1128-9; b1001 16-60).

Au Congrès d'anthropologie criminelle de Rome, en 1886, Morselli protestait déjà contre l'importance exagérée donnée au facteur physiologique dans la genèse de la criminalité; depuis cette époque, des observations attentives ont clairement établi que des enfants à hérédité chargée devenaient honnêtes gens, lorsqu'ils étaient bien élevés; d'après les enquêtes de S. Hall, ceux qui sont placés avant dix ans dans une bonne maison ne manifestent pas dans la suite une moralité inférieure à la moyenne. Les résultats sont en général d'autant plus heureux que l'enfant est soustrait plus tôt au milieu dangereux ; c'est ainsi que l'œuvre de N.-D. de Pompéi, près de Naples, qui se charge d'élever les enfants des criminels, pourvu qu'on les lui confie en bas âge, a formé nombre de très honnêtes ouvriers et a même donné de bons prêtres à la société[1]. La tare ancestrale ne conduit donc pas fatalement au crime ; elle cause le plus souvent un état nerveux débile, une dégénérescence, c'est-à-dire : « un affaiblissement congénital dans les moyens d'adaptation au milieu » (b1094 82), mais une bonne éducation peut empêcher que ce déficit n'aboutisse à des résultats contraires à l'ordre moral et social. Il est vrai cependant que cette débilité congénitale, influant défavorablement sur le système nerveux, cause des troubles dans la vie sensitive et le régime des images ; la volonté aura donc presque toujours à souffrir d'un des déficits indiqués au début du n° 56, et, toutes choses égales d'ailleurs, se laissera plus facilement entraîner. En ce sens, mais en ce sens seulement, la dégénérescence constitue un terrain favorable à la criminalité. Ces conclusions ressortent de toutes les observations des psychiatres. Elles ont très nettement établi deux points : la tare des parents, l'alcoolisme par exemple, aboutit presque toujours à la génération d'enfants plus ou moins dégénérés, mais la tare caractéristique de cette débilité peut être très différente de celle des parents.

2° *Désorganisation de la famille.* Lorsque la famille n'a pas le prestige moral qui lui donne de l'autorité, les mauvaises tendances de l'enfant n'ont pas de frein extérieur, et, comme sa jeunesse ne lui assure qu'une

---

1. *Orpizio educativo pei figli dei carcerati,* fondé par BARTOLO LONGO en 1891.

médiocre force de résistance intérieure, les inclinations perverses deviennent trop vite des habitudes impérieuses et tenaces (n° 53 p. 223). Ajoutons que la famille, ne s'imposant pas à l'enfant ou le négligeant, l'abandonne ainsi à lui-même et à l'influence des mauvaises compagnies décisive lorsqu'elle n'est pas combattue. Les études faites sur la criminalité de l'enfance signalent presque toutes à la base une organisation défectueuse de la famille, des circonstances qui ont livré l'enfant sans défense à lui-même et aux influences mauvaises (b1085; b1098; b1094 98-124; b1145; etc.).

3° *L'absence de principes religieux.* L'adolescent et le jeune homme ne sauraient avoir de force de caractère sans un ensemble de principes directeurs (n° 55 1°). La religion donne un ensemble parfaitement un et constitué; cette synthèse a été détruite dans l'esprit d'un grand nombre d'enfants, et leur a-t-on donné en échange un autre point d'appui? Il faudrait redire ce que nous avons remarqué sur le grand danger de troubler, d'amoindrir le sentiment religieux chez l'enfant (n° 55 1° II). Les observateurs, en se plaçant sur le seul terrain des faits, font les constatations suivantes : « L'école laïque, l'enseignement non confessionnel, a tenté vainement d'exercer une influence moralisatrice qui fût capable à elle seule d'égaler celle de l'éducation familiale et de l'éducation religieuse... Il eût fallu inviter les parents à redoubler d'efforts pour combler la lacune due à la disparition progressive de l'éducation éthico-religieuse... La ruine de l'idéalisme religieux avant qu'un type social se soit imposé à la multitude a entraîné une crise de tous les sentiments altruistes et sociaux. » (b1094 106-8). La valeur inhibitrice d'un idéalisme social pour moraliser la jeunesse n'a pas été constatée par les faits; si l'on consulte d'ailleurs les aptitudes de l'enfant et de l'adolescent, elles ne montrent que bien peu de réceptivité pour un tel frein. Il reste donc que l'enseignement sans religion est incontestablement une des causes de la criminalité actuelle, puisqu'il enlève à la volonté de l'enfant le point d'appui que l'on ne remplace pas. Un enfant, dont la volonté n'a pas pris l'habitude de l'effort, est un adolescent ouvert à toutes les influences vicieuses; dès lors une occasion impulsive criminelle le trouvera sans force de résistance, même tout disposé à céder. Fouillée fait remarquer qu'en 1897 sur 100 enfants détenus à la Petite-Roquette 2 seulement sortaient de l'école religieuse (b1101 159); sans doute des conclusions étendues ne se tirent pas légitimement de statistiques aussi partielles, mais on ne fait que déduire les conséquences immédiates des résultats expérimentaux en affirmant que, sans un ensemble de principes fermement établis, aucune volonté ne saurait être vraiment forte.

4° *L'éducation libertaire.* On prône comme un dogme *le culte de l'individualité* sans remarquer le plus souvent que cette formule est susceptible de la plus dangereuse interprétation. Conduire l'enfant à devenir quelqu'un, à être un homme de caractère, sachant ce qu'il veut, capable de vouloir énergiquement ce qu'il voit être le bien, c'est là en effet un but qu'on ne saurait poursuivre avec trop de zèle. Mais le culte de l'individualité dit dans bien des cas le respect de l'initiative de l'enfant aux dépens de l'éducation par autorité. Il suffit de se reporter à ce qui a été dit de l'effort volontaire pour constater l'énormité de l'erreur (n° 53 p. 223). L'enfant livré à lui-même fera ce qui lui plaît, en

d'autres termes sa volonté ira dans le sens du moindre
effort. Il dépensera peut-être une grande somme d'activité physique, s'appliquera avec intensité à l'occupation choisie, mais ce n'est pas en cela que sa volonté
se fortifiera. Avoir une volonté forte n'est pas vouloir
avec ardeur, tous les passionnés seraient à ce compte
des hommes de caractère; mais c'est avoir sa volonté
entre ses mains et pouvoir l'appliquer dans le sens
indiqué par le devoir malgré toutes les impulsions
contraires. Or l'initiative encouragée chez l'enfant ne
développera pas l'effort par elle-même. Certes il faut
habituer l'enfant à agir de lui-même, à se rendre
compte de ce qu'il fait, des motifs pour lesquels il
agit, il faut donner à ses bonnes dispositions naturelles
l'occasion de s'exercer spontanément, mais il faut
habituer l'enfant à cette initiative sous le contrôle de
la raison, dans le but du devoir, sous la direction de
l'autorité.

« Tous ces pédagogues de la liberté, écrit Förster, partent
du principe juste qu'une discipline qui ne consiste qu'en dressage et en contrainte, loin de développer la personnalité de
l'élève, lui fait courir au contraire de graves dangers. Mais ils
ne voient pas que la discipline de la liberté, *au sens où ils
l'entendent*, lui en ferait courir de plus graves encore. La
véritable personnalité de l'homme gît au plus profond de sa
vie spirituelle, nous ne la développons que dans la mesure où
nous aidons l'âme à prendre de l'empire sur les sens et les
passions. Mais cette maîtrise de l'âme, cette spiritualisation
de l'homme tout entier, ne se conquièrent que de haute lutte.
Nous ne devenons personnels qu'en résistant à l'expansion
pure et simple de notre individu. Plus celui-ci se laisse aller,
plus notre personnalité s'atrophie... Le culte de l'individualité
libre conduit inévitablement à développer toutes les passions,
toutes les susceptibilités, toutes les convoitises d'un homme,
et à l'assujettir au monde extérieur. La liberté aboutit ainsi à

la servitude. Non, on n'atteindra à la liberté et à l'indépendance vraies que par la voie de la discipline et de la victoire sur soi-même... Les hommes d'aujourd'hui sont pareils au statuaire qui jetterait son marteau en s'écriant que le bloc est plus beau que la statue et que sculpter c'est contrecarrer la nature dans sa gloire. » (b59 tr. fr. 118-20). La parole déjà citée de Morselli est à redire: « Toute notre vie mentale est un contraste entre l'inhibition et l'impulsion, et tout ce qui est vraiment noble et grand est d'origine inhibitrice. »

En définitive les lois psychologiques s'accordent avec les faits pour assigner à la criminalité les composantes suivantes :

1° Un ensemble de tendances sensitives dans lequel les tendances impulsives violentes sont développées à l'encontre des tendances sensitives inhibitrices telles que la peur, la pudeur, etc.

2° Une débilité de volonté qui laisse l'empire aux passions sensitives et même se met avec ardeur à leur service.

Cette faiblesse de volonté a dans certains cas sa cause partielle dans une dégénérescence du système nerveux, origine de ce défaut que nous avons appelé *explosion* (n° 56 p. 234); mais ses deux causes principales sont l'absence d'un système précis et ferme de jugements de valeur et le manque d'habitude de l'effort volontaire.

59. Fautes contre la chasteté. Si l'homme est prédisposé au mal en raison de la difficulté pour la volonté de commander selon la raison alors qu'elle est sollicitée par les impulsions sensibles, ceci est tout particulièrement vrai en matière de chasteté. Les tendances sont alors spécialement impérieuses, et cela dans l'intérêt de la conservation de l'espèce humaine.

En exposant les grandes lignes de la théorie de FREUD (n° 7 p. 32), nous avons reconnu qu'elle contenait une part de vérité. Dans la vie animale toutes les tendances sont groupées sous une même finalité dynamique, la conservation de l'espèce. Chez l'homme elles ne perdent pas cette ordonnance fonctionnelle, puisque le régime de ses sensations, de ses instincts sensitifs est semblable dans l'ensemble à celui de la bête, mais elles ont simultanément une finalité plus haute, celle d'être des mécanismes au service de l'activité intellectuelle (n° 7, n° 46), et par suite s'harmonisent sous l'influence de la volonté selon des lignes que, laissées à elles-mêmes, elles ne suivraient pas. Si la volonté n'exerce pas son action inhibitrice, son pouvoir exécutif de contrôle et de censure, les impulsions sensitives se grouperont normalement autour de la tendance à la reproduction de l'espèce, et cette dernière prendra un rôle dominateur et prépondérant.

A ce point de vue, *l'éducation de la chasteté commence avec le berceau;* l'homme n'est pas fait pour se développer seul, sans contrôle et direction, il a pour sa seule vie sensitive besoin plus qu'aucun autre animal des soins vigilants de ses parents. Les lois d'individualisation et d'évolution des tendances instinctives (n° 52) ne laissent aucun doute sur l'impérieuse nécessité de veiller sur les mouvements et les contacts de l'enfant; S. HALL déclare contraire aux faits cette opinion qu'il n'y a pas lieu de surveiller l'instinct de la reproduction avant 13 ans, sinon pour écarter les spectacles indécents et les paroles malsonnantes.

« Il ne faut pas oublier, déclare P. F. THOMAS, qu'il se rencontre des enfants d'une telle excitabilité génésique, que, pour eux, les moindres provocations sont à redouter. Le D^r

FONSSAGRIVES, l'un des maîtres qui ont le mieux observé les enfants, et dont les ouvrages, quoique anciens déjà, sont parmi les plus riches en excellents conseils, n'hésite pas à déclarer que ce n'est pas seulement le petit lit qu'il faut surveiller de près, mais aussi le berceau. Combien de parents soupçonnent ce danger ? Les gestes, la tenue et les propos des parents ne sont pas moins à surveiller lorsque l'enfant précoce commence véritablement à penser : observez-le plutôt lorsque le père et la mère causent ensemble; avec quelle attention, tout en paraissant lire dans son livre d'images, il prête l'oreille à ce qui se dit, habile à reconnaître ce qu'on voudrait lui cacher, comme s'il était averti par un secret instinct, toutes les fois qu'on aborde à des terres réservées. C'est alors que la moindre parole imprudente peut avoir sur son imagination une influence regrettable. Elle suffit à provoquer des rêveries obsédantes, des recherches inquiètes et finalement ces secousses physiques et morales que l'on voudrait à tout prix éviter. Ils font donc preuve d'une bien grande ignorance, tous ceux qui, pour excuser leur liberté de langage, répètent cette phrase si souvent entendue : « Nous pouvons parler tout haut, l'enfant ne peut pas nous comprendre. » (b152 75-6).

Les observations en cette matière présentent les plus grandes difficultés, mais le peu qu'elles atteignent suffit à montrer *combien est précoce la faute volontaire contre la chasteté.* En laissant de côté les cas anormaux, on constate que même chez des normaux le vice impur est souvent développé bien avant la puberté. Dans son livre *La psychologie du vice infantile,* VAN BRABANT donne les statistiques résumant une enquête qui porte sur 7450 filles et 11049 garçons de 6 à 14 ans fréquentant les écoles primaires belges : 296 garçons et 189 filles sont des vicieux corporels reconnus (b1217 39-49). Ajoutons avec l'auteur que ce vice est loin d'être signalé selon sa fréquence, car il est le vice solitaire, le vice secret par excellence. Les constatations de ceux qui connaissent de près

certaines catégories d'adolescents ne sont pas plus
optimistes. Dans un livre bien étudié *L'âme de l'adolescent* un professeur de l'Université française fait les
déclarations suivantes : « Le vice solitaire a de nombreux adeptes parmi les adolescents de tous les pays
et de toutes les conditions... (Parmi nos lycéens) ceux
qui réussissent à se préserver ne doivent cette immu-
nité qu'à une organisation bien équilibrée où les phénomènes de la croissance se produisent par gradations
insensibles sans compromettre ni la santé physique,
ni la santé morale. Par malheur ces privilégiés sont
rares et, en l'absence de tout effort pour l'enrayer,
peut-être de l'idée qu'il y aurait quelque chose à faire
en ce sens, le fléau exerce partout ses ravages et apparaît comme un des principaux destructeurs d'énergie,
d'autant plus que de l'avis unanime, c'est au moment
de la puberté et même un peu avant, de douze à qua-
torze ans, qu'il fait le plus de victimes, c'est-à-dire à
un âge où les nouvelles fonctions en voie de genèse
peuvent être irrémédiablement compromises. » (b97
28-30). Les lois de spécialisation des tendances sensitives (nº 52 p. 217) laissent prévoir les redoutables
conséquences de ces perversions précoces pour la fé-
condité du mariage et la moralité future de l'adulte.

Cette impulsion vers le vice n'est cependant nullement irrésistible; tous ceux qui ont connu les enfants
et les jeunes gens le savent très bien. Le professeur
suédois SEVED RIBBING disait à une réunion d'acadé-
miciens : « J'ai reçu de multiples confidences d'étudiants sains, vigoureux de corps et d'esprit, et ils
m'ont dit que je n'avais pas encore mis suffisamment
en lumière la facilité qu'il y a à réprimer et à dominer les instincts sexuels. Pendant mes vingt années

de pratique médicale, j'ai eu l'occasion de traiter beaucoup de personnes et particulièrement beaucoup de jeunes gens des classes les plus diverses de la société ; il m'est venu des représentants de toutes les religions et des partisans de tous les systèmes de morale, des hommes ayant eu une vie pure et d'autres ayant un passé de péchés, eh bien ! je n'en ai jamais rencontré un seul qui ait déclaré impossible la complète maîtrise de soi-même — pourvu naturellement que la bonne volonté ne fasse pas défaut. »[1] MENDOUSSE, après avoir parlé de cette quasi-universalité du vice solitaire, ajoute : « Je crois pouvoir affirmer, d'après des données sérieuses, que dans les collèges dirigés par les Jésuites ou le Clergé les exceptions sont un peu plus nombreuses qu'ailleurs. » (b97 29). Tous ceux qui ont connu des enfants et des adolescents catholiques, élevés dans un milieu catholique, sero . plus que de son avis, même pour les sujets « dont l'organisation n'est pas bien équilibrée et chez qui les phénomènes de croissance ne se produisent pas par gradations insensibles ».

La cause du mal n'est donc pas dans une irrésistible impulsion ; mais il faut indiquer les mêmes principes que pour le crime avec certaines modalités spéciales. Le grand facteur est surtout la faiblesse de volonté et l'absence de principes directeurs, en particulier de la religion. La foi religieuse est en effet très efficace contre le vice solitaire ; les motifs raisonnables qu'elle présente pour s'abstenir, présence de Dieu, crainte de ses jugements, etc., ont toute leur valeur dans les circonstances où l'enfant est sans témoin et livré à

---

1. Cité b1184 tr. fr. 40.

lui-même. Le développement prématuré de tendances favorables au vice impur est dû au manque de surveillance dans le début de la vie enfantine, à des lectures et des paroles imprudentes, parfois à une nourriture trop excitante, à un traitement trop délicat pour les vêtements, le lit, etc., aux mauvaises compagnies. Le laisser aller de l'entourage familial et social diminue simultanément l'influence heureuse des tendances inhibitrices, en particulier de la pudeur qui précisément se manifesterait avec plus d'intensité vers l'époque de la puberté (b1096-7).

Les fautes contre la chasteté ne trouvent pas l'apparence même d'une excuse dans un danger que la continence parfaite ferait courir à la santé. Voici quelques témoignages qui tranchent cette grave question avec une indiscutable autorité :

Le *Congrès international de prophylaxie sanitaire et morale*, tenu à Bruxelles en 1902, fit la déclaration suivante au nom de 159 sommités médicales du monde entier (GAILLETON, LANDOUZY, NEISSER, etc.) : « Il faut enseigner à la jeunesse masculine que non seulement la chasteté et la continence ne sont pas nuisibles, mais encore que ces vertus sont des plus recommandables au point de vue sanitaire et hygiénique. » (b1188 507).

Non moins absolue est la déclaration de la *Faculté de médecine de Christiania* : « Cette affirmation, répétée dans tant de journaux et de réunions publiques, que la continence est un péril pour la chasteté, d'après les observations des professeurs de cette Faculté et de leur avis unanime, manque de tout fondement. Nous n'avons jamais eu connaissance d'un seul dommage, même très léger, causé par une vie absolument pure. » (b1185 95).

Citons encore quelques physiologistes et psychiatres de tout premier ordre :

Ch. FÉRÉ : « L'économie sexuelle favorise la longévité et les diverses formes de l'activité intellectuelle... L'évolution de l'instinct sexuel a pour terme la chasteté; ceux qui l'ont gardée sont meilleurs époux et meilleurs pères... Quant à l'impulsion irrésistible de l'instinct sexuel, passe pour la psychologie des bêtes, mais elle n'existe pas dans celle de l'homme civilisé. » (b 1174a 120 315).

Régis et Hesnard : « Il s'en faut de beaucoup que tous pensent que la continence a ses dangers et qu'elle peut déterminer des psycho-névroses. En réalité et les exemples abondent à cet égard, on peut vivre chaste, absolument chaste, en conservant la parfaite intégrité, le parfait équilibre de son état nerveux et mental. » [1]

Mantegazza : « Je n'ai jamais vu une seule maladie causée par la chasteté. » (b1201a).

Forel : « Je n'ai jamais rencontré une psychose due à la chasteté, mais j'en ai vu une infinité qui étaient dues à des excès. » (b1191a 366).

Une grave question se pose au sujet de l'éducation de la chasteté : *faut-il instruire l'enfant pour le préserver ?*

Si on consulte les articles indiqués dans la bibliographie (section XX 3°), on y recueillera les solutions les plus extrêmes : plusieurs des réponses révèlent, il est vrai, l'influence de conceptions a priori plutôt que l'étude des lois psychologiques qui gouvernent le développement de l'enfant.

Les raisons données pour une instruction précoce en cette matière sont les suivantes :

1° Nécessité de donner sur ce sujet important des jugements de valeur et des principes directeurs.

2° Calmer l'imagination enfantine dont le travail sur l'irréel est plus dangereux en bien des cas que la connaissance exacte des choses.

3° Prévenir les fausses directions que la curiosité éveillée irait chercher près du premier venu avec danger évident de corruption.

1. Régis (E.) et Hesnard (A.), *La Psychoanalyse des névroses et des psychoses*, 1914 Paris Alcan 344.

L'éducateur anglais J. H. BADLEY (b1165) propose les mesures suivantes :

Les parents doivent répondre exactement et simplement aux questions des enfants.

Un premier pas est d'expliquer le fait de la maternité.

Le second pas, à faire vers l'époque de la puberté, consiste en explications plus circonstanciées sur ce qui concerne le jeune homme et la jeune fille.

Le troisième pas serait un enseignement scolaire aussi complet que possible entre 14 et 16 ans.

D'autres pédagogues, dont nous partageons l'avis, sont opposés à un enseignement public sur cette matière, même pour les jeunes gens, et laissent aux parents ou à un conseiller éclairé et sûr, comme le confesseur dans la religion catholique, le soin de donner, selon l'âge et les circonstances, les renseignements et les conseils opportuns.

Les raisons pour cette marche prudente sont les suivantes :

1° Les jugements de valeur et les principes directeurs n'ont pas une grande influence inhibitrice chez l'enfant, lorsqu'ils ne portent pas sur des inconvénients ou des avantages présents.

2° Faire connaître les dangers du vice est par là même dans un enseignement précoce faire connaître le vice dont l'image a la plus forte tendance impulsive. C'est là un immense danger, manifeste dans la première et la seconde enfance caractérisées par la faiblesse inhibitrice (n° 20), réel aussi pendant l'adolescence et la jeunesse caractérisées par l'essai des forces en tous les sens (n° 21).

3° L'important est de gagner la confiance de l'enfant de manière qu'il puisse sans crainte communiquer ses doutes, ses difficultés, ses curiosités; c'est alors qu'il faut répondre avec prudence de manière à le calmer sans exciter en lui des images périlleuses [1].

MEUMANN a recommandé la *méthode des souvenirs d'enfance* comme susceptible de renseigner sur les avantages ou les inconvénients d'une instruction en matière sexuelle. Le début de l'enquête qu'il a entreprise n'a pas été favorable à cette initiation ; d'après les sujets interrogés, ces connaissances auraient exercé sur eux une mauvaise influence.

60. Le mensonge chez l'enfant. Dans l'étude de la véracité de l'enfant il y a lieu de distinguer avec soin *affirmation fausse* et *mensonge*. L'expérience atteint facilement l'exactitude d'une phrase, mais, pour juger si l'enfant a dit faux avec l'intention de tromper, il ne faut pas perdre de vue les facteurs qui entrent en ligne de compte :

1º L'inexactitude du jugement peut venir d'un contrôle défectueux des images. Une question posée à l'enfant sur un fait dont il a été le témoin ou l'acteur suscite tout un ensemble d'images ; pour répondre juste il faut que dans cet ensemble l'imaginé soit comparé au vécu et, comme l'enseigne la psychologie, c'est l'expérience de la vie qui apprend à faire cette distinction. L'enfant a peu d'expérience et une tendance à objectiver tout ce qui se présente à son imagination (nº 34). De plus il n'est guère capable de répondre exactement si la question suppose un stade d'observation supérieur à celui de son âge (nº 27 p. 113).

2º L'affectivité de l'enfant lui fait employer souvent dans un sens affectif des mots qui pour l'adulte exprimeraient une constatation. Le mot *non*, lorsqu'on de-

1. Plusieurs articles indiqués dans la bibliographie donnent les meilleurs conseils pratiques pour la manière de procéder : b1167 ; b1170 ; b1180 ; b1184 ; b1185 ; etc. Il faut cependant s'inspirer avant tout des circonstances dans chaque cas particulier.

mande à l'enfant s'il a commis telle faute, a parfois pour sens précis : « Non, je ne veux pas entendre parler de cela ».

3° La grande suggestibilité de l'enfant le fait facilement répondre dans un sens ou dans l'autre selon la nuance de l'interrogation (n° 57).

4° Ses défauts de langage rendent très imprécise l'expression de sa pensée (n° 39).

Plusieurs psychologues ont insisté sur ces points en apportant à l'appui les plus solides expériences et ont établi que le témoignage de l'enfant ne doit être admis en justice qu'avec les plus grandes précautions (b403 147; b410; etc.).

Ces obstacles à l'expression de la vérité n'empêchent pas que l'enfant n'aime la vérité, et ceux qui sont en ce point les plus sévères pour la moralité enfantine doivent reconnaître le fait : « La maman par exemple, ou l'institutrice, raconte un fait dont bébé a été témoin ; bébé écoute de toutes ses oreilles et vous dénonce impitoyablement la plus futile inexactitude, relève le plus léger oubli. » (b57 250-1). M. DE FLEURY voit là surtout un phénomène de singerie, mais, s'il n'y a pas lieu d'admirer en ce point un acte de haute vertu, cette tendance de l'enfant est louable et le porte parfois à dire vrai à ses dépens, comme, lorsque après une dénégation mensongère, il se rétracte immédiatement, ou quand il raconte ses propres méfaits ; c'est la tendance de la pensée à s'exprimer telle qu'elle est.

Les mensonges proprement dits sont rares dans les premières années et sont le plus souvent l'effet d'une éducation maladroite. Les nombreuses observations recueillies ou faites par STERN établissent nettement ce qui suit : « Le mensonge en tant que tel n'est pas inné, mais on rencontre chez l'enfant des dispositions (instinct de la conservation, imitation, imagination, etc.), lesquelles représentent autant de conditions matérielles, soit de la fausseté, soit de la véracité, et qui conduisent à l'une ou l'autre suivant le milieu réel où il est élevé (éducation, exemples). En conséquence l'enfant doit demeurer aussi longtemps que possible étranger au mensonge. Mais cet idéal n'est réalisable que par l'usage de mesures prophylactiques, dont le fondement est l'éducation de l'éducateur lui-même. Ce dernier doit être un modèle d'absolue véracité, bien se garder de semer dans l'âme enfantine la méfiance à l'égard des affirmations d'autrui en promettant et en ne tenant pas ce qu'il a promis. Il évitera également de punir l'enfant avec une excessive sévérité et de le pousser ainsi au mensonge; enfin il ne le forcera pas, en le questionnant à tort et à travers, à répondre quand il ne sait rien. En revanche c'est aller trop loin que de vouloir avec Rousseau isoler artificiellement l'enfant de manière à supprimer pour lui la possibilité même de choisir entre la vérité et le mensonge. Rousseau pouvait combattre les excès d'une discipline imposée; il a le tort d'affaiblir la discipline personnelle, alors que l'éducation de la discipline personnelle est, plus que tout autre moyen, propre à mettre entre les mains de l'enfant une arme efficace contre le mensonge[1]. » L'autorité doit rigoureusement punir le mensonge chez le jeune enfant, il ne faut avoir aucune complaisance pour ses faiblesses même involontaires en cette matière; l'habitude de parler sans exactitude se prend facilement et se perd très difficilement.

1. An. ps. 1910 XVI 141. B403 135-47.

Psychologie pédagogique. 17

Sans doute la prudence et la discrétion obligent parfois à ne pas dire tout ce que l'on sait, mais prudence
et discrétion ne sont pas des vertus à développer chez
le tout jeune enfant; elles demandent une appréhension compréhensive des situations dont il est totalement incapable.

Certains cas pathologiques donnent parfois lieu chez
l'enfant à des manifestations de mythomanie déconcertantes; leur traitement relève de la pédagogie des
anormaux.

DEUXIÈME PARTIE

PÉDAGOGIE PARTICULIÈRE

PRÉLIMINAIRES

61. Importance de la pédagogie particulière. On soigne les malades et non les maladies, on punit les criminels et non les crimes, de même l'éducateur n'élève pas l'humanité, mais forme des individus humains. Or si tous les hommes se ressemblent en certaines fonctions psychologiques, si l'évolution de ces facultés suit des lois semblables chez tous, il reste vrai que chaque enfant a dans l'intérieur de cette sphère commune une manière propre de se mouvoir et de réagir aux excitations du milieu. A côté de la pédagogie générale, se rattachant à la psychologie générale, il convient donc de placer la pédagogie particulière correspondant à la psychologie individuelle.

La pédagogie scientifique peut-elle tenir compte des différences individuelles ?

Au premier abord il semble que non, puisque l'enseignement est collectif, puisque dans la pratique l'éducation est en grande partie dirigée selon des mesures générales. Cette objection a un réel fondement et elle montre qu'on ne saurait pousser à l'extrême

cette formule allemande : « L'enseignement doit indi-
vidualiser et l'éducation doit différencier. » En particulier pour l'enseignement Binet fait remarquer avec
raison : « Il peut y avoir des inconvénients très grands
à spécialiser de bonne heure les enfants, à leur donner
un enseignement adapté à des aptitudes qu'ils peuvent
ne pas avoir, ou qui peuvent changer avec l'âge, ou
dont l'utilisation peut changer aussi dans un milieu
aussi instable que nos sociétés modernes. » (b13 239-
40). Mais, s'il est exagéré de déterminer la carrière future de l'enfant dès qu'il a six ou huit ans, pour diriger toute son instruction vers cet objectif, il n'en reste
pas moins vrai qu'il y a lieu de tenir compte de ses
aptitudes individuelles, soit en général pour le placer
dans telle ou telle classe, soit en particulier pour l'encourager à développer telle branche du savoir dans
laquelle il peut exceller. La conclusion s'impose encore
plus impérieusement pour l'éducation : à côté des mesures générales il y a les rapports directs des maîtres
avec chaque élève, il y a l'application de ces lois communes à chaque individu particulier dans tel et tel cas.
Or cette application est forcément individuelle, on ne
saurait traiter de même un étourdi plein de bonne volonté et celui qui s'obstine de parti pris à mal faire,
un tempérament débordant de vie et un flegmatique.

62. Bases de la pédagogie particulière. Ces bases
sont celles de la *psychologie individuelle*.

On distingue la *psychologie individuelle spéculative*
et la *psychologie individuelle appliquée*. La première a
pour but d'étudier les traits caractéristiques de
chaque individu humain ; la seconde comprend la

Psychognostique ou art de connaître les hommes et la *Psychotechnie* qui étudie les moyens par lesquels un homme peut agir efficacement sur un autre.

La psychologie individuelle spéculative a été étudiée avant ces dernières années sous forme de *Caractérologie* (*Éthologie* de STUART MILL); elle s'est proposée de ramener les variétés psychologiques humaines à certains types fondamentaux. Les psychologues français, RIBOT, FOUILLÉE, PAULHAN, MALAPERT et d'autres ont fait de nombreuses et belles études en ce sens. Ces traités, précieux pour la psychologie individuelle, semblent au premier abord être plutôt des travaux d'approche que l'attaque même du problème : indiquer des groupes dans lesquels on peut faire rentrer les différents individus humains n'est pas étudier cet individu en lui-même.

Mais, à vrai dire, il est impossible d'avoir au sens strict une science de l'individu, car la science humaine ne procède que par concepts universels; on peut seulement dans l'étude des types psychologiques, sous lesquels se groupent les différents hommes, serrer de plus ou moins près l'individu. BINET, HEYMANS et STERN ont donné à ce point de vue des études d'une haute valeur, qui présentent en même temps une véritable utilité pratique.

STERN a proposé un schéma qui rend bien compte des différents problèmes auxquels donne lieu la psychologie des individus :

Appelons a b c d e... les notes spéciales à chaque homme en particulier, comme tel degré de mémoire, telle aptitude au dessin, à la musique, telle puissance de travail, etc. Considérons le tableau suivant dans lequel les notes a b c d e sont placées sur des lignes horizontales successives et les individus A B C D E sur des lignes verticales :

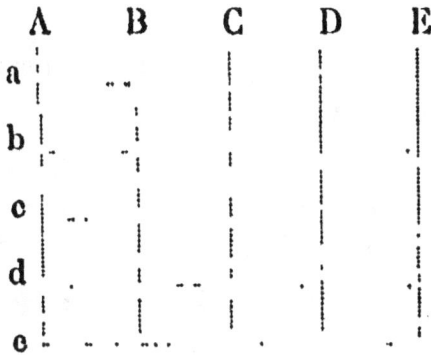

```
        A       B       C       D       E
    a
    b
    c
    d
    e
```

Différents problèmes se présentent :

1° Etude de la variation d'une note c chez les individus A B C, etc. C'est la *science des variations*.

2° *Etude des corrélations.* On compare les notes des lignes horizontales en tant qu'elles sont partagées par plusieurs individus et on examine s'il y a une corrélation entre les degrés auxquels ces notes sont partagées ; par exemple, un individu fort en dessin a-t-il par le fait même des dispositions pour le calcul ?

3° L'étude d'une ligne verticale donne la *psychographie individuelle.* Comment les différentes notes sont-elles partagées par un individu donné ? Cette psychographie peut se déterminer soit en coupe, soit en hauteur, selon que l'on examine à quel degré un individu possède les différentes notes à un moment de sa vie, ou que l'on cherche à quel degré une même note est possédée aux différents âges.

4° La comparaison de deux lignes verticales donne la *psychographie comparée* : par exemple le parallèle entre Corneille et Racine, entre les mathématiciens et les littérateurs, entre les Chinois et les Européens, entre l'homme et la femme. Ce sont les problèmes qui relèvent de la psychologie des races, de celle des sexes, des sectes, des castes, etc.

63. **Divisions de la pédagogie particulière.** Les différentes sciences dont nous venons de parler sont encore peu développées; aussi est-il plus pratique de partir d'un autre point de départ pour diviser la pédagogie particulière et de distinguer la *pédagogie particulière du normal* et la *pédagogie particulière des anormaux*.

Le mot *normal* a été compris dans des acceptions très différentes :

1° Est *normal* ce qui est moyen, se confondant avec la moyenne ou la valeur médiane de la statistique (n° 9 p. 47). Ce sens a peu d'utilité en pédagogie.

2° Le *normal* est celui qui se conduit comme la plupart des hommes dans les cas ordinaires. La statistique établirait la manière de réagir des hommes et on en conclurait si tel individu est normal ou non. Le danger de ce point de vue est de s'enfermer dans un cercle vicieux, si on ne suppose pas par avance ce qu'est l'homme normal. Ainsi il y a eu autrefois à Java une épidémie d'*échomimie*; presque tous les habitants étaient irrésistiblement poussés à reproduire les mouvements dont ils étaient témoins : par suite le normal à Java aurait eu ces réactions bizarres. Cette définition a en outre le même inconvénient que la précédente : elle ne définit pas un objet précis. Si on étale en ligne les manières d'agir selon une statistique portant sur l'ensemble de l'humanité, on trouvera qu'elles se distribuent d'une manière continue ; dès lors comment déterminer le point où commencera l'anomalie ?

3° La vraie définition du *sujet normal* est celle qui se place au point de vue de la *finalité fonctionnelle.* L'homme doit se conserver et se développer en s'adaptant à son milieu ; par suite, sous le rapport pédagogique, le normal est celui qui est susceptible d'être formé et de se développer de manière à pouvoir réaliser cette fin. Il y a lieu bien entendu de préciser le sens de cette fin (cf, n° 1).

Cette définition s'applique à une fonction particulière : une fonction est normale si elle est adaptée au travail spécial qu'elle est destinée à accomplir pour aider l'homme dans son adaptation au milieu. En pédagogie toutefois on ne considère pas comme anormal celui qui possède une fonction anormale, lorsqu'il possède un ensemble de fonctions lui permettant de s'adapter au milieu, pas plus que l'on n'appelle normal celui chez qui chaque fonction isolée est normale tandis que les fonctions considérées dans leurs liens mutuels présentent une disproportion rendant l'adaptation impossible. (B1530 16-9 145 ; b148 163-4).

L'importance de cette division de la pédagogie particulière est manifeste :

1° Le normal soumis aux règles communes à tous s'adapte de lui-même ; l'anormal au contraire est incapable de le faire sans un secours particulier, sans un régime pédagogique spécial.

2° Le mélange des enfants normaux et anormaux présente parfois les plus graves inconvénients, d'où nécessité pour l'anormal d'une éducation privée ou d'un régime à part.

3° Certains enfants, sans être encore des anormaux, ont une tendance à le devenir. Il est donc important de connaître les pronostics de ces dispositions défectueuses et leur prophylaxie, les remèdes capables de les enrayer.

La première division de la pédagogie particulière, la pédagogie du normal, se subdivisera en 5 paragraphes : Psychographie individuelle — Aptitudes — Types psychologiques — Caractères — Problèmes particuliers (Aptitudes professionnelles, Coéducation).

La principale justification de cette subdivision est son opportunité pour grouper les observations se rapportant à la pédagogie particulière du normal.

CHAPITRE I

PÉDAGOGIE PARTICULIÈRE DES NORMAUX

§ 1. — *PSYCHOGRAPHIE INDIVIDUELLE*

64. Le psychogramme. La *psychographie indivi-duelle* a pour but l'étude de l'individu d'après l'ensem-ble des notes qu'il possède ; le résultat de ce travail pour un individu déterminé s'appelle un *psycho-gramme :* le tableau des points de vue selon lesquels doit se confectionner le psychogramme est *le schéma psychographique.*

Les *méthodes* pour confectionner le psychogramme sont multiples :

1° Il peut être rédigé au hasard de l'observation, en notant, lorsque l'occasion s'en présente, ce qu'il y a de remarquable dans la conduite de l'individu. Cette méthode nous fournit la grande part de nos apprécia-tions sur ceux que nous fréquentons, mais il est à peine besoin de faire remarquer qu'à elle seule elle ne sau-rait donner des résultats scientifiquement utilisables : l'impossibilité du contrôle, l'imprécision ordinaire de la terminologie pour des dénominations telles que léger, paresseux, etc., ne permettent d'utiliser les ré-sultats qu'avec une légitime défiance, lorsque le sujet est inconnu.

2° Certaines méthodes isolées telles que *la grapholo-gie, la physiognomique*, etc., ont leur utilité ; mais

employées à l'exclusion des autres méthodes d'observation, elles sont susceptibles de conduire à de graves
erreurs. Les ingénieuses épreuves, auxquelles BINET a
soumis les grands graphologues de notre temps, n'ont
pas prouvé l'inanité de la graphologie, mais elles ont
bien établi que la valeur de diagnostic de cette science
est purement globale. Il faut dire pour la graphologie
ce qu'on a constaté pour la craniométrie : « En ce qui
concerne le groupe, la signification de ces mesures est
si précise qu'elle pourrait servir à un diagnostic global.
Mais, si au lieu de me présenter les enfants groupés, on
me les amène un à un et qu'on me demande de juger
chacun d'eux par la grosseur du crâne, je suis obligé
de me récuser [1]. »

Il n'est pas inutile de remarquer quels inconvénients il y
aurait à trop se fier à de telles méthodes pour la conduite des
enfants et des élèves ; d'après son écriture, tel serait soupçonné,
traité en conséquence, et autour de lui planerait une vague
défiance très propre à le renfermer en lui-même à un âge où il
a le plus grand besoin de se confier. Sans doute si la graphologie est utilisée par un éducateur éminent, il saura éviter
l'écueil, mais pour beaucoup l'emploi de pareils procédés aura
incomparablement plus d'inconvénients que d'avantages. Les
caractères graphologiques ne sont légitimement employés qu'à
titre accessoire et très secondaire pour faire masse avec d'autres indices, jamais pour valoir par eux-mêmes dans le cas de
la psychologie individuelle.

3° La méthode mixte utilise tous les moyens : observations courantes, tests, examens médicaux, etc.

Le problème de la psychographie individuelle a été
jusqu'ici très imparfaitement traité : une des causes en

1. BINET, *Signes physiques de l'intell.*, An. ps. 1910 XVI 3-12 —
Les révélations de l'écriture, 1906 Paris Alcan 253-4 248-9 171.

est le déficit d'un schéma universellement adopté permettant de se rendre compte de la vraie valeur des caractéristiques indiquées et de leur signification relative.

L'établissement d'un psychogramme complet est une œuvre bien au-dessus des moyens de la plupart des pédagogues ; c'est des progrès de la science des variations et de celle des corrélations qu'il est permis d'attendre les moyens d'exécuter ce travail avec succès. Indiquons quelques desiderata :

Dans le choix des tests il faut préférer ceux qui sont plus caractéristiques de l'individu et simultanément plus faciles à appliquer à un grand nombre. Il est aisé de comprendre que le test sera d'autant plus caractéristique de l'individu que la variation de la note visée sera plus grande entre plusieurs sujets et plus petite dans le même individu ; c'est à la science des variations qu'il faut demander des renseignements à cet égard.

Dans le choix des notes il faut préférer celles qui permettent de caractériser le sujet par une finalité qui lui soit propre, de manière que toutes ses fonctions soient groupées dans un même ensemble. C'est ce qu'ont réalisé plusieurs des recherches de BINET sur les types psychologiques. L'écueil à éviter dans ces travaux est de forcer les faits pour les insérer dans un cadre les réunissant systématiquement (b27 84-5).

§ 2. — APTITUDES PARTICULIÈRES

65. Notions préliminaires. *Aptitudes particulières.* La particularité d'une aptitude se définit en prenant pour point de départ la notion de corrélation. On dira qu'une matière d'enseignement, le dessin par

exemple, est une aptitude particulière, si elle n'est pas
en corrélation avec l'ensemble des matières d'enseignement, en sorte qu'un élève fort en dessin pourra
être inférieur dans les autres branches et inversement.

Corrélations. Les phénomènes physicochimiques
présentent de nombreuses correspondances dans leur
existence et leur variation ; c'est ainsi que la vitesse
d'un corps tombant dans le vide et l'espace parcouru
sont en correspondance exacte : quand l'espace augmente, la vitesse augmente et inversement.

Le domaine biologique présente également des correspondances, par exemple entre les longueurs des
deux bras, entre la longueur des bras et celle des
jambes. Mais ces correspondances n'ont plus l'exactitude et l'universalité des correspondances physicochimiques; il y a plus exactement tendance à la correspondance que stricte correspondance.

On appelle *corrélation* cette tendance de deux caractères biologiques ou psychologiques à varier dans le
même sens ou encore à exister simultanément (b165
2ᵉ éd. t. 1 35-6).

La corrélation est *directe* ou positive, lorsque deux
caractères ont tendance à exister simultanément ou à
varier dans le même sens.

La corrélation est *inverse* ou négative, si les deux
caractères ont tendance à s'exclure ou à varier en des
sens opposés.

La corrélation est *indifférente*, lorsqu'il n'y a aucune
corrélation directe ou inverse.

Lorsque les deux caractères sont dans la relation de
cause à effet, la corrélation est *immédiate* ; sinon elle
est *médiate* et il y a lieu de chercher la cause commune
orientant les deux caractères en corrélation.

L'indice de corrélation est un nombre indiquant le degré de corrélation. Si la corrélation était positive et parfaite, l'indice serait 1; si elle était négative et parfaite, l'indice serait — 1. L'indice sera donc un nombre décimal compris entre — 1 et + 1.

Les traités spéciaux indiquent plusieurs méthodes pour déterminer l'indice de corrélation (b165 2ᵉ éd, t. 1 35-60; b862).

Lorsque la distribution est normale (n° 9 p. 47), une des formules les plus exactes et les plus pratiques pour calculer la valeur de l'indice est celle de Pearson : $r = \dfrac{\Sigma x y}{n s_1 s_2}$. Dans cette formule x représente l'écart d'une des valeurs du premier caractère par rapport à la valeur représentative du groupe des valeurs de ce caractère, y l'écart correspondant pour la valeur correspondante du second caractère, s_1 représente la valeur représentative de la variation du premier groupe, s_2 celle du second. (Cf. n° 9).

Si les observations ont porté sur un très grand nombre de cas, il est avantageux d'employer la méthode très simple pro- proposée par Ivanoff (b677 196-9).

Signalons encore la méthode du rang proposée par Binet et Henri [1].

66. Résultats expérimentaux.

L'étude des apti- tudes par la méthode des corrélations est très délicate et a donné jusqu'ici peu de résultats. Une des prin- cipales difficultés est certainement de bien préciser chacune des notes examinées : si on cherche par exemple la corrélation entre le rang scolaire et la suggestibilité, il faudra déterminer la suggestibilité; or on a remarqué dans la méthodologie que les tests portant sur une note, comme la suggestibilité, devaient être nombreux pour avoir une signification (n° 7 p. 39), et par suite le problème de corrélations devient d'une

1. Binet et Henri, *La fatigue intellectuelle*, 1898 Paris Schleicher.

complication inouïe, car il faudrait déterminer l'importance relative des divers tests employés. Si on se contente de chercher la corrélation entre le rang scolaire et les résultats fournis par l'un des tests de suggestibilité, on tombe dans un écueil aussi dangereux : on ne sait pas au juste quelle qualité on met en corrélation avec le rang scolaire, puisqu'un seul test ne suffit pas à déterminer une qualité.

Voici quelques résultats qui semblent acquis :

1° *L'orthographe usuelle naturelle* est une aptitude particulière : « Il y a des enfants qui savent l'orthographe, non pas d'instinct, sans l'avoir apprise, ce serait méconnaître tout ce qu'il y a d'artificiel dans l'orthographe, mais bien en se donnant infiniment moins de mal que d'autres écoliers qui n'arrivent pas à posséder une orthographe aussi correcte. » (b13 247).

2° Il y a corrélation entre l'aptitude naturelle à *l'orthographe* et la *mémoire visuelle* (b13 247). Ce point est confirmé par ce fait que les aveugles, supérieurs en moyenne aux sourds-muets pour l'intelligence générale, leur sont inférieurs pour la disposition naturelle à l'orthographe. On ne voit au contraire aucune corrélation nette entre l'aptitude au dessin et l'aptitude à l'orthographe.

3° *Le calcul mental* (calcul de tête) est une aptitude particulière. Il a une corrélation très nette avec la mémoire, mais cette mémoire n'est pas nécessairement visuelle : « S'il y a des calculateurs visuels, il y en a d'auditifs ou plutôt de moteurs... Ces derniers ne voient pas les chiffres, mais les entendent ou se les disent. » (b13 249). La mémoire du calculateur peut d'ailleurs être très spécialisée : « BINET a fait des expériences afin d'évaluer la mémoire des lettres chez

Inaudi. Alors que sa mémoire des chiffres est cent fois supérieure à la moyenne, la mémoire des lettres est peu développée. Il est incapable de répéter cinq à six lettres. Il ne peut répéter trois lignes de prose ou de vers [1]. »

4° *L'intelligence des mathématiques* est nettement une aptitude particulière. L'absence d'aptitudes pour les mathématiques supérieures est fréquente chez ceux qui sont d'ailleurs doués d'une bonne intelligence générale. De plus : « A mesure que les mathématiques s'élèvent, le nombre de ceux qui les comprennent décroit avec une rapidité vertigineuse; et on remarquait dernièrement en célébrant la puissance mathématique de Poincaré, qu'il n'existait probablement pas dans le monde entier plus de dix personnes en mesure de le suivre. » (b13 251).

5° D'après la vaste enquête d'IVANOFF (b677), il y a corrélation inverse entre le *dessin* et le *calcul*. On conçoit d'ailleurs qu'une intelligence orientée vers les schématisations abstraites ne se dirige pas vers l'observation du monde ambiant nécessaire pour être un bon dessinateur.

6° La même enquête permet de conclure que le *dessin* est une aptitude particulière. Si l'on trouve un élève fort dans l'ensemble des matières et faible en dessin, surtout s'il excelle dans les mathématiques et les branches abstraites de l'enseignement, on est en droit de présumer un manque d'aptitudes et par suite il convient de ne pas pousser à l'exécution d'esquisses demandant de la souplesse de main et du talent. La prudence s'impose cependant en toutes ces questions:

1. IOTEYKO et KIPIANI, *Et. sur Diamandi*, R. ps. 1908 I 12

le manque de dispositions peut être plus apparent que réel et venir de ce que les aptitudes ont été refoulées par des exercices accentués en sens très opposés (b13 246).

Cette dernière remarque peut se généraliser pour les autres points faibles de l'élève. Ceux qui ont préparé pour les mathématiques spéciales les candidats aux écoles du gouvernement ont pu souvent constater que des élèves autrefois brillants dans leurs études littéraires et philosophiques étaient au début tout à fait désorientés par les mathématiques même élémentaires. Facilement on aurait conclu à un manque de dispositions, mais peu à peu les difficultés du début s'aplanissaient, ces mêmes élèves prenaient la tête dans les classes de mathématiques spéciales. L'aptitude aux mathématiques avait toujours existé, mais elle était comme refoulée par le vif intérêt suscité par les études littéraires.

§ 3. — TYPES PSYCHOLOGIQUES

67. Types psychologiques. Le *type psychologique* est un ensemble de dispositions ainsi enchaînées qu'elles groupent un certain nombre d'individus dans l'unité d'un idéal semblable selon la manière générale d'agir et de réagir psychologiquement ; c'est ainsi par exemple qu'on distingue le type d'intelligence concrète et celui d'intelligence abstraite.

Le type psychologique ne consiste donc pas simplement dans l'existence d'une aptitude, comme être mathématicien, ni dans un simple assemblage de facultés unies selon différentes proportions (par exemple richesse d'imagination, pauvreté de mémoire verbale, lenteur d'intelligence abstraite, etc.), mais dans une combinaison qui réunit les éléments dans une même finalité par rapport aux réactions psychologiques.

La parfaite intelligence d'un type s'obtiendrait en déterminant ses notes fondamentales ainsi que ses relations de ressemblance et de dissemblance avec les autres types. Cette détermination est encore dans l'enfance ; mais cependant les études faites donnent des résultats plus utilisables et d'importance plus générale que pour les aptitudes.

Le *caractère* est en somme un type psychologique : il se rapporte à la manière dont la volonté réagit à des motifs donnés. Il en sera question dans le paragraphe suivant et le paragraphe actuel se bornera aux manières de réagir qui se rapportent à l'intelligence.

Bien des professeurs distinguent dans leurs classes *le bon* et *le mauvais élève*. Ils adoptent facilement peut-être une définition qui se rapproche de la suivante : le bon élève est celui dont le travail, la conduite, le succès s'adaptent bien à l'enseignement et aux vues du maître ; dans le cas contraire l'enfant est plus ou moins un mauvais élève. Ces deux catégories ne sont pas des types psychologiques ; elles ne sont pas en effet définies par la manière psychologique d'agir et de réagir, mais par le succès et l'insuccès.

En laissant de côté la grave question de la manière dont doit être exercée la justice distributive envers les élèves d'une même classe, on peut dire que l'important n'est pas tant de savoir si un élève est bon ou mauvais que de connaître les ressources dont il dispose pour se rapprocher du but visé par l'éducation : dans la mesure où ces ressources existent il est toujours un bon élève.

Nous signalons trois catégories de types psychologiques qui ont été l'objet d'études sérieuses : les types de travail intellectuel, les types d'observation, les types d'intelligence concrète ou abstraite.

1° *Types de travail intellectuel.*

Sous ce rapport les sujets se partagent selon deux types : ceux qui usent principalement de la méthode dite de *réflexion* et ceux chez qui prédomine l'emploi de la méthode dite d'*inspiration.*

La première de ces méthodes est caractérisée par l'évolution logique et consciente des jugements en vue d'un but fixé d'avance. On a parfois caractérisé ce type par le nom de type de travail conscient, ou encore par celui de type à *fonction primaire* (b206 70).

Binet décrit ainsi ce dernier type : « La méthode de réflexion consiste à prendre comme point de départ une idée précise, une idée qu'on peut formuler, une idée qu'on a trouvée par la réflexion et dont on pourrait expliquer toute la genèse, tous les antécédents, toute la continuité ; l'idée est donc pleinement consciente. Sur elle on exécute un travail qu'on a entrepris parce qu'on le voulait bien ; on le commence quand on le désire, on l'interrompt, on le reprend et on le termine de la manière qu'on juge convenable ; le travail est donc complètement à nos ordres. Pendant qu'il se poursuit, on exerce son attention, sa mémoire, son sens critique ; on examine une idée, on l'accepte ou bien on la rejette ; et toutes les fois on sait pour quelle raison on a fait ceci plutôt que cela ; le travail est donc entièrement raisonné. Ce qu'il a souvent de pénible et même de douloureux tient à la nécessité de ne penser qu'à son sujet, et de s'y cantonner, de s'y concentrer en ne permettant aucune digression... Traitée de cette manière savante l'idée parcourt une phase complète d'évolution mentale ; elle est d'abord un germe abstrait, une idée vague, un schème, elle se développe lentement, elle grossit, elle s'amplifie, elle se détaille surtout, c'est-à-dire qu'elle s'enrichit d'éléments concrets, précis, sensoriels, vivants ; et nous avons une exacte connaissance de cette évolution à mesure qu'elle se déroule, puisque c'est nous qui, par notre intervention, la faisons dérouler ; puisqu'elle évolue même souvent d'après un scénario que nous avons choisi. » (b13 253-4).

La méthode d'*inspiration* abandonne au contraire

une grande partie du travail à l'activité subconsciente
de l'esprit, à la *fonction secondaire*. Elle procède dans
ses grandes lignes de la manière suivante : pendant
une première période l'objet du travail est étudié selon
la méthode de réflexion ; puis, le travail ayant peu ou
point abouti au but visé, l'esprit vaque à d'autres occupations, et plusieurs heures, plusieurs jours après,
l'idée mère qui doit guider vers le résultat apparaît
subitement à l'esprit ; reste enfin à achever la tâche par
une seconde période de travail conscient selon la méthode de réflexion. En somme cette méthode est un travail intellectuel dont certaines phases ne sont pas gui-
dées par une volonté consciente [1]. L'esprit est riche de
matériaux acquis ; mille images se heurtent, s'asso-
cient, se dissocient pour entrer dans des combinaisons
nouvelles, et subitement se forme une association d'où
surgit un jugement de l'intelligence relatif au problème
cherché et illuminant la question d'un jour nouveau.

Il n'y a pas discontinuité entre ces deux méthodes
de travail intellectuel ; il est bien évident que l'une
n'est jamais employée à la complète exclusion de l'autre. Mais on constate la tendance à se servir de l'une
de préférence à l'autre, et c'est précisément par cette
tendance qu'est déterminé le type.

Le travail de la fonction secondaire suppose pour
être fécond un esprit riche de connaissances acquises,
une imagination créatrice développée, travaillant
comme spontanément.

Il est assez aisé de déterminer les types de travail
intellectuel des différents élèves d'une classe. Qu'on
dicte un sujet de composition imaginative, de nature

---

1. Cf. POINCARÉ, *Science et méthode*, 1909 Paris Flammarion 43-63 ;
BEAUNIS, *Comment fonctionne mon cerveau*, R. ph. 1909 t. 1 ; b1264.

à intéresser les enfants, d'abord au moment même de la composition, et une autre fois deux ou trois jours d'avance. Les différences des résultats chez le même individu seront parfois très accentuées; on est alors en droit de soupçonner l'existence d'un travail assez considérable de la fonction secondaire.

Il faut se garder de décourager ceux qui manifestent l'existence accentuée de la fonction secondaire : le travail humain idéal n'est aucunement celui d'une intelligence pure, mais bien d'une intelligence travaillant sur les données des sens. A ce point de vue le type à fonction secondaire trouve dans cette élaboration subconsciente et spontanée des données sensibles un auxiliaire puissant. Cependant ce type est à surveiller et à guider avec soin : cette forte influence de l'imagination créatrice exige en effet un contrôle actif de la raison pour éviter l'erreur et l'habitude de l'effort volontaire pour échapper à la tyrannie des influences sensitives ou des tendances qui leur correspondent.

2° *Types d'observation.*

BINET distingue le *type objectif* et le *type subjectif.*

Le premier est réaliste et positif : l'objet est décrit avec une visible préoccupation de l'exactitude matérielle, avec une terminologie concrète, sèche, manifestant de la minutie.

Le second décrit d'une manière moins abondante, plus vague, plus subordonnée à l'impression subjective; les mots sont abstraits ou imaginatifs, l'impression produite par l'objet sur l'observateur est au premier plan.

BINET a bien mis ces deux types en évidence chez ses filles A. et M. Il leur demandait par exemple de décrire une feuille de marronnier qu'il leur montrait.

Voici la composition de M. (type objectif) :

« La feuille que j'ai sous les yeux est une feuille de marronnier cueillie en automne, car les pétioles sont presque toutes jaunes, à l'exception de deux et une est à moitié vert et jaune.

« Cette feuille est une feuille composée de sept folioles se rattachant à un centre qui se termine par la tige nommée pétiole, qui supporte la feuille sur l'arbre.

« Les folioles ne sont pas toutes de la même grandeur; sur sept, quatre sont beaucoup plus petites que les trois autres.

« Le marronnier est un dicotylédone, l'on peut s'en apercevoir en regardant la feuille, elle a des nervures ramifiées.

« En plusieurs endroits, la feuille est tachée de points couleur de rouille, une de ses folioles a un trou.

« Je ne sais plus que dire de cette feuille de marronnier. » (b13 267).

A côté de cette composition écrite par M. en 11 minutes 13 secondes, plaçons celle d'A. écrite en 8 minutes : nous verrons immédiatement le contraste entre le type objectif et le type subjectif :

« C'est une feuille de marronnier qui vient de tomber languissamment sous le vent de l'automne.

« La feuille est jaune, mais encore raide et droite, peut-être reste-t-il un peu de vigueur dans cette pauvre mourante.

« Quelques traces de sa couleur verte d'autrefois sont encore empreintes sur les feuilles, mais le jaune domine : une bordure brune et rougeâtre en orne le contour.

« Les sept feuilles sont fort belles encore, la tige verdâtre ne s'en est point détachée.

« Pauvre feuille, maintenant destinée à voler sur les chemins, puis à pourrir, entassée sur bien d'autres. Elle est morte aujourd'hui... et elle vivait hier! Hier, suspendue à la branche, elle attendait le coup fatal qui devait l'enlever; comme une personne mourante qui attend son dernier supplice.

« Mais la feuille ne sentait pas son danger, et elle est tombée doucement sur le sol. » (b13 268).

On déterminerait encore certains types d'observation en partant de la description d'objets : *le descripteur* qui décrit simplement, *l'observateur* qui ordonne les détails et signale bien des particularités moins obvies, *l'émotionnel* qui fait entrer ses états subjectifs dans la description, *l'érudit* qui prend occasion de l'observation pour exposer ses connaissances. Ces types ne sont pas aussi dominateurs, réunissant aussi complètement l'ensemble des réactions intellectuelles, que les deux types précédents.

3° *Le type concret et le type abstrait.*

Ces types ont été également désignés par les dénominations *praticien et littéraire* (BINET), *sensoriel et verbal, intuitif et logique* (POINCARÉ). Ils se caractérisent par le genre d'images sensibles sur lesquelles l'intelligence est portée à s'appuyer.

L'abstrait, le verbal, le logique, a une tendance à penser par mots, par schèmes abstraits et formels s'écartant des données de l'intuition sensorielle; *le concret*, le praticien, l'intuitif a une tendance à se servir d'images intuitives et vécues.

On remarquera souvent chez le type abstrait de l'incapacité, ou du moins peu d'adresse pour les actions matérielles; inversement le type pratique manifestera parfois peu d'aptitude pour les considérations abstraites. Il faut cependant se garder de voir là une corrélation générale et nécessaire. Même parmi les grands mathématiciens il y a lieu de distinguer les types concret et abstrait; les professeurs de mathématiques ont parmi leurs bons élèves des analystes traitant les problèmes par le calcul, incapables de bien se représenter les figures dans l'espace, et des esprits concrets résolvant de préférence les problèmes par la géométrie, se lassant promptement des longs calculs.

La distinction de ces deux types est importante au point de vue pédagogique. Assez souvent le concret se montre sensiblement inférieur à la moyenne dans les exercices scolaires. Le déficit peut venir d'un manque d'adaptation de la volonté : le sujet intéressé par les objets matériels beaucoup plus que par les schèmes abstraits ne fait que peu d'effort d'attention; il faut en ce cas lui faire au besoin violence sans toutefois décourager ses aptitudes concrètes. On peut aussi avoir plus ou moins affaire à un arriéré, car l'intelligence abstraite suppose pour s'exercer un degré plus avancé d'évolution que l'intelligence concrète ; ce sont alors les règles du traitement des arriérés qu'il faut suivre (n° 74). Enfin il peut s'agir d'un état réfractaire aux études abstraites et cependant évidemment ouvert aux exercices concrets de l'intelligence. Ce dernier cas exige une action prudente : l'enseignement scolaire est surtout verbal, on peut se demander si l'enfant ne suivrait pas avec fruit un enseignement plus intuitif, s'il ne parviendrait pas à une instruction complète avec les leçons particulières de maîtres adroits. Si une telle mesure est impossible ou ne réussit pas, il ne faut pas hésiter à diriger l'enfant vers une carrière pratique dans laquelle il pourra exceller, comme l'agriculture, les arts et métiers, etc.

La détermination pratique de ces types ne présente pas d'ailleurs de grandes difficultés pour un professeur.

La connaissance des types psychologiques est vraiment utile pour la direction de l'enfant; il faut dans leur utilisation se garder de plusieurs écueils :

I. La crainte d'un développement unilatéral de l'enfant ne doit pas conduire à affaiblir ses facultés maîtresses; on n'amoindrit pas de parti pris la vue de quelqu'un qui a l'oreille dure et d'excellents yeux sous prétexte de réaliser un état d'équilibre. Mais il est raisonnable de développer avec un soin particulier les aptitudes médiocres, car l'existence d'un type très tranché risque d'étouffer tout ce qui n'est pas en corrélation directe avec lui et d'amoindrir la valeur du sujet.

II. Il importe de se rappeler que l'enfant est en voie de développement : l'existence d'un type psychologique à un âge donné n'entraîne pas qu'il sera aussi accentué ou même qu'il existera plus tard. Les lois d'évolution des types psychologiques sont trop peu connues pour permettre des pronostics assurés en ce sens.

§ 4. — *LES CARACTÈRES*

68. Les caractères. On distingue le tempérament, le caractère et le naturel.

Le *tempérament* se définit : « L'activité générale de l'organisme, l'énergie du ton vital et aussi l'harmonie ou la discordance des activités vitales. » (B1246 165).

Le *caractère* est : « La disposition habituelle selon laquelle l'appétit intellectuel, la volonté, réagit à des motifs donnés. » (B1238 XV).

Le *naturel* est l'ensemble des dispositions natives qui inclinent l'appétit intellectuel à réagir de telle ou telle manière à des motifs donnés.

Avoir du caractère, c'est posséder cette propriété de la volonté par laquelle on s'attache à des principes pratiques que la raison a inviolablement posés (n° 53 p. 224).

La diversité des caractères est un fait obvie. Cette diversité n'est pas exclusivement innée. Si chaque homme a certaines dispositions natives qui l'inclinent à réagir de telle ou telle manière, l'influence des autres hommes, des événements et des circonstances, modifie cette empreinte première; surtout l'individu réagit par son activité volontaire à l'encontre de l'influence du milieu et de ses tendances instinctives, il modifie par suite son naturel et est en partie capable : « de faire son caractère, de devenir l'être qu'il veut être.» (B1286 284).

Il est donc faux que l'on puisse prévoir à coup sûr le caractère de l'adulte d'après les tendances manifestées pendant l'enfance et la jeunesse. Le caractère n'est pas un agrégat de tendances, mais une systématisation de ces inclinations en un tout unique, en une manière habituelle de réagir, et, quand bien même on supposerait, ce qui n'est pas, que les tendances acquises ne peuvent contrarier et supplanter certaines tendances instinctives, ces mêmes tendances peuvent être systématisées à des points de vue bien différents. On peut affirmer au contraire que l'enfant n'a pas pendant le temps de l'éducation un caractère formé, bien défini. Il peut y avoir groupement des différentes tendances dans l'unité, l'expérience montre clairement en particulier que des enfants encore jeunes sont capables d'unifier leur vie dans l'idée religieuse, mais presque toujours ces synthèses ne se maintiennent que sous l'influence d'autrui, elles manquent de stabilité et l'on se demande si elles ne sont pas plus ou moins factices, tant qu'elles n'ont pas été soumises à l'épreuve de la lutte contre les réactions hostiles.

En résumé, si l'on distingue dans le caractère les dispositions, qui en sont comme la matière, et l'élément formel, composé du point de vue unificateur et de la force de volonté capable de maintenir l'esprit dans cette unité, on peut affirmer que *la forme du caractère n'est jamais innée*, est toujours modifiable chez les individus normaux. Quant à la matière du caractère, au naturel, il n'est modifiable qu'entre certaines limites et en ce sens on peut dire avec exactitude : « Les possibilités de caractères ne sont pas identiques en chaque enfant[1]. »

Classification des caractères. — Il est impossible de classer parfaitement les caractères en raison du nombre indéfini de valeurs dont est susceptible l'élément formel.

Il faut d'abord mettre à part ceux qui *sont des caractères*, qui *ont du caractère*, par opposition à ceux qui se contentent d'*avoir un caractère*, se laissant d'ailleurs régir par l'influence du milieu. Dans la première catégorie il faut encore distinguer ceux qui unifient leur vie d'après les principes de la raison et ceux qui centralisent leurs activités psychologiques autour d'une passion dominante : ambition, lucre, plaisirs sensuels, etc. (b1286 304).

Presque toutes les classifications des différents caractères ont le défaut d'examiner uniquement les combinaisons possibles entre les éléments psychologiques, en négligeant l'aspect fonctionnel de ces éléments et le degré de leurs corrélations. Parmi les meilleures classifications données par combinaisons de types et d'éléments psychologiques on peut citer celle de MALAPERT (b1247 178-236).

HEYMANS s'est efforcé d'établir une classification basée sur les corrélations en s'appuyant sur des enquêtes étendues et sur l'étude des biographies. Il combine les éléments des trois couples :

émotif — non émotif, actif — non actif, à fonction

---

1. J. PAYOT, *L'éd. du caract.*, R. ph. 1899 t. 2 600.

primaire — à fonction secondaire (cf. n° 67). Il distingue ainsi les caractères suivants :

Emotif, non actif, à fonction primaire... *Nerveux*
Emotif, non actif, à fonction secondaire . *Sentimental*
Emotif, actif, à fonction primaire .... *Colérique*
Emotif, actif, à fonction secondaire..... *Passionné*
Non émotif, actif, à fonction primaire.... *Sanguin*
Non émotif, actif, à fonction secondaire.. *Flegmatique*
Non émotif, non actif, à fonction primaire. *Amorphe*
Non émotif, non actif, à fonction secondaire *Apathique*

Les traits spéciaux à chaque groupe sont déterminés d'après les enquêtes et les biographies. Ainsi les nerveux sont : « d'après l'enquête, comme d'après les biographies, impulsifs, violents, irritables, d'une humeur alternante, superficiels ou même stupides, enclins à copier les opinions des autres, spirituels, libertins, vains, ambitieux, prodigues, radicaux en politique, gênés ou affectés, démonstratifs, intrigants, menteurs, peu scrupuleux, distraits et manquant de ponctualité; tandis que les non émotifs — actifs — à fonction secondaire se distinguent par la pondération, le calme, l'humeur égale, l'intelligence, l'indépendance des opinions, le manque d'esprit, la pudicité, l'indifférence aux apparences extérieures, la tendance à s'effacer, l'économie, les opinions conservatrices en politique, la simplicité, la réticence, l'honnêteté, la véracité, les scrupules, la vigilance et la ponctualité. » (b206).

L'inconvénient très grand de ce genre de classifications est leur valeur uniquement globale : les traits déterminés par l'enquête statistique ne valent pas à coup sûr pour un des individus du groupe.

Aussi plusieurs prétendent que la seule classification

pédagogiquement utilisable est celle qui distingue les différentes qualités dont peut être affecté l'exercice de l'activité prise en bloc. PAYOT indique les notes suivantes : 1° Intense et durable. 2° Intense — sans durée. 3ᵉ Faible — durable. 4° Faible et sans durée [1]. L'inconvénient est la généralité même de telles caractéristiques ; cette classification, malgré sa simplicité apparente, est d'ailleurs d'un emploi difficile. Dans son livre *Les mensonges du caractère* [2] PAULHAN a bien fait ressortir comment consciemment ou inconsciemment le caractère se dissimule ; il faut par exemple une connaissance très complète de l'enfant pour savoir si vraiment sa manière d'exercer son activité est faible ou intense, car l'intensité de son application varie dans des limites très étendues selon que les matières dont il s'agit l'intéressent plus ou moins.

§ 5. — *LES APTITUDES PROFESSIONNELLES LA COÉDUCATION*

69. Les aptitudes et les types au point de vue de la profession. On se plaint souvent de ce que les maîtres ne se préoccupent pas assez des relations entre les aptitudes mentales de leurs élèves et les professions auxquelles ils les préparent. Le choix de la carrière est dicté en général par des considérations très différentes de sorte que plusieurs vaquent à des occupations pour lesquelles ils ne sont pas faits, y réussissent médiocrement, ne s'y intéressent pas et ne rendent pas les services sociaux qu'on aurait pu attendre d'eux. Les examens d'admission éliminent un certain nombre d'incapables, mais ils ne portent pas sur tous les

1. L. s. c., 604-5.
2. 1905 Paris Alcan.

points en cause; de plus n'est-il pas regrettable de
laisser un enfant diriger ses efforts vers un idéal de
vie auquel il n'aboutira pas, car, outre la somme d'énergie dépensée à peu près en pure perte, il faut redouter
la dépression morale que produit chez lui ce genre de
déceptions ? Il serait donc très utile de déterminer quelles sont les carrières qui conviennent aux
aptitudes de chacun.

La solution de ce problème rencontre un sérieux obstacle
dans la multiplicité des professions. L'Index des occupations
lucratives pour les Etats-Unis donnait en 1913 9.326 carrières,
et encore un grand nombre se subdivisent en plusieurs branches. De plus les éducateurs et les psychologues, peu au courant de la plupart de ces professions, ignorent les aptitudes
qu'elles requièrent. Il sera toujours plus facile d'indiquer à
un jeune homme si telle profession lui convient que de lui
dire quelle est celle de toutes les professions qui lui convient
le mieux (b1294 236-7).

Les Américains se sont efforcés d'aborder scientifiquement la solution de ce problème. En 1909 PARSONS
fonda à Boston un bureau de renseignements pour
les carrières, ouvert gratuitement à tous les jeunes gens en quête d'une situation et aux adultes
désireux d'en changer. Non seulement ce bureau
donne pour les carrières libérales comme pour
les plus humbles métiers tous les renseignements
nécessaires, mais il examine les candidats sur leurs
aptitudes professionnelles. Les tests rendent dans
ce cas d'éminents services. Pour en donner un exemple, dans certaines usines l'employé doit avoir les
yeux fixés sur un grand nombre de pièces en mouvement pour remédier aux troubles de fonctionnement
tandis que dans d'autres son attention est concentrée
sur un détail. Il est clair que, si le test du champ de

l'attention révèle un déficit considérable, le sujet ne sera pas apte à la première profession ; la bonne volonté ne suffira pas à lui faire prêter l'attention requise, elle ne donnera pas davantage à celui dont les réactions motrices sont lentes la vivacité nécessaire au chauffeur d'automobile pour arrêter immédiatement sa voiture, pas plus qu'elle ne mettra à l'abri des surprises de bavardage le secrétaire nerveux qui n'a que peu de pouvoir d'inhibition sur ses paroles.

Sans doute le maniement de telles épreuves est délicat et il y a danger de rendre de fausses décisions par suite de préjugés théoriques.

Un psychologue américain MÜNSTERBERG fut prié d'examiner la réaction à l'audition d'un jeune homme qui se présentait comme sténographe pour voir si elle était au-dessous de la moyenne. Il fit remarquer avec raison que l'exigence de cette aptitude partait d'une idée fausse : si quelqu'un a le retard considérable d'un dixième de seconde dans la réaction auditive, il n'en résulte en effet que le retard insignifiant d'un dixième de seconde à la fin de la dictée sténographique. Néanmoins l'examen par tests du candidat à une position peut être utile pour éliminer des incapacités réelles ; la réciproque ne sera pas toujours réalisée, car l'accommodation aux conditions d'expérience du laboratoire demande moins de qualités que l'adaptation à la réalité sociale vécue.

MÜNSTERBERG cite des tests très simples qui ont donné de bons résultats dans des questions d'apparence fort complexe. Plusieurs administrations américaines avaient demandé un moyen de discerner les candidats capables de faire face avec sang-froid à une situation imprévue. Le test suivant fut adopté

avec succès. Sur 24 cartes sont écrites les voyelles A E O U
de la manière suivante : dans un premier groupe de 8 cartes,
21 fois une des voyelles à tour de rôle et 9 fois chacune des trois
autres ; dans le second groupe de 8 cartes, 18 fois une des
voyelles à tour de rôle et 8 fois chacune des autres ; dans le
dernier groupe, 15 fois une des voyelles à tour de rôle et 11 fois
chacune des autres. Les cartes sont mêlées et le candidat doit
les distribuer en tas séparés selon la fréquence d'apparition
d'une des lettres. Certains sujets perdent la tête devant l'im-
prévu de cette épreuve et n'arrivent que difficilement après
beaucoup de temps et avec de nombreuses fautes ; pour d'autres l'opération se fait aisément, vite et sans erreurs (b1306-8).
Différents tests ont été adoptés pour les conducteurs de
tramways électriques, les téléphonistes, etc.

A l'occasion des études psychologiques sur les aptitudes
professionnelles signalons les recherches de TAYLOR sur le
facteur psychophysique des métiers. Si l'on travaille sans cesse
à perfectionner le mécanisme des machines, pourquoi ne pas
s'efforcer d'augmenter le rendement de l'outil humain en recher-
chant les mouvements les plus adaptés que doit faire aussi bien
le travailleur en métaux fins que le simple cantonnier ? TAY-
LOR conformément à cette idée forma des spécialistes qui se
nomment les ingénieurs du travail. THOMPSON, un de ses
élèves, a montré que cette recherche de la meilleure manière de faire fonctionner le mécanisme humain pouvait porter des fruits sociaux importants. Dans une fabrique 120 femmes devaient chaque année vérifier plusieurs millions de bil-
les de roulement pour bicyclettes ; plusieurs employées très
anciennes avaient par ailleurs acquis certainement le maximum de vitesse que peut donner l'habitude, étant donné que
le travail se faisait à la tâche. On détermina scientifiquement
la meilleure manière de procéder, la distribution la plus utile
des pauses pour le repos, etc., et, en exerçant des employées
selon ces principes, on fit faire par 35 femmes le travail de 120
avec une journée moins longue, coupée par de plus fréquents
intervalles de repos ; l'administration réalisa un bénéfice plus
considérable, et les employées reçurent un salaire supérieur.

En France, *l'Institut Marey* s'occupe de l'étude psychophy-
siologique du travail dans un laboratoire spécial.

70. La coéducation. Notions. Le mot de *coéducation* a été primitivement employé en Amérique pour désigner un système d'éducation dans lequel garçons et filles reçoivent des mêmes professeurs le même enseignement dans le même local et à la même heure ; le recrutement des différentes classes est déterminé par l'âge et la science sans considération de sexe.

La coéducation peut se faire à plusieurs degrés :

1° Les garçons et les filles sont réunis non seulement pour l'enseignement, mais aussi pour une vie sociale commune : c'est le système de la *coéducation intégrale*.

2° La réunion n'existe que pour les classes : c'est le système des *écoles mixtes*.

3° Les garçons et les filles sont réunis et pour l'enseignement et pour la vie sociale, mais avec nombre de restrictions visant à pourvoir aux nécessités particulières, intellectuelles ou économiques, des uns et des autres : c'est la *coéducation restreinte*.

Pour réaliser en son entier l'idée de la coéducation, le personnel des éducateurs doit lui-même être mixte : les jeunes filles doivent avoir quelques professeurs hommes et les garçons quelques professeurs femmes (b1321 1-25).

Si-l'on fait abstraction ·des questions d'économie financière qui ont jusqu'ici dominé le problème, la question se pose ainsi : « Ce système est-il en harmonie avec l'évolution naturelle des aptitudes chez les garçons et chez les filles ? » (b1371) ; la solution est donc du ressort de la pédagogie individuelle. Il y aura à faire une étude préalable comparée de l'évolution des enfants des deux sexes sur les points qui intéressent l'éducation : force, résistance à la fatigue, évolution

des intérêts. Il faudra décider si les différences constatées sont accidentelles, dues par exemple à l'éducation
familiale, ou si elles appartiennent au sexe en tant que
sexe. Y a-t-il des différences psychologiques sexuelles ?
La femme a-t-elle une manière spéciale de juger, de
réagir aux motifs sentimentaux, de se comporter par
rapport aux motifs directeurs de la volonté ? La constance avec laquelle une particularité s'affirme dans tous
les milieux, la résistance qu'elle oppose à tout dressage
et toute modification, son lien avec la finalité fonctionnelle du sexe, seront des signes indiquant qu'il
s'agit d'une différence essentielle.

71. Coéducation. Données expérimentales. Deux
procédés se présentent pour aborder la question par
l'expérience :

1° La comparaison des résultats obtenus dans les
établissements scolaires selon que la coéducation y
est pratiquée ou non.

2° L'étude directe des aptitudes particulières aux
garçons et aux filles.

1° *Résultats obtenus par le système coéducatif.* La
coéducation se pratique à des degrés divers dans un
grand nombre de pays.

Les Etats-Unis de l'Amérique du Nord sont la terre classique
de la *coinstruction.* Le système est universellement pratiqué
pour l'enseignement primaire : les écoles catholiques parois-
siales elles-mêmes ont adopté cette mesure. Pour l'enseignement secondaire on comptait en 1909-1910 11.075 écoles mixtes
avec 921.736 élèves, 919 écoles séparées avec 110.725 élèves ;
la proportion serait beaucoup plus forte si on mettait à part
les écoles privées catholiques, elle est de 95 % dans les *high-
schools* officiels. Dans le haut enseignement et l'enseignement
professionnel, sur 622 Universités on en compte 158 pour

hommes, 129 pour femmes, 335 mixtes, d'après la statistique donnée en 1909 par le *Bureau of education* (B1424; b1405; b1400). Les femmes entrent dans la composition du corps enseignant pour une proportion de 80%. Les élèves des écoles primaires ont entre 6 et 13 ans, ceux des écoles secondaires entre 13 et 18 ans.

Le système de la coinstruction est largement répandu dans les *Pays-Bas* pour l'enseignement primaire et secondaire, de même en *Norvège, Suède, Danemark, Finlande*, (b1426).

En *Italie* la loi du 4 juin 1911 a transformé en écoles mixtes toutes les écoles primaires rurales; depuis la loi du 19 juillet 1909, les écoles normales peuvent être transformées par le gouvernement en écoles normales mixtes. Dans le reste du domaine de l'enseignement, la coinstruction est pratiquée de fait, non de droit, dans une mesure assez large. Les jeunes filles assistent aux leçons sur des bancs séparés; si leur nombre est considérable, on fait souvent des classes à part pour elles, mais cela n'est pas de rigueur.(En Italie l'enseignement secondaire est reçu dans les gymnases de 12 à 17 ans en moyenne; les élèves des lycées ont de 17 à 20 ans. Les élèves des écoles techniques ont en moyenne de 12 à 15 ans, l'enseignement dure 3 ans; après l'école technique on peut être admis à l'institut technique.)La première année d'institut technique est commune pour les garçons et les filles; la seconde année se divise en différentes sections : physique mathématique, comptabilité et arpentage, d'autres branches moins importantes. En 1910, dans les gymnases du gouvernement et gymnases assimilés il y avait pour 292 établissements 31.141 garçons et 3.919 filles; dans les lycées sur 13.740 élèves on comptait 690 filles. On a noté une augmentation du nombre des filles dans les gymnases et les lycées en 1911: 4.449 et 791. Un gymnase spécial pour jeunes filles, le gymnase *Regina Elena*, a été ouvert à Rome en 1902; on tend également à multiplier les écoles techniques séparées pour jeunes filles : 4 en 1900, 9 en 1914.

En *Angleterre* depuis dix ans on a établi pour des raisons d'économie l'enseignement mixte sur la plupart des sujets dans de nombreuses écoles secondaires.

La coéducation restreinte est pratiquée en Angleterre dans

plusieurs établissements. *Bedale's school*, fondé par J. H. BA-
DLEY, compte plus de 150 garçons et filles ; ils reçoivent une
éducation conforme à leurs aptitudes respectives, mais de
manière que tout ce qui peut se faire en commun se fasse en
commun. L'égalité dans la différence est la devise de l'école
(b1311 464). Les garçons et les filles demeurent dans des maisons séparées, qui sont autonomes. On se retrouve en classe,
dans les laboratoires, pour les récréations et les repas ; la
soirée est souvent employée à des conférences et des discus-
sions communes (b1338; b1311).

L'ensemble des pays où se pratique la coéducation
présente donc une large base d'enquête ; il est néanmoins difficile de tirer des conclusions précises de ce
moyen d'observation. Les enquêteurs ont trop parlé
jusqu'ici des résultats obtenus dans telle ou telle école
particulière ; or, si en éducation le système est beaucoup, la personnalité de l'éducateur est peut-être
encore plus décisive au point de vue du résultat.

C'est de résultats d'ensemble, assez étendus pour
que l'influence de telle personnalité exceptionnelle ne
se fasse pas sentir, qu'il faudrait partir si l'on veut
arriver à apprécier ce que vaut le système en lui-
même.

Donnons quelques appréciations :

En se plaçant au seul point de vue scientifique l'avis
de l'*Eglise catholique* possède une valeur exceptionnelle. Elle veut à la fois le développement de l'espèce
humaine et la pratique de la morale, non seulement de
cette morale qui sauvegarde la correction extérieure,
mais de celle qui veille sur les pensées les plus secrètes.
Un libre penseur, un membre d'une autre congrégation
religieuse, ne se rangera pas à l'avis de l'Eglise catholique parce qu'elle est l'Eglise, mais s'il est sincère et
instruit, il n'affirmera pas à la légère qu'elle manque

d'esprit d'observation ; à ce titre l'enseignement et l'avis de l'Eglise ont leur valeur dans un traité de science positive. Or l'Eglise catholique se montre défavorable, hostile même à la coéducation, cela sans aucune restriction pour l'enseignement secondaire. Ce n'est pas, comme on l'a parfois insinué par ignorance ou mauvaise foi, qu'elle désapprouve les études solides, et même supérieures, pour les femmes : elle accepte que les femmes suivent les cours des Universités[1] et en 1899 Rome a donné son approbation à l'établissement d'un collège dans l'Université de Munster pour la formation des religieuses enseignantes (b1405). Mais l'Eglise voit dans la coéducation un danger pour la moralité de l'élève à l'âge où se donne l'enseignement secondaire (13 à 17 ans).

Quant aux avis particuliers sur la valeur des resultats du système, ils sont parfois divergents, même si l'on se borne à ceux qui semblent s'appuyer sur l'observation.

Henning, après une expérience personnelle de 15 années aux Etats-Unis, prononce ce verdict sévère contre la coéducation (b1350) : « Dans les *public schools* (écoles primaires), à partir de 10 ou 11 ans, chaque fille a son garçon et chaque garçon a sa fille préférée. » — Ce sont de petits présents, des visites, des rendez-vous au cinématographe. Dans les *high schools* (écoles secondaires) : « Il suffit d'écouter les conversations que garçons et filles de l'école secondaire tiennent dans les tramways, pour s'assurer qu'il est question de tout autre chose que d'algèbre, de César ou de Tite Live. Des propos, au moins choquants, pour ne pas dire obscènes, sont tenus à haute voix. » — L'intérêt à l'enseignement passe tout à fait au second plan. — La morale des adolescents est déplorable ; il n'est pas rare de voir disparaître pendant quelques semaines, et pour cause, des jeunes filles de

1. Décret de la *Propagande* 13 juillet 1907.

l'école secondaire et même de l'école primaire, et les faits les plus immoraux sont traités d'incidents sentimentaux (b₁350 137-8).

S. HALL, personnalité pédagogique de tout premier ordre en Amérique, base son verdict sur des enquêtes d'une exceptionnelle étendue embrassant un grand nombre d'années : il se montre nettement hostile. Avec ce système les garçons prennent extérieurement des manières moins rudes, mais ils perdent en virilité. Peu à peu se détruit l'idéal que chaque sexe s'était fait de l'autre et, bien que la preuve rigoureuse en soit difficile à faire, on peut avec beaucoup de probabilité attribuer à la coéducation la diminution du pourcentage des mariages dans la jeunesse américaine (b69 t. 2 620-1).

Les soigneuses observations de Mᵉ Höscн-Ernst confirment les conclusions de HALL et HENNING. HALL avait remarqué que si certains traits spéciaux du caractère masculin s'exaltent par suite de la coéducation, d'autres s'affaiblissent (b69 t. 2 618 629); Mᵉ Höscн-Ernst juge également que le résultat est un effet niveleur sur les caractères spéciaux à chaque sexe et que l'enseignement féminin exerce cette influence sur les garçons d'une manière spécialement accentuée; la femme féminise plus que l'homme ne virilise (b1371). Dans une communication au Congrès international de pédologie, Mᵉ Höscн-Ernst rapporte que dans plusieurs écoles on a donné le test suivant : écrire ce qui vient à l'esprit au sujet du mot *amour* : « Dans les classes d'un seul sexe, on a obtenu des réponses sur l'amour paternel, maternel, fraternel, patriotique, etc. ; dans les écoles coéducatives ce mot a évoqué d'autres idées. » [1]

A. C. BASSI aboutit à des conclusions analogues pour ses observations dans la République Argentine. Il n'a pas remarqué que la coinstruction eût des inconvénients jusqu'à l'âge de 8 ou 9 ans, mais pour les années suivantes le système a un effet niveleur relativement aux caractéristiques psychologiques des sexes, il détruit l'idéal que chaque sexe se fait de l'autre et il en résulte une diminution dans le nombre des mariages[2] (Cf. b1311b sp. 281-2).

1. C. R. Cg. int. Pd. 1912 Bruxelles Misch et Thron t. 1 66.
2. L. c. 65-6.

Rapprochons des remarques précédentes la statistique donnée en 1909 par le *Teacher* de Londres : dans l'Université de Manchester, sur 560 femmes graduées 64 seulement sont mariées et 12 seulement ont épousé des compagnons d'études.

D'autres pédagogues au contraire déclarent que la coéducation donne de bons résultats ; ainsi FÖRSTER (b59 tr, fr. 66) et MEYHOFFER pour la Suisse[1].

ROUMA rend compte de ses observations sur l'école normale mixte qu'il dirige à Sucre en Bolivie : les jeunes gens sont devenus plus sociables, ont gagné en tenue extérieure, les jeunes filles ont perdu de leur timidité, de leur frivolité, gagné en indépendance ; les uns et les autres ont perdu ce sentiment de malaise romantique « qui fait voir un sexe à l'autre sous l'angle d'une sorte d'idéalisation mystérieuse. » (b1389 466).

Le Dr BURNESS dans une sérieuse étude sur les essais de système coéducatif en Angleterre établit par des données statistiques que les garçons et les filles soumis à ce régime dans les écoles secondaires n'arrivent pas à un degré inférieur d'instruction (b1321). De plus la coéducation fournit « une instruction pratique sur le développement des bonnes relations sociales entre les sexes » (b1321 166). Elle tend à faire disparaître « l'excès de la conscience du sexe : la fausse sentimentalité, la fausse modestie, le maniérisme » (b1321 196). Quant aux inconvénients moraux, l'enquête faite auprès de 61 directeurs d'écoles secondaires mixtes en Angleterre rapporte des opinions variées : tous ne sont pas unanimes et d'ailleurs leur témoignage ne porte guère que sur la correction extérieure.

Mlle BACKSTRÖM (b1390 67) déclare que la pratique de la coéducation n'a donné lieu à aucune plainte en Suède.

Cependant presque tous ceux qui défendent la coéducation au nom de l'expérience font deux remarques importantes : Une solution bonne pour un pays n'est pas pour cela recommandable dans d'autres. — La surveillance et la valeur morale du personnel jouent un rôle primordial : « Cette tentative avortera partout où l'on n'aura pas, par une influence

1. L. c. 66.

morale, mis les élèves à l'abri des dangers de cette vie en commun. » (b59 tr. fr. 66).

De cette enquête mondiale il : rait difficile de déduire une conclusion de valeur vraiment scientifique : les règles de l'observation n'ont pas été en effet suffisamment observées, en particulier les influences étrangères à celle de la coéducation n'ont pas été éliminées. Cependant elle porte à une prudente réserve et, jusqu'à démonstration du contraire, les résultats précédents peuvent être considérés comme valables :

1º Dans l'ensemble la coéducation présente de graves inconvénients moraux. Elle ne semble pas avec évidence diminuer le degré d'instruction que garçons et filles sont susceptibles d'acquérir; nous examinerons bientôt si elle ne nuit pas à l'acquisition du genre d'instruction désirable pour chaque sexe.

2º En tout cas la coéducation demande de la part des éducateurs des qualités spéciales, du flair psychologique et pédagogique (b1338). C'est là un inconvénient évident pour une généralisation du système : on ne peut demander à l'ensemble du personnel éducateur des qualités aussi rares que le flair psychologique.

Mlle Dr IOTEYKO demande que l'on ne tire pas des conclusions trop hâtives des observations de mauvaise influence morale due à la coéducation : « L'observation des faits qui s'accomplissent journellement dans les universités semble, au premier abord, très défavorable à l'idée de la coéducation. Les jeunes filles n'ont que trop souvent à souffrir des situations que leur créent leurs trop galants camarades, et la présence des femmes dans l'auditoire est souvent l'occasion de désordres. Un observateur superficiel en conclurait qu'il est de toute nécessité d'exclure les femmes des universités. A un examen plus attentif, on aperçoit que cet état de choses est la conséquence logique de l'absence de coéducation dans l'enseignement primaire et moyen... D'ailleurs la vérification de cette idée a été faite en Amérique, où la jeune fille, après avoir passé par tous les degrés de la coéducation, entre à l'université sûre d'elle-même, pénétrée de ses droits, et la vie qui s'ouvre devant elle est pleine de charme et de bonheur. » (b 356). FERRIÈRE demande également que l'on n'admette dans les écoles secondaires mixtes où la vie sociale est commune que des élèves ayant déjà fait leur instruction primaire dans des écoles mixtes.

Malgré toute l'autorité de Mlle IOTEYKO, il ne faut pas affirmer trop vite que la coéducation de l'enseignement secondaire diminuerait les inconvénients pour la coinstruction supérieure. En Amérique on ne croit pas du tout unanimement à l'absence de graves inconvénients pour la coéducation dans l'enseignement supérieur. Il y aurait de plus une importante distinction à faire entre la correction extérieure et la moralité réelle. Ceux qui ont eu l'occasion de vivre avec des jeunes gens longtemps préservés du vice ont pu constater que parfois, s'ils venaient à être corrompus, ils donnaient plus de scandales extérieurs que des camarades profondément vicieux, et la psychologie expliquerait facilement ce fait. Il en résulte qu'en attribuant à la coéducation une influence démoralisatrice, on n'irait pas contre ce résultat : le système coéducatif présente moins d'inconvénients *extérieurs* pour ceux qui l'ont déjà pratiqué. Mais il est clair que l'éducateur prétend bien atteindre au delà de la simple correction extérieure.

3° Les avantages signalés assez généralement en faveur de la coéducation, la perte de l'excès de la conscience du sexe, la guérison de la timidité, etc. ne sont pas tous des *avantages* certains : HALL et BASSI ont constaté en particulier que la connaissance plus exacte prise de leurs défauts respectifs par les jeunes gens et les jeunes filles coéduqués, point toujours indiqué comme *avantage*, diminuait le nombre des mariages. L'influence féminine s'exerce naturellement sur le garçon par la mère, l'aïeule, les sœurs, et il est

à remarquer que dans les familles honnêtes cette
influence ne diminue en rien l'idéal que le jeune
homme se forme de la jeune fille : en famille la femme
se montre ce qu'elle est, dans un milieu auquel elle
est providentiellement adaptée. Mais le cadre de l'étu-
diante lui est éminemment défavorable, et, dans les
relations de camaraderie entre étudiants des deux
sexes, elle donnera d'elle une idée fausse, ses belles
qualités resteront dans l'ombre, seront méconnues.
Est-ce vraiment aussi un avantage de supprimer,
d'amoindrir la grande pudeur et l'extrême réserve de
la jeune fille ? Ce qui semblerait en cela excessif n'a-
t-il pas sa profonde raison d'être ?

Donc, à tout prendre, en s'en tenant aux résultats
apparents du système, la coéducation apporte plus de
maux que de bienfaits. Pour donner à cette conclusion
une valeur vraiment scientifique, il serait utile de faire
les observations avec plus de rigueur dans la méthode,
en les faisant porter principalement sur les trois époques suivantes : première enfance, début de la puberté,
période finale de l'éducation.

2° *Étude des dispositions spéciales aux garçons et aux
filles.* — La volonté exerce son influence sur l'ensemble des activités humaines, intellectuelles, volontaires,
physiques, par le maintien dans la conscience de jugements de valeur (Cf. n° 53) ; par ce pouvoir de maintien, qui a pour corrélatif un pouvoir d'inhibition,
elle fait sans cesse un triage parmi les éléments psychologiques qui défilent devant la conscience (b1020
207). Si les jugements de valeur sont constamment
orientés dans une même direction générale, la vie entière se ressentira donc de cette particularité en tout
ce qui subit l'influence de la volonté, et, si cette

particularité d'orientation est naturelle, il y aura par le fait même une spécialisation naturelle de l'idéal de la vie, du terme de l'éducation.

Or la conclusion qui se dégage des nombreux travaux sur la psychologie comparée des sexes est la suivante : « Dans l'évolution de l'enfant il faut distinguer des traits masculins et des traits féminins ; en un sens il n'y a pas un seul trait commun aux deux sexes. » (b294 195. Cf. b1271 ; b1342 ; b1397 12-7 ; b1428 ; etc.). Si l'on va au détail de ces différences signalées par les observateurs, on constate que la jeune fille a les mêmes fonctions psychologiques que le garçon, qu'elle peut comme lui avoir de l'aptitude pour telle branche d'enseignement et même primer dans un concours, qu'elle ne lui est pas, à proprement parler, inférieure ; mais dans l'exercice de ses fonctions, dans la manifestation de ses aptitudes, elle est *autre*. La diversité existe moins dans le détail des opérations que dans l'orientation générale, dans la finalité qui dirige toutes les activités vers un idéal déterminé. En un mot, il y a un *type psychologique masculin* et un *type psychologique féminin*. (Cf. n° 67 p. 273), et ces types sont caractérisés par la *différence des idéaux* que vise l'exercice de leurs activités.

Nous avons exposé la théorie de FREUD en signalant ses exagérations (n° 7 p. 32 ; n° 59 p. 248) : si on examine l'ensemble de la vie sensitive pour lui-même, sans faire entrer en ligne de compte la subordination qui le fait dépendre de la vie mentale supérieure, il est vrai que les fonctions sensitives se groupent autour d'une même finalité, la conservation de l'espèce, finalité qui est précisément celle de la différence des sexes envisagée au point de vue de cette même vie inférieure. Or, malgré son infériorité relative, la vie sensitive conditionne la vie intellectuelle dans son exercice ; l'homme n'est pas un esprit

pur et ses fonctions les plus hautes se ressentent de son union
avec la matière. On pouvait donc, avant même de faire des
observations spéciales, prévoir que la différence des sexes doit
avoir une influence inéluctable sur l'exercice des fonctions
supérieures.

Les études de HEYMANS, GAUDIG, WRESCHNER, (b1271; b1342-
4; b1428), se résument assez bien dans cette formule : « Il y a
dans les synthèses de la femme une différence de point de vue
inexplicable par l'éducation et l'habitude. » (b171 268). L'homme
fait plutôt ses synthèses d'un point de vue logique, la femme
d'un point de vue sentimental et esthétique. Aussi cette dernière, dans la manière de se soumettre à l'éducation, est plus
réceptive, plus passive, moins portée à critiquer l'instruction
reçue ; elle s'adapte plus facilement aux différents maîtres,
passe plus facilement d'une matière d'enseignement à une
autre.

La sérieuse enquête du Dʳ BURNESS, partisan de la coéducation, met en évidence plusieurs points qui confirment l'idée
précédente. En mathématiques les garçons surpassent les filles et la distance grandit avec l'âge. Ceux-là sont très supérieurs pour les sciences physiques, tandis que celles-ci témoignent plus d'intérêt pour la botanique, plus d'aptitude pour
les cours d'hygiène et l'enseignement ménager. Dans la manière de s'appliquer aux études les jeunes filles ont plus de
goût pour l'ordre, prêtent plus d'attention aux détails. Elles
ont une grande facilité de mémoire et d'accumulation, tandis
que les garçons sont plus capables de remonter aux causes
des phénomènes. Dans l'étude de la langue maternelle les goûts
littéraires sont très différents, point confirmé d'ailleurs par
toutes les enquêtes sur les idéaux préférés (n° 20 p. 89). En
histoire le garçon s'intéresse davantage aux mouvements économiques et sociaux, tandis que l'attention des jeunes filles
est plutôt dirigée vers le pittoresque (b1321 28-138). Les observations de BURNESS signalent particulièrement bien ce point :
la jeune fille diffère du garçon pour ce qui est de dégager l'idée
générale contenue dans un morceau littéraire, ou l'enseignement donné par un fait historique ; elle fait ses synthèses mentales d'après des points de vue spéciaux (b1321 87 139-40).

Cette différence entre le type psychologique masculin et le type psychologique féminin est-elle un argument pour ou contre la coéducation ?

Plusieurs auteurs estiment que cette diversité entre les psychologies de l'homme et de la femme prouve l'utilité de la coéducation : garçons et filles gagneront à cette fréquentation mutuelle, en prenant les qualités qui leur manquent. Tel est l'avis du Dr BURNESS : « L'ordre des idées de l'homme étant en partie différent de celui de la femme, il s'ensuit par conséquent qu'il y a profit pour les élèves à recevoir leur enseignement de tous les deux... De cette façon l'élève est amené à regarder les choses sous différents points de vue, le cercle de ses idées est élargi et ceci, il nous semble, est tout à son avantage. » (b1321 139-40). Et l'auteur cite à ce sujet J. STUART MILL : « La tendance des femmes à regarder les choses comme isolées plutôt que groupées, et leur intérêt plus vif dans les sentiments actuels des personnes, est un correctif à celle des hommes à trop estimer la simple abstraction. » Telle est aussi, plus accentuée encore, la pensée de FERRIÈRE : « Sans que l'esprit assimilateur de l'élément féminin et l'esprit plutôt constructeur de l'élément masculin soient modifiés dans leur essence — ce sont des tendances innées que rien ne changera jamais — chaque sexe prend peu à peu les qualités de l'autre et tend de lui-même à une certaine harmonie qui ne peut que lui être salutaire. » (b1338 86).

Non, répondent les adversaires de la coéducation, l'intérêt de la société est loin de trouver son compte à ce que les différences psychologiques des sexes soient amoindries ; plus l'homme sera viril et plus la femme sera femme, plus aussi la société conjugale sera riche en ressources, plus en général la société humaine

contiendra d'éléments de succès pour atteindre son
but. Le garçon doit être élevé pour devenir un homme
dans toute la force du mot, la jeune fille pour être une
femme accomplie comme femme. Ce n'est pas là
considérer la femme à un point de vue étroit, mais
bien la traiter de manière à donner à ses trésors naturels le plus grand rendement possible. S. HALL,
parlant des qualités morales, dit que sous ce rapport
les différences entre l'homme et la femme sont innées,
invincibles, et il ajoute : « *Virilité* et *féminité* ont
besoin d'un régime différent pour acquérir leur parfaite floraison. — Patriotisme, famille, honneur, courage, combien tout cela rend un son spécial pour
chaque sexe ! — Si on apprend aux garçons les vertus
des filles, quand ils seront des hommes, ils auront à
marcher sur leur propre terrain sans y être adaptés. »
(b71 t. 1 244-5). HALL remarque encore que l'influence
des femmes les plus nobles et les plus pures n'est
pas bonne à ce point de vue, si elle est trop exclusive (b71 t. 2 245-6).

NBF signale plusieurs *inconvénients secondaires* que cette
différence des types suscite à la coinstruction (b1375). Il déclare d'après sa propre expérience qu'il y a danger pour le
maître de préférer le type de travail féminin dans lequel il
trouve plus de docilité, plus de souplesse à prendre l'empreinte
exacte de la personnalité de l'éducateur. De plus l'honneur et
l'émulation ont encore plus de puissance d'action sur la jeune
fille que sur le jeune homme : facilement la tendance de la
classe mixte sera moins de savoir que de briller, et, malgré
les immenses bienfaits du sentiment de l'honneur et de l'émulation, il y a certainement inconvénient à faire passer au second rang la solidité de la formation intellectuelle. Aussi
RUGE affirme-t-il que l'introduction des femmes dans les universités a rendu l'enseignement plus brillant, plus facile,
mais moins profond, moins sérieux, moins laborieux (b1393).

En résumé, l'étude de la diversité des types psychologiques conduit à des conclusions contraires à la coéducation; ce système ne peut être employé que pour
des raisons étrangères à la psychologie pédagogique
et faute de mieux. Il ne favorise pas l'acquisition du
type psychologique naturel de l'homme et du type
psychologique naturel de la femme; or un système éducatif peut bien viser à surélever l'idéal visé
par la nature, mais il cesse d'être légitime dans la mesure où il en compromet l'acquisition.

CHAPITRE II

PÉDAGOGIE PARTICULIÈRE
DES ANORMAUX

§ 1. — *DÉFINITION DE L'ANORMAL SCOLAIRE*

72. L'anormal scolaire. Il y a de *bons* et de *mauvais* élèves ; il y a aussi des *normaux* et des *anormaux*. Ces divisions ne se correspondent pas : tout bon élève est normal, tout anormal est mauvais élève ; mais les réciproques ne sont pas vraies, car l'écolier peut être mauvais élève, soit par défaut de bonne volonté, soit par anomalie.

D'après les définitions données (n° 63 p. 264), *l'anormal scolaire* est celui qui en vertu d'une infirmité involontaire ne peut s'adapter à l'école ou au collège ; il offre une résistance naturelle à l'action de l'éducateur.

Dans la question présente il faut éliminer toute une catégorie d'anormaux, ceux dont l'infirmité est si profonde qu'on ne les rencontie pas dans les milieux scolaires, mais uniquement dans les hospices ou les asiles, comme les idiots, les déments, etc. Les anormaux scolaires, tout en pouvant à la rigueur paraître à l'école, n'y demeurent pas sans graves inconvénients pour eux et pour les autres ; ils possèdent des anomalies, qui souvent n'avaient pas été remarquées dans le milieu familial et que manifeste l'école ou le collège (b1530 30).

Ces anormaux sont nombreux dans les écoles : les générations successives portent un poids de tares physiques et mentales qui va toujours s'aggravant ; la mesure qui rend l'instruction obligatoire en a d'ailleurs accru le nombre apparent (b1530 3-4). Binét a constaté que dans les écoles primaires ils sont en proportion de 5 %, proportion à réduire pour les écoles secondaires en conséquence d'une sélection qui se produit fatalement (b1440 10-2).

Il est important de discerner ces anormaux, tant pour leur bien personnel que pour celui de leurs condisciples.

La distinction se fait immédiatement pour les *anormaux physiques*, tels que les aveugles, les sourds-muets, etc. ; nous ne parlerons que des *anormaux mentaux*. L'expression *anomalies mentales* ne veut nullement dire que les facultés mentales de l'homme soient malades ou infirmes ; il s'agit d'un déficit du système nerveux central qui entrave l'exercice de l'intelligence et de la volonté.

Le *mentalement anormal scolaire* est donc celui qui par infirmité du système nerveux présente des troubles de développement intellectuel et moral le rendant, au moins provisoirement, incapable de s'adapter au régime de l'école, sans cependant qu'il soit nécessaire de l'interner et que son éducation soit impossible. Dans l'*anomalie majeure* la vie sociale est impossible hors tutelle ; dans l'*anomalie mineure*, en particulier dans l'anomalie scolaire, une éducation fructueuse est possible, pourvu qu'elle soit dirigée de manière à pallier les défectuosités et à rétablir l'équilibre compromis.

Le chapitre actuel traite donc d'un groupe intermédiaire entre les normaux (bons et mauvais élèves)
et les extra-scolaires qu'il faut isoler ou enfermer
(b1440 8).

Le *mauvais élève* se distingue de cet anormal en ce
qu'il manque de bonne volonté, mais se montre capable de bien faire intellectuellement et moralement
lorsqu'il s'applique.

Le *normal en retard* présente également des différences nettes par rapport à l'anormal mental : il pro-
gresse, la distance entre ses condisciples et lui diminue au lieu d'augmenter; de plus on trouve une cause
obvie à son retard, négligence de l'instruction première, circonstances ayant interrompu ses études,
etc.

§ 2. — *LES TYPES D'ANORMAUX SCOLAIRES*

73. Distinction des types d'anormaux scolaires.
Comme le remarque DE SANCTIS, toute anomalie mentale vient d'un désordre nerveux et par suite une classification vraiment scientifique des anormaux devrait
prendre son point de départ dans les lésions nerveuses:
la cause de l'anomalie serait mise ainsi en évidence.
Mais, outre que ces lésions nerveuses sont pour bien des
cas peu ou point connues, le but du pédagogue est de discerner ceux de ses élèves dont l'état inspire des inquiétudes pour la possibilité de l'adaptation scolaire, nullement de prendre le rôle du médecin. D'ailleurs, au
point de vue psychologique (n° 67), il faut définir un
type d'anormaux : « Un ensemble de dispositions mentales ainsi enchaînées qu'elles groupent un certain
nombre d'individus dans un déficit semblable relati-

vement à la manière générale d'agir et de réagir mentalement. » Pour l'anormal mental scolaire ce déficit est le manque d'adaptation à l'école.

La classification la plus usuelle distingue trois groupes d'anormaux mentaux scolaires : les *arriérés*, les *instables*, le *type mixte*. La commodité pratique de cette division a été confirmée par les enquêtes de BINET et SIMON en France, par celles de DE SANCTIS en Italie, et par les observations de beaucoup d'autres psychologues. Les arriérés sont des anormaux de l'intelligence, les instables des anormaux de la volonté; les expériences et observations qui ont conduit à la distinction des trois catégories se sont basées sur le *rendement actuel* de l'anormal.

L'éducation ne forme pas l'élève pour le présent, mais *pour l'avenir* : il est donc utile de distinguer deux autres types qui, sans entraver notablement l'adaptation actuelle à l'école, menacent la vie sociale future : le type à *tendance hystérique* et le type à *tendance psychasténique*. Ces anormaux portent le germe d'un manque d'adaptation à la vie de l'adulte, et, si l'éducateur ne les forme pas d'une manière spéciale, le but de l'éducation sera en partie manqué.

Ces deux catégories de groupes ne s'opposent d'ailleurs pas entre eux : l'hystérique peut être ou n'être pas un arriéré et, si son type est accentué, il sera toujours un instable.

Nous distinguons deux groupes génériques d'anormaux : ceux qui ne s'adaptent pas au régime scolaire ; ceux qui, tout en s'adaptant au régime scolaire, portent des dispositions à des anomalies compromettant le résultat final de l'éducation. Cette répartition n'a rien de scientifique, mais elle est simple et englobe bien l'ensemble des anomalies dont l'éducateur doit se préoccuper.

74. Anormaux ne s'adaptant pas au régime scolaire. 1° *Arriérés* (b1440 29-32; b1530 40-3).

L'arriéré se distingue par l'*insuffisance* ou l'*incoordination* de ses facultés intellectuelles.

Il est *en retard* sur ses condisciples; nous montrerons au paragraphe suivant qu'un retard de trois ans chez un élève de scolarité régulière le rend gravement suspect d'arriération.

L'arriéré n'est pas seulement en retard sur ses camarades, il est *autre* (b1540 517). Cette dissemblance se manifeste surtout par les traits suivants :

I. L'insuffisance est relativement considérable pour les processus logiques supérieurs : « L'abstraction et tous les autres travaux intellectuels dont l'abstraction donne la clef lui sont un domaine fermé. » (b1440 47-8). La rédaction est d'une extraordinaire faiblesse et, en général, toutes les fois que le travail à faire comporte des mots, des phrases, des idées abstraites à formuler par le langage, l'infériorité est notoire. Il pourra y avoir intelligence des perceptions concrètes, aptitude aux travaux manuels, à la gymnastique, au dessin, à la couture, etc. (b1440 38-9), mais même en ces points l'insuffisance se laisse voir lorsque l'élève doit changer subitement et rapidement l'orientation de son activité (b1551 14).

II. Le rythme évolutif (cf. n° 15) est altéré de deux manières. Il n'y a pas la corrélation que l'on trouve chez le normal entre la croissance et le développement psychologique; par suite l'arriéré abandonné à lui-même manifeste un retard de plus en plus accentué. La

corrélation normale de développement entre les différentes fonctions est également en déficit : c'est ainsi
que l'imagination créatrice pourra se développer dans
une certaine mesure tandis que l'attention demeurera
stationnaire.

L'arriéré n'est pas toujours mal vu de ses maîtres.
Il ne gêne pas, a souvent de la moralité extérieure,
plutôt verbale, il est vrai, et en surface. Il se montre
volontiers complaisant, accepte facilement de faire des
commissions simples, est sensible aux punitions et
aux récompenses. Dans les établissements spéciaux
pour arriérés on remarque même que les plus polis sont
les plus profondément atteints.

L'arriéré a en horreur la lutte et la résistance, du
moins quand son cas est simplement celui de l'arriération; il y a cependant en lui un remarquable entête-
ment, dû à sa diminution mentale, à son incapacité de
modifier ses synthèses intellectuelles (b1530 43).

Une nuance d'arriérés peut faire illusion ; ce sont
ceux chez qui domine l'incoordination mentale plutôt
que l'imbécillité : « Dans ce cas l'écolier raisonne sur
tout, brouille tout, discute, parle à tort et à travers,
veut faire de l'esprit et se faire remarquer. Il est fan-
tasque, excentrique, mal pondéré... Cet enfant peut
faire illusion et parfois il semble vrai que cet anormal
est intelligent; mais un examen sérieux démontre
qu'il n'en est rien. La mentalité n'est pas intacte, il
existe des trous. Le manque de jugement et de rectitude
d'esprit apparaît fréquemment et, dans la vie pratique,
ces sujets sont incapables d'utiliser normalement leur
intelligence et leurs connaissances scolaires. Toujours
ce sont des ratés ou des dévoyés. Leur adaptation est
incomplète ou impossible, si on ne les soumet pas à

des procédés pédagogiques spéciaux aidés d'un traitement médical. » (b1531 7). On peut rapprocher de ce type celui que Thulié a décrit sous le nom de *diminués* : « Dans la vie usuelle les diminués peuvent donner l'illusion de l'intelligence, car ils étalent avec ostentation le peu qu'ils savent, étant assez ignorants pour ne pas être retenus par la crainte de se tromper. Mais dans leurs études, dans leur vie professionnelle, dans leurs relations journalières, leur insuffisance éclate. Ils ont une mémoire rebelle, ce qui leur rend l'association des idées laborieuse, et par conséquent les jugements difficiles, rares et le plus souvent erronés, puisque la mémoire oublie de leur présenter les éléments nécessaires. » (b1565 286; b1530 42-3).

De Sanctis distingue plusieurs sous-groupes dans l'arriération. Cette précision dans la distinction est, pédagogiquement parlant, moins utile, puisque le rôle du pédagogue est de discerner l'arriération en général et de remettre ensuite l'enfant entre les mains de spécialistes. La connaissance de ces variétés d'anormaux peut cependant rendre service à ceux qui conduisent des éducations particulières, parents ou précepteurs.

Les subdivisions indiquées par De Sanctis sont les mentalités *idiotique, imbécile, vésanique, épileptoïde, infantile*. Ces mots ne signifient pas que l'arriéré scolaire soit idiot, épileptique, etc., mais seulement que les défauts de sa physionomie psychologique rappellent ceux de l'idiot, de l'épileptique, etc.

Voici la description que Ferrari donne de ces anomalies :

« *L'idiot* a les sens obtus; ses expériences mémoriales sont pauvres et vagues : son attention, sa perceptivité, sa mémoire sont lentes et difficiles à mettre en branle, ce qui est la cause de sa torpeur psychique. L'idiot est anergétique. Imagination et fantaisie très pauvres. Il manque de pouvoir d'abstraction et de généralisation, mais peut posséder un petit nombre d'idées concrètes Peu affectif. Humeur égale d'ordinaire. Expressions mimiques, allures — pauvres et uniformes. Rit rarement, par explosions ou d'une façon stéréotypée, insuffisante.

Langage rudimentaire, aucun attrait pour les jeux surtout collectifs, car par définition il est un solitaire. Souvent vorace. — Scolarité presque toujours négative.

« *L'imbécile* a des perceptions rapides, mais superficielles. Son attention est extrêmement mobile et pour cela instable, bien qu'une certaine distribution soit possible. Elaboration insuffisante des perceptions. Mémoire faible ou partielle. Fantaisie pauvre, bien qu'une versatilité apparente puisse faire illusion sur ce point. Manque de critique, logique élémentaire. Généralisations absentes ou extrêmement pauvres. Crédulité. Humeur expansive. Mutabilité dans le maintien, les allures. Affectivité bien souvent pervertie. Vanité, défiance, érotisme, mensonge, gourmandise. Rire excessif en général. Impossibilité du travail méthodique, imitation, collectionnisme. Langage pauvre, insuffisant. Educabilité presque toujours possible. Scolarité insuffisante, partielle.

« *Le vésanique* (héboïdophrénique) présente une mobilité caractérisée de l'attention. Sa perceptibilité est souvent normale. La mémoire, surtout pour les choses vues, est bonne. Fantaisie désordonnée. Incohérence ou absence d'affectivité. Contraste évident entre l'intelligence et le maintien. Sont possibles quelques généralisations d'espace et de temps. Incoordination de l'humeur, des attitudes, de l'expression. Rire explosif, complet, rapide, alternant souvent avec une expression triste. Esprit de contradiction. Parfois mutisme ou parole aphone. Instabilité générale, tics. N'aime pas travailler. Langage incohérent avec des stéréotypies verbales ou autres défauts. Educabilité insuffisante. Scolarité en général bonne, mais d'ordinaire non régulière, par poussées.

« *L'épileptoïde* présente une attention normale ou lente ; perceptivité faible, mémoire incohérente ; humeur solide, mais d'ordinaire déprimée. Sensibilité et émotivité très obtuses. Gaieté et tristesse explosives et qui alternent sans raison apparente. Impulsivité, brutalité, esprit de vengeance, égoïsme, dipsomanie, voracité, vagabondage. De Sanctis a remarqué que cette mentalité affectait surtout les enfants ayant eu des convulsions étant petits. Educabilité difficile, incertaine. Scolarité très faible.

« *L'infantile* a l'attention mobile ou lente, une bonne

mémoire, peu de fantaisie, aucune abstraction. Sa logique est infantile, mais il est affectueux, timide, docile, astucieux. De temps en temps impulsif, mais d'ordinaire torpide, indolent. A de la curiosité; crédule, vaniteux, gourmand, jaloux. A de l'esprit d'imitation, mais sa suggestibilité est bien souvent paradoxale. Aime les jeux, collectionniste... Éducabilité très bonne. Scolarité au contraire très défectueuse. » (b1471 400-2).

Dans les caractéristiques précédentes DE SANCTIS entend par *scolarité* le rendement scolaire dont le maître se rend compte par les leçons, les devoirs, etc.; par *éducabilité* l'aptitude à une amélioration des déficits (b1551 5-16).

2° *Les instables.*

Trois traits se retrouvent dans toutes les descriptions de l'instable : *turbulence, bavardage, incapacité d'attention* (b1440 34). Il montre en général de la méchanceté vis-à-vis de ses camarades, de l'indiscipline envers les maîtres. Il est peu sensible aux récompenses qu'il accueille parfois très mal et se cabre devant les punitions et les réprimandes. Orgueil, amour-propre, vanité. Pris par la confiance, il est éducable et susceptible d'amélioration. Il est clair que ce type gênant est peu apprécié des maîtres et plus facilement éliminé des collèges que l'arriéré relativement très paisible.

DE SANCTIS caractérise l'instable par l'expression : *un irrégulier de l'action* : « Chez l'anormal du caractère (instable, difficile, irrégulier, affectif, etc.), l'anormalité appartient essentiellement à la sphère de l'activité. Dans ces sujets est atteint particulièrement le moment affectif-volitif de l'idéation, à cause de défaut de développement ou incoordination des éléments. Les anormaux du caractère présentent tous une *arythmie* ou désordre de l'action, désordre qui peut se manifester ou continuellement, ou par périodes (périodicité). » (b1551 14).

Voici le résumé de la description que PHILIPPE et PAUL-BONCOUR donnent de l'instable : incapacité de fixer l'attention, soit pour écouter, soit pour répondre, soit pour comprendre. L'instabilité physique n'est pas souvent moins prononcée que l'instabilité mentale. Incapacité de maîtriser les réactions par suite d'un grand déficit dans le pouvoir inhibiteur; en conséquence impulsif. Les parents excusent l'instable en disant qu'il est nerveux, mais il n'est pas que nerveux, ou du moins c'est un nerveux très spécial. Tantôt il y a excès d'activité, tantôt on ne peut l'appliquer à rien. Même manque d'harmonie pour la sphère affective : tantôt égoïste et haineux, tantôt dévoué et débonnaire, il présente une attitude déconcertante que le Dr DEMOOR a désignée sous le nom de *chorée mentale*. Les instables peuvent être des prodiges partiels et surtout le paraître, car ils sont infatués d'eux-mêmes et réussissent à faire valoir le peu qu'ils savent. Si on les laisse dire, ils discuteront sur tout et prétendront tout savoir. En somme : « Instabilité des impressions et des désirs, irrégularité de l'attention, versatilité des sentiments, dérèglement ou perversion de la volonté, incoordination et imprécision du langage, amitiés ridicules et passagères, sans parler parfois d'impulsions graves et dangereuses. » (b1530 51).

On se contente parfois de dire que les instables sont indisciplinés; de fait ils le sont, mais il faut les appeler des *indisciplinés morbides*.

L'avenir apparaît donc très sombre, plus inquiétant au point de vue moral et social que pour l'arriéré. Le mal est d'autant plus grand que très souvent l'instabilité trouve dans la famille un milieu de culture des plus favorables et que, si l'on n'y veille avec soin, l'instable choisira des compagnies douteuses, ajoutant ainsi à ses impulsions mauvaises l'entraînement de l'exemple. En revanche, s'il est bien conduit, il peut s'amender. Plus difficile que l'arriéré, il est plus éducable que lui.

Il y a certainement danger de voir l'anomalie mentale se doubler *d'anomalie morale ;* il ne faudrait pas cependant outrer la thèse et voir dans tout instable un immoral. Chez tout anormal mental les troubles de l'intelligence diminuent la force de résistance de la volonté, soit parce qu'ils empêchent le discernement du bien et du mal, la formation des synthèses morales directrices, soit parce que les tendances sensitives sont viciées par des désordres habituels, inversions ou perversions. Si donc l'anormal mental est dans son enfance abandonné à lui-même, s'il n'est pas entouré d'une providence spéciale, il y a en effet tout lieu de redouter l'anomalie morale; mais celui qui devient un perverti aurait pu souvent, mieux conduit, malgré tous ses déficits, devenir un honnête homme (cf. n° 58 p. 243).

Toute instabilité suppose-t-elle de l'arriération ? BINET a constaté que l'instabilité s'accompagnait en moyenne d'un retard d'un an; mais, comme nous le verrons au paragraphe suivant, il faut trois ans de retard pour classer un enfant parmi les anormaux arriérés; d'ailleurs on rencontre des instables sans aucun retard scolaire. (b1440 27).

3° *Type mixte.*

Ce type comprend les formes intermédiaires : à de l'arriération se joignent certains traits de l'instabilité.

A côté des arriérés, des instables et des mixtes, DE SANCTIS distingue encore les *anormaux sensoriels :* les audi-muets, les hypophasiques, les bègues, ceux qui sont atteints de blésité, ceux qui ont la vision défectueuse, etc.

Ceux qui sont uniquement anormaux sensoriels ne sont pas

des anormaux mentaux ; le maître doit néanmoins se préoccuper de ces anomalies qui peuvent être un sérieux obstacle pour les études de l'élève. Celui qui voit mal ou entend mal profite évidemment moins bien de l'enseignement qui s'adresse à la fois aux oreilles et aux yeux, et d'ailleurs des observations méthodiques ont mis ce fait en pleine lumière. Il importe donc que le professeur examine si ses élèves entendent ce qu'il dit et voient ce qu'il écrit au tableau. Il n'y a que trop d'écoles et de collèges où l'élève myope arrive jusqu'à une classe assez avancée sans même soupçonner que ce qui est écrit au tableau doit être vu (bı3 83)[1]. Par ailleurs le pourcentage des myopes est très élevé, ı7 % dans les cours moyens des écoles primaires, 35 % dans les cours supérieurs (bı3 8ı). Il est donc nécessaire de veiller au placement des élèves à ce point de vue[2].

Il est aisé de discerner les anormaux visuels et auditifs. Le meilleur moyen pour la vision est d'interroger l'enfant sur la lecture au tableau des caractères dont le professeur se sert habituellement pour écrire. Pour l'audition : « Une dictée faite en classe au moyen de mots détachés et de chiffres, avec une voix d'intensité moyenne, et bien surveillée, pourrait apprendre au maître quels sont parmi ses élèves ceux qui ont l'oreille dure. » (bı3 96).

75. Les tendances à la psychasténie et à l'hystérie. Si la tendance à l'une de ces deux névroses rend impossible l'adaptation scolaire, l'élève sera forcément classé dans l'un des groupes, arriéré, instable ou mixte. Le cas actuellement en cause est celui dans lequel la névrose, tout en permettant l'adaptation scolaire, existe réellement et évolue de manière à compromettre notablement l'avenir social et moral de l'individu.

Ces cas seront souvent inaccessibles au maître, soit

1. JOURDE, *Une expérience indispensable,* Bu. S. ps. E. 1906 n° 31.
2. BINET, SIMON e' VANEY, *Pd. scientifique,* An. ps. 1906 XII 239-66.

parce qu'il a peu de relations avec ses élèves et manque
des indices suffisants, soit en raison de son ignorance
óu de son manque de sens critique. Pourtant le problème est abordable dans des circonstances favorables.
Sans doute, ni les maîtres, ni les parents ne pourront
diagnostiquer ou pronostiquer avec certitude des états
qui relèvent de la médecine et de la psychologie ; mais
il suffit qu'ils soient à même de discerner les cas où il
y a lieu de douter, afin de provoquer l'examen d'un
spécialiste.

PIERRE JANET donne une définition des *névroses* précieuse
dans les questions pédagogiques : « Les névroses sont des
troubles de diverses fonctions de l'organisme, caractérisés par
l'arrêt du développement sans détérioration de la fonction
elle-même. » (b1489 392), et en termes plus développés : « Les
névroses sont des maladies portant sur les diverses fonctions
de l'organisme, caractérisées par une altération des parties
supérieures de ces fonctions, arrêtées dans leur évolution, dans
leur adaptation au moment présent, à l'état présent du monde
extérieur et de l'individu et par l'absence de détérioration des
parties anciennes de ces mêmes fonctions qui pourraient encore très bien s'exercer d'une manière abstraite, indépendamment des circonstances présentes. » En ne s'arrêtant pas à ce
que présenterait d'inexact l'expression *fonction de l'organisme*,
si on en forçait le sens, et en faisant abstraction de décider si
le point vraiment essentiel de la névrose est indiqué, nul ne
peut nier que cette définition n'en résume très heureusement
les symptômes, et, pour ce qui concerne notre sujet, elle est
adaptée aux problèmes pédagogiques, puisque ces derniers
considèrent les fonctions dans leur devenir, leur développement.
    Pour mieux comprendre cette définition, il est nécessaire de
se reporter à cette *hiérarchie des fonctions psychologiques*,
établie par JANET comme le résumé de ses nombreuses observations. En voici les grandes lignes :

I. — FONCTION DU RÉEL

1° *Action* : A. Efficace sur la réalité sociale ou physique. — B. Nouvelle avec sentiment d'unité, de liberté.

2° *Attention* : A. Dans la perception avec sentiment de liberté. — B. Dans la certitude, la croyance. — C. Dans la perception d'objets nouveaux. — D. Dans la perception de la personnalité avec sentiment de réalité, d'unité.

II. — ACTIVITÉ DÉSINTÉRESSÉE

1° *Action* habituelle.

2° *Action* sans le sentiment du présent, de l'unité, de la liberté.

3° *Perception* sans sentiment de certitude avec le sentiment vague du présent.

III. — FONCTION DES IMAGES

1° *Mémoire* purement représentative.
2° *Imagination*.
3° *Raisonnement abstrait*.
4° *Rêverie*.

IV. — RÉACTIONS ÉMOTIONNELLES VISCÉRALES
V. — MOUVEMENTS MUSCULAIRES INUTILES

Partant de cette conception, on distingue deux névroses, deux dépressions, deux arrêts de développement : dans la *psychasténie* il y a un abaissement de tension psychologique ; pour ce qui concerne la fonction du réel, les fonctions supérieures de la hiérarchie n'aboutissent pas et à leur place se substituent des doutes, des agitations, des angoisses, des idées obsédantes, etc., d'où entraves pour l'exercice de l'effort volontaire, de l'attention, de l'adaptation à l'action sociale; dans l'*hystérie* le déficit porte sur l'assimilation personnelle, le champ de cette conscience personnelle est rétréci. (bi 488-90).

Il n'est pas inutile de remarquer que ces névroses ne sont nullement des maladies imaginaires que le sujet peut supprimer avec tant soit peu de bonne volonté : « Il me semble indispensable, dit JANET, de ne pas se laisser égarer jusqu'à faire de ces maladies des rêveries et caprices du sujet et jusqu'à oublier leur véritable aspect pathologique. Les névroses sont avant tout des maladies de tout l'organisme arrêté dans son évolution vitale. Sans doute elles ne détruisent que rarement la vie du sujet, mais elles la diminuent certainement ». (bı 489 392).

Si les névroses se traduisent souvent par des troubles mentaux, ce n'est pas que le siège du mal soit dans l'âme, mais l'exercice de la pensée et par suite celui de la volonté sont conditionnés par l'état du système nerveux, comme aussi l'influence de la volonté et de la pensée sur les mouvements, soit externes, soit internes. Les fonctions supérieures, en tant qu'elles s'appliquent efficacement 'à la réalité, sont d'ailleurs celles qui, d'après le résultat des observations, requièrent le plus d'énergie nerveuse. A certains troubles de l'énergie nerveuse correspondront des troubles qui se manifesteront principalement par des déficits ou des désordres des fonctions supérieures.

1° *Psychasténie*. — Pratiquement le prédisposé psychasténique se reconnaîtra à certains traits et certaines circonstances de sa vie rappelant le caractère et les accidents du psychasténique.

I. *Caractère psychasténique.* — Voici la description détaillée qu'en donne P. JANET :

« On y retrouvera d'abord, mais à un degré plus faible, toutes les formes de l'aboulie. Ce sont des individus qui ont peu ou point de résolution et d'activité volontaire. Ce qui leur répugne surtout, c'est l'action sociale, et ils sont avant tout des timides, incapables d'agir et de parler devant les autres hommes. Ils ont un caractère renfermé, car ils ne peuvent développer leurs pensées et leurs sentiments, ils ne peuvent les amener à l'état de précision susceptible d'expression, lorsqu'il y a des témoins. Même quand ils sont seuls, ils n'aiment pas à agir et ils agissent mal; souvent ils ont en horreur les exercices physiques et surtout ceux où il faut construire quelque chose. Ils ont toujours été d'une maladresse étonnante et ils ne savent rien faire de leurs mains.

« Ils sont indécis, ils n'aiment point à prendre des décisions... Il y a une chose encore plus pénible pour eux que la décision personnelle, c'est la lutte. Ils ont horreur de lutter contre qui que ce soit et c'est pour cela qu'ils ont la réputation d'avoir un caractère doux. Jamais leur intérêt compromis ne leur paraît assez considérable pour les décider à entamer une lutte si pénible. Ils aiment infiniment mieux sacrifier ce qu'ils voient être leur intérêt et faire ce qu'on leur demande.

« Ce peu de souci de leur intérêt personnel, joint à leur horreur de la lutte, les rend extrêmement honnêtes; ils ne songent à léser personne et ils souhaitent ardemment que les autres aient autant de respect pour leurs propres droits. Comme ils ont le mépris du terre à terre et de la pratique, ils conçoivent un monde parfaitement honnête et idéal. En effet ils aiment et comprennent mieux les idées. Ils sont intelligents, ils sont capables d'observer et de comprendre les choses morales, ils ont une mémoire extraordinaire, beaucoup d'imagination et de raisonnement... Ils adorent la philosophie, la poésie, la religion... Les rêveries poétiques et mystiques conviennent à leurs dispositions mélancoliques, car ils sont plutôt tristes et disposés à la rêverie solitaire. Aussi ont-ils besoin d'être sans cesse excités et réveillés; mais ces excitations doivent être bien graduées et faites avec délicatesse, car la moindre des choses semble les mettre dans des états d'émotion indescriptible. Le cœur joue chez eux un très grand rôle... Cette émotivité est irrégulière; tantôt ils restent indifférents, tantôt ils se

bouleversent pour la moindre des choses. Ces émotions
qu'ils craignent, ces amitiés qu'ils ont besoin d'obtenir et qui leur font défaut, ce monde hostile avec
lequel ils redoutent d'avoir à se mesurer, ces résolutions qu'il faudrait prendre et qui sont toujours en
retard, tout cela les met dans une inquiétude continuelle qui se traduit souvent au dehors par une agitation inutile. Ce caractère tout spécial, aboulique,
timide, non combattif, idéaliste..., n'est pas sans
doute la maladie constituée, mais il la prépare d'une
manière remarquable à tel point qu'on l'observe chez
plus des deux tiers des sujets, bien avant que n'appa-
raisse aucun trouble caractéristique considéré comme
morbide. » (b1488 625-6).

De tels sujets, on le comprend, ne seront pas aisément considérés comme anormaux dans un milieu scolaire. Intelligents, doués d'imagination et d'une excellente mémoire, honnêtes, délicats, pleins d'horreur pour le mensonge, dociles,
affectueux, religieux, ayant un idéal élevé, ils passeront, et à
juste titre en un sens, pour d'excellents élèves. Leurs défauts,
l'indécision, l'horreur de la lutte, l'incomplétude dans l'action,
n'auront en général au collège que des manifestations très
atténuées, parce que toutes les démarches à faire sont déterminées, dans les grandes lignes au moins, par le règlement ;
cela est encore plus vrai dans les collèges chrétiens où l'enfant
trouve un milieu plus sympathique, plus charitable, offrant
moins d'occasions de lutte. Mais l'enfant ne s'élève pas pour
le présent, l'éducation doit le former pour l'avenir, le rendre
capable de s'adapter plus tard aux milieux divers, aux circonstances multiples de la vie ; or il y a bien des probabilités
pour que les caractères de ce genre ne soient pas à la hauteur
d'une situation complexe et difficile, et qu'alors la névrose ne
se déclare avec toutes ses conséquences si redoutables : « Si
l'on songe que tous les cas, à moins qu'ils ne soient insigni-
fiants, vont se prolonger de 8 à 12 mois, qu'il y a très souvent
dans les trois quarts des cas des récidives ordinairement plus

graves que la première atteinte, qu'un bon r)mbre, à peu près le dixième des cas, est destiné à passer à la chronicité, si l'on songe que pendant son évolution, cette maladie non seulement cause de grandes souffrances, mais éloigne presque complètement le sujet de la vie normale et l'amène, si elle se prolonge, à une complète incapacité de travail, lui supprime la famille et les relations sociales et le conduit à l'isolement complet, on verra que, malgré la conservation de la conscience, c'est une triste maladie de l'esprit. » (b1488 680). Or les efforts dirigés contre ce genre d'infirmité aboutissent beaucoup mieux pour prévenir que pour guérir; ces états se développent lentement et, lorsque le sujet est jeune, une éducation bien conduite peut en retarder l'éclosion (b1488 684). Si l'âge mûr peut être atteint sans accidents, la vie, présentant ensuite un état d'occupations organisé, n'offrira pas les mêmes difficultés d'adaptation et les inconvénients d'une névrose déclarée pourront être évités.

II. *Accidents psychasténiques.* — A côté de ces manifestations générales d'*inachèvement*, d'*incomplétude*, de manque d'adaptation au réel, au vécu, au social surtout, certains accidents se manifesteront parfois; ils ne caractérisent d'ailleurs la névrose que s'ils se greffent sur les *stigmates* indiqués comme notes du caractère psychasténique. On remarquera les symptômes de l'épuisement nerveux, soit dans la nutrition, soit dans le sommeil, soit dans les douleurs éprouvées; certains accidents psychologiques, des *dérivations*, viendront manifester l'insuffisance de la tension psychologique qui n'aboutit pas à l'exercice total de la fonction en jeu.

Citons parmi ces dérivations les *idées obsédantes* (scrupules, crainte constante du sacrilège, honte de soi, sentiment de damnation, toutes les formes hypocondriaques des maladies imaginaires), les *manies mentales* (interrogations constantes, délibérations sans fin, manies des procédés, des perfectionnements, des pactes symboliques — si je fais tel acte, c'est un signe que je consens à tel crime, — conjurations), les *agitations mentales diffuses* (rêveries forcées, ruminations constantes), les *agitations motrices* (tics de tous genres, crises de marche ou de paroles, crises d'excitation et de dépression), les *agitations émotionnelles* (phobies des objets, des contacts, des idées, des situations spatiales ou sociales, etc.), les *angoisses vagues*, etc.

En examinant de près la genèse de ces accidents chez les prédisposés, on remarquera qu'ils sont une conséquence de l'état d'insuffisance et d'incomplétude pour les fonctions supérieures : « Les circonstances forcent à essayer d'exécuter une action, à accepter ou nier une opinion, ou simplement à éprouver un sentiment déterminé qui devrait s'éveiller à propos de la situation présente. Il semble que dans ces circonstances la fonction excitée, réclamée par la situation, ne peut s'exercer ou ne le fait que d'une manière très incomplète, et c'est à ce moment que l'agitation commence, qu'elle s'ajoute à ce fonctionnement incomplet. Le sujet qui ne peut agir, croire ou sentir, sent que son esprit est envahi par des manies de précision et de serment, a des tics ou des angoisses variées. » (b1489 348).

III. *Circonstances critiques.* — D'après la nature même de cette infirmité, on conçoit que les circonstances plus importantes auxquelles l'enfant devra s'adapter seront particulièrement critiques (un rôle à déclamer en public, la perte d'une personne très chère et les démarches à faire à cette occasion, une violente émotion); certaines circonstances sont par elles-mêmes susceptibles de faire le plus grand bien à l'enfant psychasténique, par exemple il peut trouver dans la première communion un motif de confiance, d'assurance, mais il est clair que la préparation à cet acte d'une haute importance pour lui doit être conduite avec une grande prudence.

A l'inverse de ce qui arrive pour les arriérés et les instables, il y a une plus forte proportion de cas chez les filles.

IV. *Education du psychasténique.* — Pour ces su·jets il importe de ne pas laisser aller les choses et il ne faudra pas craindre d'insister près des parents avec énergie pour obtenir une intervention médicale. En supposant que les prédisposés n'aboutissent pas à la névrose déclarée, ils seront en vertu de leur carac·tère très loin de donner ce que leur intelligence pro·met, incapables d'exercer la bonne influence que l'on peut attendre de leurs autres qualités.

L'éducation qui leur convient se résume très bien dans cette phrase par laquelle les *Exercices spirituels* de Saint Ignace de Loyola expriment l'action des bons anges sur les âmes de bonne volonté : «*Spiritui autem bono proprium consuetumque est recte agentibus animum ac vires addere.* C'est le propre du bon esprit d'*augmenter le courage et les forces* de ceux qui ont bonne volonté. »

Au point de vue physique, le médecin est à consulter ; souvent un régime spécial est très désirable au moins provisoi·rement.

Au point de vue moral, les exercices physiques réglés et adroits ont une bonne influence : métiers manuels, travailler le bois, tout ce qui fait agir sur la réalité d'une manière concrète et définie. Si les jeux et exercices du corps sont jusqu'à

un certain point dangereux, réclamant l'attention pratique du
sujet pour éviter les accidents, ils ne seront que plus profitables. Il faut aussi faire prendre à l'enfant des habitudes
sociales, le faire paraître en public, le mettre dans des circonstances où il aie quelque responsabilité. Toutes ces mesures sont d'ailleurs à prendre avec tact et prudence : il faut
bien se garder de déclancher une crise. Mais, employées avec
méthode, elles donneront à la volonté de l'enfant l'habitude
d'aller contre ses tendances à l'inertie; en même temps l'expérience de ce qu'il a pu faire lui sera un motif qui l'aidera à
s'adapter à des circonstances semblables (b1488 686).

Au point de vue intellectuel, il ne faut encourager que très
peu l'observation subjective dans laquelle les psychasténiques
n'excellent que trop. Les études sont à pousser en profondeur
plutôt qu'en étendue superficielle et sous ce rapport les programmes actuels ne sont pas à l'avantage des malades. Sans
contrarier les aptitudes pour les études abstraites, il faut appliquer l'attention à l'étude d'objets concrets (plantes, dessin
pratique, etc.). Par dessus tout l'attention doit être dirigée vers
des études précises et la porte doit être impitoyablement fer-
mée aux rêveries vagues : « Une des causes les plus funestes,
ce sont les longues heures d'étude, où on laisse les enfants
libres de faire tout ce qu'ils veulent, pourvu qu'ils restent im-
mobiles et silencieux. Ils emploient trois heures à faire un
petit travail médiocre qu'ils pourraient faire en une demi-heure,
et, tout en feuilletant nonchalamment leur dictionnaire, ils se
laissent aller à toutes leurs rêveries vagues, premières ébauches
des ruminations futures ; il leur faut des études courtes et un
travail mental actif, rapide, objectif. Sans cesse on doit les
pousser à la rapidité, à l'exactitude, à l'activité pratique. Ce
genre d'éducation qui, bien appliqué, lutterait efficacement
contre la tendance héréditaire aux névroses et aux obsessions
est bien difficilement appliqué par les parents eux-mêmes qui
sont poussés par leurs sentiments à donner à leurs enfants
une direction absolument inverse. Trop souvent l'enfant
n'échappera à la prédisposition que s'il est élevé en dehors
de la famille. » (b1488 688).

Rien n'est aussi néfaste pour le prédisposé que la lecture
des ouvrages sentimentaux portant à la rêverie ; les émotions

habituellement ressenties à ce contact traceraient en lui des voies facilitant les agitations psychasténiques.

Il y a une distinction à faire entre les émotions excitantes et les émotions déprimantes. Les secondes sont absolument à écarter; quant aux premières, lorsqu'elles élèvent le niveau mental et poussent à l'action, elles sont plutôt bonnes, pourvu qu'elles ne soient pas excessives.

Les relations sont à surveiller de très près. *Qui se ressemble s'assemble* est entièrement vérifié pour les psychasténiques. Or l'influence du camarade, qui pour ce genre d'individus est vite un ami, est bien autrement puissante que celle de la lecture. Ce qui convient, ce sont les amitiés robustes, dégagées de toute mièvrerie et cependant sachant être délicates, car nul mieux que le psychasténique ne ressentira les manques de tact.

La direction d'un conseiller plus âgé sera des plus utiles. C'est là une des vérités que contient l'utopie de FREUD; le prédisposé à la névrose a besoin de ne pas tout refouler au dedans de lui-même, il lui est salutaire de s'ouvrir, de confier ses inquiétudes et ses appréhensions. Comme par ailleurs sa timidité lui rend cette ouverture très difficile, ce rôle de directeur demande un grand tact, une grande patience; de sérieuses connaissances psychologiques sont utiles pour réussir.

2° *Hystérie*. — I. *Caractère hystérique*. — PHILIPPE et PAUL-BONCOUR donnent les traits suivants au caractère hystérique :

Constitution délicate, mine éveillée, regard curieux et fureteur, figure mobile où se peignent vivement et se succèdent rapidement les émotions les plus diverses. Difficulté de fixer l'attention. — Inconstance d'humeur. — Rires et larmes sans motifs appréciables. Beaucoup d'amour-propre, altère facilement la vérité en raison de sa grande suggestibilité. Aime à se mettre en scène. Très accessible au bon et au mauvais exemple. Se montre profondément jaloux au point d'en être malade, est excessif dans ses antipathies et ses affections, entre parfois dans des colères

étranges non motivées. L'appétit est médiocre, le
sommeil est agité, troublé par des terreurs nocturnes.
Il y a du somnambulisme, parfois de violents maux
de tête. L'école et le collège pourront avoir une heureuse influence à la condition que l'amour-propre ne
soit point flatté.

JANET s'est attaché à donner les caractères fonciers,
les stigmates de l'hystérique : « Le caractère particulier
n'est rien autre que le caractère des esprits faibles et
des enfants. Si l'on cherche à retirer des descriptions
précédentes les traits du caractère qui ne se retrouvent
pas aussi nettement chez tous les esprits faibles, on remarquera surtout deux traits particuliers : le caractère
est mobile et contradictoire. Le malade ne reste pas
longtemps dans une même disposition morale, il passe
à chaque instant de l'affection à l'indifférence, de la
gaieté à la tristesse, de l'espérance au désespoir : il
semble être dans un état d'équilibre instable et tomber à chaque instant, soit d'un côté, soit de l'autre.
D'autre part il n'y a pas un seul trait de son caractère
qui ne soit contredit à chaque instant par quelqu'action tout à fait différente. Les hystériques paraissent
inintelligents et très vifs, apathiques et émotionna-
bles, hésitants et entêtés. Ces deux caractères ne doivent pas surprendre... Ils ont toujours à notre avis
la même signification. Ils montrent le défaut d'unité
de l'esprit, la diminution de la synthèse personnelle,
la conservation des phénomènes automatiques qui
réapparaissent avec un développement exagéré. »
(b1490 190-1).

En somme il y a trois stigmates caractéristiques :
suggestibilité, distractivité, alternance continuelle d'un
état à un autre.

La suggestibilité est due à ce que chaque idée existe en quelque sorte pour elle-même, à l'état isolé; la distractivité vient également de l'impossibilité pour le sujet de réunir un grand nombre de faits dans une même synthèse personnelle; l'alternance a la même cause. En résumé, si l'on entend par *champ de la conscience* le nombre de phénomènes psychologiques que le sujet est capable de réunir dans une même synthèse personnelle, ce champ est considérablement restreint chez l'hystérique. L'hystérie se présente donc comme: « Une forme de la dépression mentale caractérisée par le rétrecissement du champ de la conscience personnelle et par la tendance à la dissociation et à l'émancipation des systèmes d'idées et des fonctions qui par leur synthèse constituent la personnalité. » (b1490 345). Cette notion groupe parfaitement tous les symptômes et accidents de l'hystérie.

II. *Distinction entre psychasténie et hystérie.* — Il y a au premier aspect une assez grande similitude entre les traits de la psychasténie et de l'hystérie; cependant les troubles semblables de ces deux névroses ont des formes psychologiques très différentes. Si on distingue dans la vision l'étendue du champ visuel et sa netteté, on dira par analogie que le champ de la conscience est rétréci chez l'hystérique, confus chez le psychasténique. La tension de l'énergie psychologique, le niveau mental est abaissé chez l'un et chez l'autre, mais l'énergie se porte dans l'hystérie sur quelques phénomènes isolés qui par suite apparaissent complets, tandis que dans la psychasténie elle continue à se répandre sur l'ensemble qui dès lors a un aspect insuffisant, incomplet. (B1488 676).

III. *Education des hystériques.* — Le déficit fondamental des prédisposés à l'hystérie est la faiblesse de synthèse mentale; c'est donc à cette incapacité de réunir simultanément plusieurs objets sous le regard de l'attention que l'éducateur doit s'efforcer de remédier.

Écartons le cas où l'hystérie déjà développée n'existerait pas à l'état de simple disposition. La névrose déclarée se manifestera toujours assez facilement par la présence d'idées fixes confisquant le champ de la conscience et dominant l'individu jusqu'à se traduire en actes parfois singuliers. Si la situation présente cette gravité, un examen médical des plus sérieux est absolument nécessaire et pour l'enfant, et pour le bien de ses condisciples, car il y a danger de contagion, comme de nombreux faits le prouvent à l'évidence. (B1530 88-9; b146 191-5).

Si la maladie est seulement à l'état de disposition, une éducation bien conduite peut non seulement améliorer l'état, mais même procurer la complète guérison.

Il importe d'abord de renoncer à un préjugé trop répandu. Ces esprits sont en apparence surmenés, en conséquence on leur prescrit la plus grande inaction possible, ce qu'ils acceptent bien volontiers (b1490 675). C'est agir comme si on immobilisait entièrement un membre qui tend à s'atrophier.

Une autre erreur serait, sous prétexte de faire diversion à des idées obsédantes, de surcharger le sujet outre mesure. C'est placer sur le bras gauche un poids très lourd pour soulager la fatigue du bras droit.

En mettant à part les cas de neurasthénie déterminés par des excès de travail évidents, l'exercice régulier et constant de l'attention est le moyen de sauver le candidat à l'hystérie ; même pour les sujets adultes à névrose déclarée, JANET n'a pas indiqué de cure meilleure que celle du travail régulier du genre de celui des enfants d'école.

Les conseillers et directeurs de l'enfant doivent également veiller à combattre tout ce qui ressemble à l'idée fixe, à la systématisation stéréotypée. Il faut l'habituer à voir les différents aspects d'une question, car il est par excellence unilatéral, et le détourner de tout ce qui sent l'exclusivisme et l'étroitesse d'esprit : « Le médecin doit prendre la direction de l'esprit des malades. C'est cette direction qui est l'élément principal du succès. C'est aussi l'élément dangereux, car par une direction mauvaise... on peut aggraver leur maladie... Ces personnes ont besoin d'être constamment consolées, réconfortées, dirigées... C'est l'exhortation à faire des efforts, à dominer l'émotion, à penser, à vouloir qui est essentielle. » (b1490 679). « Le meilleur service que le médecin puisse rendre à un hystérique est de diriger son esprit. » (b1490 688).

§ 3. — *DIAGNOSTIC DES ANORMAUX*

76. Nécessité d'un diagnostic précis. Ce paragraphe ne parle plus des psychasténiques et des hystériques ; il a pour but d'indiquer quelques-unes des règles pratiques en usage pour discerner les arriérés et les instables ; l'observation des traits psychologiques indiqués au n° 74 demande une finesse de sens critique impossible à exiger de l'ensemble des éducateurs. Les pouvoirs publics se sont préoccupés de fixer ces règles à l'occasion de l'établissement de moyens spéciaux d'éducation pour les anormaux.

En France de nombreux établissements de charité privée se chargent de l'éducation des anormaux ; la loi du 15 avril 1909 établit officiellement des classes de perfectionnement et des écoles autonomes de perfectionnement destinées aux anormaux scolaires (arriérés et instables). Des institutions semblables existent dans les différents pays. En Allemagne on avait préconisé le système de la classe-annexe ; les anormaux recevraient une éducation spéciale dans l'école ordinaire. Cette demi-mesure est insuffisante, à moins que la section des anormaux n'ait une véritable autonomie : l'anormal a besoin d'être suivi en dehors des heures de classe, le travail manuel et professionnel est quasi indispensable à son éducation (b1551 19).

Nous indiquons le questionnaire proposé par BINET pour les écoles de perfectionnement de la Seine (b1440 120-2); il est également employé à Rotterdam sous une forme plus concise. L'expérience a prouvé que les questions étaient en général suffisamment comprises par les chefs d'institution. Ce questionnaire peut servir de guide pour un examen de la mentalité de l'enfant.

RENSEIGNEMENTS GÉNÉRAUX

Nom et prénoms. — Date de naissance. — Classe suivie. — L'enfant est-il jugé arriéré? — Est-il jugé instable ?

RENSEIGNEMENTS FAMILIAUX

Noms du père et de la mère. — Adresse des parents. — Profession des parents. — Renseignements utiles.

SCOLARITÉ

Depuis combien de temps l'enfant fréquente-t-il l'école? — Quelles sont les classes auxquelles il a appartenu et quelle durée de séjour a-t-il fait dans chacune ? — Régularité de la fréquentation scolaire. Combien de jours d'absence par année? Raisons les plus fréquentes de ces absences, s'il y a lieu. — Sait-on à quelles autres écoles il a appartenu et à partir de quelle époque il les a fréquentées?

INSTRUCTION

Quel est le degré de son intelligence (coter de 0 à 20) ? Que savez-vous de sa mémoire? — Quelles sont les matières de l'enseignement où il réussit le moins mal? — Quelles sont celles où il est le plus faible ? — De combien d'années estimez-vous qu'il est en retard pour l'instruction sur la moyenne des enfants de son âge ? — Annexez à la présente feuille un cahier de ses devoirs, un échantillon de ses dessins et de son travail manuel.

CARACTÈRE ET DISCIPLINE

Conduite en classe. L'enfant reste-t-il en place? Est-il endormi? turbulent? bavard? Rit-il sans motifs apparents ? Trouble-t-il l'ordre de la classe? — Application au travail. Est-il attentif en classe? — Travail à la maison. Fait-il ses devoirs? Sait-il ses leçons? Dans quelle mesure la famille aide-t-elle à l'enseignement de l'école? — Quelle est son attitude vis-à-vis de ses maîtres? Comment accueille-t-il les observations? En tient-il compte? Combien de temps? Y est-il indifférent? Se montre-t-il rétif? — Quelles sont ses relations avec les camarades? Est-il doux? docile? complaisant? Se fait-il aimer? Ou bien est-il indifférent, se tient-il à l'écart des autres? Est-il taquin, brutal, colère, voleur, menteur, méchant? A-t-il des vices particuliers?

PÉDAGOGIE

Quels sont les moyens moraux qui aboutissent le mieux pour le diriger? Quel est l'effet des punitions, de la sévérité ? Quel est l'effet des récompenses, des encouragements? Etes-vous obligé de prendre vis-à-vis de lui en classe ou en récréation une attitude spéciale? Quelles sont les méthodes qui réussissent le mieux pour développer son instruction?

ÉTAT DE SANTÉ

Que savez-vous de son état de santé? Y a-t-il de l'incontinence d'urine? des troubles du mouvement? des troubles de la parole? des attaques? A-t-il déjà été examiné par un médecin et savez-vous quel a été l'avis du médecin? Lui prescrit-on des médicaments? Lesquels?

Si on se reporte aux traits indiqués (n° 74) pour les arriérés et les instables, on constate que le questionnaire les a prévus presque tous.

Ce questionnaire a cependant l'inconvénient de ne pas donner de conclusion : il établit certains points d'où une personne compétente diagnostiquera l'anomalie, mais il ne fournit pas encore un critérium pratique et simple.

Trois catégories de personnes peuvent être appelées à diagnostiquer l'anomalie : le médecin, le pédagogue, le psychologue. Nous renvoyons pour le diagnostic médical aux traités spéciaux (b1440 127-58) et parlons seulement du diagnostic pédagogique et du diagnostic psychologique.

77. Diagnostic pédagogique des anormaux scolaires.

1° *Instables*. — L'instabilité n'affecte pas nécessairement d'une façon notable le succès dans les études. Un critérium pratique serait le témoignage de maîtres différents qui, sans s'être concertés, déclareraient unanimement leur incapacité à venir à bout du caractère de l'enfant. Une semblable concordance dans les témoignages conduira à faire examiner l'enfant par des personnes compétentes.

2° *Arriérés*. — Voici le critérium adopté : « Un enfant de scolarité régulière est suspect d'arriération s'il a *un retard d'instruction de trois ans*. » Avant neuf ans un retard de deux ans est déjà inquiétant.

Les expériences qui ont servi à établir le critère ont porté sur des enfants de l'école primaire ; un critère donné pour l'enseignement primaire ne vaut pas de soi pour l'enseignement secondaire. Mais il est à remarquer que l'incapacité de l'arriéré sera en quelque sorte absolue pour les matières de l'enseignement secondaire en raison de leur degré supérieur d'abstraction (n° 74 p. 308). Le problème ne se pose donc que pour les classes secondaires inférieures et pour elles le critère précédent est valable.

Ce critérium du retard d'instruction a été pleinement confirmé par la pratique ; les élèves signalés en vertu de son application étaient, à de rares exceptions près, de réels anormaux scolaires.

Reste à déterminer le degré d'instruction.

Contrôle du degré d'instruction. — Il ne suffit pas de regarder dans quelle classe se trouve l'élève ; cependant cette seule approximation, grossière en apparence, du *retard d'âge* par rapport à la moyenne donne déjà des résultats remarquablement exacts dans l'ensemble. Lorsqu'il n'y a aucun motif obvie au retard, comme l'insuffisance de fréquentation de l'école ou une extraordinaire incurie dans l'éducation première, les élèves qui sont de trois ans plus âgés que la moyenne sont en général des anormaux. (Dans les écoles primaires les âges moyens sont pour la classe enfantine 6-7 ans, pour le cours élémentaire 1re année 7-8, pour le cours élémentaire 2e année 8-9, pour le cours moyen 1re année 9-10, pour le cours moyen seconde année 10-11, pour le cours supérieur 1re année 11-12, pour le cours supérieur 2e année 12-13. Dans les établissements secondaires les âges moyens sont pour la 7e au début de l'année 9 à 10 ans, pour la 6e 10 à 11, et ainsi de suite.)

Le contrôle précis demande d'abord l'*examen de la scolarité* : la fréquentation de l'école a-t-elle été suffisante pour que l'élève ait pu profiter de l'enseignement ? Les maîtres sont entièrement compétents pour répondre à une question de ce genre.

Pour examiner avec précision le degré d'instruction d'un élève de scolarité suffisante, on a dressé un barême indiquant le nombre d'erreurs commises par un

enfant normal en répondant à des questions fixées.
Nous indiquons celui que VANEY et BINET ont dressé
après expériences : il porte sur la lecture, le calcul et
l'orthographe. (B1440 78-96).

I. LECTURE

On distingue 5 degrés :

1° *Lecture sous-syllabique* : c'est la lecture syllabique très
lente et avec de nombreuses fautes.

2° *Lecture syllabique* : « Le-sol-dat-por-tait-un-grand-fu-sil. »

3° *Lecture hésitante* : les arrêts ne sont pas à chaque syllabe, mais se produisent par groupes de mots : « Le soldat
portait — un grand fusil. »

4° *Lecture courante* : pas d'arrêts non exigés par la ponctuation, mais lecture monotone, comme si l'enfant ne compre-
nait pas ce qu'il lit.

5° *Lecture expressive* : la variation des intonations exprime
que l'enfant comprend ce qu'il lit.

II. CALCUL

5 problèmes gradués :

1° De 19 pommes retrancher 6 pommes. On donne un point
pour une réponse exacte.

2° Soustraire 8 sous de 56 sous. On donne un point pour
la soustraction si elle est fausse; un en plus si elle est juste.

3° Une caisse contient 604 oranges; on en vend 58; combien
en reste-t-il? Un point pour 604 bien écrit; un pour la soustraction fausse; un de plus pour la soustraction juste.

4° Pour faire une robe il faut 7 mètres d'étoffe. Combien
fera-t-on de robes avec 89 mètres et quel sera le coupon restant? — Deux points pour la division bonne; un si elle est
fausse. — Deux points pour la seconde réponse; un seul si elle
a été obtenue par multiplication et soustraction.

5° Un ouvrier gagne 250 francs dans le mois de février. Il a
dépensé 195 francs. Combien a-t-il économisé par jour, février ayant 28 jours? — Deux points pour la soustraction;
un si elle est fausse. — Trois points pour la division exacte;
deux si elle est fausse.

Il ne faut pas modifier les termes: soustraire, retrancher, etc.

Les problèmes sont dictés. On essaye les problèmes du plus simple au plus compliqué, jusqu'à ce qu'il soit évident que l'enfant ne peut faire plus.

III. ORTHOGRAPHE

On donne une dictée individuelle ou collective. Les fautes sont estimées de la manière suivante : une faute par lettre omise, une par lettre en trop, une par lettre substituée à une autre ; on ne compte cependant pas plus de fautes que le mot n'a de lettres. Un mot omis compte pour autant de fautes qu'il a de lettres. La liaison de deux mots en un compte pour une faute.

1° Emile est un petit garçon bien sage, il écoute son papa et sa maman, il va à l'école.

2° J'ai une tête, deux bras, deux jambes, une bouche, vingt dents, une langue, dix doigts.

3° Le soleil brille déjà de ses plus gais rayons. Les hommes partent en chantant. Les bergers sont heureux de la belle journée qui se prépare, ils suivent au pâturage le grand troupeau de vaches pesantes.

4° Le garçon de ferme, de son pas lourd, entrait dans la grange, encore obscure, où nous reposions. Les bœufs mugissaient tout bas. Dans la cour, le coq, les poules, le chien allaient et venaient.

Barème des connaissances pour les Ecoles primaires

COURS ET AGE	LECTURE	CALCUL	ORTHOGRAPHE (fautes)		
Préparatoire 6-7 ans.	Sous-syllab. ou syllab.	Prob. 1°	1°-4° 110 f.	1°-3° 62.	1°-2° 28.
Elémentaire I 7-8 ans.	Hésitante.	Prob. 2°	1°-4° 110 f.	1°-3° 62.	1°-2° 28.
Elément. II 8-9 ans.	Courante-hésitante.	Prob. 3°	1°-4° 78 f.	1°-3° 47.	1°-2° 19.
Moyen I 9-10 ans.	Courante.	Prob. 4°	1°-4° 42 f.	1°-3° 25.	1°-2° 4.
Moyen II 10-11 ans.	Courante-expressive.	Prob. 5°	1°-4° 11 f.	1°-3° 4.	1°-2° 1.

78. Diagnostic psychologique des anormaux scolaires.
Cet examen plus délicat, beaucoup moins à la portée de l'.ensemble des maîtres, a pour but de renseigner, non plus sur le rendement actuel des facultés
psychologiques intellectuelles, mais sur leur degré et
leur développement intrinsèque. Cet examen peut ré-
habiliter l'enfant dans le cas où le retard dans le degré d'instruction est accompagné d'une attitude, d'une
manière de faire qui laisse soupçonner de réels
moyens.

Il importe pour l'examen psychologique de choisir
un instant où le sujet soit dans de bonnes dispositions.

Les deux méthodes principales proposées pour la
solution du problème sont les test de BINET et ceux de
DE SANCTIS.

1° *Tests de* BINET.

Ils ont été expliqués au n° 44 et au n° 45 : un retard
psychologique de deux ans rend suspect d'arriération.

Ces tests sont employés avec succès en Amérique
pour le diagnostic des candidats aux écoles de perfectionnement, *Training-schools* (b795; b100 t. 2 195-203).
H. GODDARD employait simultanément un autre test,
la *planche des formes* : neuf solides gémométriques de
formes différentes correspondent à neuf trous de la
planche auxquels ils peuvent s'adapter; l'enfant doit
mettre les solides dans les trous, on tient compte du
temps qu'il emploie à cette opération. Cette épreuve
lui a donné pour les élèves de l'école de perfectionnement de Vineland des résultats semblables à ceux qu'il
obtenait à l'aide des tests de BINET (cf. fig. 15).

2° *Tests de* DE SANCTIS. (B1546 70-83; b165 2ᵉ éd. t. 2 ;
b1486 245-7 ; b1457; b793).

Ces tests s'appliquent aux arriérés d'au moins 7 ans;

ils ne semblent pas adaptés comme ceux de Binet-Simon à classer les degrés d'intelligence des normaux.

Le matériel de l'expérience comporte cinq balles de bois ou de verre de 5 cm. de diamètre environ, ayant des couleurs différentes (rouge, orangé, jaune, bleu, vert), — trois pyramides de bois, deux parallélipipèdes, douze cubes de grandeurs variant entre 10 et 80 mm. dont cinq sont égaux, un petit cube noir, — le carton servant

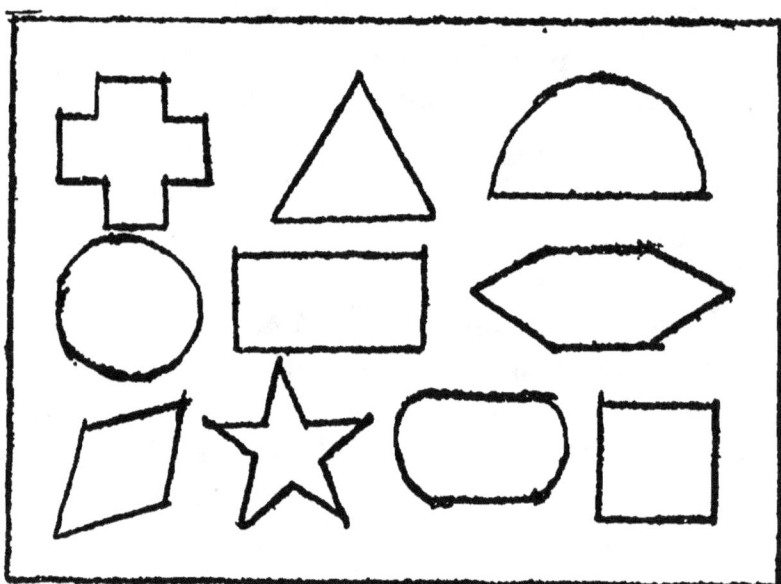

Fig. 15. — Planche des formes

pour le test des figures (fig. 16), un écran permettant de dissimuler le matériel.

Il y a six séries d'épreuves. Entre chaque série on donne un court repos d'une minute, d'une demi-minute seulement entre la première et la seconde série. Les questions peuvent être répétées jusqu'à trois fois.

I. « Donnez-moi une balle ». L'enfant la désigne par un geste ; on la reprend et on la mêle avec les autres derrière l'écran.

Psychologie pédagogique.   22

II. « Indiquez-moi la balle que vous m'avez montrée. »

III. On prend cinq cubes de même grandeur que l'on mêle aux trois pyramides et aux deux parallélipipèdes. Puis on montre un autre cube, celui dont les dimen-

Fig. 16. — TEST DES FIGURES

sions se rapprochent le plus de celles des cinq précédents : « Indiquez-moi les morceaux de bois qui ressemblent à celui-ci. »

IV. On montre le carton du test des figures (fig. 16),

puis le petit cube noir. — « Y a-t-il sur le carton une figure qui lui ressemble ? Marquez avec un crayon sur le carton tout ce qui lui ressemble. » — On note le nombre des erreurs.

V. Les douze cubes sont rangés sur la table à différentes distances les uns des autres. — « Quel est le nombre des objets ? Quel est le plus gros ? Quel est le plus éloigné de vous? » — On note le nombre des erreurs.

VI. On pose les questions suivantes : « Les choses grosses sont-elles plus lourdes ou plus légères que les petites ? Comment se fait-il que les plus grosses soient parfois les plus légères ? Les choses éloignées semblent-elles plus grandes ou plus petites que les choses rapprochées ? Paraissent-elles plus petites ou le sont-elles réellement ? »

On peut pour chacune des cinq premières épreuves mesurer le temps de réaction (b1020 95).

Il faut avoir soin de tenir cachée derrière l'écran la partie du matériel qui n'est pas nécessaire pour répondre à la question posée.

L'enfant de plus de 7 ans qui réussit seulement I et II est arriéré à un haut degré. — Celui qui réussit I II III et IV (ou V avec difficulté) est un arriéré moyen. — Celui qui réussit seulement I à V possède une légère arriération. — Celui qui réussit les six épreuves a une intelligence normale ; il peut être un instable, mais n'est pas un arriéré.

DE SANCTIS remarque que les épreuves manifestent les aptitudes suivantes : 1° Adaptation à un travail donné. — 2° Mémoire immédiate des couleurs. — 3° Reconnaissance des couleurs et des formes; perception de la relation entre un solide et sa représentation sur un plan. — 4° Tenacité et durée de l'attention. — 5° Faculté d'énumérer; jugement sur la quantité, sur la grandeur, sur la distance. — 6° Raisonnement sur les qualités et les concepts généraux. — 7° Rapidité de perception, de réflexion, d'action.

De Sanctis, Montessori, Decroly et Degand, et d'autres expérimentateurs ont obtenu d'excellents résultats par cette méthode.

CONCLUSION

79. Théories proposées pour résumer l'évolution de l'enfant. Plusieurs ont voulu résumer l'évolution de l'enfant dans une loi unique. Il suffit de jeter un regard en arrière pour se rendre compte qu'une telle loi ne peut être établie sur un fondement expérimental. Le développement de l'enfant est trop complexe, dépend d'un trop grand nombre de facteurs imparfaitement connus, pour que l'on puisse songer à l'exprimer en une formule simple. Signalons quelques unes des tentatives faites pour exprimer en une loi l'ensemble de l'évolution.

1° *Théorie des stades de civilisation* (b27 256-64). — « *L'ordre de développement est le même pour l'individu et pour l'espèce.* » — Selon S. HALL, cette proposition est une vue théorique qui doit diriger toute la science de l'enfant (b69 t. 1 Préface); H. SPENCER donne également à la pédagogie cette règle générale : « L'éducation doit reproduire l'histoire de la civilisation. »; telle est également la pensée de J. M. BALDWIN (b230). Certains ont même voulu ramener cette loi à la célèbre loi biogénétique : « L'ontogénèse est la répétition de la phylogénèse. »[1]

Prise à la lettre, cette loi est entièrement inaccep-

---

1. A. FERRIÈRE, *La loi biogénét. et l'éd.*, Av. de Ps. 1909 IX 173-4.

table, car elle contredit bien des faits; par exemple, comme ROUMA l'a très bien prouvé (b725 243 s.), l'évolution du dessin ne suit pas les mêmes stades chez l'enfant et chez les peuples primitifs. Comment d'ailleurs l'enfant dont les organes ne sont pas développés exercerait-il son activité de la même manière qu'un sauvage adulte?

« A aucun âge, remarque CLAPARÈDE, l'enfant n'est psychiquement un « homme primitif » ou un « sauvage ». Les traits de caractère (cruauté, culte de la nature, etc.) que nous ont légués ces êtres peuvent être plus à nu, plus à découvert chez l'enfant que chez nous-mêmes, mais la mentalité de l'enfant ne cesse jamais d'être une mentalité *enfantine*, tandis que, si l'on prenait à la lettre la loi biogénétique, l'enfant devrait être successivement un *homme* de l'âge de pierre, puis un *homme* de l'âge de bronze, ce qui n'est pas évidemment le cas, puisqu'il n'a pas les caractères adultes que possédait l'homme primitif, comme l'instinct sexuel, le courage, etc. » (b27 258).

En comprenant la loi dans un sens large : « On peut établir des points de rapprochement entre l'évolution de certaines fonctions chez l'enfant et dans la race », rien n'est plus vrai ; par exemple l'évolution du langage en est jusqu'à un certain point une preuve (cf. no 38), bien entendu en appelant peuples primitifs ceux qui ont une civilisation rudimentaire, non pas nécessairement les plus anciens historiquement. Seulement réduite à cette expression vague, la loi n'est plus utile pour guider les travaux du pédagogue : reste en effet à déterminer quelles fonctions suivent les mêmes lois chez l'enfant et dans la race, détermination qui suppose d'une manière ou d'une autre la connaissance du développement des fonctions de l'enfant.

2º *Loi de* Pestalozzi. — « *D'après des lois éternelles et inéluctables l'esprit humain s'élève de l'intuition à l'abstrait.* » — Cette formule a le premier inconvénient de ne parler que des facteurs intellectuels ; même pour ces facteurs, elle est entièrement inexacte (cf. nº 36 1º p. 141).

3º *Loi de* Stern. — « *L'évolution de l'enfant va de la périphérie au centre, de la connaissance de soi à la personnalité.* » — Cette formule contient une grande part de vérité. Il est certain que la formation du caractère et de la personnalité ne s'achève qu'à la fin de la période éducative. Du point de vue intellectuel ce sont les synthèses qui centralisent et spécialisent la personnalité ; du point de vue sensitif ce sont les groupes de tendances harmonisées. Or ces synthèses et ces groupes organisés se forment et s'étendent *peu à peu*.

Signalons cependant l'expression vague de cette loi, par suite son peu d'utilité pour la pratique. De plus, si l'on se reporte au développement de la pensée logique (cf. nº 36 p. 143), l'énoncé de la loi comporterait d'importantes restrictions.

80. Lois générales résumant les données expérimentales. 1º *L'évolution est déterminée en partie par des dispositions communes, en partie par des dispositions particulières à chaque enfant.* — Les grands traits du développement psychologique sont identiques chez tous les sujets, mais ces grands traits ont des nuances diverses et, dès la première enfance, il y a des différences notables dans la manière de répondre à des excitations identiques. L'enfant élabore les données du milieu selon une nature identique chez tous les hommes, mais aussi selon des aptitudes personnelles.

Conformément à cette loi les enfants qui sont au même stade de leur développement sont susceptibles d'une éducation commune ; mais cette soumission d'un grand nombre d'enfants à des règles semblables de conduite et à des procédés identiques d'enseignement ne doit pas faire oublier à l'éducateur la nécessité de veiller sur les aptitudes personnelles de chaque élève.

2° *Les fonctions psychologiques suivent un ordre de développement chronologique en rapport avec leur degré de nécessité pour la vie de l'enfant.*

Les fonctions psychologiques primitives sont moins différenciées que les fonctions postérieures moins essentielles à la vie.

Ainsi l'enfant discerne les relations d'espace avant celles de temps ; les jugements de différents sujets sur la position spatiale des objets sont plus concordants que les appréciations sur la situation des événements dans le temps. Les connaissances scientifiques, moins fondamentalement nécessaires, sont aussi diversifiées que possible chez les différents sujets.

3° *La suite de l'évolution des fonctions est spécifiquement déterminée.* — Cette loi résume toutes les observations expérimentales sur les stades de développement des différentes fonctions (attention, intérêts, observation, sens esthétique, langage, etc.).

4° *La marche de l'évolution corporelle et spirituelle n'est pas continue dans sa vitesse, mais, comme pour la croissance et le poids, il y a des périodes de poussée rapide et des périodes de ralentissement.* — L'action éducative aura donc à tenir compte de la réceptivité spécifique de chaque âge : elle devra insister sur les caractéristiques de chaque stade susceptibles d'un développement particulièrement heureux, proportionner aussi la quantité de travail aux forces de l'enfant, etc.

5° *Le développement naturel de l'enfant laissé à lui-même ne saurait réaliser le but de l'éducation.* — Nous l'avons constaté en bien des points, pour le cours des images, pour le langage, etc., tout particulièrement pour l'activité volontaire : l'évolution naturelle ne suit pas un plan propre à réaliser la fin de l'éducation et se fait comme au hasard pour ce qui concerne les fonctions supérieures.

L'éducateur ne doit donc pas se contenter de laisser aller l'évolution, en veillant seulement à écarter les obstacles qui pourraient l'entraver (ROUSSEAU b138). Il doit orienter activement les éléments vers le but et savoir opposer aux tendances inquiétantes une vigoureuse contrainte. Tous ceux qui ont étudié la psychologie humaine sur des documents vivants ont constaté que la vie mentale était comme livrée à deux forces, nécessaires toutes deux, mais de directions bien différentes : JANET les a appelées *la synthèse personnelle* et *l'automatisme*, MORSELLI *l'inhibition* et *l'impulsion*. Si la vie est abandonnée à l'automatisme et à l'impulsion sans le contrôle des forces de synthèse et d'inhibition, c'est la désagrégation, l'émiettement, le désordre fatal : l'homme diffère de la bête en ce que les impulsions de celle-ci la dirigent vers la fin de son espèce, tandis que ses instincts animaux à lui ne sauraient d'eux-mêmes conduire à bien si un pouvoir supérieur ne les gouverne. Or les forces de synthèse et d'inhibition, tout ce traité le prouve, sont en déficit chez l'enfant ; seul il est, au point de vue du but à atteindre, un incomplet qui n'est achevé que par les parents et les maîtres. A ces derniers revient l'exercice du pouvoir de synthèse et d'inhibition, à eux de connaître le terme, de s'enquérir des moyens pour l'atteindre, de vouloir avec énergie; c'est ainsi et ainsi seulement, qu'ils rempliront leur rôle et seront la providence visible de l'enfant.

L. J. C.

———

BIBLIOGRAPHIE

Les références de cette bibliographie sont réparties en différentes sections selon l'ordre des questions du traité.

Conformément au but de ce livre, elle a été presqu'exclusivement restreinte, excepté dans la première section, aux
articles se plaçant au point de vue expérimental. Remarquons
que l'indication de ces ouvrages ne constitue aucunement une
recommandation de leur doctrine ; même au seul point de vue
scientifique, leur valeur est très inégale. Ils sont cités pour
permettre au lecteur de consulter les documents scientifiques
et de se rendre compte des différentes interprétations, vraies
ou fausses, sincères ou tendancieuses, qui ont été données
aux observations.

Malgré son apparente richesse, cette bibliographie reste
cependant très incomplète en raison de l'extraordinaire fécon-
dité de la littérature pédagogique. Des publications spéciales
donnent les ouvrages et articles des années courantes : citons
en particulier l'*Année pédagogique* qui paraît depuis 1912 ;
elle renferme une courte analyse de 2502 numéros pour
1911, de 2728 pour 1912.

Les principales abréviations adoptées ont été signalées au
début du traité.

I. Traités généraux. Généralités

Dans cette section les traités plus strictement expérimentaux sont signalés par un astérisque.

1. *Abb (E.), *Pd. Ps.*, 1911 Munich Hugendubel.
2. Adams (J.), *The Ed.*, 1912 Londres Macmillan.

3.   Aegidius Colonna Romanus, *De regimine princi-pum* (XIIIᵉ s.), Rome 1607.

4.   Antoniano (Card. S.), *Tre libri della ed. crist. dei figliuoli*, 1583.

5.   Aristote, *Politique* l. IV-V.

6.   Bain (A.), *La science de l'éd.*, 1879 Paris Alcan.

7.   Barth (P.), *D. Elem. d. Erz. u. Unterrichtslehre*, 5ᵉ éd. 1912 Leipzig Barth.

8.   Basedow (J. B.), *Le livre élémentaire*, 1768.

9.   Beneke (F. E.), *Erz. u. Unterrichtslehre*, 1835-42.

10.   Bergemann (P.), *Lehrb. d. pd. Ps.*, 1901 Leipzig Teubner.

11.   Bergemann (P.), *Soz. Pd. auf erfahrungswissens- chaftl. Grundlage*, 1909 Géra Hofmann.

12.   Bieder, Rein u. Selter, *Das K., seine körperl. u. geistl. Pflege*, 3ᵉ éd. 1911 Stuttgard.

13.   *Binet (A.), *Idées modernes sur les e.*, 1910 Paris Flammarion.

14.   Bitschin (K.), *De vita conjugali, de prole et regim. filiorum*, 1433.

15.   Boethius (T. M.), *De disciplina scolarium* (vᵉ s.), Migne P. L. t. 6 1223s.

16.   Bonifacio S. J., *Christiani pueri institutio adoles- centiaeque perfugium*, 1588.

17.   Budde (G.), *Moderne Bildungsprobl.*, 1912 Langen- salza Beyer.

18.   Buisson (F.), *Nouv. dictionn. de Pd. et d'instr. pri- maire*, 1911 Paris Hachette.

19.   Burret (Mˡˡᵉ), *De la théorie à l'action*, 1913 Paris Beauchesne.

20.   Caló (G.), *Fatti e probl. d. mondo educativo*, Pavie Mattei et Cᵒ.

20a.   Caió (G.), *Ps. pd. e Pd. ps.*, Psiche 1914 III 121-45.

21.   Campan (Mᵉ), *De l'éd.*, 3ᵉ éd. 1826 Paris.

22. CELLÉRIER (L.), *Esq. d'une sc. pd.*, 1910 Paris Alcan.

23. CHARRON (P.), *Traité de la sagesse*, 1601.

24. CHARTERS (W.), *Meth. of teaching*, 1909 Chicago Row et Cᵒ.

25. CHRYSOSTOME (Saint J.), *A un père fidèle* (IVᵉ s.), Migne P. G. t. 47 349-80.

26. CHRYSOSTOME (Saint J.), *Ecloga XXVII*, Migne P. G. t. 63 736-71.

27. *CLAPARÈDE (E.), *Ps. de l'e. et Pd. exp.*, 1910 Genève Kündig.

28. COMENIUS (J. A. KOMENSKY), *Janua linguarum reserata*, 1631.

29. COMENIUS (J. A. KOMENSKY), *Methodus linguarum novissima*, 1647.

30. COMENIUS (J. A. KOMENSKY), *Praecepta morum in us. juventutis*, 1653.

31. COMENIUS (J. A. KOMENSKY), *Didactica magna*, 1657.

32. COMENIUS (J. A. KOMENSKY), *Orbis pictus*, 1658.

33. COMPAYRÉ (G.), *Cours de Pd.*, 1885 Paris Delaplane.

34. COMPAYRÉ (G.), *Ps. appliquée à l'éd.*, 1886 Paris Delaplane.

35. COMPAYRÉ (G.), *Et. sur l'enseign. et l'éd.*, 1891 Paris Hachette.

36. CONTZEN S. J. (A.), *Politicorum L. X* (sp. l. IV), 1621.

36a. COUBERTIN (P. DE), *L'éd. d. adolescents au XXᵉ s.*, 3ᵉ éd. Paris Alcan.

37. DELACROIX (M.), *Dict. histor. d'éd.*, 1771 Paris.

38. DIONYSIUS CARTHUSIENSIS, *De doctrina scolarium* (XVᵉ s.), 1909 Tournay t. 37 337-60.

39. DOMINICI (Card. J. D.), *Regola del governo di cura famil.* (XVᵉ s.).

40. DUBOIS (J.), *Probl. pd.*, 1911 Paris Alcan.

41. DUGAS (L.), *Le probl. de l'éd.*, 2ᵉ éd. 1911 Paris Alcan.

42. DUPANLOUP (Mgr), *De l'éd.*, 1851.

43. DUPANLOUP (Mgr), *De la haute éd. intellect.*, 2e éd. 1870.

44. DUPANLOUP (Mgr), *Lettres sur l'éd. des filles*, 1879.

45. *DÜRR (E.), *Einführ. in d. Pd.*, 1908 Leipzig Quelle et Meyer.

46. ECKINGER S. J. (J. N.), *D. kathol. Anstaltserz. in Theorie u. Praxis*, 1913 Frib.-en-Br. Herder.

47. ERASME (D.), *Institutio principis christiani* (sp. c. I), 1516.

48. ERASME (D.), *Christ. matrimonii institutio*, 1526.

49. ERASME (D.), *De pueris ad virtutem ac litteras trabendis*, 1540 Bâle 420-47.

50. ERASME (D.), *De civilitate morum puerilium libellus*, l. c. 862-71.

51. FELBIGER (I. I.), *Eigensch. Wissensch. u. Bezeig. rechtschaffener Schulleute*, 1768.

52. FELBIGER (I. I.), *Methodenbuch*, Bibl. d. kathol. Pd. Frib.-en-Br. Herder.

53. FÉNELON, *De l'éd. des filles*, 1683.

54. FÉNELON, *Télémaque*, 1695.

55. FLEURY (C.), *Du choix et de la méth. des ét.*, 1687.

56. *FLEURY (D^r DE), *Nos e. au collège*, 2e éd. 1908 Paris Colin.

57. FLEURY (D^r DE), *Le corps et l'âme de l'e.*, 10e éd. 1910 Paris Colin.

58. FÖRSTER (W.), *Jugendlehre*, 1904-9 Berlin Reimer.

59. FÖRSTER (W.), *Sch. u. Charakter* (Tr. fr. *L'éc. et le caract.*, 1909 Saint-Blaise Suisse), 11e éd. 1912.

60. FRÖBEL (F.), *D. Menschenerz.* (Tr. fr. *Ed. de l'homme*, 1861 Bruxelles), 1826.

61. GAULTIER (P.), *La vraie éd.*, 3e éd. 1911 Paris Hachette.

62. GENLIS (M^e DE), *Adèle et Théodore*, 1782.

63. GERSON (J.), *Tractatus de parvulis ad Chr. trahendis* (xive s.).

64. GERSON (J.), *Tractatus de modo vivendi omnium fide-lium ad nobiles.*

65. GILLET O. P. (M. S.), *Le probl. pd.*, *Ann. Inst. Louv.* 1913 II 473s.

65a. GILLET O. P. (M. S.), *Relig. et Pd.*, 1912 Paris Desclées.

66. GIRARD O. M. (G.), *De l'enseign. régulier de la langue matern.*, Paris.

67. GIRARD O. M. (G.), *Cours éduc. de la langue matern.*, 1845-8 Paris.

68. HABRICH (L.), *Pd. Ps.* (Tr. fr. *Ps. pd. appliq. à l'éd.*, 1913 Liège Dessain), 1912 Kempten Kösel.

69. *HALL (G. S.), *Adolesc., its Ps. rel. to phys., anthrop., sociol., sex, crime, relig. a. ed.*, 1904 New-York Appleton.

70. *HALL (G. S.), *Youth, its Ed., regim, a. hygiene*, 1906.

71. *HALL (G. S.), *Pd. probl.*, 1911 New-York Appleton.

72. HENDERSON (E. N.), *A text-b. in the princ. of Ed.*, 1910 New-York Macmillan.

73. HERBART (J. F.), *Allgem. Pd.*, 1806.

74. HERBART (J. F.), *Umriss. pd. Vorlesung.*, 1835-42.

75. HERVAS S. J., *Hist. de la vida d. hombre*, 1788-99 Madrid.

75a. HOFFMANN (J.), *D. Erz. d. Jugend in d. Entwicklungsjahr.*, 1913 Frib.-en-Br. Herder.

76. JACOTOT (J.), *Enseign. universel*, 1823-40.

77. JAMES (W.), *Talks to teachers* (Tr. fr. *Confér. pd.*, 2ᵉ éd. 1909 Paris Alcan).

78. JOUVANCY S. J. (J.), *De ratione discendi et docendi*, 1692 Paris.

79. KANT, *Tr. de Pd.* (Tr. fr. éd. Tamin 1886 Paris Alcan), 1803.

80. KLAPPER (P.), *Princ. of ed. practice*, 1913 Londres Appleton.

81. KRIEG (E.), *Lehrb. d. Pd.*, 3e éd. 1905 Paderborn Schöningh.
82. KROPF S. J. (F.), *Ratio et via*, 1735.
83. KRUS S. J. (F.), *Pd. Grundfr.*, 1911 Innspruck Rausch.
84. LA CHALOTAIS (L. R. DE), *Essai d'éd. nationale*, 1763.
85. LACOMBE (P.), *Esq. d'un enseign. basé sur la Ps. de l'e.*, 1899 Paris Colin.
86. LA SALLE (St J.-B. DE), *Conduite d. écoles chrétiennes*, 1720.
87. LASTEYRIE (P. DE), *Nouv. syst. d'éd.*, 1815 Paris.
88. *LAY (A.), *Exp. Did.*, 1903 Leipzig Nemnich.
89. *LAY (A.), *Exp. Pd. mit besond. Rücksicht. auf. d. Erz. durch Tat*, 2e éd. 1912 Leipzig Nemnich.
90. LE BON (G.), *Ps. de l'éd.*, 1909 Paris Flammarion.
91. LEBRUN S. J., *Institutio juventutis christianae*, 1653.
92. LEGENDRE (M.), *Le probl. de l'éd.*, 1911 Paris Bloud.
93. LOCKE (J.), *Some thoughts concern. Ed.* (Tr. fr. *Ed. des. e.*, 1889 Paris Hachette), 1693.
94. LULLE (R.), *Libre de doctrine pueril* (vers 1300), 1907 Barcelone Gili.
95. MAGNUSSON (P. M.), *Ps. as appl. to Ed.*, 1913 New-York Silver et Co.
96. MAILLET (E.), *Elém. de Ps. de l'homme et de l'e. appl. à la Pd.*, 1890 Paris Belin.
96a. MARK (T.), *Modern. views on Ed.*, 1913 Londres Collins'Clear Type Press.
97. *MENDOUSSE (P.), *L'âme de l'adolesc.*, 2e éd. 1911 Paris Alcan.
98. *MENDOUSSE (P.), *Du dressage à l'éd.*, 2e éd. 1910 Paris Alcan.
99. *MEUMANN (E.), *Abriss. d. exp. Pd.*, 1914 Leipzig Engelmann.
100. *MEUMANN (E.), *Vorles. z. Einf. in d. exp. Pd.*, (1re éd.

en 2 v. 1907) 2ᵉ éd. en 3 v. : t. 1 1911, t. 2 1913 Leipzig Engelmann.

101. Mocquillon (H.), *L'art de faire un homme*, 1913 Paris Perrin.
102. Monroe (P.), *A. cyclop. in Ed.*, (à partir de 1911) New-York Macmillan.
103. Montaigne, *Essais* (sp. l. I ch. XXIV-V, t. II ch. I et X, l. III), 1588.
104. Münsterberg (H.), *Ps. a. the teacher,* 1909 New-York Appleton.
105. Nadault de Buffon, *L'éd. de la première enf.*, 1862.
106. Necker de Saussure (Mᵉ A.), *Ed. progressive*, 2ᵉ éd. 1836.
107. Nicole (P.), *De l'éd. d'un prince*, 1670.
108. Niemeyer (A. H.), *Princ. d'éd. et d'enseign.*, tr. fr. 1835.
108a. *Ogden (R. M.), *The rel. of Ps. to philos. and Ed.*, Ps. R. 1913 179-93.
109. Parisot (E.) et Martin (E.), *Les postulats de la Pd.*, 1911 Paris Alcan.
110. Paulsen (F.), *Pd.*, 5ᵉ éd. 1912 Berlin Cotta.
111. Paulsen (F.), *Gesammelte pd. Abhandlung.*, 1912 Berlin Cotta.
112. Payot (J.), *Ed. de la volonté*, 1901 Paris Alcan.
113. Payot (J.), *L'apprentissage de l'art d'écrire*, 1913 Paris Colin.
114. Perpinian S. J. (P. J.), *De ratione liberorum instituendor.* (XVIᵉ s.).
115. Pestalozzi (J. H.), *Wie Gertrud ihre K. lehrt*, 1801.
116. Pestalozzi (J. H.), *Idee d. Elementarbild.*, 1807.
117. Piccolomini (Aeneas Sylvius-Pie II), *De liberorum Ed.* (XVᵉ s.).
118. Platon, *République*.
119. Plutarque, *De l'Ed. des e.*

120. POSSEVIN S. J. (A.), *Miles christianus*, 1569.
121. POSSEVIN S. J. (A.), *Cultura ingeniorum, Ex Biblioth. selecta* 1593.
122. PROOST (A.), *La Pd. rationn. et la Pd. empir. envisagées au point de vue de l'hyg. physique et morale*, 1896 Louvain.
123. PROOST, *La Pd. est-elle une science?* R.Q. sc. 1914 t. 1 232-6.
124. *PYLE (W. H.), *The outlines of Ed.*, 3ᵉ éd. Baltimore Warwick et York.
125. QUINTILIANUS (M. F.), *L'institution oratoire*.
126. RABELAIS (F.), *La vie de Gargantua et de Pantagruel*, 1535-52.
127. *Ratio studiorum Societatis Jesu*, 1599.
128. REIN (W.), *Enz. Handb. d. Pd.*, 2ᵉ éd. 1909 Langensalza Beyer.
129. REIN (W.), *Pd. in systemat. Darstell.*, 3ᵉ éd. 1913 Langensalza Beyer.
130. RÉMUSAT (Comtesse DE), *Essai s. l'Ed. des femmes*, 1824.
131. RICHARD (G.), *Pd. expér.*, 1911 Paris Doin.
132. RICHTER (J. P.), *Lewana* (Tr. fr. *Sur l'Ed.*, 1886 Paris Delagrave).
133. ROEHICH (E.), *Philos. de l'Ed.*, 1910 Paris Alcan.
134. ROLLIN (C.), *Tr. des Et.*, 1723.
135. ROLLIN (C.), *Des Et. des e.*
136. ROLOFF (E. M.), *Lex. d. Pd.*, 4 vol. : t. 1 1912, t. 2 1913 Frib.-en-Br. Herder.
137. ROUMA (G.), *Pd. sociolog.*, 1914 Neufchâtel Niestlé.
138. ROUSSEAU (J. J.), *Emile*, 1762.
139. RUIZ AMADO S. J. (R.), *Pd. Ignaciana*, 1912 Barcelone Libr. relig.
139a. RUIZ AMADO S. J. (R.), *Pd. femenina*, 1914 Barcelone Libr. relig.
140. *RUSK (R.), *Introd. to exp. Ed.*, 1912 Longmans Green et Cᵒ.

141. SACCHINI S. J. (F.), *Paraenesis ad magistr. scholar. infer. S. J.*, 1625.

142. SACCHINI S.J. (F.), *Protrepticon ad magistr.scholar. infer. S. J.*, 1625.

143. SAILER (J. M.), *Ub. Erz. f. Erzieher*, 1807.

144. SCHLEIERMACHER (F. E. D.), *Doctr. de l'Ed.* (publié en 1849).

145. *SCHULZE (R.), *Aus. d. Werkstatt d. exp. Ps. u. Pd.*, 3ᵉ éd. 1911 Leipzig Voigtländer.

146. *SCHUYTEN (M. C.), *La Pédologie*, 1911 Gand Vanderpoorten.

147. SPENCER (H.), *Ed. intellect. moral a. phys.* (Tr. fr. 1878 Paris Alcan).

148. *STERN (W.), *D. differentielle Ps. in ihrer method. Grundlag.*, 1911 Leipzig Barth.

149. STOLZ (A.), *Erziehungskunst*, 1873.

150. STUART S. S. C. (J. E.), *The Ed. of cathol. girls* (Tr. fr. *L'Ed. de la j. fille cathol.*, 1914 Paris Perrin), Londres Longmans Green et Cᵒ.

151. *SULLY (J.), *The teachers handb. of Ps.*, 1909 Londres.

152. THOMAS (P. E.), *L'Ed. dans la famille*, 1909 Paris Alcan.

153. *THORNDIKE (E.), *Educational Ps.*, New-York Columbia Univers.

154. THORNDIKE (E.), *Ed. a first b.*, 1912 New-York Macmillan.

155. TOULOUSE (Dʳ), *Comm. former un esprit?* 2ᵉ éd. 1908 Paris Hachette.

156. *VAN BIERVLIET (J. J.), *Prem. élém. de Pd. exp. I. Les bases*, 1911. *II. Les applications*, 1913 Paris Alcan et Gand Vanderpoorten.

157. VERDIER (J.), *Rech. s. la perfectibilité de l'homme* (xvıııᵒ s.).

158. VINCENT DE BEAUVAIS, *De eruditione filiorum regalium* (xıııᵉ s.).

159. VIVÈS (L.), *De institut. feminae christ.*, 1523 (Valence 1782 t. 4 72-171).

160. VIVÈS (L.), *De tradendis disciplinis*, 1531 (L. c. t. 6 243-415).

161. VIVÈS (L.), *De ratione studii puerilis* (L. c. t. 1 257-80).

162. VIVÈS (L.), *De vita et moribus eruditi* (L. c. t. 6 416-37).

163. WAGNER S. J. (F.), *Instruct. privata*, 1735.

164. WAITZ (T.), *Allgem. Pd.*, 1852.

164a. *WEST (M.), *Ed. and Ps.*, 1914 Londres Longmans Green et Cᵒ.

165. *WHIPPLE (G. M.), *Man. of ment. a. phys. tests. A b. of direct. compil. with spec. refer. to the exp. st. of schoolch.*, 2ᵉ éd. 1914 Baltimore Warwick et York.

166. WILLMANN (O.), *Did. als Bildungslehre*,1882-9.

167. WILLMANN (O.), *Aus Horsaal u. Schulsstube*, 2ᵉ éd. 1913 Frib.-en-Br. Herder.

168. WINCH (W. H.), *Modern. Ps. a. the constructive movem. in Ed.*, Ch. St. 1913 VI 64-8.

169. XÉNOPHON, *Cyropédie*.

II. HISTOIRE

170. ASPINWALL (W. B.), *Outlines of the h. of ed.*, 1912 New-York Macmillan.

171. BARTH (P.), *D. G. d. Erz.*, 1911 Leipzig Reisland.

172. BARTHOLOMÉ (F.), *Kurze G. d. Pd.*, 1911 Frib.-en-Br. Herder.

173. BEETZ (K. O.), *G. d. Ps.*, 3ᵉ éd. Osterwieck Zickfeldt 261-329.

174. CAMERON (E. H.), *Wissenschaftl. Ps. in Amerika*, Z. exp. Pd. 1910 X 118-33.

175. COMPAYRÉ (G.), *H. critique des doctrines de l'éd. en France depuis le XVIᵉ s.*, 5ᵉ éd. 1885 Paris Hachette.

176. Compayré (G.), *H. de la Pd.*, 12ᵉ éd. 1897 Paris Delagrave.

177. Damseaux, *H. de la Pd.*, 1902 Liége Dessain.

178. Fritzsch (T.), *D. Anf. d. Kinderps. und d. Vorlaüfer d. Versuche in d. Pd.*, Z. pd. Ps. 1910 XI 149-60.

179. Giuffrida (S.), *St. d. Pd.*, 1901 Turin Grato Scioldo.

180. Guex (F.), *H. de l'instr. et de l'éd.*, 2ᵉ éd. 1913 Lausanne et Paris Alcan.

181. Heman (F.), *G. d. neuer. Pd.*, 4ᵉ éd. Osterwieck Zickfeldt.

182. Kehrbin-Kayser, *Überblick d. G. d. Erz. u. ds Unterr.*, 12ᵉ éd. 1905 Paderborn Schöningh.

183. Marchesini (G.), *Disegno storico delle dottr. pd.*, 1913 Rome Athenaeum.

184. Monroe (P.), *Source b. of the h. of ed.*, New-York 1891.

185. Parmentier (J.), *H. de l'éd. en Angleterre depuis les origines j. au commencement du* xixᵉ *s.*, 1896 Paris Perrin.

186. Paroz (J.), *H. de la Pd.*, 1883 Paris Delagrave.

187. Rausch (F.), *G. d. pd. u. d. gelehrt. Unterr.*, 3ᵉ éd., Leipzig Deichert.

188. Rousselot (P.), *Pd. historique*, 1891 Paris Delagrave.

189. Sagot (F.), *Instr. de la jeunesse, Dict. d'Apologét.*, 1914 Paris Beauchesne.

189a. Sicard (A.), *L'Éd. mor. et civique av. et apr. la révol.*, 1913 Paris Lecoffre.

III. Méthodologie

Cf. b13 (241s.), b27 (100-39), b100 (t. 1 15-45), b145 (1-36 330-45), b148 (30-149), b153 (142-92), b165 pass., etc.

190. Bagley (W. C.), *On the correl. of mental a. motor ability*, Am. J. Ps. 1901 XII 193-206.

191. BERTRAND (J.). *Le calcul d. probabilités*, 1889 Paris Gauthier-Villars.

192. BINET (A.), *La mesure en Ps. individuelle*, R. ph. 1898 t. 2 113-23.

193. BINET (A.) et HENRI (V.), *La fatigue intellect.*, 1898 Paris Schleicher 252-61.

194. BINET (A.) et VASCHIDE (N.), *Corrél. des épreuves physiq.*, An. ps. 1898 IV 142-60.

194a. BOVET (P.) et CHRYSSOCOOS (S.), *L'appréc. object. de la valeur d'apr. les échelles de Thorndike*, Ar. de Ps. 1914 XIV 365-78.

195. BROWN (W.), *The essent. of ment. measur.*, 1911 Cambridge Univ. Press.

196. DEUCHLER (G.), *Ub. absolute u. relative Streuungswerte in d. ps. Forsch.*, Z. pd. Ps. 1913 XIV 305-20.

197. DEUCHLER (G.), *Ub. d. Meth. d. Korrelationsrechn. in d. Pd. u. Ps.*, Z. pd. Ps. 1914 XV 114s. 145s.

198. EDGEWORTH (E. Y.), *Mathematic. Psychics*, 1881 Londres Kegan.

199. FISCHER (A.), *Ub. Organis. u. Aufg. ps. Instit.*, Z. pd. Ps. 1910 XI 81-107.

200. FISCHER (A.), *Bedeut. d. Exp. in d. pd. Forsch.*, Dritt. Jahrb. d. deutsch. Lehrerver. 1913 Leipzig Klinkhardt.

201. GAULT (R. H.), *A. hist. of the Questionnaire-Meth. in Ps.*, Pd. Se. 1907 XIV 366-83.

202. HALL (G. S.), *Gener. outlines of new ch. st. work at Clarke Univ.*, Pd. Se. 1910 XVII 160-5.

203. HENRI (V.), *Quelq. applicat. du calc. d. probabil.*, An. ps. 1899 V 153-60.

204. HENRI (V.), *Psycho-biolog. et Energétique*, 1909 Paris Hermann.

205. HEYMANS (G.), *Ub. ps. Korrelat.*, Z. ang. Ps. 1907 I.

206. HEYMANS (G.), *Les méth. dans la Ps. spéciale*, An. ps. 1911 XVII 64-79.

207. HEYMANS (G.), u. WIERSMA (E.), *Beitr. z. spez.*

Ps. auf. Grund einer Massenunters., Z. Ps. 1907 XLV 1s., 1912 LXII 1s.

208. HILL (D. S.), *Exp. on correl. a. the class exp.*, J. ed. Ps. 1910 I 333-43.

209. IOTEYKO (Mlle Dr J.), *Méthodol. de la Ps. pd.*, C. R. Cg. int. Ps. 1910 Genève Kündig 423-64.

209a. KELLEY (T. L.), *Comparable measures*, J. ed. Ps. 1914 V 589-95.

210. KRÜGER (F.) u. SPEARMAN (C.), *D. Korrel. zw. verschied. geistig. Leistungsfähigk.*, Z. Ps. 1906 XLIV 50-114.

211. LIESSE (A.), *La statist., ses difficult., ses procédés, ses result.*, 1905 Paris Alcan.

212. MARCH (L.), *Statist., Méth. dans les sciences 2e série*, 1911 Paris Alcan 315-64.

213. MYERS (C. S.), *A text-b. of exp. Ps.*, 2e éd. 1911 Cambridge Univ. Press 117-24.

214. NAMIAS (A.), *Concetto e m. della Pd. sper.*, 1912 Rome Albrighi Segati et Co.

215. PEARSON (K.), *Mathematic. contrib. to the theory of evolut., Drapers c. research. mem., Biometr. ser.*, 1907 IV Londres Dulau et Co.

216. PEARSON (K.), *On the correl. of charact. not quantitativ. mensurable, Philos. transact. of the R. Soc.* 1909 A 195 Londres.

217. PETERS (W.), *Wege u. Ziele d. pd. Vererbungsforsch.*, Z. pd. Ps. 1913 XIV 604-17.

218. RIBOT (T.), *Sur la valeur des questionn. en Ps.*, J. Ps. 1904 I 1-10.

219. RIES (G.), *Beitr. z. Meth. d. Intelligenzprüf.*, Z. Ps. 1910 LVI 321s.

220. SANDIFORD (P.), *Measurem. in Ed.*, J. exp. Pd. 1911 t. 1 31-8 215-22.

221. SANFORD (E. C.), *Meth. of research in Ed.*, J. ed. Ps. 1912 III 303-13.

222. Séb, *Une formule de mathém. applicable aux rech. ps.*, Bu. S. ps. E. 1904 n° 17.

223. Spearman (C.), *The proof a measur. of associat. betw. two things*, Am. J. Ps. 1904 XV 72-101.

224. Stern (W.), *Ub. Arbeitsgemeinsch. in d. Ps.*, C. R. Cg. int. Ps. 1901 Paris Alcan 435-8.

225. Stern (W.), *Angewandte Ps.*, B. Ps. Au. 1903 I 1-43.

225a. Thorndike (E.), *An introd. to the theory of ment. a. soc. measur.*, 2ᵉ éd. 1913 New-York Columbia Univ.

226. Toulouse (Dʳ) et Piéron (H.), *Techn. de Ps. exp.*, 2ᵉ éd. 1911 Paris Doin t. 2 182-98.

227. Wagner (P.), *Ub. d. rechnerische Behandl. d. Ergebnisse b. d. Prüf. d. unmittelb. Behaltens*, Z. pd. Ps. 1913 XIV 10-3.

228. Weiss (A. P.), *On meth. of ment. measur., espec. in sch. a. coll.*, J. ed. Ps. 1911 II 555-63.

IV. Généralités sur l'évolution
DANS LA PREMIÈRE ENFANCE

Cf. b27 (249-55), b100 (t. 1 104-204 656-65), b128 (art. « Kinderps. »), b136 (art. « Kinderps. »), etc.

229. Ament (W.), *Fortschritte d. Kinderseele*, 1904 Leipzig Engelmann.

230. Baldwin (J. M.), *Ment. developm. in the ch. a. the race*, 1895 (tr. fr. *Le dével. ment. d. l'e. et d. la race*, 1897 Paris Alcan).

231. Braunschwig (M. et G.), *Notre e., Journ. d'un père et d'une mère*, 1913 Paris Hachette.

232. Chamberlain (A. E.), *The ch.*, 1901.

233. Chrisman (O.), *Paidologie*, Dissert. Iéna 1896.

234. Compayré (G.), *L'éveil intellect. et mor. de l'e.*, 1893 Paris Hachette.

235. CRAMAUSSEL (E.), *Premier éveil intellect. de l'e.*, 2° éd. 1911 Paris Alcan.

235a. CRAMAUSSEL (E.), *L'attent. ch. un pet. e.*, An. ps. 1914 XX 125-39.

236. CRUCHET (R.), *Év. psychophysiol. de l'e. du jour de sa naiss. à l'âge de 2 ans*, An. ps. 1911 XVII 48-63.

237. DARWIN (C.), *A biogr. sketch of an inf.*, Mind Juillet 1877 (Tr. fr. *Les débuts de l'intell.*, Esq. biogr. d'un pet. e., R. sc. 1877 t. 2 25-9).

238. DEARBORN (G. V. N.), *Motosens. devel.*, 1911 Baltimore Warwick et York.

239. DECROLY (O.) et DEGAND (Mlle J.), *Obs. relat. au dével. de la not. chromatique faites sur une pet. f. de 0 à 4 1/2 ans*, C. R. Cg. int. Pd. t. 2 320-31.

240. DIX (K. W.), *Körperl. u. geist. Entw. e. K.*, t. 1 1911, t. 2 1912, t. 3 1914 Leipzig Wunderlich.

241. EGGER (E.), *Observ. et réflex. s. le dével. de l'intell. et du lang. ch. les e.*, 1879.

242. FERRI (L.), *Note su una bamb.*, 1879.

242a. FORBUSH (W. B.) a. others, *Monographs of the americ. Instit. of ch. life*, 1913-4 Philadelphie.

243. FORMIGGINI-SANTAMARIA (E.), *La Ps. del fanc. normale ed anorm.*, 2e éd. 1912 Gênes.

244. FORMIGGINI-SANTAMARIA (E.), *Met. e risult. attuali della Ps. del fanc.*, Psiche 1914 III 1-30.

245. GROOS (K.), *D. Seelenleb. d. K.*, 4° éd. 1913 Berlin Reuther et R.

246. GROSJEAN S. J. (E.), *Ame d'e.*, Et. rel. 1905 CIV 433-51.

247. HOGAN (L.), *A study of a ch.*, 1898 New-York Harper.

248. HUFFERT (G.), *Aus d. Kinderlande, Beobachtung. an m. K.*, Pd. ps. St. 1911 XII 28-30.

248a. JACCHIA (B.), *Le associaz. n. bamb. di 5 anni*, Ct. ps. R. 1912-3 II n° 4.

249. JASTROW (J.), *The ps. St. of ch.*, *Educational R.* 1891 I 253s.

250. JEANJEAN (G.), *La pour chez l'e.*, Ec. Fév. 1910.

251. JEANJEAN (G.), *L'égoïsme chez l'e.*, Ec. Mai 1910.

252. KATZ (D.), *St. z. Kinderps.*, 1913 Leipzig Quelle et Meyer.

253. KING (J.), *The Ps. of ch. developm.*, 1903 Chicago.

254. KIRKPATRICK (E. A.), *Fundamentals of ch. st.*, 1903 New-York.

255. KUSSMAUL (A.), *Unters. üb. d. Seelenleb. d. neugebor. M.*, 1859.

256. LE C. (A.), *Contrib. à la Pd. phys. et intellect.*, R. ps. Déc. 1909 II, 1911 IV 178-211.

257. LÖBISCH (J. E.), *Entw. gesch. d. Scele d. K.*, 1851.

258. LOMBROSO (Paola), *Saggi di Ps. del bamb.*, 1894 (Tr. fr. *La vie des e.*, Revue *L'enfant* 1908).

259. MAJOR (R. D.), *First steps in ment. growth*, 1906 New-York Macmillan.

260. MEAD (C. D.), *The age of walk. a. talk. in rel. to gener. intell.*, Pd. Se. 1913 XX 460-84.

261. MOORE (K. O.), *The ment. dev. of a ch.*, Ps. Mo. 1896 III.

262. NAGY (L.), *D. Entw. d. Interess. d. K.*, Z. exp. Pd. 1907 V 198-218.

263. NAGY (L.), *Ps. d. Kindl. Interess.*, 1912 Leipzig Nemnich (tr. du hongrois).

264. NIEDEN, *Kinderseelenkunde*, *Kinderps.*, Pd. Mag. 1913 Heft 492.

265. OPPENHEIM (N.), *The developm. of the ch.*, 1899 New-York.

266. PEREZ (B.), *Les trois prem. ann. de l'e.*, 1re éd. 1878.

267. PEREZ (B.), *L'e. de 3 à 7 ans*, 1re éd. 1886 Paris Alcan.

268. PREYER (W.), *D. Seele d. K.*, 1882 (Tr. fr. *L'âme de l'e.*, 1887 Paris Alcan).

269. Ranschburg (P.), *D. Kindl. Geist*, 2ᵉ éd. 1908 Budapesth.

270. Roure S. J. (L.), *La vie progress. de l'e.*, Et. rel. 1894 LXIII 161s.

271. Saint-Ybars, *De un jour à dix ans*, Ed. m. 1909 IV, 1910 V.

272. Shinn (Miss M. W.), *Notes on the developm. of a ch.*, 1893-9 1907 Berkeley Press.

273. Shinn (Miss M. W.), *The biogr. of a baby* (éd. popul. du précéd.), Boston et New-York Houghton et Cᵒ.

274. Sigismund (P.), *K. u. Welt*, 1856.

275. Sikorski (J. A.), *Le dével. ps. de l'e.*, R. ph. 1885 t. 2 241 403 533.

276. Sikorski (J. A.), *D. Seele d. K.*, 1902 Leipzig Barth (2ᵉ éd. augmentée 1908).

277. Sikorski (J. A.), *D. scelische Entw. d. K.*, 1908.

278. Stern (W.), *Ps. d. frühen Kindh.*, 1914 Leipzig Quelle et Meyer.

279. Sully (J.), *Stud. of. childh.*, 1896 (Tr. fr. *Et. sur l'e.*, 1898 Paris Alcan).

280. Taylor (A. R.), *The st. of the ch.*, 1898.

281. Tiedemann, *D. Beobacht. üb. d. Seelenfähigk. b. K.*, 1781 (Tr. fr. Michelan J. *de l'instr. publ.* 1863; Pérez et Thierry 1881).

282. Tracy (F.), *The Ps. of childh.*, 1903 Boston (1ʳᵉ éd. 1894).

283. Ufer (C.), *Zur Ps. d. K.*, Deutsche Schule 1897 I 705 s.

284. Vecchia (P.), *Nei primi anni di vita di due bamb.*, Riv. pd. 1909.

285. Warner (F.), *The ch., How to study them*, 1887.

V. Généralités sur l'évolution
dans la seconde enfance et l'adolescence

Cf. b56-8, b69-71, b97, b100 (t. 1 515-25), b148 (pass.), b230, b245, b262-3, etc.

286. Arnold (L.) a. Gesell (B. C.), *The norm. ch. a. primary Ed.*, 1912 Boston Ginn.

287. Baldwin (B. T.), *Adolesc.*, Ps. Bu. 1911 VIII 351-62.

288. Ballard (P. B.), *Prose prefer. of sch. ch.*, J. ed. Ps. 1914 V 10-21.

289. Calcagno (A. D.), *Contr. al. estud. de la Ps. del nino*, 1913 La Plata Gasperini.

290. Chabot (C.), *L'adolesc. d'apr. quelq. ét. réc.*, R. pd. 1911 201-19.

291. Chaumet (D'), *La croiss. des e. d. les éc. de Paris*, 1906 Paris Jouve.

292. Ciembroniewicz (M.J.), *Les e. polonais et la nature*, C. R. Cg. int. Pd. t. 2 389-403.

293. Clouston (T.), *Adolesc.*, Ch. St. 1912 V 1-8 90-7.

294. Cohn (J.) u. Dieffenbacher (J.), *Unters. üb. Geschlechts-Alters-u. Begabungs-Untersch. b. Schül.*, 1911 Leipzig Barth pass.

295. Compayré (G.), *Ps. de l'adolesc.*, R. ph. 1906 t. 1 (Ed. en vol. *L'adolesc. Et. de Ps. et de Pd.*, 1909 Paris Alcan).

296. Croswell (F.), *Inclinat. of ch.*, Pd. Se. VII 314.

297. Darrah (E. M.), *St. of ch. ideals*, *Popular Science monthly* Garrison New-York IV 88.

298. Ellis a. Hall, *A study of dolls*, Pd. Se. 1896.

299. Evard (Marguerite), *L'adolescente. Essai de Ps. exp.*, 1914 Neufchâtel Delachaux et Niestlé.

300. Fanciulli (G.), *La vita affettiva d. bambini*, Psiche 1914 III 31-52 201-20.

301. GAUPP (R.), *Ps. des K.*, 3ᵉ éd. 1912 Leipzig Teubner.

302. GIESE (F.), *D. freie literar. Schaff. b. K. u. Jug.*, 1914 Leipzig Barth.

302a. GODDARD (H. H.), *D. Ideale d. K.*, Z. exp. Pd. 1907 V 156-73.

303. GODIN (P.), *La croissance*, 1903 Paris Maloine.

304. GODIN (P.), *Les proport. du corps pendant la croiss.*, 1912 Paris Maloine.

305. GODIN (P.), *La formule individ. de croiss.*, 1913.

306. GODIN (P.), *La croiss. pend. l'âge scolaire*, 1913 Neufchâtel Delachaux et Niestlé.

307. GUDDEN (H.), *Pubertät u. Sch.*, 1911.

308. GUILLET (C.), *A st. in inter.*, Pd. Se. 1907 XIV 322-8.

309. GUTBERLET (C.), *D. Kampf um d. Seele*, 1903, Mayence t. 2 639-718.

310. HABRICH (L.), *Z. Ps. d. Jünglingsalters*, Phar. 1911 II 434-45.

311. HELLMUTH (H.), *Aus. d. Seelenleb. d. K.*, 1913 Vienne Deuticke.

312. HÉNIN (L.), *Ps. de l'e. à l'usage des éducateurs*, 1913 Paris Tolra.

313. HILL (D. S.), *Comparat. st. of ch. ideals*, Pd. Se. 1911 XVIII 219-31.

314. HOFFMANN (P.), *D. Inter. d. Schül. an d. Unterrichtsfäch.*, Z. pd. Ps. 1911 XII 458-70.

315. HÖSCH-ERNST (L) u. MEUMANN (E.), *D. Schulk. in s. körperl. u. geistl. Entw.*, 1906s. Leipzig Nemnich.

316. HOWARD (F. E.), *Ps. differ. betw. ch. a. adults*, Pd. Se. 1913 XX 236s.

317. HUBER (S.), *D. Psyche d. Jugendlichen*, Phar. 1911 II 491-501.

317a. JOLY (H.), *L'e.*, R. des 2 Mondes 1911 t. 3 533-88.

318. KAMMEL (W.), *Beliebth. u. Unbeliebth. d. Unterrichtsfäch.*, Phar. 1913 IV 297 396.

319. KELLER (H.), *Unterrichtsfach. im Urteil d. Schül.*, Z. pd. Ps. 1911 XII 593-6.

320. KING (J.), *The Ps. of ch. developm.*, 1903 Chicago 249-55.

321. KIRPATRICK (E. A.), *The individual in the making*, 1911 Chicago Houghton.

322. KOSOG (O.), *D. Zusammenhang zw. körperl. u. geistl. Entw. in Schül.*, Ar. f. Pd. 1912 61-87.

323. LANCASTER, *The Ps. a. Pd. of adolesc.*, Pd. Se. 1897 V 61-128.

324. LEMAITRE (A.), *La vie mentale de l'adolesc. et ses anomalies*, 1910 Saint-Blaise (Suisse).

325. LOBSIEN (M.), *Kinderideale*, Z. pd. Ps. 1903 V 323-44 457-94.

326. LOBSIEN (M.), *Beliebth. u. Unbeliebth. d. Unterrichtsfacher*, Z. Ph. Pd. 1911 XIX 31-3.

327. LODE (A.), *D. Unterrichtsfäch. im Urt. d. Schulk.*, Z. pd. Ps. 1913 XIV 291-6 320-6 359-69.

328. LOUCH (M.), *Adolesc.*, Paid. 1903 V 101-10.

329. MARK (T.), *Inst. tendenc. of ch.*, Amer. Educat. 1911 69-72.

330. MARRO (A.), *La pubertà nell'uomo e nella donna*, 1897 Turin Bocca (Tr. fr. 1901 Paris Schleicher).

331. MARRO (A.), *Rôle soc. de la puberté*, R. ph. 1899 t. 1 606-31.

332. MARRO (A.), *Evolut. ps. hum. à l'époque pubère*, Tr. int. de Ps. path., 1910 Paris Alcan t. 1 710-814.

333. MICCI (A.), *Contrib. sperim. alla Ps. dell'età pub.*, 1911 Milan Soc. Dante Alighieri.

334. OSTERMANN (W.), *D. Interess. — Eine ps. Unters. mit pd. Nutzanwendung*, 3ᵉ éd. 1912.

335. PEREZ (B.), *Le caract. de l'e. à l'homme*, 1891 Paris Alcan.

336. RICHTER (A.), *Statist. Erhebung üb. d. Ideale v. Volksschulk.*, Z. pd. Ps. 1912 XIII 254.

337. Rüdiger (W.), *The per. of ment. reconstruct.*, Am. J. Ps. 1907 XVIII 353-70.

338. Sandiford (P.), *Ment. a. physic. life of sch. ch.*, 1913 Londres Longmans Green et Cº.

339. Schmidkunz (A.), *D. ober. Stufen d. Jugendalt.*, Z. pd. Ps. 1907 IX.

340. Schopen (E. K.), *D. Psyche d. Jünglings*, 1911 Mayence Lehrlingshaus.

341. Schreuder (A. J.), *Du dével. de la productivité ch. l'e.*, C. R. Cg. int. Pd. t. 2 507-19.

342. Shaw (E. R.), *A comparat. st. on children's inter.*, Ch. St. 1896 152s.

343. Sheldon (H. D.), *The soc. Pd. of. boyhood*, Am. J. Ps. 1899.

344. Slaughter (J. W.), *The adolesc.*, 1911 Londres Sonnenschein (Intr. à b69).

345. Smith (L. T.), *Childhood*, Ps. Bu. 1911 335-51.

346. Stern (W.), *Ub. Beliebth. u. Unbeliebth. d. Schulfäch.*, Z. pd. Ps. 1905 VII 267-96.

347. Surbled (Dr), *La vie du j. h.*, 2ᵉ éd. 1903 Paris Maloine.

348. Surbled (Dr), *La vie de jeune fille*, Paris Maloine.

349. Varendonck (J.), *Les idéals d'e.*, Ar. de Ps. 1908 VII 365 82.

350. Weigl (F.), *Id. d. K.*, b136 906-9.

351. Weigl (F.), *Sch. u. Leben*, 1913.

352. Wiarbmsky (Prince), *Ess., d'anthropol. pd. d. les lycées bulgares de Sofia*, 1907 Paris Maloine.

353. Wunderle (G.), *Interesse*, b136 956-60.

VI. Evolution de l'attention formelle

Les numéros indiqués dans la section VII (Observation) renferment de nombreux documents relatifs à l'évolution de l'attention formelle.

Cf. b100 (t. 1 162-205), b145 (98-205), b165 (t. 1 263-

348), b230 (413-38), b245 (11-37), b268 (tr. fr. 36s.), b294
(36-50), etc.

354. BINET (A.), *La concurr. d. états ps.*, R. ph. 1890
t. 1 138-55.

355. BINET (A.), *Attent. et adaptat.*, An. ps. 1900 VI
248-405.

356. BOURDON (B.), *Observ. comparat. s. la reconnaiss.
l'associat. et la discriminat.*, R. ph. 1895 t. 2 153-
85.

357. BURNEIF (C.T.), *A new test f. att. against distract.*,
Ps. Bu. 1910 VII 64s.

358. CHASE (H. W.), *Some aspects of the att. probl.*, Pd.
So. 1909 XVI 281-300.

359. DÜRR (E.), *Lehre v. d. A.*, 2e éd. 1914 Leipzig
Quelle et Meyer.

360. GEISSLER (L. R.), *The measur. of att.*, Am. J. Ps.
1909 XX 473-529.

361. GRIFFING (H.), *On the devel. of vis perc. a. att.*, Am.
J. Ps. 1896 VII 227-36.

362. MICCI (A.), *Ric. s. att., la mem. e l'int. dei ragazzi
dai 9 ai 15 anni*, Ct. ps. R. 1910-1 I n° 16.

363. NAYRAC (J. P.), *Phys. et Ps. de l'att.*, 1906 Paris
Alcan pass. (2e éd. augmentée 1911).

364. PILLSBURY (W.B.),*Att.*, 1906 Paris Doin sp.272-4.

365. PIZOLLI (V.), *La atencion*, Ar. Pd. y C. 1913 XII
28-50.

366. RORRICH (E.), *Att. spontan. et volont.*, 1907 Paris
Alcan pass.

367. SHARP (S. E.), *Individ. Ps. — A st. in ps. meth.*,
Am. J. Ps. 1899 X 329-91.

368. VAN BIERVLIET (J. J.), *Ed. de l'att.*, 1912 Gand Siffer et Paris Alcan ch. III 87-111 (ou R. Q. sc.
1911 t. 2).

369. VISCONTI (L.), *L'ed. dell'immaginaz.*, 1913 Soc.
Dante Aligh. 90-103.

370. WHIPPLE (G. M.), *The eff. of practise upon the range of vis. att. a. of vis. appreh.*, J. ed. Ps. 1910 I 249-62.

371. WINTELER (J.), *Exp. Beitr. z. e. Begabungslehre*, Exp. Pd. 1906 II 1-48 147-247 pass.

VII. ÉVOLUTION DE L'OBSERVATION

Les numéros indiqués dans les sections IX (Imagination créatrice), XIII (Evolution du dessin, sens esthétique), XIX (Suggestibilité), XX 4° (Le mensonge), renferment des indications complémentaires relatives au témoignage et à l'évolution de l'observation.

Cf. b294 (50-98), b299 (50 66), etc.

372. BAADE u. LIPMANN, *Auss. d. physik. Demonstr. unt. besond. Berücksicht. d. Erziehbark. d. Auss.*, Z. ang. Ps. 1910 IV.

373. BINET (A.), *La perc. d. long. et d. nombres ch. quelq. petits e.*, R. ph. 1890 t. 2 68-81.

374. BINET (A.), *Perc. d'e.*, R. ph. 1890 t. 2 582-611.

375. BINET (A)., *Mes. d. illusions vis. ch. l. e.*, R. ph. 1895 t. 2 11-25.

376. BINET (A.), *La sc. du témoign.*, An. ps. 1905 XI 128-36.

377. BORST (M.), *Rech. exp. s. l'éduc. et la fidélité du témoign.*, Ar. de Ps. 1904 III 235-314.

378. BORST (M.), *Exp. Unters. üb. d. Erziehb. u. d. Treue d. Auss.*, B. Ps. Au. 1905 II 73-120.

379. BORST (M.) et CLAPARÈDE, *La fidélité et l'éduc. du témoign.*, Ar. des sc. phys. et natur. 7 avr. 1904.

380. COHN (J.) u. GENT (W.), *Auss. u. Aufmerks.*, Z. ang. Ps. 1907 I 129-52 233-65.

381. DÜRR-BORST, *D. Erz. d. Auss. u. Anschauung d. Schulk.*, Exp. Pd. 1906 III 1-30.

382. FIORE (U.), *Sagg. di Ps. del testim.*, Psiche 1912 I 337-61.

383. GIESE (II.), *Beobachtung*, b136 t. 1 428s

384. JONCKHEERE (T.), *Le pouv. d'observ. ch. i. e., Conseiller de la famille* oct 1911.

385. LARGUIER DES BANCELS, *La Ps. judiciaire, le témoign.*, An. ps. 1906 XII 158-232.

386. LELESZ (Mlle), *Le témoign. ch. l. e.*, Bu. S. ps. E. 1913 272-5 309-15, 1914 81-4.

387. LELESZ (Mlle), *L'oriental. d'esprit dans le témoign.*, Ar. de Ps. 1914 XIV 113-57.

388. LIPMANN (O.), *Neuere Arb. z. Ps. d. Auss.*, J. f. Ps. u. Neurol. 1904 III 245 249.

389. LIPMANN (O.), *Ub. Ps. d. Auss.*, Z. pd. Ps. 1904 VI 161-209.

390. LIPMANN (O.), *Prakt. Ergebn. d. Aussageforsch.*, Z. pd. Ps. 1906 VIII 97-103.

391. LIPMANN (O.) u. WENDRINER (E.), *Aussagee^r^p. in Kindergart.*, B. Ps. Au. 1906 II 418-23.

392. LOBSIEN (M.), *Auss. u. Wirklichk. b. Schulk.*, B. Ps. Au. 1903 I 26-9.

393. MAC DOUGALL (R.), *An investig. on the col. sense of two inf.*, Br. J. Ps. oct. 1908 338-52.

394. MESSMER (O.), *Ps. d. Les. b. K. u. Erwachs.*, Ar. gs. Ps. 1903 II 190-218.

395. MOSES (M^e^), *Obs. et descr. d'un timbre de 5 cm.*, Bu. S. ps. E. 1913 127-37.

396. MOTET, *Les faux tém. dev. la just.*, Ann. d'hyg. et de médec. légale 1887 n° 6.

397. MÜNSTERBERG (II.), *On the witnesst.*, 1908 New-York.

398. MYERS (C. S.), *Some obs. on the devel. of the col. sense*, Br. J. Ps. oct. 1908 353-62.

399. NETSCHAJEFF (A.), *Unters. üb. Beobachtungsfäh. v. Sch.*, Z. ang. Ps. 1911 IV.

400. OPPENHEIM (R.), *Ub. d. Erziehb. d. Auss. b. Schulk.*, B. Ps. Au. 1906 II 52-98 338-84.

401. PRUDHOMMEAUX (Mlle), *Exp. sur l'obs. ch. les éc.*, Bu. S. ps. E. 1911 22-7.

402. SIMON (Dʳ T.), *Obs. d'un timbre-poste à l'éc. mater-nelle*, Bu. S. ps. E. 1913 208-18 231-3.

402a. SMITH (F.), *An exper. investigat. of perception*, Br. J. Ps. 1914 VI 321-62.

403. STERN (C. u. W.), *Erinner., Auss. u. Lüge in d. erst. Kindh.*, 1909 Leipzig Barth.

404. STERN (W.), *D. Auss. als geist. Leist. u. als Verhörsprod.*, 1904 Leipzig Barth.

405. STERN (W.), *Litterat. z. Ps. d. Auss.*, Z. ang. Ps. 1908 I 429-50.

406. STERN (W.), *Z. Ps. d. Auss.*, 1902 Berlin Guttentag.

407. STERN (W.), *Wirklichkeitsvers.*, B. Ps. Au. 1904.

408. STERN (W.), *Kinderauss. u. Aussagepd.*, Z. pd. Ps. 1905 VII 192-5.

409. VAN DER TORREN, *Ub. d. Auffassungs-u. Untersuch-vermögen f. optische Bilder b. K.*, Z. ang. Ps. 1908 I 189-232.

410. VARENDONCK (J.), *Les témoign. d'e. dans un procès retentissant*, Ar. de Ps. 1911 XI 129-71.

411. WINCH (W. H.), *Germ. Auss. exp. with engl sch. ch.*, C. R. Cg. int. Pd. 1912 t. 1 344-55.

412. WOOLEY (H. T.), *Some exp. on the col. perc. of an inf. and their interpret.*, Ps. R. Nov. 1909.

413. WRESCHNER (A.), *Z. Ps. d. Auss.*, Ar. gs. Ps. 1905 √ V 148-8. 3

VIII. ÉVOLUTION DE LA MÉMOIRE

Les numéros indiqués dans les sections VII (Observation, sp. le témoign.), XIV (Intelligence générale), renferment des indications complémentaires.

Cf. b13 (162-236), b69 (t. 1 488-95), b100 (t. 1 394-473), b124 (ch. XII 185-205), b145 (224-52), b153 (t. 2), b164 (4ᵉ éd. § 24), b294 (17-30), etc.

414. ABBOTT (E. E.), *On the analys. of recall in the learn. process*, Ps. Mo. 1909 XI.

415. ANDREAE (C.), *Z. Ps. d. Exam.*, Z. pd. Ps. 1899 I 113s.

416. BALLARD (P. B.), *Oblivisc. a. reminisc.*, Br. J. Ps. Mo. Suppl. 1913 I.

417. BERNSTEIN (A.) u. BOGDANOFF (T.), *Exp. üb. d. Verhalt. d. Merkfäh. b. Schulk.*, B. Ps. Au. 1905 II 116s.

418. BINET (A.) et HENRI (V.), *La mém. d. mots*, An. ps. 1895 I 1s.

419. BINET (A.) et HENRI (V.), *La mém. d. phrases*, An. ps. 1894 I 24-59.

420. BOLTON (T. L.), *The growth of mem. in schoolch.*, Am. J. Ps. X 1892 IV 362s.

421. BOURDON (B.), *Infl. de l'âge s. la mém. imméd.*, R. ph. 1894 t. 2 148-68.

422. CUISSET (Mlle), *Exp. s. l'év. de la mém. ch. l. e.*, Bull. de l'Instit. ps. XXXV 1911 n° 5.

423. DECROLY (O.) et DEGAND (Mlle J.), *Exp. de mém. visuelle verbale ch. l. e. norm. et anorm.*, An. ps. 1907 XIII 122-32.

424. DUGAS (L.), *Mes souvenirs affect. d'e.*, R. ph. 1909 t. 2 504-16.

425. EBBINGHAUS (H.), *Ub. d. Ged.*, 1885.

426. EBBINGHAUS (H.), *Ub. e. neue Meth. z. Prüf. geist. Fähigk. u. ihr. Anvend. b. Schulk.*, Z. Ps. XIII 401-59.

427. EBERT (E.) u. MEUMANN (E.), *Grundfr. d. Ps. d. Übungsphän. im Ber. d. Ged.*, 1905 Leipzig Engelmann.

428. ELLISON (L.), *The acquisit. of techn. skill*, Pd. Sc. mars 1909.

429. ENRIQUES (P.), *La mem. e la Pd.*, Psiche 1914 III 159s. (sp. 159-63).

430. FOUCAULT (M.), *Rel. de la fixat. et de l'oubli avec la long. des séries à apprendre*, An. ps. 1913 XIX 218-35.

431. Franfurther (W.) u. Thiele (R.), *Ub. d. Zusammenhang zw. Vorstellungstyp. u. sensor. Lernweise*, Z. f. Ps. 1912 LXII 96-131.

432. Giroud (A.), *La mém. de l'e.*, Bu. S. ps. E. 1912 172-9.

433. Guicciardi (C.), *Contr. sper. e statist. allo stud. della mem.*, Riv. sper. di freniatr. 1905 XXXI 630-6.

434. Guillet (C.), *Retentivn. in ch. a. adult*, Am. J. Ps. 1909 XX 318-52.

435. Hemmon (V. A. C.), *The rel. betw. mode of present. a. retent.*, Ps. R. 1912 75-96.

436. Henri (V.), *Ed. de la mém.*, Ann. ps. 1902 VIII 1s.

437. Henri (V. et C.), *Enq. s. les prem. souv. de l'enf.*, An. ps. 1897 III 184s.

438. Hill (D. S.), *Minor st. in learn. a. relearn.*, J. ed. Ps. 1914 V 375-86.

439. Ioteyko (Mlle Dr J.), *Comm. on retient les chiffres, les syll., les mots, les images*, R. ps. 1911 IV 3-20.

440. Jacobs (J.), *'xp. on prehension*, Mind 1885 751.

441. Kammel (W.), *Ub. d. erste Einzelerinner.*, 1913 Leipzig Quelle et Meyer.

442. Katzaroff (D.), *Le rôle de la récit. comme facteur de la mémorisat.*, Ar. de Ps. 1908 VII 255s.

443. Kemsies (F.), *Ged.-unters. an. Schül.*, Z. pd. Ps. 1900 II 21s. 84, 1901 III 171s. 281s.

444. Kirkpatrick (E. A.), *An evp. on memoriz. versus incident. learn.*, J. ed. Ps. 1914 V 405-12.

445. Krämer (N.), *Exp. Unters. z. Erkenntn. d. Lernproz.*, 1912 Leipzig Quelle et Meyer.

446. Larguier des Bancels (J.), *Sur les méth. de mémorisat.*, An. ps. 1902 VIII 185s.

447. Larguier des Bancels (J.), *Note s. les var. de la mém. au cours de la journée*, An. ps. 1902 VIII 206s.

448. LARGUIER DES BANCELS (J.), *Note s. les méth. de mémorisat.*, An. ps. 1904 X 131s.

449. LEWIS (E. O.), *Prelimin. investigat. on mem.*, Sch. World 1911 98s.

450. LIPMANN (O.), *Prakt. Ergebn. d. exp. Unters. d. Ged.*, J. f. Ps. u. Neurol. 1903 108s.

451. LOBSIEN (M.), *D. Ged. f. bidlich dargest. Dinge*, B. Ps. Au. 1905 II.

452. LOBSIEN (M.), *Entw. d. akut. Wortged. d. Sch.*, Z. pd. Ps. 1911 XII 238-45.

453. LOBSIEN (M.), *Exp. Unters. üb. d. Ged.-Entw. b. Sch.*, Z. f. Ps. XXVII 34s.

454. LOBSIEN (M.), *Memorieren*, Z. pd. Ps. 1902 IV 293s.

455. LYON (D. O.), *The rel. of length of material to time taken f. learn. and the optim. distrib. of time*, J. ed. Ps. 1914 1-9 85-91 155-63.

456. MANNHEIMER (A.), *D. Lehre v. Ged. mit besond. Berücks. d. kindl. Entw.*, Schulprogr. 1885.

457. MEUMANN (E.), *Üb. Ökonom. u. Techn. d. Ged.*, 3e éd. 1912 Leipzig Klinkhardt.

458. MÜLLER (G. E.), *Z. Anal. d. Ged.-tätigk. u. d. Vorstellungsverl.*, 1911.

459. MÜLLER (G. E.) u. PILZECKER (A.), *Exp. Beitr. z. Lehre v. Ged.*, Z. f. Ps. 1900.

460. MYERS (G. C.), *Incident mem.*, Ar. of. Ps. 1913 VIII nº 26.

461. MYERS (G. C.), *Recall in rel. to retention*, J. ed. Ps. 1914 119-30.

462. NELLEN (L.) et MARCHAL (L.), *Contribut. à l'ét. de la mém. ch. l'e.*, R. ps. 1908 I 222-9.

463. NELLEN (L.) et MARCHAL (L.), *Nouv. exp. s. la mém. ch. l'e.*, R. ps. 1900 II 228-37.

464. NETSCHAJEFF (A.), *Z. Frage üb. Ged.-entw. b Schulk.*, C. R. Cg. int. Ps. 1901 Paris Alcan 421-6.

465. NETSCHAJEFF (A.), *Exp. Unters. üb. d. Ged.-entw. b. Schulk.*, Z. f. Ps. 1900 321.

466. NETSCHAJEFF (A.), *Ub. Memorier.*, *Samml. v. Abhandl. aus d. Gebiete d. pd. Ps. u. Physiol.* 1902 V Heft 5.

467. NEUMANN (G.), *Exp. Beitr. z. Lehre v. d. Ökon. u. Techn. d. Lern.*, Exp. Pd. 1907 63-101 155-74.

468. NORSWORTHY (N.), *Acquisit. as relat. to retent.*, J. ed. Ps. 1912 III 214-8.

469. OFFNER (M.), *D. Ged.*, 2 éd. 1913 Berlin Reuther et Reichard sp. 225-35.

470. OFFNER (M.), *Üb. d. Vervolkommung d. Ged.*, D. *Volksschule* 1911 VII Heft 1.

471. PARISON (M.), *Rel. entre le dével. de l'intell. et de la mém. ch. l. e. d'éc.*, Bu. S. ps. E. 1907 n° 17.

472. PARISON (M.), *Nouv. exp. de mém.*, Bu. S. ps. E. 1912 205-13.

473. PENTSCHEW (C.), *Unters. z. Ökonom. u. Techn. d. Lern.*, Ar. gs. Ps. 1903 I 417s.

474. PIÉRON (H.), *Rech. exp. sur les phén. de mém.*, An. ps. 1913 XIX 90-193.

475. POHLMANN (A.), *Exp. Beitr. z. Lehre v. Ged.*, 1906 Berlin.

476. POTWIN (P.), *St. of early mem.*, Ps. R. 1901 VIII 596-601.

477. RADOSSAWLJEWITSCH (P.), *D. Behalt. u. Vergess. b. K. u. Erwachs. nach. exp. Unters.*, 1906 Leipzig Nemnich.

478. RANSCHBURG (P.), *Rapp. entre la mém. et l'intell.*, C. R. Cg. int. Pd. 1912 Bruxelles Misch et Thron t. 2 169-71.

479. RANSCHBURG (P.), *D. Kranke Ged.*, 1911 Leipzig Barth.

480. RANSCHBURG (P.), *Ged.*, *Enz. Handb. d. Heilpd.*, 1911 Halle Marhold.

481. RANSCHBURG (P.), *Neuere Unters. üb. d. Hemm. gleichzeit. Reizwirk.*, Cg. Ps. exp. Avr. 1912 Berlin.

482. Schmutz (G.), *Wie weit reicht. d. Ged. Erwachsener zurück?* 1910 Langensalza Beyer.

483. Schöneberg (H.), *Ps. u. Pd. d. Ged.*, 1911 Leipzig Nemnich.

484. Schuyten (G.), *Exp. s. la mém.*, Pd. Jaarb. (nombr. art. à partir de 1900).

485. Simon (Dr T.), *Exp. de copie*, An. ps. 1901 VII 490-518.

486. Sleight (W. G.),*Mem. a formal train.*, Br. J. Ps. 1911 386-457.

487. Starch (D.), *Periods of work in learn.*, J. ed. Ps. 1912 III 209-13.

488. Tait (W. D.), *The eff. of psycho-physic. attit. on mem.*, J. abn. Ps. 1913 VIII 10-37.

489. Van Biervliet (J. J.), *Ed. de la mém. à l'éc.*, Causer. pd. 2e sér., 1906 Gand Siffer ou Paris Alcan (ou R. ph. 1904 t. 1).

490. Van Biervliet (J. J.), *Esq. d'une éd. de la mém.*, 1904.

491. Vertes (J. O.), *D. Wortged. im. Schulkindesalt.*, Z. Ps. 1912 19-128.

491a. Watkins (S. H.), *Immed. mem. a. his evaluation*, Br. J. Ps. 1914 VII 319-48.

492. Weber (J.), *Unters. z. Ps. d. Ged.*, 1909 Leipzig Nemnich (ou Z. exp. Pd. 1908 VIII 1-81).

493. Weill (Dr J.) et Nellen (R.), *Contr. à l'ét. de la mém. d. im. ch. l'e.*, R. ps. 1910 III 345-8.

494. Wessely (R.), *Z. Meth. d. Auswendiglern. Neue Jahrb. f. d. Klass. Altert. u. Pd.*, 1905 279s. 373s.

495. Winch (W. H.), *Immed. mem. in schoolch.*, Br. J. Ps. 1904-6.

496. Winch (W. H.), *The transfer of improvm. in mem. in schoolch.*, Br. J. Ps. 1910 386-405.

497. Winch (W. H.), *A motor factor in perc. a. mem.*, J. exp. Pd. 1912 I 261-73.

498. WINCH (W. H.), *Exp. res. on learn. to spell*, J. ed. Ps. 1913 IV 525-47 579-92.

499. WINCH (W. H.), *Further exp. res. in learn. to spell*, J. ad. Ps. 1914 V 449-60.

500. WITASEK (S.), *Ub. Lesen. u. Rezitier.* Z. Ps. 1907 XLIV 161-85.

501. WOODS (E. L.), *Recent exp. in committ. to mem.*, Pd. Se. 1912 XIX 250-79.

502. WRESCHNER (A.), *D. Ged. im Lichte d. Exp.*, 2ᵉ éd. 1910 Zurich.

503. ZIEHEN (T.), *D. Ged.*, 1908 Berlin.

IX. Evolution de l'imagination créatrice

Les numéros indiqués dans les sections VII (Observation), XIII (Sens esthétique), XIV (Intelligence générale), renferment des indications complémentaires.

Cf. b69 (t. 1 313 350), b97 (82-130), b100 (t. 1 517-37), b279 (tr. fr. 74s.), b369 (127-95), b403, etc.

503a. BANCHIERI (F.), *I sogni d. bamb. di 5 anni*, Ct. ps. R. 1912-3 II n° 7.

503b. BANCHIERI (F.), *Sui sogni d. bamb. di 3 et 5 anni*, l. c. n° 8.

504. BINET (A.), *Le vocabul. et l'idéation*, R. ph. 1902 t. 2 359-66.

505. BINET (A.), *L'observateur et l'imaginatif*, An. ps. 1901 VII 519-23.

506. BINET (A.), *Et. exp. de l'intell.*, 1903 Paris Reinwald pass.

507. CALCAGNO (A. D.), *Contr. al estudio de la Ps. del nino*, 1913 La Plata Gasperini.

508. CALCAGNO (A. D.), *L'imm. creatr. nel fanc.*, Ar. Pd. y C. 1910 272-85 (est inclus dans le livre précéd.).

509. CRAMAUSSEL (E.), *Le sommeil d'un petit e.*, Ar. de Ps. X 321-6, XI 172-81, XII 139-89.

510. DOGLIA (S.) e BANCHIERI (F.), *I sogni d. bamb. di 3 anni*, Ct. ps. R. 1910-1 I n° 18.

511. FISCHER (A.), *Meth. z. Unters.d. elementar. Phantasieproz.*, Z. pd. Ps. 1911 XII 448-58 497-507.

512. GIROUD (A.), *Rech. s. l'imagin.*, Int. Ed. 1914 II 147-55.

513. GRÜNEWALD (II.), *Vers. üb. Prüf. d. kindl. Phant.-tätigk.*, Pd. ps. St. 1900 I 57s.

514. HENSELING (A.), *Begriff u. Entw. d. Phant.*, Z. pd. Ps. 1912 XIII 241-53 317-25 463-72.

515. JACQUARD (C.), *L'imag. ch. n. tout petits*, Ed. 1913 IV 310-30.

516. LIBBY (W.), *The imag. of adol.*, Am. J. Ps. Avr. 1908.

517. MEUMANN (E.), *Neuere Ansicht. üb. d. Wesen d. Phant. mit besonder. Berücksicht. d. Phant.d. K.*, Z. pd. Ps. 1908 VI 109-40.

518. MEUMANN (E.), *Ub. d. kombinatr. Faktor b. Vorstellungstyp.*, Z. pd. Ps. 1911 XII 115-20.

519. QUEYRAT (F.), *L'imag. et ses variétés ch. l'e.*, 1893 Paris Alcan,

520. RIBOT (T.), *Ess. s. l'imag. créatrice*, 1908 3e éd. Paris Alcan 86-98.

521. RUSK (R.), *Exp. on mental associat.*, Br. J. Ps. Déc. 1910 349-85.

522. SANCTIS (S. de), *I sogni* (*D. Traüme* 1901 Halle Marhold, tr. all. augmentée) ch. IV.

523. TERMAN (L. M.), *Genius a. stupidity*, Pd. Se. 1906 XIII 330.

524. TLUCHOR (A. D.), *Märchen in d. Seele d. K.*, 1913 Langensalza Beyer.

525. VASCHIDE (N.), *Rech. exp. s. l'imag. créatrice ch. l'e.*, C. R. Cg. int. Ps. 1900 Paris Alcan 250-3.

526. WIERSMA (E.), *Ebbinghaus'che Combinationsmeth.*, Z. Ps. 1903 196s.

527. WINCH (V. II.), *Some rel. betw. mem. a. product. imag.*, Br. J. Ps. 1911 VI.

X. Inventaire psychologique de l'enfant

Cf. b100 (t. 1 335-9), etc.

528. Allégret (Mlle), *Enq. s. le monde connu des e.*, Bu. S. ps. E. 1912 XIII 13-20.

529. Anfroy (L. et E.), *Enq. relat. au vocabul. connu des e.*, Bu. S. ps. E. Janv. 1907.

530. Bergmann, *Statist. Erheb. in d. Elementarkl.*, 1891 Weimar.

531. Engelsperger (A.) u. Ziegler (O.), *Weiter Beitr. z. Kenntn. d. phys. u. ps. Natur d. sechsjähr. in d. Sch. eintret. K.*, Exp. Pd. 1906 II 49-95.

532. Hartmann (B.), *D. Anal. d. kindl. Gedankenkreis.*, 1910 5e éd. Leipzig Kesselring.

533. Netschajeff (A.), *Z. Anal. d. kindl. Gedankenkr. im vorschulpflicht. Alter*, Z. pd. Ps. 1910 XI 306-11.

534. Netschajeff (A.), *Beitr. z. Unters. d. Reichtums v. Sachvorstell. b. Sch.*, Z. pd. Ps. 1910 XI 508-16.

535. Pohlmann (H.), *Beitr. z. Ps. d. Schulk. auf d. Grund system.-empirich. Unters. üb. d. Entw. d. Wortverständn.*, 1912 Leipzig Nemnich.

536. Schubert (K.), *Elternfr. Ergänz. d. Hartmannschen ps. Anal.*, Jahrb. d. pd. Semin. in Jena 1894 Heft 5 Langensalza.

537. Trüper (J.), *Personalienbuch*, 2e éd. 1911 Langensalza.

538. Weigl (F.). *Unters. üb. d. Vorstellungsinh. d. in d. Sch. eintret. K.*, Phar. 1912 116-28.

539. Wilker (K.), *D. Anal. d. kindl. Gedankenkreis.*, Z. ang. Ps. 1911 V 516-68.

XI. Evolution de la pensée logique

Les numéros indiqués dans les sections VII (Observation), X (Inventaire psychologique), XII (Langage), XIV

(Intelligence générale), renferment des indications complémentaires.

Cf. b100 (t. 1 537-46), b245 (ch. XVI 209-64), b535,etc.

540.   AMENT (W.), *D. Entw. v. Spr. u. Denk. b. K.*, 1899
        Leipzig Wunderlich.
541.   ASH (I. E.), *Correl. a. condit. of ment. inertia*, Pd.
        Se. 1912 XIX 425-37.
542.   BONSER (E. D.), *The reason.abil. of ch. of the 4 5 a.
        6 grades*, Columb. Univ. Contrib. to Ed.1910 n° 37.
543.   BOVET (P.), *Les éc. s'assimilent-ils le procédé log.
        de la défin.*, Int. Ed. 1913 69-75.
544.   BÜHLER (K.), *D. Entw. d. Abstraktionsfäh. b. Schulk.*,
        Cg. ps. Berlin 1912.
545.   CLAPARÈDE (E.), *Exp. scol.de descript. d'une image*,
        Bull. Soc. pd. génevoise 1912 37-42.
546.   DECROLY (O.) et DEGAND (Mlle J.), *Observ. relat. à
        l'évol. d. not. de quant. contin. et discontin. ch. l'e.*,
        C. R. Cg. int. Pd. 1912 Bruxelles Misch et Thron
        t. 2 411-49.
547.   DECROLY (O.) et DEGAND (Mlle J.), Ar. de Ps. 1912
        XII 81s.
547a.   DECROLY (O.) et DEGAND (Mlle J.), *Observ. relat.
        au dével. de la not. de temps ch. une pet.f.*, Ar. de
        Ps. 1913 XIII 113-61.
548.   DESCOEUDRES (Mlle A.), *Couleur -forme ou nombre*,
        Ar. de Ps. 1914 XIV 305-41.
548a.   DOCKERILL (W. H. A.), a. FANNINGS (A. J.), *A
        new test of reason.*, J. exp. Pd. 1914 II 356-61.
549.   ENG. (H.), *Abstr. Begriffe im Sprech. u. Denk. d.
        K.*, 1914 Leipzig Barth.
550.   GEYSER (J.), *Denk.*, b136 t. 1 744-50.
551.   GROOS (K.), *Exp. Beitr. z. Ps. d. Erkenn.*, Z. Ps.
        1902 XXIX 358-71.
552.   HÉMON (C.), *Débuts de la numér. ch. les j. e.*, Ed.
        m. 1912 VII 355-66 387-94.

553. Koch (A.), *Exp. Unters. üb. d. Abstraktionsfähigk. v. Volksschulk.*, Z. ang. Ps. 1913 VII 332-91.

554. Leclère (A.), *Descript. d'un objet*, An. ps. 1898 IV 379-89.

555. Matz (W.), *Unters. üb. d. kindl. Bildurt.*, Z. ang. Ps. 1912 VII.

556. Neugebauer (H.), *Ub. d. Entw. d. Frage in d. Frühen K.*, Z. ang. Ps.

557. Perez (B.), *Le dével. d. idées abstr. ch. l'e.*, R. ph. 1895 t. 2 449-67.

557a. Peterson (H. A.), *The generaliz. ability of ch.*, J. ed. Ps. 1914 V 561-70.

558. Queyrat (F.), *La logique ch. l'e.*, 1902 Paris Alcan.

559. Ribot (T.), *Evol. d. idées générales*, 1897 Paris Alcan pass.

560. Schröbler (E.), *D. Entw. d. Auffassungskateg. b. Schulk.*, 1914 Leipzig Engelmann.

561. Szyc (A.). *Les défin. des e.*, C. R. Cg. int. Pd. 1912 Bruxelles Misch et Thron t. 2 355-64.

562. Troschin, *La pensée de l'e.*, Cg. Pd. Petrograd 1910.

XII. Evolution du langage

Les numéros indiqués dans la section X (Inventaire psychologique) renferment des indications complémentaires.

Cf. b68 (tr. fr. 230s.), b69 (t. 1 318, t. 2 467), b100 (t. 1 552-71), b145 (273-87), b151, b234 (218-54), b279 (tr. fr. 322-438), b299 (68-79), b540, etc.

563. Ament (W.), *Begriff u. Begriffe d. Kinderspr.*, 1902 Berlin.

564. Ament (W.), *K. u. Ursprache*, Pd. ps. St. 1902 III n° 7.

565. Anfroy (L. et E.), *Rech. s. l'arrangem. d. mots dans la langue des e.*, Bu. S. ps. E. 1912 102-19.

566. APPEL (C.), *Le lang. de l'e.*, 1907 Varsovie (en polonais).

567. BALLARD (P. B.), *Sinistrality a. speech*, J. exp. Pd. 1912 t. 1 298-310.

567a. BOYD (W.), *The beginn. of the syntactical speech*, Ch. St. 1913 VI 21-4 47-51.

568. COMPAYRÉ (G.), *Notes de Ps.*, Ed. m. 1911 VI.

569. DEVILLE (G.), *Notes s. le dével. du lang.*, Rev. de linguist. et de philol. comparée 1890 XXIII 330, 1891 XXIV 128 242 300.

570. DEWEY (J.), *The Ps. of inf. lang.*, Ps. R. 1894 I 63s.

571. EGGER (E.), *De l'intell. et du lang. ch. l. e.*, 5e éd. 1887 Paris 63s.

572. GASSMANN (E.) u. SCHMIDT (E.), *D. sprachl. Auffassungsumf. d. Schulk.*, 1913 Leipzig Quelle et Meyer.

573. GASMANN (E.) u. SCHMIDT (E.), *D. Nachspr. v. Sätz. in s. Bez. z. Begab.*, 1913 Leipzig Quelle et Meyer.

574. GASSMANN (E.) u. SCHMIDT (E.), *D. Fehlerersch. b. Nachspr. v. Sätz. u. ihre Bez. z. sprachl. Entw. d. Schulk.*, 1913 Leipzig Quelle et Meyer.

575. GHEORGOV (J. A.), *Le dével. du lang. chez l'e.*, C. R. Cg. int. Pd. 1912 t. 2 201-18.

576. GHEORGOV (J. A.), *Le vocab. de l'e.*, 1912 Sofia (en bulgare).

577. GHEORGOV (J. A.), *D. erst. Anf. d. sprachl. Ausdr. f. d. Selbstbewust. b. K.*, 1906 Leipzig.

578. GHEORGOV (J. A.), *Ein Beitr. z. gramm. Entw. d. Kinderspr.*, 1908 Leipzig.

579. GIROUD (A.), *Le lang. de l'e.*, Bu. S. ps. E. 1911 n° 74.

580. GREENWOOD (J. M.), *Ch. voçabulary*, Ann. rep. 1. the publ. sch. of Kansas City Mo. 1900 124.

581. GUTZMANN (H.), *D. Sprachentw. d. K. u. ihre Hemmung.*, KFhl. 1902 VII.

582. GUTZMANN (H.), *Sprachheilkunde*, 1912 Berlin Fischer-Kronfeld.

583. HABRICH (L.), *Denk. u. Sprech.*, b136 t. 1 750-3.

584. HALE (H.), *The orig. of lang.*, *Proc. of the amer. Assoc. f. the adv. of. sc.* t. 35.

585. HALL (Mᴿˢ W. S.), *The first 500 days of a ch. life*, *Ch. St. monthly* Chicago Mars 1897.

586. HERLIN (A.), *Acquis. du lang. par l'e.*, 3ᵉ éd. 1909 Bruxelles Castaigne.

587. HOLDEN, *On the vocab. of ch. under 2 years of age*, *Trans. of the amer. philol. Assoc.* 1877.

588. HUMPHREY (M. W.), *A contr. t. inf. linguist.*, *Trans. of the amer. philol. Assoc.* 1880.

589. IDELBERG (H.), *Hauptprobl. d. kindl. Spr.*, 1903 Berlin Salter.

590. IDELBERG (H.), *D. Entw. d. kindl. Spr.*, 1904 Berlin Salter.

591. JONES (E.), *The diff. betw the sex. in the devel. of speech*, C. R. Cg. int. Ps. 1909 Genève Kündig 685-8.

592. KIRPATRICK (E. A.), *How ch. learn to talk*, Science Sept. 1891 Garrison New-York.

593. LA CALLE (A. DE), *La glossologie, ess. s. la science exp. du lang.*, Paris.

594. LORENT (H.), *L'imprécis. du lang. ch. les éc.*, R. Ps. 1910 III 177-87.

595. MAC DOUGALL (R.), *The ch. speech*, J. ed. Ps. 1912 II 423-39 507-13 571-6, 1913 IV 29-38 85-96.

596. MEUMANN (E.), *D. Enst. d. erst. Wortbedeut. b. K.*, Leipzig Engelmann.

597. MEUMANN (E.), *D. Spr. d. K.*, 1903 Zurich.

598. PELSMA (J. R.), *A childsvocab. a. its devel.*, Pd. Se. 1910 XVII.

599. POLLOCK (F.), *An inf. progr. in lang.*, Mind Juill. 1878.

600. SCHULTZE (F.), *D. Spr. d. K.*, Kosmos 1880 t. 7.

601. SIKORSKI (I. A.), *Dével. du lang. ch. les e.*, Arch. de Neurol. 1883 VI 319s.

602. STERN (Cl. u. W.), *Anl. z. Beob. d. Sprachentw. b. K.*, Z. ang. Ps. 1908.

603. STERN (Cl. u. W.), *D. Kinderspr.*, 1907 Leipzig Barth.

604. STERN (W.), *Hel. Keller*, 1905 Berlin Reuther et Reichard.

605. STUMPF (C.), *Eingenartige sprachl. Entw. e. K.*, Z. pd. Ps. 1902 III.

606. SULLY (J.), *The lang. of childh.*, Am. J. Ps. 1893 VI 107s.

607. TAINE (H.), *De l'acquis. du lang. ch. les e. et les peuples primit.*, R. ph. 1876 t. 1 6-23.

608. TOWN (C. H.), *Lang. devel. in idiots a. imbeciles*, Ps. Cl. 1913 VI 229-35.

609. TRACY (F.), *The lang. of childh.*, Am. J. Ps. 1893 VI 107s.

610. VARIGNY (H. DE), B268 tr. fr. App. A 465-508.

611. VILLIGER (E.), *Sprachentw. u. Sprachstör. b. K. unter Berücksicht. hirnanatom. Grundlag.*, 1911 Leipzig Engelmann.

612. WHIPPLE (G. M.), *The vocab. of a 3-year-old boy*, Pd. Se. 1909 XIV 218-54,

613. WRESCHNER (A.), *D. Spr. d. K.*, 1912 Zurich Füssli.

614. WUNDT (W.), *Völkerps.*, 1904 Leipzig Engelmann t. 1 217-307 310-6.

XIII. ÉVOLUTION DU SENS ESTHÉTIQUE ET DU DESSIN

Cf. b71 (t. 2 ch. XX 493-554), b100 (t. 1 590-9), b140 (118-24), b145 (78-91 125-55), b258 (ch. V), b272-3, b279 (L. VIII IX tr. fr. 414-548), b294 (172-7), b540 (156-61), etc.

615. AUDEMARS (M.) et LAFENDEL (L.), *Dess. d'e.*, Neufchâtel Delachaux et Niestlé.

616. BAILEY (H. T.), *Instr. in the fine a. man. arts in the U. S., Ann. rep. of the Board of Ed.* 1908 n° 406.

617. BAILEY (H. T.), *Report on industr. draw., Ann. rep. of the Board of Ed.* 1895 Boston.

618. BALL (K. M.), *The dev. of the coloursense, Kinderg. Rev.* Springfield Mass. Févr. 1912 371-5.

619. BALLARD (P. B.), *What Lond. ch. like to draw,* J. exp. Pd. 1912 I 183-97.

620. BARNES (E.), *A st. on ch. draw.,* Pd. Se. 1893 II 451-63.

621. BARNES (E.), *The art of little ch.,* Pd. Se. 1895 III.

622. BARNES (E.), *Ch. pictures a. stories, St. in Ed.* t. 1 (plus. art.).

623. BARNES (E.), *St. on ch. draw., St. in Ed.* t. 2.

624. BARNES (E.), *Ch. St. in rel. to element. art Ed., Art Ed. in the publ. sc. of the U. S.* 1908 New-York.

625. BECHTEREW (W.), *Ps. object., Evol. du dess. ch. l'e.,* J. Ps. 1911 XIII 385-405.

626. BECHTEREW (W.), *La Ps. objective,* tr. fr. 1913 Paris Alcan 436-40.

627. BELOT (A.), *Dess. d'e.,* Bu. S. ps. E. 1901 50s.

628. BENCINI, *I disegni d. fanc.,* Riv. pd. 1908 I 665s.

629. BERTIER (G.) et STOREZ (M.), *L'ens. du dess.,* Ed. 1909 I 72-86.

630. BESNARD, *Dess. des e.,* Bu. S. ps. E. 1902 162-9.

631. BINET (A.), *La Ps. artist. de Tade Styka,* An. Ps. 1909 XV 316-56.

632. BOWDICH, *Notes on the ch. draw.,* Pd. Se. 1891 I.

633. BRAUNSCHWIG (M.), *L'art et l'e.,* 1911 Paris Didier.

634. BROWN (E.), *Notes on the ch. draw.,* Berkeley Univ. 1897.

635. BRUN (C.), *L'art et l'e.,* R. pd. Oct. 1912.

636. BULLOUGH (E.), *The percept. probl. in the ästhet. apprec. of simple col.-combinat.,* Br. J. Ps. 1910 III 406-47.

637. Burk (F.), *The genet. vers. logic. order in draw.*, Pd. Se. 1902 IX 296-324.

638. Calkins (M. W.), *An attempt. exp. in psyc. ästhet.*, Ps. R. 1900.

639. Chanier, *Dess. libre, personnages,* Bu. S. ps. E. 1903 305-9.

640. Charlier (E.), *La poésie à l'éc. élémentaire,* Ed. m. 1912 VII 209-16.

641. Cirese (E.), *I disegni d. fanc.,* Riv. Ps. Mai-Juin 1909 II.

642. Claparède (E.), *Plan d'exp. collect. s. le dess. des e.,* Ar. de Ps. 1907 VI 276.

643. Clark (A.), *The ch. attit. tow. perspect. probl.,* St. in ed. t. 1 283-94.

644. Clark (J. S.), *Some obs. on ch. draw., Educational R.* 1897.

645. Clay (F.), *Orig. of the sense of beauty,* 1908 Londres Smith.

646. Cooke (E.), *Art teac. a. ch. nature,* J. of Ed. Londres 1885-6.

647. Cousinet (R.), *L'éd. esthét. à l'éc. prim.,* Ed. m. 1912 VII 433-43, 1913 VIII 49-61 163-74 241-8.

648. Daur (A.), *D. ästhet. Sinnlichk.,* 1913 Leipzig Quelle et Meyer.

649. Davies (H.), *Art in Ed. a. life,* 1914 Columbus Ohio Adams et C°.

650. Decroly (O.), *La Ps. du dess., dével. de l'aptit. graph.,* J. de Neurologie, 1912 Nov. Déc.

651. Dehning (G.), *Bilderunterr., Vers. mit. K. u. Erwachs. üb. d. Erz. d. ästhet. Urt.,* 1912 Leipzig Quelle et Meyer.

652. Dessoir (M.), *Asthet. u. allgem. Kunstwissensch.,* 1906 Stuttgard Enke 276-82.

653. Döring (M.), *Ein Vers. z. Erforsch. element. ästhet. Gefühle b. 6 bis 9 jährig. K.,* Z. exp. Pd. 1906 III 65-73.

654. Dück (J.), *Ub. d. zeichner. u. künstler. Inter. d. Schül.*, Z. pd. Ps. 1912 XIII 172-7.

655. Ehrlich (T.), *V. Erwach. d. ästhet. Empfind.*, Der Säemann Leipzig 1912 509-13.

656. Fechner (T.), *Z. exp. Asthet.*

657. Fechner (T.), *Vorsch. d. Asthet.*, 1876 Leipzig.

658. Feld (O.), *D. Kind als Künstler*, Z. pd. Ps. 1901.

659. Ferrari (P.), *Alcune note di Ps. infant. arab. in relaz. al dis. d. fanc.*, Psiche 1914 III 53-71.

660. Ferretti (G.), *Il des. d. fanc. e il probl. del parall. ontofilogen. e d. rapporti fra spontan. e recettiv. nello svil. individ.*, Riv. Ps. 1913.

661. Findlay (M. E.), *Des. in the art train. of young ch.*, Child Life 1906-7 Londres.

662. Freud (S.), *Kindheitserinner. d. Leon. d. Vinci*, 1910 Vienne.

663. Fuster, *Et. biogr. s. les dess. des e.*, Bu. S. ps. E. Juill. 1901.

664. Fuster, *Observ. s. un petit dessinat.*, Bu. S. ps. E. Juillet 1901.

665. Garmo (C. de), *Asthet. Ed.*, 1913 Syracuse U. S. Bardeen.

666. Grosser (H.), *D. freie Zeichn. d. K. in s. pd. Bedeut.*, Frauenbildung 1906 548-95.

667. Grosser (H.) u. Stern (W.), *Zeichn. u. Form.*, 1913 Leipzig Barth.

668. Grünewald (H.), *D. kindl. Betracht. d. Bild.*, Pd. ps. St. 1900 I 25.

669. Grünewald (H.), *Asthet. Elementargef.*, KFhl. 1903 VIII 233s.

670. Hart (W. R.), *Ch. Choice of pict.*, Northwest J. of Ed. Juill. 1896.

671. Hasserodt (O.), *Bilderunterr., e. exp. Unters. üb. d. Einf. in d. künstl. Bildverst. d. Besprech. u. nachschaff. Zeichn.*, Z. pd. Ps. 1913 XIV 210-22 276-90.

672. HASSRODT (O.), *Z. d. exp. Unters. üb. Bildverst.*, Z. pd. Ps. 1914 XV 184-95.

673. HERRICK (M. A.), *Ch. drawings*, Pd. Se. Oct. 1895.

674. HÖSCH-ERNST (L.), *Unters. üb. d. ästhet. Urt. an. Sch. e. englisch. Zwangserziehungsanst.*, Ar. gs. Ps. 1911.

675. HÖSCH-ERNST (L.), *Unters. üb. d. ästhet. Gef. d. Schulk.*, C. R. Cg. int. Pd. 1912 Bruxelles Misch et Thron t. 2 368-70.

676. IOTEYKO (Mᵐᵉ Dʳ J.), *Aptit. et enseign.*, R. ps. 1910 III sp. 401-3.

677. IVANOFF (E.), *Rech. exp. s. le dess. d. éc. d. la Suisse romande*, Ar. de Ps. 1909 VIII 97-156.

678. JONCKEERE (T.), *L'ét. comparée d. dess. d'e. L'enq. du prof. Lamprecht, Ecole nation.* Déc. 1906 Bruxelles.

679. JONCKEERE (T.), *Note complém.*, ibid. Févr. 1907.

680. JUST (K.), *D. ästhet. u. Naturgef. im Kindesalt., Prax. d. Erziehungssch.*, 1897 XI 125s., 1898 XII 74s.

681. KARRENBERG (C.), *D. Mensch als Zeichenobj.*, Pd. Mongr.

682. KATZ (D.), *E. Beitr. z. Kenntn. d. Kinderzeichn.*, Z. Ps. 1906 241-56.

683. KATZAROFF (M. D.), *Q. c. q. les e. dessinent?* Ar. de Ps. 1910 IX 125-54.

684. KERSCHENSTEINER (G.), *D. Entw. d. zeichn. Begab.*, 1905 Munich Gerber.

685. KIK (C.), *D. übernorm. Zeichenbegab. b. K.*, Z. ang. Ps. 1908 II 92s.

686. KÖNIG (A.), *D. Entw. d. musikal. Sinn. b. K.*, KFhl. 1903 VIII 49-61 97-110.

687. KRETZSCHMAR (J.), *Samml. freier Kinderzeichn.*, Z. ang. Ps. 1910 III 459-63.

688. KRETZSCHMAR (J.), *Kinderkunst u. Urzeitk.*, Z. pd. Ps. 1910 XI 354s.

689. KRETZSCHMAR (J.), *D. freie Kinderzeichn. in d. wissensch. Forsch.*, Z. pd. Ps. 1912 XIII 380-94.

690. LAMPRECHT (K.), *Les dess. d'éc. comme source histor.*, Acad. Roy. de Belgique 1906 457-69.

691. LARGUIER DES BANCELS (J.), *Les méth. de l'esthét. exp., formes et coul.*, An. ps. 1900 VI 144-90.

692. LAY (W.), *D. plastiche Kunst. d. K.*, Exp. Pd. 1906 III 31-54.

693. LEVINSTEIN (S.), *Kinderzeichn. bis z. 14 Lebensjahre*, 1905 Leipzig Voigtländer.

694. LOBSIEN (M.), *K. u. Kunst*, 1905 Langensalza Beyer.

695. LOBSIEN (M.), *Kinderzeichn. u. Kunstkanon*, Z. pd. Ps. 1906 VII 393-404.

696. LORETA (U.), *Contr. allo st. dello svolg. del senso estet. nel fanc.*, Riv. Ps. 1905 I 246-50.

697. LUKENS (H.), *A st. of ch. draw. in the early years*, Pd. Se. 1896 IV 79-111.

698. LUKENS (H.), *D. Entwicklungsstufe b. Zeichn.*, KFhl. 1897 II 166s.

699. LUQUET (G. H.), *Le prem. âge du dess. enfant.*, Ar. de Ps. 1912 XII 14-20.

700. LUQUET (G. H.), *Les dess. d'un e.*, 1913 Paris Alcan.

701. MAITLAND (L.), *What ch. draw to please themselves*, Inland Educator Sept. 1905.

702. MERCIER, *L'enseign. du dess.*, Ens. chr. Oct. 1903 XII.

703. MEUMANN (E.), *Asthet. Vers. mit Schulk.*, Exp. Pd. 1906 III 74-88.

704. MEUMANN (E.), *E. Progr. z. ps. Unter. d. Zeichn.*, Z. pd. Ps. 1912 XIII 353-80.

705. MEYER (B.), *K. u. Kunst*, Z. KFrsch. Févr. 1910.

706. MONRAD (J.), *Ub. d. ps. Urspr. d. Poes. u. Kunst*, Arch. f. system. Phil. VIII Heft 3.

707. MULLER (F.), *Asthet. u. ausserästhet. Urteil. d. K. b. d. Betracht. v. Bild.*, 1912 Leipzig Quelle et Meyer.

708. MUTH (G. F.), *Ub. Ornament. -vers. mit K. im Alter v. 6-10 Jahren*, Z. ang. Ps. 1912 VI 21-50, 1913 VII 233-71.

709. NAGY (L.), *Sur la Ps. d. dess. d'e.*, 1905 Budapest Singer (en hongrois).

710. PAPPENHEIM (K.), *Bemerkung. üb. Kinderzeichn.*, Z. pd. Ps. 1899 t. 1 57-73.

711. PARTRIDGE (S. S.), *Ch. drawing*, Paid. 1904 VI 130-68.

712. PASSY (J.), *Notes s. les dess. d'e.*, R. ph. 1891 t. 2 614-21.

713. PEREZ (B.), *L'éd. intellect. dès le berceau*, 1901 Paris Alcan 209s.

714. PEREZ (B.), *L'art et la poés. ch. l'e.*, 1888 Paris Alcan.

715. PETER (F.), *D. Prinz. d. künstl. Erfahr. im Unterr.*, Phar. 1912 III 551-5.

716. PETER (R.), *Beitr. z. Anal. d. zeichn. Begab.*, Z. pd. Ps. 1914 XV 96s.

717. POELEMANS (A.), *L'imagin. dans le dess., Ec., nationale* Janv. 1907 202s.

718. PRATT (C. M.), *Illustr. f. ch. stories*, Paid. IV.

719. PROBST (M.), *Le dess. d. e. kabyles*, Ar. de Ps. 1906 VI 131-40.

719a. QUÉNIOUX (G.), *L'ens. du dessin au point de vue éd., Conf. de la Sem. pd.* 1914, Lyon Rey.

720. RIBOT (T.), *Ps. d. sentim.*, 1896 Paris Alcan 2' p. ch. X.

721. RICCI (C.), *L'arte d. bamb.*, 1887 Bologne.

722. RICHTER (J.), *D. Entw. d. kunsterzieher. Gedank.*, 1909 Leipzig Quelle et Meyer.

723. ROSEN (F.), *Darstell. Kunst im Kindesalt. d. Völk.*, Z. ang. Ps. 1907 I 93-118.

724. ROUMA (G.), *Le dess. spontané de l'e. au point de vue pd.*, *Ec. nationale* Juin 1906 Bruxelles.

725. ROUMA (G.), *Le lang. graphique de l'e.*, 1913 Bruxelles Misch et Thron.

726. RUTTMANN (W. J.), *D. Ergebn. d.bisher. Unters.z. Ps. d. Zeichn.*, 1911 Leipzig Wunderlich.

727. SANCTIS (S. DE), *La ric. ps. nelle grafica infant., i. dis. d. bamb.*, *Riv. d'Italia* 1901 Rome.

728. SARGENT (W.), *Probl. in the exp. Pd. of drawing*, J. ed. Ps. 1912 III 364-76.

729. SCHMIDT (F.), *Ub. spontan. ästhet. Empfängl. d. Schulk.*, Z. exp. Pd. 1908 VII 119-31.

730. SCHREUDER (A. J.), *Ub. Kinderzeichn.*, KFhl. 1902 VII 216s.

731. SCHUBERT (C.), *Einige Aufgab. d. Kinderforsch. auf d. Gebiete d. künstler. Erz.*, 1905 Langensalza Beyer.

732. SCHULZE (R.), *D. Mimik d.K. b. künstler. Geniessen*, 1906 Leipzig Voigtländer.

733. SCHUYTEN (M. C.), *Note pd. s. le dess. des e.*, Ar. de Ps. 1907 VI 388-91.

734. SCHUYTEN (M. C.), *Het oorspronk. teekenen als bijdrage tot kinderan.*, Pd. Jaarb. 1901 112s.

735. SCHUYTEN (M. C.), *De oorspronk. « Ventjes » d. Antwerp. schoolk.*, Pd. Jaarb. 1904 V 1-87.

736. STERN (C. u. W.), *D. zeichn. Entw. e. Kn. v. 4 bis 7 Jahr.*, Z. ang. Ps. 1909 III 1-31.

737. STERN (W.), *D. Breslau. Samml. freier Kinderzeichn.*, Z. ang. Ps. 1908 I 179 472, 1909 II Heft 1-2.

738. TADD (J. L.),*Element. art teaching*, 1890 Londres Chapman.

739. THOMAS (P. F.), *L'éd. d. sentim.*, 1902 Paris Alcan 251-63.

740. TOMBU (L.), *Aptit. pour le dess.*, R. ps. 1911 IV 211-3.

741. TRUFFOT, *Observ. s. un petit dessinat.*, Bu. S. ps.
E. Oct. 1901.

741a. VALENTINE (G. W.), *The äst. appreciat. of music. intervals among sc. ch. a. adults*, Br. J. Ps.
1913 VI 190-216.

742. VAN DER WAL (J.), *Naïveteit en teekenonderw.*,
School en lev. 1900 Groningue 561 579 593.

743. VAN DER WAL (J.), *De perspect. en het naief-teekenen*, *School en lev.* 1901 Groningue 385 401 417.

744. VANBY (V.), *Observ. s. l'orient. d. personn. et d.
anim. du dess. libre d. e.*, Bu. S. ps. E. Oct.
1901.

745. VAN RYNBERGH, *Quelq. ess. d'anal. ps. de l'éc. basée
s. les dess.*, C. R. Cg. int. Ps. Rome 1905.

746. VERWORN (M.), *Z. Ps. d. primit. Kunst*, 1908 Iéna
Fischer.

747. VINALL (J. W. T.), *Sc. draw. in its ps. aspects, an
anal.*, 1912 Londres.

748. WUNDT (W.), *Völkerps.*, 1905 Leipzig Engelmann t. 2 79s.

XIV. ÉVOLUTION DE L'INTELLIGENCE GÉNÉRALE

La bibliogr. de cette sect. est divisée en deux parties :
1° Tests BINET-SIMON (T. B-S); 2° Expériences diverses.

1° TESTS BINET-SIMON (T. B-S).

Cf. b13 (11-139), b100 (t. 2, 2e éd, 1913 94-300), b148
(100-2 203-12 230), etc.

749. ADLER (M.), *Ment. T. used as a bas. f. the classif. of
sc. ch.*, J. ed. Ps. 1914 V 22-8.

750. AYRES (L. P.), *The B-S measuring scale f. int. some
critic. a. suggest.*, Ps. Cl. 1911 V 187-96.

751. BELL (C. F.), *Another exp. with the B. T.*, Tr.
Sch. 1913 X 77-8.

752. BELL (J. C.), *Recent litterat. on the B. T.*, J. ed. Ps. 1912 III 101-9.

753. BELL (J. C.), BERRY, etc., *Informal conf. on the B-S scale*, J. ed. Ps. 1914 V 95-100.

754. BERRY (C. S.), *A compar. of the B-S T. of 1908 a. 1911*, J. ed. Ps. 1912 III 444-51.

755. BERRY (C. S.), *Some limitat. of the B-S T*, 4ᵉ Cg. Hyg. scol. 1913 Buffalo.

756. BINET (A.), *Addit. au rapp. de M. Parison*, Bu. S. ps. E. 1904 n° 17.

757. BINET (A.), *A propos de la mes. de l'intell.*, An. ps. 1905 XI 69-82.

758. BINET (A.), *Niveau intellect. d. anorm.*, An. ps. 1905 XI 190-244.

759. BINET (A.) et SIMON (Dʳ T.), *Les e. norm. et anorm.*, An. ps. 1905 XI 245-336.

760. BINET (A.) et SIMON (Dʳ T.), *Le dével. de l'intell. ch. les e.*, An. ps. 1908 XIV 1-94.

761. BINET (A.) et SIMON (DʳT.), *L'intell. d. imbéciles*, An. ps. 1909 XV 1-48.

762. BINET (A.) et SIMON (Dʳ T.), *Mesure du niveau intellect.*, An. ps. 1911 XVII 145-201.

763. BINET (A.) et SIMON (Dʳ T.), *Mesure du dével. de l'intell. ch. les j. e.*, Bu. S. ps. E. 1911 187-248.

764. BINET (A.) et SIMON et VANEY (V.), *Rech. de Pd. Scientif.*, An. ps. 1906 XII 233-74.

765. BLOCH (E.) u. LIPPA (H.), *D. Intelligenzprüfungsmet. v. B-S (1908) an schwachsinn. K.*, Z. ang. Ps. 1913 VII 397-409.

766. BLOCH (E.) u. PREISS (A.), *Ub. Intell.-pr. an norm. Volksschulk. nach Bobertag*, Z. ang. Ps. 1912 VI 539-47.

767. BOBERTAG (O.), *Binet's Arb. üb. d. intellekt. Entw. d. Schulk.*, Z. ang. Ps. 1909 III 230-59.

768. BOBERTAG (O.), *Ub. Intell.-pr. nach d. Meth. v. B-S*, Z. ang. Ps. 1911 V 105-203.

769. BOBERTAG (O.), *Quelq. réflex. méthodol. à propos de l'éch. métr. de l'intell. de B-S*, An. ps. 1912 XVIII 271-87.

770. BOBINE (G. M.). *Regard. spec. class. f. subnorm. ch.*, *J. Psycho-Asth.* 1912 XVII 20-8.

771. BRIGHAM (C. C.), *An exp. crit. of the B-S scale*, J. ed. Ps. 1914 V 439-48.

772. BUSH (A. D.), *B-S T. of a 39 months old ch.*, Ps. Cl. 1914 VII 250-7.

773. CALL (A. D.), *Dawson's induct. st. of sc. ch.*, Ps. Cl. 1912 VI 61-8.

774. CHASE (II. W.), *Work with the backw. a. subnorm. in the ch. Instit.*, Pd. Se. 1910 XVII 189-203.

775. CHOTZEN (F.), *D. Bedeut. d. Intell.-pr. Meth. v. B-S f. d. Hilfssch.*, Hsch. 1912 V 153-62.

776. CHOTZEN (F.), *D. Intell.-pr. Meth. v. B-S b. schwachsinn. K.*, Z. aug. Ps. 1912 VI 411-9.

777. CORNELL (W. S.), *Data on the infl. of race, col., nativ. a. truancy on the B. T.*, 22e Cg. Associat. ps. améric., 1913 Yale Univ.

778. CRUCHET (R.), *Les T. B. d. le tout jeune âge*, J. de médec. Bordeaux 1912 XLII 17-32.

779. DECROLY (O.), *Les cl. homog. et l'exam. ment. par la méth. T. B-S.*, R. Pdtchn. 1913 I no 1.

780. DECROLY (O.) et BOULENGER, *Les T. ment. ch. l'e.*, Cg. Neurol. Bruxelles 1907.

781. DECROLY (O.) et DEGAND (Mlle J.), *Les T. B-S pour la mes. de l'intell.*, Ar. de Ps. 1906 VI 27-130.

782. DEGAND (MlleJ.), *La mes. de l'intell. ch. d. e. norm. d'apr. les T. B-S*, Ar. de Ps. 1910 XI 81-108.

783. DESCOEUDRES (A.), *Les T. B-S et leur val. scol.*, Ar. de Ps. 1911 XI 331-50.

784. DESCOEUDRES (A.), *Explorat. de quelq. T. d'intell. ch. les e. anorm. et arriérés*, Ar. de Ps. 1911 XI 351-75.

785. DOLL (E. A.), *Ment. T. at the ment. hyg. Confer.*, Tr. Sch. 1913 IX 138-9 (J. ed. Ps. 1913 IV 44-5).

786. DOLL (E. A.), *Inexper. B. examiners a. their limitat.*, J. ed. Ps. 1913 IV 607-9.

787. DOUGHERTY (M.L.), *Report on the B-S T. given to 483 ch. in the publ. sc. of Kansas City*, J. ed. Ps. 1913 IV 338-52.

788. DUMVILLE (B.), *A trial of the B. T. on 5 years olds*, J. exp. Pd. 1912 II 113-8.

789. FERNALD (G. M.), *The use of B-S scale with delinq. ch.*, 4ᵉ Cg. Hyg. scol. 1913 Buffalo.

790. FERRARI (G. C.), *Come si misura lo svil. dell'intell. n. bamb. norm.*, Riv. Ps. 1908 IV 465-71.

791. FRAZER (K.), *The use of the B-S T. in determ. the suitabil. of a ch. f. admiss. to a spec. sc.*, Sch. Hygiene 1913 IV 77-88.

792. GIROUD (A.), *La méth. de B.*, Bu. S. ps. E. 1912 14-5.

793. GODDARD (H. H.), *The grad. of backward ch., the de Sanctis T. a. the B-S T. of intellect. capacity*, Tr. Sch. Nov. Déc. 1908, V 3-9.

794. GODDARD (H. H.), *B. measur. scale f. intell.*, Tr. Sch. 1910 VI 146-55.

795. GODDARD (H. H.), *400 feeble-mind. ch. classif. by the B. meth.*, Pd. Se. 1910 XVII 387-97 (J. Psycho-Asthen. 1910 XV).

796. GODDARD (H. H.), *2000 ch. measur. b. the B. measur. scale of intell.*, Pd. Se. 1911 XVIII 232-59 (Tr. Sch. 1911 VII).

797. GODDARD (H. H.), *A revis. of the B. scale*, Tr. Sc. Juin 1911 VIII 56-62.

798. GODDARD (H. H.), *Ech. métr. de l'intell. de B-S, résultats obtenus en Amérique à Vineland N. J.*, An. ps. 1912 XVIII 288-326.

799. GODDARD (H. H.), *The form-board as a meas. of intell. devel. in ch.*, Tr. Sch. 1912 IX.

800. GODDARD (II. H.), *Modified B-S T.*, Tr. Sch. 1912 IX.

801. GODDARD (II. II.), *The B. T. a. the inexperienc. teacher*, Tr. Sc. Mars 1913 X 9-11.

802. GODDARD (II. II.), *Standard Meth. f. giv. the B. T.*, Tr. Sch. 1913 X 23-30.

803. GODDARD (II. II.), *The reliabil. of the B-S measur. scale of intell.*, 4' Cg. Hyg. scol. 1913 Buffalo.

804. GODDARD (II. II.) a. HILL (H. F.), *Feeble-mindedn. a. criminal.*, Tr. Sch. 1911 VIII 3-6.

805. HILL (H. F.), *Delinq. girls test. b. the B. scale*, Tr. Sch. 1911 VIII 50-6.

806. HABRICH (L.), *Begabung*, b136 t. 1 368-70.

807. HUBY (E. B.), *The B. scale f. measur. intell. a. retardat.*, J. ed. Ps. 1910 I 436-44.

808. HUBY (E. B.), *Retardat. a. the ment. examin. of retard. ch.*, J. Psycho-Asthen. 1910 XV 31-43.

809. HUBY (E. B.), *The pres. status of the B. scale of T. f. the measur. of intell.*, Ps. Bu. 1912 IX 160-8.

810. HUBY (E. B.), *Backward a. feeble-mind. ch.*, Ed. Ps. Monogr. 1912 Baltimore Warwick et York 189-202.

811. IRWIN (E. A.), *A st. of the feeble-mind. in a West side Sc. in N. Y. City*, Tr. Sch. 1913 X 65-76.

812. JENNINGS (H. M.) a. HALLOCK (A. L.), *B-S T. at the George Junior Republ.*, J. ed. Ps. 1913 IV 471-5.

813. JERONUTTI (A.), *Applic. della scala metr. della intell. d. B-S e dei reattivi di S. de Sanctis*, Riv. pd. 1909 III 263-81 (C. R. Cg. int. Ps. 1909 Genève Kündig 775-8).

814. JERONUTTI (A.), *Ric. ps. sperim. sugli alunni molto intellig.*, Ct. ps. R. I 1910-1 nº 17.

815. JOHNSTON (K. L.), *An engl. version of B. T. f. the measur. of intell.*, Train. Coll. Record Nov. 1910 Londres.

816. JOHNSTON (K. L.), *B. Meth. f. the measur. of intell., some results*, J. exp. Pd. 1911 XI 24-31.

817. JOHNSTON (K. L.), *The measur. of intell., B-S T.*, J. exp. Pd. 1911 I 148-51.

818. KIRKPATRICK (E. A.), *The B. T. a. ment. ability*, J. ed. Ps. 1912 III 337.

819. KOHS (S. C.), *The B-S measur. scale f. intell. : an annot. bibliogr.*, J. ed. Ps. 1914 V 215-24 279-90 335-46.

820. KOHS (S. C.), *The B. T. a. the train. of teachers*, Tr. Sch. 1914 X 113-7.

821. KUHLMANN (F.), *R-S syst. f. measur. the intell. of ch.*, J. Psycho-Asthen. 1911 XV 79-92.

822. KUHLMANN (F.), *Dr Ayres crit. of the B-S syst. of measur. the intell. of ch.*, J. Psycho-Asthen. 1911 XVI 56-67.

823. KUHLMANN (F.), *The pres. status of the B-S T. of the intell. of ch.*, J. Psycho-Asthen. 1912 XVI 113-39.

824. KUHLMANN (F.), *The results of grad. 300 fveble-mind. ch. with the B-S T.*, J. ed. Ps. 1913 IV 261-8.

825. KUHLMANN (F.), *Degr. of ment. deficiency in ch. as express. b. relat. of age to ment. age*, 4ᵉ Cg. Hyg. scol. 1913 Buffalo.

826. KÜLPE (O.), *Ps. u. Mediz.*, Z. f. Pathops. 1912 I 187-267.

827. LAWRENCE (I.), *A st. of the B. definit. T.*, Ps. Cl. 1911 V 207-17.

828. MAC DONALD (J. B.), *The B. T. in a hospital f. the insane*, Tr. Sc. 1910 VII 250-1.

829. MORLÉ (M.), *Infl. du mil. social s. le degré de l'intell. d. e.*, Bu. S. ps. E. 1911 XII 8-15.

830. MORROW (L.) a. BRIDGMAN (O.), *Delinq. girls test. b. the B. scale*, Tr. Sch. 1912 IX 33-6.

831. OTIS (M.), *The B. T. applied to delinq. girls*, Ps. Cl. 1913 VII 127s.

832. POSTOWSCKJ (D'), Cg. Ps. pd. Petrograd 1910 58s. (en russe).

832a. ROGERS (A. L.) a. MACINFIRE (J. L.), *The meas. of intell. in ch. by the B-S scale*, Br. J. Ps. 1914 VII 265-99.

833. ROUSSEL (S.) et BINET (A.), Bu. S. ps. E. 1910 89-92 (Correspond.).

834. SAFFIOTTI (U.), *Résumé des résult. d'un contr. de l'éch. métr. de l'intell. de B-S suiv. la méth. de Trèves et Saffiotti*, C. R. Cg. int. Pd. 1912 Bruxelles Misch et Thron t. 1 294-8.

835. SAFFIOTTI (U.), *L'éch. métr. de B-S modif. selon la méth. Trèves-Saffiotti*, An. ps. 1912 XVIII 327-40.

836. SCHMITT (C.), *The B-S T. of ment. ability, discuss. a. crit.*, Pd. Se. 1912 XIX 186-200.

837. SCHREUDER (P. H.), *Iets over verstandsmet.*, Pd. Tijdschr. 1911 III.

838. SCHUBERT (A.), *Ess. d'applic. du syst. de B. avec d. e. russes*, Cg. Ps. pd. Petrograd 1910 (en russe).

839. SEASHORE (C. E.), J. ed. Ps. 1912 III 50 (courte remarque).

840. SHRUBSALL (F. C.), *The examin. of ment. defect. ch.*, Sch. Hyg. 1911 II 564s. et 609s. Londres.

841. STERN (W.), *D. ps. Meth. d. Intell.-pr. u. deren Anwend. an Schulk.*, 1912 Leipzig Barth sp. 19-74.

842. STRONG (A. C.), *350 white a. colored ch. measur. b. the B-S measur. scale of intell.*, 4° Cg. Hyg. scol. 1913 Buffalo.

843. SULLIVAN (W. C.), *La mes. du dével. intellect. ch. l. jeunes délinquantes*, An. ps. 1912 XVIII 341-61.

844. TERMAN (L. M.), *The B-S scale f. measur intell., impressions gain. b. its applic. on 400 no select. ch.*, Ps. Cl. 1911 V 199-206 239-44.

845. TERMAN (L. M.), *Suggest. f. revis., extend. a. supplement. the B. intell. T.*, 4° Cg. Hyg. scol. 1913 Buffalo.

846. TERMAN (L. M.) a. CHILDS (II. G.), *A tentat. revis. a. extens. of the B-S measur. scale of intell.*, J. ed. Ps. 1913 III 61-74 133-43 198-208 277-89.

847. TOWN (C. H.), *The B. scale a. the psychologist*, Ps. Cl. 1912 V 239-44.

848. TRÈVES (Z.) et SAFFIOTTI (U.), *La scala metr. dell'intell. nella popolaz. scolast. elem.*, 1910-1 Milan Civelli.

849. TRÈVES (Z.) e SAFFIOTTI (U.), *Prove ment. per la graduaz. del l'int. nella popolaz. scolast. elem.*, 1913 Milan Paravia.

850. VANEY (V.), *Un surnomal*, Bu. S. ps. E. 1910 160-5.

851. WALLIN (J. E. W.), *A practic. guide f. the administr. of the B-S scale f. measur. intell.*, Ps. Cl. 1911 V 217-38.

852. WALLIN (J. E. W.), *Human efficiency*, Pd. Se. 1911 XVIII 74-84.

853. WALLIN (J. E. W.), *Danger sign. in clinic. a. applied Ps.*, J. ed. Ps. 1912 III 224-6.

854. WALLIN (J. E. W.), *Exp. st. on ment. defect., a crit. of B-S T.*, 1912 Baltimore Warwick et York.

855. WALLIN (J. E. W.), *Re-averments respect. psychoclin. norms a. scales of devel.*, Ps. Cl. 1913 VII 89-96.

856. WEINTROB (J. a. R.), *The infl. of environm. on ment. ability shown b. B-S T.*, J. ed. Ps. 1912 III 577-83.

857. WHIPPLE (G. M.), *The amateur a. the B-S T.*, J. ed. Ps. 1912 III 118-9.

858. WHIPPLE (G. M.,) *Amateurism in B. testing once more*, J. ed. Ps. 1913 IV 301-2.

859. Widen (L. E.), *A compar. of the B.-S meth. a. two discrim. meth. f. meas. ment. age*, 1911 Grad. Coll. Iowa City.

860. Winch (W. H.), *B. ment. T. : what they are a. what we can do with them*, Ch. St. 1913 VI.

2° Expériences diverses

Les numéros indiqués dans les sections XIV (Intelligence générale 1° T. B.-S), XXV (Anormaux scolaires), renferment des indications complémentaires.

Cf. b100 (t. 2 en entier éd. 1913), b165 (t. 2) etc.

861. Anfroy (L. et E.), *Nouv. rech. relat. à la mes. du degré d'instruct.*, Bu. S. ps. E. 1914 59-81.

862. Betz (W.), *Ub. Korrelation*, 1911 Leipzig Barth.

863. Binet (A.), *Comm. l. institut. jugent-ils l'int. d'un écol.?* Bu. S. ps. E. 1910 172s.

864. Binet (A.) et Vaney (V.), *La mes. du degré d'instr. d'apr. d. rech. nouv.*, Bu. S. ps. E. Déc. 1910.

865. Burt (C.), *Exp. T. of gener. intell.*, Br. J. Ps. 1906 III 296s.

866. Calfee (M.), *College freshmen a. general intell.*, J. ed. Ps. 1913 IV 223-31.

867. Carpenter (D. E.), *Mental age T.*, J. ed. Ps. 1913 IV 538-44.

868. Cords (R.), *D. Farbenennen. als Intell.-pr. b. K.*, Z. pd. Ps. 1910 XI 130-4.

869. Crichton-Browne (J.), *Measur. in ch. st.*, Ch. St. 1912-3 V-VI.

870. Davenport (C. B.), *Heredity in rel. to Eugenics*, 1911 New-York Holt et C°.

871. Giese (F.), *D. Dreiwortmeth. b. Intell.-pr.*, Z. pd. Ps. 1913 XIV 524-34.

872. Giroud (A.), *Et. d'un procédé nouveau p. la mes. du niv. intellect.*, Bu. S. ps. E. 1911 156-9.

873. Hart (B.) a. Spearman (C.), Gener. ability, its exist. a. nature, J. Ph. Ps. 1912 V 51-79.

874. Heymans (G.) a. Brugmans (H. J. T.), Intell.-pr. mit Studierend., Z. ang. Ps. 1913 VII 317-31.

875. Jaspers (K.), D. Meth. d. Int-pr. u. d. Begriff d. Demenz, Z. f. Neurol. u. Ps. 1910 401-52.

876. Johnson (R. H.) a. Mac Intire Gregg (J.), 3 new psychom. T., Pd. Se. 1912 XIX 201-3.

877. Jones (H. G.), On the value of the teach. opin. of the gener. intell. of sc. ch., Biometrika 1910 VII 542-8.

878. Kirkpatrick (E. A.), Individ. T. of sc. ch., Ps. R. 1900 274s.

879. Köhn (R.),Exp.Beitr. z. Probl. d. Intell.-pr., Pd. ps. Frsch. 1913.

880. Krüger (F.) u. Spearman (C.)., D. Korrelat. zw. verschied. Leistungsfähigk., Z. Ps. 1906 XLIV 50-114.

881. Lipmann (O.), The examin. of intell. in ch., Sch. World 1910 XII 366-9.

882. Lipska-Librach (M. M.), Sur le rapp. entre l'acuité sensorielle et l'intell., R. ps. 1913 VI 297-378.

883. Meumann (E.), Intell.-pr. an. K. d. Volkssch., Exp. Pd. 1905 I 35-100.

884. Meumann (E.), Anleit. z. prakt. Arb. in d. Jugend-kunde u. exp. Pd., Aufgab. z. Intell.-pr., Z. pd. Ps. 1912 XIII 623-38.

885. Meumann (E.), Ub. e. neue Meth. d. Intell.-pr. u. ub. d. Wert d. Kombinationsmeth., Z. pd.Ps. 1912 XIII 145-63.

886. Meumann (E.), D. soz. Bedeut. d. Intell.-pr., Z.pd. Ps. 1913 XIV 433-40.

887. Myers (C. S.), The pitfalls of ment. T., Brit. me dic. J. 1911 t. 195-7.

888. Pyle (W. H.), Stand. of ment. efficiency, J. ed. Ps. 1913 IV 61-70.

889. PYLE (W. H.), *A suggest. f. the improv. a. extens. of ment. T.*, J. ed. Ps. 1912 III 95.

890. ROSANOFF, *A prelim. rep. of a higher scale of mental measur.*, 22ᵉ Cg. Assoc. améric. Ps. Déc. 1913 Yale Univ.

891. SANCTIS (S. DE), *La valutaz. del. int. in Ps. appl.*, Psiche 1913 II 153-75.

891a. SANCTIS (S. DE), *Lo svil. ps. e la mis. del livello intell.*, Ct. ps. R. 1912-3 II nᵒ 16.

891b. SANCTIS (S. DE), *La scala metr. d. B-S (ultimi risult.)*, l. c. nᵒ 17.

892. SCOTT (C. A.), *Gener. intell. or sc. brightness*, J. ed. Ps. 1913 509-24.

892a. SIMON (Dʳ T.), *Nouv. épr. de niv. intellect.*, Bu. S. ps. E. 1914 140-54.

893. SIMPSON (B. R.), *Correlat. of ment. abil.*, 1912 New-York Columbia Univ.

894. SOMMER (R.), *Ub. d. Meth. d. Intell.-pr.*, Klin. f. ps. u. nerv. Krank. 1912 VII 1-21.

895. SPEARMAN (C.), *Gener. intell. objectiv. determin. a. measur.*, Am. J. Ps. 1904 XV 201-92.

896. SQUIRE (C. R.), *Graded ment. T.*, J. ed. Ps. 1912 III 368-80 430-43 496-506.

897. SQUIRE (C. R.), *Some requirem. of graded ment. T.*, 4ᵉ Cg. Hyg. scol. 1913 Buffalo.

898. THORNDIKE (E. L.), *The relat. of accuracy in sens. discriminat. to gener. intell.*, Am. J. Ps. 1909 XX 364s.

899. VAN BIERVLIET (J. J.), *Mes. de l'intell.*, Causer. pd. 2ᵉ sér., Paris Alcan et Gand Siffer.

900. VANEY (V.), *Nouv. mét. de mes. applic. au degré d'instr. d. élèves*, An. ps. 1905 XI 146-62.

901. VANEY (V.), *Comment se groupent l. élèves d'une cl.*, Bu. S. ps. E. 1913 59-66.

902. VICKERS (W.) a. WYATT (S.), *Grad. b. ment. T.*, J. exp. Pd. 1913 II 187 97.

903. WAITE (H.), *The teach. estimat. of the gener. intell. of sc. ch.*, Biometrika 1911 VIII 79-93.

904. WHIPPLE (G. M.), *A range of informat. T.*, Ps. R. 1909 XVI 347-51.

904a. WINCH (W. H.), *Some new reason. tests suitable f. the mental examin. of sc. ch.*, Br. J. Ps. 1914 VII 190-225.

905. WINTELER (J.), *Exp. Beitr. z. e. Begabungslehre*, Exp. Pd. 1906 II 1-48 147-247 sp. 202s.

906. WOLODKEWITSCH (M.), *Unters. d. höher. Geitsesfähigk.*, Z. exp. Pd. 1906 VIII 344-61 409-23, 1907 IX 32-58.

907. WOODWORTH (R. S.) a. WELLS, *Associat. T.*, Ps. Mo. Déc. 1911.

908. ZIEHEN (T.), *D. Prinʒ. u. Meth. d. Intell.-pr.*, 3ᵉ éd. 1911 Berlin Karger.

XV. ÉVOLUTION DU SENS RELIGIEUX

Cf. b27 (278-80), b69 (ch. XIV t. 2 281-362), b83 (425-9), b97 (251-5), b100 (2° éd. t. 1 612-9 372-4), b229 (145s.), b248, b263, b272-3, b336, b739 (ch. XXVI 274-9), etc.

909. ADAM (J. D.), *Rel. a. the growing mind.* 1912 Londres.

910. ALLEN (W. J. G.), *Ch. st. a. rel. Ed.*, Ch. St. 1909 II 289-93.

911. ARNOULD (L.), *Les âmes en prison*, 1910 Poitiers Oudin sp. 233-5 12-4.

912. BARNES (E.), *Theologic. life of a Californ. ch.*, Pd. Se. 1893 II 442-8.

913. BARNES (E.), *Ch. ideals*, Pd. Se. 1900 VII 3-12.

914. BERGEN (F. D.), *Notes on the theologic. devel. of a ch.*, Arena XIX 254-66.

915. BROCKMAN (F. S.), *A st. of the mor. a. relig. life of 251 preparatory sc. students in the U. S.*, Pd. Se. 1902 IX 255-73.

916. BROWN (II. W.), *Some records on the thoughts a. reason. in ch.*, Pd. Se. 1893 II 358-96.

917. CADIER (H.), *L'idée de D. ch. l'e.*, 1913 Montauban.

918. CALKINS (M. W.), *The relig. consciousn. of ch.*, *New World* V 705-8.

919. CHRISMAN (O.), *Relig. ideas of a ch.*, Paid. Mars 1898.

920. CHRISMAN (O.), *Relig. per. of ch. growth*, *Education. R.* XVI 30-8.

921. COE (G. A.), *Ed. in relig. a. moral*, 1904 Chicago.

922. COE (G. A.), *The spirit. life*, 1900 New-York.

923. DANIELS (A. II.), *The new life*, Am. J. Ps. 1892 VI 61-103.

924. DAWSON (G. F.), *The ch. a. his relig.*, 1909 Chicago.

925. DAWSON (G. E.), *Ch. inter. in the Bible*, Pd. Se. 1900 VII 151s.

926. ELLIS (G. II.), *Fetish. in ch.*, Pd. Se. 1902 IX 441.

927. FLOURNOY (T.), *Observ. de Ps. relig.*, Ar. de Ps. 1903 II 327-66.

928. GAUJOUX, *Notes s. l. crises relig. d. l'adolesc.*, 1905 Montauban.

929. GHIDIONESCU (V.), *Quelq. observ. s. le dével. de l'émot. mor. et relig. ch. un e.*, C. R. Cg. int. Pd. 1912 Bruxelles Misch et Thron t. 1 326-9.

930. GULICK (L.), *The relig. of boys*, *Associat. Outlook* VIII 33-48.

931. GULICK (L.), *Sex. a. relig.*, *Associat. Outlook* VII 50-60.

932. HALL (S.), *Mor. a. relig. train. of ch.*, Pd. Se. 1891 I 196-210.

933. HALL (S.), *The cont. of ch. minds*, Pd. Se. 1891 I 161s.

934. HENSELING (A.), *Erfahr. ub. d. Stell. d. Schulk. z. relig. Tradition*, Z. pd. Ps. 1910 XI 42-52.

935. HENSELING (A.), (Nombr. art. d. *Deutsche Schul-praxis* 1906 X n° 21 25 29, 1908 XII n° 5 15.)

936. JAMES (W.), *Thought bef. lang.*, Phil. R. I 615 Lancaster.

937. JONES (R. M.), *A boy's relig. fr. memory*, 1902 Philadelphie.

938. JORDAN (L. H.) a. LABANCA (P.), *A st. of relig. in the ital. Univ.*, 1909 Londres Froud.

939. JUST (K.), *E. relig. Gefühl im Kindesalt.*, 28. Jahresber. d. Bürgersch. zu Altenburg 1895 3s.

940. KELLER (H.), *The story of my life*, 1909 New-York Page (tr. fr. 1904 Paris Juven) 368-70.

941. KRUS S. J. (F.), *Gott*, b136 t. 2 445-8.

942. LA COMBE (G. DE), *L. nouveau-nés de l'esprit*, 1905 Paris Fischbacher.

943. LEVY-SUHL (M.), *D. Prüf. d. sittl. Reife jugendl. Angeklagt.*, 1912 Stuttgard Enke.

944. LINDWORSKY S. J. (P. I.), *Religionsps. u. Pd.*, Phar. 1911 I 21-34.

945. MILLER (H. J.), *A boy's relig.*, *Parents R.* Londres 1911 616-26.

946. MORSE a. ALLAN, *The relig. of 126 college stud.*, J. rel. Ps. 1907 IV 244-51.

947. PRATT (J. B.), *The Ps. of relig. belief*, 1908 New-York Macmillan 200-30.

948. ROBINSON (V. P.), *The conc. of God of college stud.*, J. rel. Ps. 1906 III 247.

949. ROURE S. J. (L.), *Le sentim. relig.*, Et. rel. 20 Févr. 5 avril 20 Mai 1006.

950. ROURE S. J. (L.), *Ames d'e.*, Et. rel. 1910 II 499-509.

951. SABATIER (P.), *La convers. chrét.*, *Revue de la Jeunesse* 1911 Paris Lethielleux 135-6.

952. SCHÄFER (M.), *Elem. z. moral-ps. Beurteil. Jugendl.*, Z. pd. Ps. 1913 XIV 47-59 90-8.

953. STARBUCK (E. D.), *Contrib. to the Ps. of relig.*, Am. J. Ps. 1897 IX 70s.

954. STARBUCK (E. D.), *The Ps. of relig.*, 1899 Londres (2ᵉ éd. 1903).

955. STREET (J. R.), *The relig. of childh.*, 1896 New-York.

956. TAWNEY (G. A.), *The per. of convers.*, Ps. R. 1904 XI 210-6.

957. TOCMÉ (A.), *Réflex. s. le prem. dével. d. idées et d. sentim. relig. ch. les e.*, 1902 Montauban.

958. WILDE (B. N.), *The Ps. of relig. a. Ed.*, *Educational R.* 1907 XXXIV 180-95.

XVI. ÉVOLUTION DU SENS MORAL.

Les numéros indiqués dans les sections XV (Sens religieux), XX (Fautes volontaires), renferment des indications complémentaires.
Cf. b71 (ch. V t. 1 200-344 pass.), b97 (211-20 248-56), b100 (2ᵉ éd. t. 1 609-31), b137, b234, b266-7, b279, etc.

959. ANFOSSO (L.), *S. le sentim. de l'honnêteté ch. les e.*, C. R. Cg. int. Ps. 1905 Rome.

960. BARNES (E.), *Stud. honor : a st. in cheating*, Internat. J. of ethics 1903-4 XIV 481-8.

961. BAUMANN (J.), *Ub. Will.-u. Charakterbild. auf ps. Grundlage*, 1907 Berlin.

962. BLOCH (M.), *Le courage ch. l'e.*, 1901 Paris Picard.

963. BODENSTEIN (K.), *D. Ehrgef. d. K.*, 1899 Langensalza Beyer.

964. BOBCK (W.), *D. Mitleid b. K.*, 1909 Giessen.

965. COUSINET (R.), *La solidarité enf.*, R. ph. 1908 t. 2.

966. COUSINET (R.), *L'amitié ch. l. e.*, Ed. m. Avril 1910 V.

967. FANCIULLI (G.), *L'individ. nei s. rapporti soc. : amor propr., pudore, onore*, 1905 Turin Bocca.

968. FRAPPIER (O.), *L'id. de Just. ch. l'e.*, Ed. m. 1912 VII 78-83.

969. GILBERTSON (A. N.), *A swed. st. in ch. ideals*, Pd. Se. Mars 1913.

970. GIZYCKI (P. von), *Wie urteil K. üb. Funddiebstahl*, Z. KFrsch. 1903 VIII 15s.

971. GULICK (L.), *Ps. Pd. a. relig. aspect of groups games*, Pd. Se. Mars 1899 VI.

972. HALL (G. S.) a. SMITH (T. L.), *Showing of a. bashfuln. as phases of self-consc.*, Pd. Se. 1903 159-99.

973. HIRSCHLAFF (L.), *Ub. d. Furcht d. K.*, Z. pd. Ps. 1901 III 296s., 1902 IV 39s. 141s.

974. HUTHER (A.), *Pd. ps. Probl.*, Z. pd. Ps. 1913 XIV 105-16.

975. IOTEYKO (Mlle Dr J.), *Rapp. s. le sentim. de la just.*, R. ps. 1911 IV 55-69.

976. JOHNSON (J.), *Rudiment. soc. among boys*, John Hopkins Univ. Nov. 1884.

977. JUST (K.), *D. Liebe im Kindesalt.*, Prax. d. Erziehungssch. 1897 XI 125.

978. KLINE (L. W.), *A st. in juven. ethics*, Pd. Se. Juin 1903 X 239-66.

979. KLINE (L. W.) a. FRANCE (J. C.), *The Ps. of ownersh.*, Pd. Se. Déc. 1899 VI 421-70.

980. KÖRTE (O.), *Ub. d. Furcht d. K.*, Z. pd. Ps. 1902 IV 1s.

981. LINDNER (R.), *Ub. kindl. Sitte u. Sittlch. nach Berobacht. an taubstumm. K.*, Z. pd. Ps. 1910 XI 568-89.

982. LINDNER (R.), *Moralps. Auswert. freier Kinderzeichn. v. taubstumm. Sch.*, Z. pd. Ps. 1914 XV 160-77.

983. MALAPERT (P.), *Le sentim. de la colère ch. les e.*, An. ps. 1902 IX 1-40.

984. MALAPERT (P.), *Les sentim. ch. l'e.*, Bu. S. ps. E. Déc. 1907 20-4.

985. MALAPERT (P.), *Le sentim. de la just. ch. les e.*, Bu. S. ps. E. Avr. 1908 100-4.

986. MESSMER (O.), *Beisp. v. Schwierigk. im Gebrauch. d. sittl. Tätigk.*, Z. pd. Ps. 1910 XI 141-8.

987. MEUMANN (E.), *D. Unters. d. sittl., Entw. d. K. u. ihre pd. Bedeut.*, Z. pd. Ps. 1913 XIII 192-213.

988. MONROE (P.), *D. Entw. d. soz. Bewusst. d. K.* 1899 Berlin.

989. NOVAK (S.), *Rech. s. le sentim. de la just. ch. l. e. polonais*, R. ps. 1913 VI 176-83.

990. OSBORNE (F. W.), *The ethic. cont. of ch. minds*, *Educational R.* 1894 VIII 143-6.

991. PEREZ (B.), *L'éd. mor. dès le berceau*, 4e éd. 1901 Paris Alcan.

992. PIGGOT (B. E.), *Grundz. d. sittl. Entw. u. Ers. d. K., Beitr. z. Kinderforsch.* 1903 VII.

993. PUFFER (J. A.), *Boy's gangs*, Pd. Se. Juin 1905 XII 175-213.

994. RÉVÉSZ (M.), *Exp. Beitr. z. Ps. d. moralisch verkommen. K.*, Z. ang. Ps. 1911 V.

995. ROUSSEL (M. L.), *Série d'observ. sociolog. d. la cour d'une éc. prim.*, Rev. de l'enseign. prim. 11 nov. 1906.

996. ROUSSEL (M. L.), *Rapp. s. la plus belle action*, Bu. S. ps. E. janv. 1903 245-52.

997. SCHINZ (A.), *La moralité de l'e.*, R. ph. 1898 t. 1 259-95.

998. SHARP (F. C.), *A st. of the infl. of custom on the moral judg.*, 1908 Univ. of Wisconsin Madison.

999. STÖRRING (G.), *D. Hebel d. sittl. Entw. d. Jugend*, 1911 Leipzig Engelmann.

1000. STÖRRING (G.), *Ethische Grundfr.*, 1906 Leipzig Engelmann.

1001. TANNER (A.), *Ch. ideals of honor*, Pd. Se. Déc. 1906 XIII 509-13.

1002. TANNER (A.), *The College Woman's code of honor*, Pd. Se. Mars 1906 XIII 104-17.

1003. UFER (C.), *D. sittl. Entw. d. K.*, KFhl. 1900 V.

1004. VARENDONCK (M. J.). *Les soc. d'e.*, C. R. Cg. int. Pd. 1912 Bruxelles Misch et Thron t. 2 519-29.

1004a. VARENDONCK (M. J.), *Recherches sur les sociétés d'e.*, 1914 Bruxelles Misch et Thron.

1005. WEATHERLY (A.L.), *A note on the ethic. id. of ch.*, J. rel. Ps. 1913 X.

XVII. EVOLUTION DES TENDANCES SENSITIVES DANS LEURS RAPPORTS AVEC LA VOLONTÉ

Les numéros indiqués dans les sections IV-V (Evolution générale des intérêts), XVIII (Activité volontaire formelle), XIX-XX (Défauts et fautes de la volonté), contiennent des indications complémentaires.

Cf. b1 (57-77), b7 (63-100), b77 (tr. fr. 35-73 147-69), b112 (135-51), b124 (124-84), b152 (135-59), b369 (104-26), etc.

1006. ANDREWS (B. R.), *Habit*, Am. J. Ps. 1900 XIV 121s.

1007. BOLTON (T. L.), *Rel. of motor power to intell.*, Am. J. Ps. 1900 XIV 622-31.

1008. BOVET (P.), *Sur le jug. mor., élaborat. d'un test.*, Int. Ed. 1914 II 54-8.

1009. BRYAN (W. L.), *On the devel. of volunt. motor ability*, Am. J. Ps. 1891 V 125s.

1010. CELLÉRIER (L.), *Ed. de la volonté*, An. ps. 1912 II 17-36.

1011. DUGAS (L.), *L'éd. du caract.*, 1912 Paris Alcan sp. ch. VI-VII.

1012. GILLET O. P. (M. S.), *L'éd. du caract.*, 9ᵉ mille 1913 Paris Desclées 75-200.

1013. GUIBERT (J.), *La format. de la vol.*, Paris Bloud sp. 33-43 59-61.

1014. HABRICH (L.), *Gewöhnung*, b136 t. 2 404-7.

1015. HACHET-SOUPLET (P.), *De l'anim. à l'e.*, 1913 Paris Alcan 127s.

1016. HALL (G. S.), *Moral Ed. a. will train.*, Pd. Se. 1895 72s.

1017 JAMES (W.), *Princ. of Ps.*, (1ʳᵉ éd. 1896) 1901 Londres Macmillan ch. IV XXIV.

1018. JAMES (W.), *Text-b. of Ps.*, 1908 (tr. fr. *Préc. de Ps.* 1909 Paris Rivière) ch. X XXV.

1019. KLEINSCHROD (F.), *Instinkt*, b136 t. 2 949-52.

1020. LA VAISSIÈRE S. J. (J. DE), *Ps. exp.*, 3ᵉ éd. 1914 Paris Beauchesne 197-217.

1021. LA VAISSIÈRE (O. DE), *De certaines habit. et amus. mondains*, Com. ens. 1913 II 249-61.

1022. MAC DOUGALL (R.), *The syst. of habits a. the syst. of id.*, Ps. R. 1911 XVIII 324-35.

1022a. POYER (G.), *Le sommeil automatique*, 1914 Paris Leclerc sp. 9-38.

1023. PYLE (W. H.), *Habit. a mor. train.*, Sch. a. Home Ed. Févr. 1910.

1024. RADESTOCK (P.), *D. Gewöhn. u. ihre Wichtigk. in d. Erz.*, 2ᵉ éd. 1884.

1025. ROWE (S. H.), *Habit-format.*, 1909 Ch. I-IV.

1026. SARLO (F. de), *Per la Ps. della vita affett.*, Cultura filosof. Florence Août 1907.

1027. SPEARMAN (C.), *The relat. of the mem. to the will*, School Hyg. 1911 II 140-5.

XVIII. EVOLUTION DE L'ACTIVITÉ VOLONTAIRE FORMELLE

Les numéros indiqués dans les sections XV-XVII (Sens religieux, sens moral, tendances sensitives), XIX-XX

(Défauts et fautes de la volonté), contiennent des indications complémentaires.

Cf. b1 (61-77), b7 (49-135 154-7), b77 (tr. fr. 147-69), b100 (2º éd. t. 1 630-45 655-8), b112, b131 (256-73), etc.

1028. Ach (N.), *Willenstätigk. u. Denken*, 1905 Gœttingue Vandenbœck.

1029. Ach (N.), *Willensakt u. Temper.*, 1910 Leipzig Quelle et Meyer.

1030. Ach (N.), *E. Serienmeth. f. Reaktionsvers.*, *Untersuch. z. Ps. u. Phil.* 1912 I Heft 5 Leipzig Quelle et Meyer.

1031. Ach (N.), *Willensunters. in ihr. Bedeut. f. d. Pd.*, Z. pd. Ps. 1913 XIV 1-11.

1032. Dewey (J.), *Interest a. effort in Ed.*, 1913 Boston Houghton Mifflin et Cº.

1033. Dewey (J.), *L'éc. et l'e.*, tr. fr. 1913 Neufchâtel Delachaux et Niestlé.

1033a: Duprat (G.), *Les fondements du caract.*, R. ph. 1914 t. 2 428-45.

1034. Durand (E.), *L'éd. de la volonté*, Ens. chr. 1913 337-43, 1914 1-7.

1035. Eymieu S. J. (A), *Le gouvernem. de soi-même. Les grandes lois*, 16e éd. 1910 Paris Perrin pass.

1036. Fischer (A.), *Probl. d. Willenserz.*, Deutsche Sch. 1912 XVI 71-86.

1037. Gillet O. P. (M. S.), *Devoir et conscience*, 1910 Paris Desclées sp. 205-30.

1038. Hillgruber (A.), *Fortlaufende Arb. u. Willenstätigk.*, *Untersuch. z. Ps. u. Phil.* 1912 I Heft 7.

1039. Jones (A. J.), *Charact. in the making*, 1913 Londres Murray.

1040. Kerschensteiner (G.), *D. Charakterbegr.*, Cg. Ed. morale 1912 991-5.

1041. Kerschensteiner (G.), *Charakterbegr. u. Charaktererz.*, 1912 Leipzig Quelle et Meyer,

1042. KERSCHENSTEINER (G.), *D. Charakterbegr.*, Z. pd. Ps. 1912 XIII 7-18.

1043. KEY (E.), *L'éd. de l'individualité*, Ed. m. 1912 VII 305-11.

1044. LECLÈRE (A.), *Ed. rationn. et scientif. de la volonté*, Ed. m. 1912 VII 44-57, 1913 VIII 6-16.

1045. LECLÈRE (A.), *La psychiatrie et l'éd. d. normaux*, R. ph. 1913 t. 2 24-49 183-201.

1046. MARTIN (L.), *Ps. de la volonté*, 1913 Paris Alcan.

1047. MESSMER (O.), *D. neuer. exp. Unters.d. Willensakt. u. ihre Bedeut. f. d. Pd.*, Z. pd. Ps. 1912 XIII 87-105.

1048. MEUMANN (E.), *Intellig. u. Wille*, 2ᵉ éd. 1913 Leipzig Quelle et Meyer sp. ch. I.

1049. NETSCHAJEFF (A.), *D. Frage d. Entw. d. Willens b. Schulk.*, Pd. ps. St. 1904 V.

1050. PAUCHET (V.), *Rôle de l'auto-suggest. dans l'Ed.*, Ed. m. 1913 VIII 158-62.

1051. PAUCHET (V.), *Ed. de soi-même*, Ed. m. 1913 VIII 199-207.

1052. WATSON (J. B. S.), *Format. of Charact.*, 1913 Londres.

1052a. WILBOIS (J.), *Les nouv. mét. d'éd. L'éd. du cœur et de la vol.*, 1914 Paris Alcan.

XIX. DÉFAUTS DE L'ACTIVITÉ VOLONTAIRE : PARESSE, SUGGESTIBILITÉ

Les numéros indiqués dans la section XXV (Anormaux scolaires) renferment des indications complémentaires.

Cf. b13 (298s.), b77 (tr. fr. 155s.), b100 (2ᵉ éd. t. 1 641s.), b1018 (tr. fr. 581-8 604-6), etc.

1053. ANDREÄ (C.), *Ub. d. Faulheit.*, Langensalza Beyer.

1054. BECHTEREW (W.), *L'éd. et la suggestion*, C. R. Cg. int. Pd. 1912 Bruxelles Misch et Thron t. 2 372-84.

1055. Bell(J.-C.), *The eff. of suggest. up. the reproduct. of triang. a. of point distances*, Am. J. Ps. 1908 XIX 504-18.

1056. Binet (A.), *La suggestib. au point de vue de la Ps. individ.*, An. ps. 1899 V 82-152.

1057. Binet (A.), *La suggestib.*, 1900 Paris Schleicher.

1058. Binet (A.), *Un nouvel appareil pour la mes. de la suggestib.*, An. ps. 1901 VII 524-36.

1059. Binet (A.), *Causerie pd.*, An. ps. 1908 XIV 177s.

1060. Binet (A.) et Henri (V.), *De la suggest. naturelle ch. l. e.*, R. ph. 1894 t. 2 337-47.

1061. Brand (J. E.), *T. eff. of verbal suggest. upon the estim. of linear magnitudes*, Ps.R. 1905 XIII.

1062. Chojecki (A.), *Contrib. à l'ét. de la suggestib.*, Ar. de Ps. 1911 XI 182-6.

1063. Consoni (F.), *Su di alcuni apparechi del Laborat. di Ps. sper.*, Ct. ps. R. 1910-1 I n° 10.

1064. Crosnier (A.), *La distract. ch. nos écol.*, Ens. chr. 1913 665-70.

1065. Dück (J.), *Beeinflussbark. d. Sc.*, Z. pd. Ps. 1911 XII 578-82, 1912 XIII 214-8.

1066. Fischer (A.), *Üb. d. Faulheit*, Z. pd. Ps. 1912 XIII 507-16 545-61.

1067. Giroud (A.), *La suggestib. ch. l. e. d'éc. de 7 à 12 ans*, An. ps. 1912 XVIII 362-88.

1068. Gromolard, *Et. s. les colonies pénitent. et leur populat.*, Arch. d'anthropolog. crimin. n° 125-6.

1069. Guidi (G.), *Rech. expér. s. la suggestibil.*, An. de Ps. 1908 VIII 49-54.

1070. Keller (F.), *Faulheit*, b136 t. 1 1240-3.

1071. Lipmann (O.), *D. Wirk. v. Suggestivfrag.*, 1908 Leipzig Barth.

1072. Pauchet (V.), *Causes de la paresse*, Ed. m. 1910 V.

1073. Plecher (H.), *D. Suggestib. im Leb. d. K.*, 1909 Langensalza Beyer.

1074. SCHNYDER (L.), *L'exam. de la suggestib. ch. les nerveux*, Ar. de Ps. 1905 IV 44-57.
1075. SCOTT (W. D.), *Person. differ. in suggest.*, Ps. R. 1910 XVII 147-54.
1076. SIMON (Dr T.), *Expér. de suggest. sur l. débiles*, An. ps. 1900 VI 441-84.
1077. SMALL (M. H.), *T. sugg. of ch.*, Pd. Se. 1896 IV.
1078. SMITH (W. G.) a. SOWTON (C. M.), *Observ. on spec. contrast*, Br. J. Ps. 1907 II.

XX. FAUTES VOLONTAIRES

1° GÉNÉRALITÉS. — CRIMINALITÉ DE L'ENFANCE.

1079. ALBANEL (I.), *Ét. statist. s. les traduits en just.*, 1897 Paris Marchal.
1080. ALBANEL (I.), *Le crime dans la fam.*, 1900 Paris Rueff.
1081. ALBANEL (I.) et LEGRAS (Dr), *L'enf. criminelle à Paris*, 1899 Paris.
1082. ASCHAFFENBURG (G.), *D. Verbrec. u. s. Bekämpf.*, 1903 Heidelberg Winter.
1083. BERLET (M. A.), *La criminal. d. mineurs et leur patron. en Italie*, R. pénitent. et de droit pénal Nov.-Déc. 1913.
1084. BOIGEY (Dr M.), *Introd. à la médec. des passions*, 1914 Paris Alcan.
1085. BONJEAN (G.), *Enf. révoltés et parents coupables*, 1895 Paris Colin.
1086. BONZON (J.), *Le crime et l'école*, 1896 Paris Alcan.
1087. CARRARA (M.), *Les petits vagab. de Cagliari*, R. de l'hypnot. 1902 XVI 135s.
1088. CELLÉRIER (L.), *Littérature crimin.*, An. pd. 1912 II 59-96.
1089. CORBOUD (T.), *Comm. on devient crimin.*, 1898 Paris Fischbacher.

1090. DALLEMAGNE (J.), *Etiologie fonctionn. du crime*, 3ᵉ *Cg. d'anthrop. crimin.*

1091. DALLEMAGNE (J.), *L. théories de la criminal.*, Paris Masson.

1092. DELVINCOURT (A.), *La lutte contre la criminal. d. l. temps modernes*, 1897 Paris Chevalier-Marescq sp. 1-112.

1093. DRILL (D.), *L. criminels mineurs*, 1884 Moscou.

1094. DUPRAT (G. L.), *La criminal. dans l'adolesc.*, 1909 Paris Alcan.

1095. FAWER (E.), *Jugendkriminal. u. Strafsrechtsref.*, 1911 Aarau Sauerländer.

1096. FERRIANI (L.), *Minorenni delinq.*, 3ᵉ éd., 1895 Milan Kantarowicz.

1097. FERRIANI (L.), *Delinquenza precoce e sen.*, 1901 Côme Omarini.

1098. FERRIANI (L.), *I drammi d. fanciulli*, 1902 Côme Omarini.

1099. FLICHE (L.), *Et. s. la criminal. d. malfait. à notre époque*, 1886 Paris.

1100. FOUILLÉE (A.), *Les j. criminels*, R. des 2 M. 15 Janv. 1897, 1ᵉʳ Déc. 1899.

1101. FOUILLÉE (A.), *La France au point de vue moral*, 1899 Paris Alcan L. III ch. IV.

1102. FOURCADE (M.), *La criminal. juvén.*, Cg. de la Soc. d'écon. soc. 1911 (*Réforme soc.* 1911 28).

1103. GARNIER (P.), *La criminal. juvén.*, Ar. d'anthrop. crimin. XVI.

1104. GAROFALO (R.), *La criminologie*, 1888 Paris Alcan sp. 120-42 397-409.

1105. GAULTIER (P.), *L. maladies soc.*, 1913 Paris Hachette sp. 7-58.

1106. GIBON (F.), *Enfance (Criminalité de l')*, Dictionn. apologétique, 1910 Paris Beauchesne.

1107. GODDARD (H. H.), *The respons. of ch. in the juven. court, J. of the americ. Instit. of crimin. law a. criminal.* 1912 n° 3.

1107a. GODDARD (H. H.), *T. criminal imbecile,* 1915 New-York Macmillan.

1108. GUILHERMET (G.), *Comm. devient-on crimin.?* 1913 Paris Schleicher.

1109. GUILLOT (A.), *Observ. prat. au sujet d. e. traduits en justice,* 1890 Paris.

1110. HELLER-SCHILLER-TAUBE, *Enz. Handb. f. Kinderschutz. u. d. Jugendsorge,* 1910 Leipzig Engelmann.

1111. HERZ (H.), *Assoz. im Verbrecht., Monatschr. f. Kriminalps.* 1906-7.

1112. HOLMES (T.), *The Ps. a. crime,* 1912 London.

1113. INGÉGNIEROS (J.), *Criminal.,* 1913 Madrid Jorro.

1114. JOLY (H.), *Le crime,* 1888 Paris Cerf.

1115. JOLY (H.), *La France criminelle,* 1889 Paris Cerf sp. ch. VI.

1116. JOLY (A.), *Le combat contre le crime,* Paris Cerf sp. ch. III.

1117. JOLY (H.), *La criminal. de la jeunesse,* 1898.

1118. JOLY (H.), *L'enfance coupable,* 1904 Paris Lecoffre.

1119. JOLY (H.), *A la rech. de l'éd. correctionn. à travers l'Europe,* Paris Lecoffre.

1120. JOLY (H.), *Probl. de science crimin.,* Paris Hachette.

1121. KAHN (P.), *La Ps. de l'e. traduit en justice, Bull. de l'Instit. ps.* 1912 XII 133s.

1122. KÖNIG (K.), *D. Kriminalprobl. u. d. Pd.,* Z. KFrsch. 1913 XVII 289-302.

1123. LAPIE (P.), *L'éc. publique et la criminal. juvénile, Rev. du mois* Février 1911.

1124. LAURENT (E.), *La criminal. enfant.,* 1906 Paris Maloine.

1125. LE MARCHADOUR (R.), *La criminal. de l'e.,* 1903 Rennes.

1126. Levoz (A.), *La protect. de l'e. en Belgique*, 1902 Goemare Bruxelles.

1127. Locard (E.), *L'e. criminelle, Confér. de la sem. pd.*, 1913 Lyon Rey.

1128. Lombroso (C.), *L'homme criminel*, 2e éd. 1895 Paris Alcan.

1129. Lombroso (C.), *Le crime, causes et remèdes*, 2e éd. 1907 Paris Alcan.

1130. Major (G.), *D. Psyche d. jugendl. Verbrechers*, Phar. 1911 II 218-34.

1131. Martin (E.), *Contrib. à l'ét. de l'e. coupable*, 1912 Lyon.

1132. Meath, *Home contr., the basis of nation. charact.*, Par. Rev. 1912 172-8.

1133. Morrisson (D.), *Juven. offenders*, 1896 Londres Fischer.

1134. Morselli (E.), *Contrib. alla Ps. dell'uomo delinq.*, Riv. ital. di neuropat. 1887.

1135. Morselli (E.), *Ar. d'anthrop. crimin.* 15 Mars 1893.

1136. Naschât (H.), *Les j. délinq.*, 1913 Paris Rousseau.

1137. Nourrisson (P.), *La criminal. de l'enfance*, 1892 Besançon.

1138. Proal (L.), *Le crime et la peine*, 2e éd. 1894 Paris Alcan.

1139. Raux (M.), *Nos j. détenus. Et. sur l'enfance coupable*, 1890 Paris Maloine.

1140. Rollet (C.), *Enfance abandonnée, vicieuse*, 1894 Clermont-Ferrand.

1141. Scheidner (O.), *Aus. d. Statist. d. jugendl. Kriminal.*, Z. pd. Ps. 1911 XII 182-3.

1142. Schoff (F.), *Causes of crime in normal ch.*, 3e Cg. int. d'éd. famil. 1910 Bruxelles.

1143. Siegert (G.), *Kinderfehler*, b128 2e éd. t. 4 866-71.

1144. Snedden (D. S.), *Administr. a. ed. work of americ. juven. reform sc.*, Columbia Univers. 1907 New-York.

1145. Voron (E.), *Criminalité enfant. et juvén. Rev. du Clergé fr.* 1913 LXXVI 299-317.

1146. Vuachrux (E.), *Ét. s. l. causes de la progress. constatée de la criminal. précoce*, 1898 Paris.

1147. Weigl (F.), *Fehler d. Kinder*, b136 t. 1 1245-8.

2° Le suicide dans l'enfance et la jeunesse

Cf. b69 (t. 1 374-85), etc.

1148. Bertillon (J.), *De la fréq. d. principales causes de décès à Paris*, 1906 Paris.

1149. Corré (A. M.), *Crime et suicide*, 1891 Paris.

1150. Durkheim (E.), *Le suicide*, Paris Alcan.

1151. Eulenburg (A.), *Ub. K. u. Jugendselbstmorde, Samm. Abhandl. aus d. Gebiete d. Nerv. u. Geisteskrank.*, 1914 X Heft 6 Halle.

1152. Gordon (G. J.), *Schülerselbstmord im Russl.*, Z. KFrsch. 1912 XVII 468-72.

1153. Julliard, *Les désespérés*, 1897 Paris sp. ch. I.

1154. Krose S. J. (H. A.), *Der Selbstmord im 19 Jahr.*, 1906 Fribourg-en-Br. Herder.

1155. Krose S. J. (H. A.), *D. Ursachen d. Selbstm.*, 1906 Fribourg-en-Br. Herder.

1156. Meumann (E.), *E. neue Unters. üb. d. Selbstm. im Jugendalt.*, Z. exp. Pd. 1908 VI 156-79.

1157. Morselli (E.), *Il suicid., Confronti internaz.* (Direct. génér. de la statist. ital.).

1158. Peeters (E.), *Zelfmoorden bij schoolk.*, Zuid Févr. 1910.

1159. Proal (L.), *Le crime et le suic. passionnels*, 1900 Paris Alcan.

1160. Proal (L.), *Ed. et suic. des e.*, 1907 Paris Alcan.

1161. Reich (J.), *Schülerselbstmord im Russl.*, Z. pd. Ps. 1911 XII 129-30.

1162. Strahan (S. A. K.), *Suic. a. insanity*, 1893 Londres.

3° FAUTES CONTRE LA CHASTETÉ
EDUCATION DE LA CHASTETÉ

1163. ADHÉMAR (Vicomt. d'), *La nouv. éd. de la femme d. les classes cultivées*, Paris Perrin.

1164. ALLIER, BELOT, etc., *Morale relig. et mor. laïque*, 1914 Paris Alcan.

1165. BADLEY (J. H.), *A note f. parents on the treatm. of sex in ed.*, Cambridge Univers. Press.

1166. BELL (S.), *A prelimin. st. of the emot. of love betw. t. sexes*, Am. J. Ps. 1902 XIII 325-54.

1166a. BLACKWELL (E.), *Counsel to parents on t. moral ed. of t. ch. in relat. to sex*, 1913 Londres Bell et Sons.

1167. CHAUVIN (A.), *De la préservat. mor. de l'e. Faut-il l'instruire pour le préserver?* 1912 Paris Beauchesne.

1168. COMPAYRÉ (G.), *Les adolesc. au théâtre et l'éd. de la puberté*, Ed. m. 1909 IV 3-14.

1169. CRAMER (A.), *Pubert. u. Sc.*, 1910 Leipzig Teubner.

1170. DEQUIN (T.), *Sois chaste*, Saint-Quentin 6 rue des Arbalétriers.

1171. DOLÉRIS (J. A.), *L'éd. sex.*, Bull. de la S. fr. de phil. 1911 20-52.

1172. EDDY (H. W.), *An exp. in teac. sex hyg.*, J. ed. Ps. 1911 II 451-8.

1173. ELLIS (Hav.), *St. in the Ps. of sex*, t. 6 1910 Philadelphie Davis.

1174. ERNST (E.), *La formation de la chast.* (adapt. de l'allem.), 1907 Paris Bloud.

1174a. FÉRÉ (C.), *L'inst. sex., évolut. et dissolut.*, 1900 Paris Alcan.

1175. FONSSAGRIVES (D'), *L'éd. de la pureté*, 1902 Paris Poussielgue.

1176. FOREL (A.), *D. sex. Frage*, 1905 Reinhardt Munich.

1177. Förster (F. W.), *Sexualet. u. Sexualpd.*, 3ᵉ édit. 1910 Kempten Kösel.

1178. Foster (W. S.), *Sc. instr. in matter of sex*, J. ed. Ps. 1911 II 440-51.

1179. Foster (W. S.), *The soc. emergency, st. in sex hyg. a. morals*, 1914.

1180. Franz S. J. (I.), *D. sex. Aufklär. d. Jug.*, St. ML. 1906 XX Heft 1.

1181. Freud (S.), *D. sex. Aufklär. d. K.*, 1909 Leipzig Deuticke.

1182. Freud (S.), *D. infant. Sexualit.*, 2ᵉ éd. 1910 Deuticke.

1183. Freud (S.), *Üb. infant. Sexualtheor.*, 1910 Deuticke.

1184. Gatterer S. J. (M.) u. Krus S. J. (F.), *D. Erz. z. Keuscheit*, 3ᵉ éd. 1911 (tr. fr. *L'éd. de la chast.*, 1911 Paris Bloud).

1185. Gemelli O. M. (A.), *Non mœchaberis*, 1911 Florence Libr. editr. 33-6, ch. III, 125-40.

1186. Gibergues (Mᵍʳ de), *La chast.*, Paris de Gigord.

1187. Gillet O. P. (M. S.), *Innocence et ignorance, éd. de la pureté*, 1912 Paris Lethielleux.

1187a. Good (Dʳ), *Igiene e morale*, 1903 Milan.

1188. Goy (P.), Chast., *Dict. apolog. de la foi cat.* t. 1 503-8 Paris Beauchesne.

1188a. Goy (P.), *Pureté rationnelle*.

1189. Guibert (J.), *La pureté*, Paris de Gigord.

1190. Guitton S. J. (R.), *De la chast.*, 1911 Paris Lethielleux.

1190a. Harmel (F.), *Une grave quest. de l'éd. des j. f., la chasteté*, 1912 Paris Perrin.

1191. Hoffmann (J.), *Keuscheit*, b136 t. 2 1179-83.

1191a. Hoffmann (J.), *Geschlechtstrieb*, b136 t. 2 356-62.

1192. Huber (Dʳ), *Grundfr. u. Hauptmitt. d. Sexualpd.*, Phar. 1911 II 305-19.

1193. Kopp (K.), *D. Geschlechtl. in d. Jugenderz.*, 1912 Leipzig Barth.

1194. Leroy-Allais (J.), *Comm. j'ai instruit mes filles des dev. de la matern.*, Paris Maloine.

1195. Lowry (E.), *Confidences*, 1913 Chicago Forbes.

1196. Lowry (E.), *False modesty that prot. vice by ignor.*, 1913 Forbes.

1197. Lowry (E.), *Truths*, 1913 Forbes.

1198. Lückbrath, *D. Sexualleb. d. K.*, Phar. 1912 III 323-30.

1199. Lyttleton (E.), *Train. t. young in t. laws of sex*, 1910 (tr. fr. Paris Barthe).

1200. Major (G.), *Perverse veranlagte Schulmäd., Sexual-probl.*, 1910 Leipzig Nemnich.

1201. Malapert (P.), *La morale sex. à l'éc.*, Ed. 1909 I 90-102.

1201a. Mantegazza, *Igiene dell'amore*, 1890 Milan.

1202. Michels (R.), *I limiti della morale sess.*, 1912 Turin Bocca.

1203. Moll (A.), *T. sexual life of t. ch.*, 1912 Londres.

1204. Montier (E.), *L'éd. du sentim.*, Paris Soc. fr. de libr.

1205. Paulsen (F.), *Moderne Erz. u. geschlechtl. Sittlichk.*, 1908 Berlin.

1206. Phelps (J.), *Biolog. teac. of sex*, Americ. Assoc. f. t. st. a. prevent. of infant. mortal., 1910 Baltimore 291-6.

1207. Piczinska (E.), *L'éc. de la pureté*, Paris Fischbacher.

1208. Pritchard (E.), *T. instruct. of t. young in sex hyg.*, Ed. Times 1912 326-8.

1209. Putnam (H. B.), *Practic. of instr. in the Ps. a. hyg. of sex as demonstrat. in several public sc.*, Boston med. a. surg. J. 1907.

1210. Putnam (H. C.), *Ed. f. parenthood*, J. of ed. Boston Juillet 1911 33-5.

1211. Renault (J.), *Comm. préparer l'e. au respect d quest. sex.? Ed. familiale* 1907 VIII 232-8 293-6.
1211a. Ribbing (S.), *L'hyg. sex. et s. conséq. morales* (en suédois — tr. all. 1898 Stuttgart).
1212. Russell (J.), *Can the sc. prepare f. parenthood? Eugen. R.* Juillet 1909.
1213. Schmitt (C.), *The teac. of the facts of sex in the publ. sc.*, Pd. Se. 1910 XXIV 229s.
1214. Surbled (Dr), *Le vice solitaire*, Paris Maloine.
1214a. Surbled (Dr), *La morale d. ses rapp. avec la médec. et l'hyg.*, t. 1 L. 1 Paris Retaux.
1215. Toulouse (Dr), *Princ. de morale sex.*, Paris.
1216. Valentine (F. C.), *Ed. in sex. subj.*, New-York medic. J. 1906 LXXXIII 276s.
1217. Van Brabant (W.), *Ps. du vice infant.*, 1910 Paris Alcan et Bruxelles Lebègue.
1218. Whipple (F. M.), *Some rec. litterat. on sex ed. a. sex hyg.*, J. ed. Ps. 1911 II 464-71.
1219. Zwerger (J.), *D. schönste Tug. u. d. hässliche Laster*, 6e éd. 1905.

4° LE MENSONGE DANS L'ENFANCE ET LA JEUNESSE

Les numéros indiqués dans les sections VII (Observation), XIX (Suggestibilité), renferment des indications complémentaires.

Cf. b71 (t. 1 ch. VI 345-88), etc.

1220. Buisson (F.), *Rapport oral s. l. mens. d'e.*, Bu. S. ps. E. 1902 130-7.
1221. Duprat (G. L.), *Le mens.*, 1903 Paris Alcan.
1222. Duprat (G. L.), *Une enq. ps. s. le mens.*, Bu. S. ps. E. 1902 220-9.
1223. Eisenhofer (H. J.), *Wahreitsgef. u. Wahreitsliebe*, b126.

www.ingramcontent.com/pod-product-compliance
Lightning Source LLC
Chambersburg PA
CBHW071952270326
41928CB00009B/1409